Reinhard Bauer · Ernst Piper

Kleine Geschichte Münchens

Mit einem Vorwort von
Christian Ude

Mit farbigem Bildteil und 85 s/w-Abbildungen

W0194746

Deutscher Taschenbuch Verlag

Originalausgabe
April 2008
Deutscher Taschenbuch Verlag GmbH & Co. KG,
München
© 2008 Reinhard Bauer
© 2008 Ernst Piper
www.dtv.de

Umschlagkonzept: Balk & Brumshagen
Umschlagbild: mauritius images
Satz: Greiner & Reichel, Köln
Gesetzt aus der Janson Text 10/13´
Druck und Bindung: Kösel, Krugzell
Gedruckt auf säurefreiem, chlorfrei gebleichtem Papier
Printed in Germany · ISBN 978-3-423-24650-7

INHALT

___

CHRISTIAN UDE

Metamorphosen einer Stadt
Vielleicht liegt es daran, dass Münchens Altstadt nach den ver-
heerenden Zerstörungen des Zweiten Weltkriegs unter dem sehr
traditionsbewussten wie auch pragmatischen Oberbürgermeister
Thomas Wimmer wieder mit den alten Grundrissen und Bau-
höhen aufgebaut wurde und nicht nach damals gängigen Visio-
nen von Stadtplanern als autogerechte Stadt neu erfunden werden musste. Jedenfalls hat München seit damals den Ruf, in
städtebaulichen und architektonischen Fragen recht konservativ
zu sein, zögerlich und mutlos, skeptisch gegenüber den Segnun-
gen der Moderne, manche sagen sogar: rückständig.

Dabei erwies sich gerade diese Weichenstellung im Sinne alter
Strukturen sowie der originalgetreue Wiederaufbau von Altem
Rathaus, Sankt Peter und Residenz als besonderer Glücksfall,
wohingegen Städte, die in der »Stunde null« beschlossen haben,
breite Verkehrsschneisen durch ihr Zentrum zu schlagen, heut-
zutage voller Neid auf Münchens Altstadt-Silhouette und das
weltweite touristische Interesse blicken. Doch buchstäblich am
selben Tag, Ende 2007, an dem der Lokalteil der ›Süddeutschen
Zeitung‹ meldete, dass »München so beliebt wie noch nie« sei
und erstmals in der Stadtgeschichte mehr als neun Millionen
Übernachtungen von Gästen aus aller Welt beherberge, stand
im Feuilleton zu lesen, dass das bei Stadtplanung und Architektur brütende, denkfaule und ignorante München bald nur noch
Thema für Nachrufe sein werde. München, eine dahinsiechende,
sterbende Stadt. Es ist schon erstaunlich, wie geduldig Zeitungs-
papier sein kann.

Viel größer allerdings ist der Chor jener, die der neuen Gründerzeit, die wir seit Beginn der 90er-Jahre erleben, weil die Area-
le des ehemaligen Flughafens, der Alten Messe, des US-Militärs

9

und der Bundeswehr, der Bahn und der Post sowie ehemaliger Industriebetriebe zur Umnutzung anstehen, entrüstet den Vorwurf machen, sie bringe viel zu viel moderne Architektur mit sich, lauter Beton, Stahl und Glas, unbehaglich und ungemütlich.

Tatsache ist: München sieht wirklich nicht mehr genauso aus wie vor 15 Jahren, viele Quartiere haben Metamorphosen erlebt. Das stößt vor allem bei der älteren Generation auf Befremden. Doch eine Stadt ist niemals fertig. Wenn die Städte nicht nur das Stein gewordene Gedächtnis der Menschheit sein sollen, sondern auch Zukunftswerkstätten, dann müssen sie offen sein für Veränderungsprozesse, dann können sie nicht unter einer Käseglocke verschwinden.

An vielen Stellen der Stadt sind die Metamorphosen der letzten Jahre beachtlich, sogar in der Altstadt, deren Silhouette freilich von allen Kräften im Rathaus gehütet wird wie ein Augapfel. Aber hässliche Kriegswunden mussten endlich geschlossen werden. Nur wenige Schritte vom Marienplatz entfernt tat sich bis zur Jahrtausendwende ein riesiges Brachland auf: der St. Jakobsplatz mit seinen Schotterflächen, auf denen man Autos parken konnte. Hier steht jetzt die Synagoge, die mit ihrem beeindruckenden Felsensockel an die Klagemauer in Jerusalem erinnert und mit ihrem transparenten Aufbau einen festlichen Raum bildet. Gleich nebenan steht das neue Jüdische Museum mit einem großzügigen Erdgeschoss-Foyer, das sich mit einer großen Glasfassade einladend zum Platz öffnet. Im Bau der Israelitischen Kultusgemeinde sind auch Kinderbetreuung und Schule untergebracht, was unterstreicht, dass das Judentum im Herzen der Stadt wieder eine Zukunft hat. Der Platz selbst lädt mit Brunnen, Bäumen und Bänken zum Verweilen ein und hat eine völlig neue Aufenthaltsqualität. Der Saal der Gemeinde ist schon in wenigen Monaten ein kultureller Kristallisationspunkt geworden. Die Stadt hat in einer Zeit, in der andernorts der Kommerz unaufhaltsam die Zentren erobert, Raum geschaffen für Religion, herausragende Architektur und täglich stattfindende Kultur. Das kann freilich bewährte München-Hasser auch nicht von der These abhalten, in München gelte die Kultur nichts und der Profit alles. Zu lesen steht dies ironischerweise in jener Zeitung, die mit ihrem Wegzug an den Stadtrand für den einzigen kulturellen Aderlass der Münchner Altstadt sorgt, der aber sehr profitabel gewesen sein soll und Platz macht für kommerzielle Nachnutzer.

Die Synagoge ist keineswegs der einzige spektakuläre Sakralbau der letzten Jahre. Das Erzbistum hat in Neuhausen mit der neuen Herz-Jesu-Kirche von Allmann/Sattler/Wappner einen Kirchenbau von erhabener Schlichtheit und konsequenter Modernität ermöglicht, einen lichtdurchfluteten sakralen Raum mit einem die gesamte Stirnseite des Bauwerks umfassenden Glastor.

Solche Bauherren sind ein Glücksfall. Das gilt auch für die Fußballvereine, namentlich den federführenden FC Bayern, und für BMW, den größten Wirtschaftsmotor und Arbeitgeber der Stadt. Die Vereine haben sich von der Stadtbaurätin zu einem konkurrierenden Verfahren überreden lassen und sich gemeinsam mit den Preisrichtern der Stadt für den Entwurf von Herzog und de Meuron entschieden, der anfangs als »Schlauchboot« verspottet wurde. Das Stadion begeisterte dann aber die heimischen Fußballfans genauso wie die Medienvertreter aus aller Welt, die hier die Eröffnung der Fußball-Weltmeisterschaft 2006 erlebten. Leuchtend scheint der Bau in Fröttmaning zu schweben, mal in der Vereinsfarbe Rot, mal blau, je nachdem, wer gerade spielt.

Wer die Autobahn weiter stadteinwärts fährt, erlebt erst rechter Hand die Parkstadt Schwabing und dann das aus Hochhäusern bestehende »Münchner Tor«. Städtebauliche Akzente, wo vorher eine »städtebauliche Gerümpelhalde« war. Der Mittlere Ring führt in westlicher Richtung dann an der BMW-Welt vorbei, die mehr sein will als ein Auslieferungslager, als ein Übergabepunkt für Kraftfahrzeuge: Sie soll »eine Heimat für die Marke« sein und eine Bereicherung für den Münchner Norden. Die kühne Architektur von Coop Himmelb(l)au mit dem signifikanten Doppelkegel spiegelt in der gewaltigen Dachkonstruktion die Hügellandschaft des benachbarten Olympiaparks wider und nimmt damit Motive der Umgebung auf. Der Ausblick vom Innenraum auf die Bäume des Olympiaparks auf der einen Seite und den Vierzylinder auf der anderen ist überwältigend. Rückständiges München? Höchste Zeit für Nachrufe?

Zu den Bauherren, die der Stadt guttun, gehört auch der Freistaat Bayern, der hier mit der Pinakothek der Moderne von Stephan Braunfels das Pinakotheken-Viertel vervollständigte und die staatliche Ausstellungslandschaft endlich für die Moderne öffnete, was die Stadt schon zuvor mit dem unterirdischen Kunstbau des Lenbachhauses nach den Plänen von Uwe Kiessler gemacht hatte. Die Akademie der Bildenden Künste in der Nachbarschaft des Schwabinger Siegestores ergänzte die staatliche Kulturpolitik mit einem sehr futuristisch wirkenden Nebenbau von Coop Himmelb(l)au, bei dem man durchaus streiten kann, ob er sich einfügt und zum Haupttrakt passt, der aber keinesfalls von »typisch münchnerischer Zögerlichkeit« zeugt.

Wo im Münchner Osten einst die Flugzeuge starteten und landeten, befindet sich jetzt die Neue Messe, die München nach den Worten des ehemaligen Bundespräsidenten Roman Herzog in den »Olymp der Messestädte« aufsteigen ließ und die wegen ihrer Modernität und Funktionalität beim Neubau der Messe in Peking Pate steht. Das Internationale Kongresszentrum hat München endlich auch auf diesem Gebiet konkurrenzfähig gemacht und wesentlich zu den Rekorden bei den Tourismuszahlen beigetragen. Südlich schließt sich an das Messegelände die neue Messestadt an, deren Bewohner buchstäblich die U-Bahn, einen Badesee und einen Rodelhügel sowie einen riesigen Landschaftspark vor der Tür haben. Wegen seiner ökologischen Vorzüge wurde das neue Quartier schon bald mit internationalen Preisen bedacht. Völlig neue Wege im öffentlich geförderten Wohnungsbau wurden in der Messestadt mit dem Galeriahaus beschritten, das 170 Mietparteien um einen großen überdachten Innenhof versammelt und die Kommunikation der Menschen aus vieler Herren Länder erleichtert, auch das Spiel der Kinder, und das bei jedem Wetter.

Hinter der Bavaria, wo früher die Messe ihr Quartier hatte

und viel zu viel Verkehr ins Westend zog, hat ebenfalls eine spektakuläre Metamorphose stattgefunden. Der Bavariapark inmitten des Ausstellungsgeländes ist mit seinem prächtigen Baumbestand durchgehend für die Öffentlichkeit zugänglich, in seiner Nachbarschaft entstand Wohnraum für 1400 Haushalte, in neuen Gewerbebauten konnten 4000 Arbeitsplätze eingerichtet werden. In den denkmalgeschützten Hallen aber entstand durch das Zusammenwirken von Stadt und Freistaat das Verkehrszentrum des Deutschen Museums, sodass die Baudenkmäler nicht nur erhalten, sondern auch bespielt werden können. Die alte Kongresshalle wurde von der Edith-Haberland-Wagner-Stiftung saniert und steht wie das benachbarte Wirtshaus mit Biergarten für die Öffentlichkeit zur Verfügung. Im Vordergrund werden kulturelle Nutzungen stehen.

Weitere Metamorphosen stehen bevor. Zum Beispiel im Münchner Süden, wo das ehemalige Agfa-Gelände, das unwiederbringliche Industriegeschichte dokumentierte, ein neues Quartier aufnehmen soll. Ein gewerblicher Gebäuderiegel und ein Hotelbau mit gleicher Bauhöhe wie das frühere Agfa-Hochhaus soll das dahinterliegende Areal vom Verkehrsgeschehen des Mittleren Rings abschirmen, dort werden 1000 Wohnungen rund um eine große Grünanlage gebaut werden. Die meisten davon sollen dauerhaft Mietwohnungen bleiben. Das bringt Entspannung auf dem Wohnungsmarkt. Nichts brauchen die Menschen dieser Stadt nötiger!

Oder im Münchner Norden! Wo jetzt noch ein überdimensionaler Betonkasten eines Großmarktes samt Parkplätzen die Leopoldstraße hermetisch von der Siedlung an der Berliner Straße abriegelt, wird ein neues Quartier entstehen mit mehreren kleinen Stadtplätzen, mit Büros an der lauten Straße und Wohnungen im geschützten rückwärtigen Bereich und zwei Hotels, die das gesamte Areal aufwerten werden.

Wo bis zum Beginn der Neunzigerjahre auf dem alten Gaswerksgelände der fast 100 Meter hohe Gaskessel stand, entwickelt sich jetzt einer der attraktivsten Technologiestandorte Münchens. Die Stadtwerkszentrale im Norden der Borstei konnte schon 2002 in Betrieb genommen werden, im Anschluss entsteht das Münchner Technologiezentrum, das die Stadtwerke als Ergänzung des Gewerbehofprogramms realisieren. In der Nachbarschaft werden sich weitere High-Tech-Betriebe ansiedeln, die hoch aufragenden Gebäude des Abfallwirtschaftsbetriebes und des Kommunikationskonzerns O_2 stehen bereits.

Und auch in der Innenstadt sind die Veränderungsprozesse noch nicht abgeschlossen: Gleich im Anschluss an das Jüdische Gemeindezentrum ist das hässliche Parkhaus am Oberanger verschwunden und ein Neubau errichtet worden, der Wohnungen in zentraler Lage bietet und außerdem mit der Linde Group das achte DAX-Unternehmen Münchens aufnehmen wird. Der Oberanger, bislang eine sinnlos breite Asphaltpiste, wird als Grünanlage die historische Stadtgestalt wieder nachempfinden lassen, seine Namensgebung plausibel erklären und das gesamte Areal attraktiv gestalten.

Wer unbedingt mag, kann ruhig Nachrufe schreiben. Man kann sich aber auch auf die Zukunft freuen. Sie hat schon begonnen.

Natürliche Voraussetzungen

Die schönste Stadt in deutschen Landen

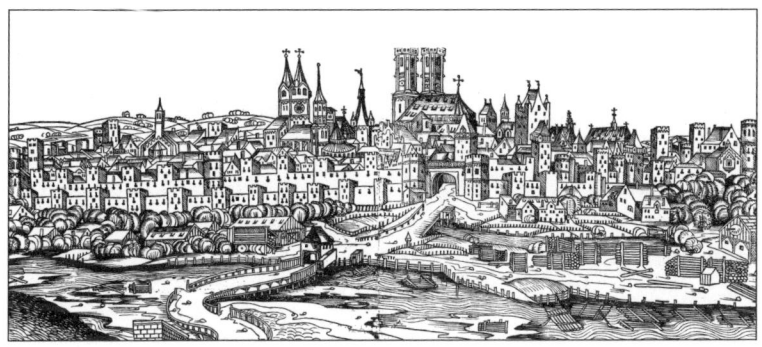

Die älteste Ansicht Münchens (von Osten) in der Weltchronik des Hartmann Schedel, Holzschnitt von Michael Wohlgemut 1493.

In der ersten Beschreibung, die von der Stadt erhalten ist, wird München 1433 von einem burgundischen Edelmann als die *»hübscheste kleine Stadt, die ich jemals sah«* gerühmt und ihr die *»Palme der Schönheit«* zuerkannt. In der 1493 erschienenen Weltchronik des Nürnberger Humanisten Hartmann Schedel finden wir neben der ersten Abbildung von München auch eine Beschreibung: *»München ist unter den Fürstenstädten in deutschen Landen hochberühmt und in Bayerland die namhafteste. Aber wiewohl diese Stadt für neu geachtet wird, so übertrifft sie doch die anderen Städte an edlen öffentlichen und privaten Bauten. Denn allda sind gar schöne Behausungen, weite Gassen und gar wohlgezierte Gotteshäuser. Diese Stadt ist an ein wohnsames Ort an der Isar gebaut. Daselbst haben die Kaufleute zu Zeiten ihren Durchgang aus welschen in deutsche Lande. Allda ist jetzt ein schönes wohlgeziertes Schloss und ein gar weiter fürstlicher Hof und Behausung mit vielen hübschen und wunderwürdigen Gemächern, Kammern, Gewölben.«* Diese Art von

Lob für die Stadt München ließe sich durch die Jahrhunderte endlos fortführen über König Gustav Adolf von Schweden, der sie am liebsten mit nach Hause genommen hätte, bis heute, wo sie sich in Deutschland und weltweit größter Beliebtheit erfreut. Selten sind dagegen kritische Stimmen. So schreibt der österreichische Dramatiker Franz Grillparzer 1836, vor der Vollendung der Bauten Ludwigs I.: »München ist seit dem Jahr 1827, wo ich es zuletzt sah, nicht mehr zu erkennen. Dass es mir besonders gefallen hätte, kann ich nicht sagen. Die neuen Gebäude sind wie eine Musterkarte von allen Geschmäcken, von denen keiner der gute, vor allem aber nicht der meinige ist. Nirgends ein heiterer Anblick, […]. Nirgends freier Trieb, überall das Angeordnete. Die Bilder in den Arkaden sind meistens höchst mittelmäßig. […] Der königliche Palast trüb wie alles. Zudem trägt es den Keim der Vernichtung in sich, da es München an Gewerb und Verkehr fehlt, um sich je als Stadt zu der Stufe aufzuschwingen, zu der diese Voranstalten sie heben möchten. Das alte München gefällt mir in seiner Regsamkeit, das neue sind von vornherein angelegte Ruinen.« Und der aus der Schweiz kommende Dramatiker Frank Wedekind lästerte 1889: »München erscheint mir auf den ersten Blick das reine Buxtehude. Die Straßen schmutzig und eng. In einem Zigarrengeschäft sehe ich noch die nämliche Auslage stehen, die ich vor drei Jahren dort gesehen.« Es gefiel ihm aber letztlich hier so gut, dass er bis zu seinem Tod in der Stadt blieb.

Schiefe Schotterebene mit Terrassen und Tälern

Im Zeitalter des Tertiär (etwa 60 Mio.–1 Mio. Jahre v. Chr.) bildete sich im Alpenvorland ein 150 km breiter See mit dicken lehmartigen Ablagerungsschichten, die als Flinz oder Molasse bezeichnet werden. Die nach dem Ende des Tertiär einsetzenden Eiszeiten führten zur Gletscherbildung im Alpenraum. Der letzte Kälteeinbruch, die Würmeiszeit, deren Gletscher bis zum Ausgang des durch sie geschaffenen Starnberger Sees (Würmsee) reichten, endete um 10 000 v. Chr. Die Wasser der schmelzenden Eismassen schoben das Geröll, besonders Schottersteine, nach Norden und füllten die Täler damit aus. Die in der Würmeiszeit abgelagerten Niederterrassenschotter bedeckten den größten Teil der Münchner Ebene. Winde bliesen Staub hierher, der kalkreichen Löss bildete und zu Lehm wurde, der teilweise noch in einer Schicht von bis zu vier Metern über dem Schotter erhalten ist. Auf einer wasserundurchlässigen Schicht fließt hier das Grundwasser nach Norden ab und dringt dort stellenweise in Mooren empor.

Nach der Eiszeit sind durch die Wassermassen des Flusses die ineinander übergehenden Terrassen westlich der Isar mit Eintiefungen und Abtragungen entstanden. Die »Grünwalder Terrasse« ist von Thalkirchen über Sendling, die Theresienhöhe und das Maßmannbergl bis zum Luitpoldpark erkennbar. Tiefer liegt die »Altstadtterrasse«, die als schmaler Uferstreifen bei Thalkirchen beginnt und sich gegen Norden zu einer gut zwei km breiten Fläche ausdehnt. Auf ihr liegt der größte Teil der Münchner Altstadt mit dem Petersbergl. Die »Giesinger Terrasse« auf der östlichen Flussseite reicht von Harlaching bis zum Ostbahnhof. Diese Geländeformen bestimmten wesentlich den Verlauf der alten Straßen und somit auch das Leben bis heute. Das natürliche Gefälle innerhalb des Stadtgebietes reicht von 580 m im Süden bis 480 m über dem Meeresspiegel im Norden.

Die Isar als Wildfluss bei der Menterschwaige südlich von München. Stahlstich von F. Quidenus um 1900.

Diese schiefe Münchner Schotterebene wird durch das im Süden schluchtartige Isartal von Südwesten nach Nordosten in zwei Hälften geteilt. An und wegen der Isar wurde München gegründet, aber in einem Abstand und einer Höhe, dass es die häufigen Hochwasser dieses mächtigen Wildflusses nicht gefährden konnten. Parallel dazu fließen drei weitere Gewässer. Die aus dem Starnberger See abfließende Würm grenzt im Westen gegen moorige Gebiete ab und lädt zur Siedlung an ihren flachen Ufern ein. Um 1700 wurde mit ihrem Wasser ein Netz von Kanälen angelegt, unter anderem, um die Schlösser Nymphenburg und Schleißheim zu verbinden und deren Parks mit Wasser zu versorgen. Im Nordwesten verläuft zwischen Isar und Würm die in Moosach entspringende alte Moosach (seit 1900 Reigersbach und Feldmochinger Mühlbach genannt) und bildet die Grenze zwischen dem Dachauer Moos und der Heide. Der Hachinger Bach im Osten ist eine geologische Besonderheit, weil sein Wasser versickert und streckenweise unterirdisch verläuft. Die natürlichen Bodenschätze des Münchner Untergrundes waren früher sehr wichtig für die Stadt. Das Tiefenwasser mit seiner guten Qualität wird immer noch u.a. dazu genutzt, das wichtigste Lebenselixier dieser Stadt zu brauen, das Bier. Aus Lehm wurden Ziegel gebrannt, Kies und Sand sind unentbehrliche Baustoffe.

Wechselhaftes Klima und magere Vegetation

Das Klima in München ist durch seine zentrale Lage in der Mitte des Kontinents und die Nähe zu den Alpen geprägt. Es ist ein Übergangsklima zwischen dem westlichen, vom Meer bestimmten, und dem östlich-kontinentalen sowie dem nördlich-subpolaren und dem südlich-subtropischen Klima. Die Alpen, die 100 km südlich der Stadt beginnen, bewirken gelegentlich schnelle Wetterumschwünge und eine Rauheit des Klimas. Bezeichnend sind starke Temperaturstürze innerhalb von wenigen Stunden. Die Durchschnittstemperatur im Jahr liegt bei 7,5 °C und schwankt von +35 bis -35°C. Die Niederschläge sind, bedingt durch die Nähe der Alpen, mit durchschnittlich 1000 mm pro Jahr relativ hoch. Meist gibt es im Frühjahr oder im Sommer Regenperioden. Bei Dauerregen und bei Schneeschmelze führt die Isar starkes Hochwasser. Vor der Begradigung und Vertiefung des Flussbettes im Stadtgebiet im 19. Jahrhundert kam es dabei oft zu großen Schäden, besonders Brückeneinstürzen. Ursprünglich änderte der Fluss bei Überschwemmungen vielfach sein Bett, wie man an unbegradigten Stellen noch beobachten kann. Nebel tritt häufig im Herbst und Winter, besonders in der Nähe von Gewässern und in den moornahen Bereichen im Norden und Westen auf.

Normalerweise scheint die Sonne im Herbst oft, und selbst im Dezember und Januar kann es zeitweise durch Föhn sehr mild sein. Dieser trockene, warme Südwind ist eine Besonderheit des bayerischen Alpenvorlandes. Er entsteht durch Luftdruckgegensätze zwischen Oberitalien und Oberbayern. Die feuchtwarme Luft aus dem Süden wird nach Norden gesaugt und regnet sich in den Alpen ab. Dies bewirkt nördlich der Alpen eine warme Luft mit klarer Fernsicht. Elektromagnetische Wellen, die durch den Föhn ausgelöst werden, wirken auf Menschen. Während Fremde kaum betroffen sind, klagen viele Einheimische bei entsprechender Wetterlage über Kopfschmerzen oder Kreislaufbeschwerden; die Zahl der Unfälle nimmt zu. Föhn und Westwinde machen die Inversionswetterlage erträglich, die 80 Prozent des Jahres vorherrscht.

Über die letzten Jahrhunderte hinweg sind beträchtliche Klimaschwankungen zu beobachten. So gab es im 14. Jahrhundert Kälteeinbrüche, die jahrelang zu Missernten und Hungersnöten führten. Am Ende des Mittelalters war es dagegen im Münchner Raum wärmer, sodass man an der Isar Wein anbauen konnte.

Der ursprüngliche Pflanzenbewuchs war, je nach Untergrund, verschieden. In den Tälern und Niederungen gab es ausgedehnte Auenwälder, wie sie zum Teil noch heute im Englischen Garten zu sehen sind. Wo das Grundwasser nahe an der Oberfläche ist, konnten sich Lohwälder aus Eichen, Birken,

Eschen und Hasel herausbilden, wie sie sich in kleinen Resten (z.B. nördlich von Aschheim) erhalten haben. Sonst überwog ein Eichen-Hainbuchenwald (Nymphenburger Park), der in der Neuzeit durch schnell wachsende Fichtenkulturen, wie sie jetzt über 90 Prozent des Holzbestandes bilden, ersetzt wurde. Im Norden und Osten (Menzinger Heide, Gfild, Garchinger Heide, Perlacher Heide) herrschte eine durch den Kalkmagerboden auf den trockenen Schotterzungen gebildete baumarme Heidelandschaft vor. Im äußersten Westen, Nordwesten und Nordosten schließlich gab es die Moore mit Pflanzen, die aus den Alpen und dem Osten (bis vom Schwarzen Meer) kamen.

Im Stadtgebiet liegen heute an Waldgebieten mit wichtigen ökologischen Funktionen der Allacher Forst und das Schwarzhölzl im Norden sowie der Forstenrieder Park und der Ebersberger Forst im Süden und Südosten.

VOR- UND FRÜHGESCHICHTE

Erste Spuren von Menschen in der Jungsteinzeit

Das Voralpengebiet war erst durch die Gletscher und später wegen des dichten Waldbewuchses unwirtlich. Die Erwärmung am Ende der mittleren Steinzeit ermöglichte dann menschliche Ansiedlung. In der heute zur Ziegelgewinnung weitgehend abgebauten Lehmzunge bei Unterföhring wurden Funde der mittleren Jungsteinzeit (um 3000 v. Chr.) gemacht: In der Spätsteinzeit (2000–1800 v. Chr.) ist der Raum München mit Funden in Berg am Laim, Moosach, Pasing, Sendling der südlichste Ausläufer der Kultur der »Glockenbecherleute« in Bayern. Diese Menschen stammten wohl ursprünglich aus Nordafrika. Sie bestatteten ihre Toten mit angezogenen Beinen in »Hockergräbern«, die grundsätzlich in Nord-Süd-Richtung angelegt wurden. Dabei liegen Männer mit dem Kopf nach Norden, Frauen nach Süden; die Gesichter sind immer nach Osten gewandt. Die Keramik, nach der sie benannt sind, ein glockenförmiger Becher, unterscheidet sich in der Form völlig von anderen Gruppen. Die Glockenbecherleute waren hauptsächlich mit Pfeil und Bogen bewaffnet, und sie bearbeiteten, wie dreieckige Kupferdolche beweisen, schon Metall.

Wenige Grabfunde belegen auch die wohl aus dem Süden Russlands zugewanderte »Schnurkeramikkultur«. Einzelne sorgfältig bearbeitete Steinäxte, die wohl als Opfergaben der Erde anvertraut wurden, und stempelverzierte Becher vom »Typ Geiselgasteig« gehören in diesen Umkreis.

Besiedlung in der Bronzezeit

Seit dem 18. Jahrhundert v. Chr. kam Bronze, eine harte Legierung aus Kupfer und Zinn, als Werkstoff auf. Die Täler im

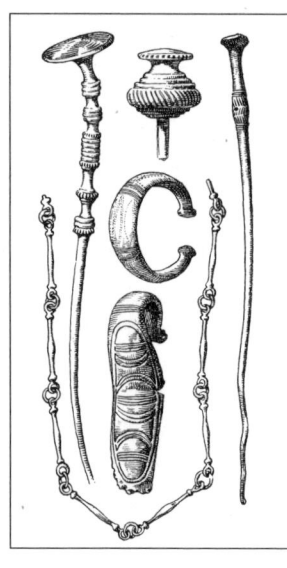

Schmuck der Bronzezeit.

Münchner Raum wurden in dieser Epoche offenbar von der »Isargruppe« bewohnt. Die Grabbeigaben, auch Metallgegenstände, stammten überwiegend aus heimischer Produktion. Rohmetall wurde aus dem Salzburger Raum importiert. Bronzebarren in Ring- oder Spangenform wurden in mehreren wohl als Weihegaben angelegten Depots gefunden. Die Namen der meisten größeren Flüsse in Europa stammen aus dieser Zeit um 1500 v. Chr. Sie sind einer indogermanischen Sprache zuzuordnen, die vor der Ausbildung der einzelnen Sprachstämme in ganz Europa verbreitet war. So hat die Isar sprachlich über 20 Verwandte (z. B. Isen, Isère, Oise). Der Name ist zur indoeuropäischen Wurzel *is-* »(sich) schnell bewegen« gebildet. Der Name Würm enthält die Wurzel *uer-* mit der Bedeutung »Wasser«.

In der mittleren Bronzezeit (1200–750 v. Chr.) wurden Tote in Hügelgräbern beigesetzt. Für das Jenseits wurden Männer mit Waffen, Frauen mit Schmuck und alle mit Verpflegung in Gefäßen aus Ton ausgestattet. Die Grabhügel haben etwa 8 bis 10 Meter Durchmesser, der Körper der Toten war mit einer Lage von Steinen bedeckt. Da solche Grabhügel weithin sichtbar waren und somit leicht ausgeraubt werden konnten, blieben nur wenige unversehrt. Außerdem waren sie später beim Ackerbau im Weg und wurden vielfach beseitigt. Zahlreiche Funde zeigen, dass in München mehrere Siedlungen lagen. Die wenigen gründlich erforschten Gräber lassen eine Gesellschaft von Ackerbauern und Viehzüchtern erkennen.

Ein Kennzeichen der späten Bronzezeit ist es, dass die Körper der Toten nicht mehr beerdigt, sondern verbrannt und in Urnen beigesetzt werden. Im Münchner Raum sind zahlreiche solche

Urnenfelder bekannt, die meist im Süden des Stadtgebietes lagen und in denen bis zu 1000 Menschen auf diese Weise bestattet wurden. Neben dem Leichenbrand enthielten Urnen kleine Gefäße und verzierte bronzene Nadeln als Beigaben. Hier bildete sich wohl ein kriegerischer Adel heraus. Für diese Menschen besaß offenbar das Schwert neben seiner Funktion als Waffe eine mythische Bedeutung als Kultgegenstand und Herrschaftssymbol. Die dörflichen Siedlungen bestanden aus Pfostenhäusern mit Fachwerk. Die größten bekannten Begräbnisplätze liegen bei Englschalking, Grünwald und Unterhaching.

Spuren von Kelten und Römern
Das schon am Ende der Urnenfelderzeit zu Zierzwecken benutzte Eisen setzte sich wegen seiner Härte als Hauptwerkstoff, besonders für Waffen, durch. Die frühere Eisenzeit, die von 800 bis 500 v. Chr. angesetzt wird, ist nach dem bedeutendsten Fundort, dem Gräberfeld bei Hallstatt im oberösterreichischen Salzkammergut, benannt. Die »Hallstattzeit«, deren Kultur auch im Münchner Raum durch Funde nachzuweisen ist (z. B. in Pullach und Riem) zeichnet sich durch Grabhügel mit kostbaren Beigaben aus. Bei den Formen zeigen sich Einflüsse aus dem Osten. Die Toten wurden mit Dolchen und Fibeln (Broschen als Schließnadeln) ausgestattet. Möglicherweise handelt es sich bereits um Kelten.

Ab 500 v. Chr. finden wir in Südbayern Spuren der keltischen Kultur der »La-Tène-Zeit«, benannt nach einem Fundplatz am Neuenburger See in der Schweiz. Die Kelten waren ein indoeuropäisches Volk, das weite Teile Europas beherrschte. Der Stamm der Vindeliker saß in Südbayern und schuf auch Städte, wie das Oppidum bei Manching. Zeugen der Spät-La-Tène-Zeit sind im Raum München zahlreiche Keltenschanzen (Temenos) z. B. bei Aubing, Feldmoching, Grünwald, Deisenhofen, Langwied, Neubiberg, Perlach, Holzhausen oder Buchendorf. Die im Rechteck angeordneten einstigen Wälle und Gräben sind teilweise noch im Gelände zu erkennen. Die Anlagen dienten offenbar kultischen Zwecken, aber auch für Schutz und Verteidigung. Siedlungsspuren der Kelten sind hier selten, gefunden wurden aber Gräber mit Schmuck- und Waffenbeigaben. Warum die Kelten um 50 v. Chr. Südbayern verließen, ist nicht geklärt.

Im Jahr 15 v. Chr. überschritt das römische Heer die Alpen und verleibte das offenbar weitgehend entvölkerte Land bis zur Donau dem *Imperium Romanum* ein. Augsburg (*Augusta Vindelicum*) wurde Hauptstadt der Provinz *Raetia secunda*, die nun fünf Jahrhunderte als Pufferzone zu den Germanen diente. Das Gebiet wurde durch Heerstraßen systematisch erschlossen. Entlang von diesen wurden Gutshöfe (*villae*) errichtet, um Menschen anzusiedeln und landwirtschaftliche Produkte zu erzeugen. Zwei dieser gut befestigten Römerstraßen führten im Norden bzw. Süden am heutigen Stadtgebiet in Ost-West-Richtung vorbei. Eine querte auf der Höhe von Oberföhring (Wels-Augsburg), die andere bei Grünwald (Salzburg-Augsburg) die Isar. Daneben gab es wahrscheinlich auch Nord-Süd-Verbindungen entlang der Isar und der Würm. Römische Siedlungen, meist aus der mittleren Kaiserzeit, wurden bei Aubing, Berg am Laim, Englschalking und Denning entdeckt.

Seit dem 3. Jahrhundert wurde das Leben durch Alemanneneinfälle gefährlich. Der Großteil der Bevölkerung floh in sicherere Gebiete. Die letzten Amtsträger des Imperiums zogen sich auf Befehl von Kaiser Odowakar, der aus dem germanischen Stamm der Skiren stammte, um 480 n. Chr. nach Italien zurück. Romanische Bevölkerung (Walchen) hielt sich besonders um die Städte Augsburg, Regensburg und Salzburg und an einigen Stellen im Alpenraum (z. B. Wallgau). Der Raum München birgt nur an seinem östlichen Rand in den Namen Aying (romanisch-germanischer Mischname: »bei *Agius* und seinen Leuten«) und Peiß (lateinisch: *Bitianum* »Landgut des *Bitius*«) Hinweise auf ein Fortleben der romanischen Bevölkerung, die dann bis zum 9. Jahrhundert ganz in der germanischen aufging.

Bajuwaren und Christianisierung

Seit 500 ließen sich Germanen im Gebiet des heutigen München nieder. Sie hatten, wie die bajuwarischen Reihengräber zeigen, den Brauch, ihre Toten einzeln nebeneinander mit dem Kopf nach Osten gerichtet in die Erde zu legen und mit Beigaben auszustatten. Neben der Kleidung erhielten Männer Waffen und Frauen Schmuck; man glaubte offenbar auch hier an ein Leben nach dem Tod. Wir kennen zahlreiche solcher Gräberfelder im Münchner Raum, die größten und ältesten bei Aubing, Feldmoching und Sendling. Die Funde aus der Bajuwaren sind, wie auch die meisten Namen und die Sprache, von denen der benachbarten Alemannen ursprünglich kaum zu unterscheiden. Die *Baiouari(i)*, die erstmals 551 genannt werden, sind ein Stamm mit einem Herzog aus dem Hause der Agilolfinger unter der Oberhoheit der Ostgoten und später der Franken. Sie setzten sich offenbar aus einer Mischung von verschiedenen germanischen Stammessplittern und romanischer Restbevölkerung zusammen. Ein Gesetzbuch aus dem 7. Jahrhundert, die *Lex Baiuvariorum*, gibt Aufschlüsse über Verfassung, Recht und Alltagsleben. Die Gesellschaft war streng nach Klassen geordnet; Unfreie (Leibeigene) galten als Sachen.

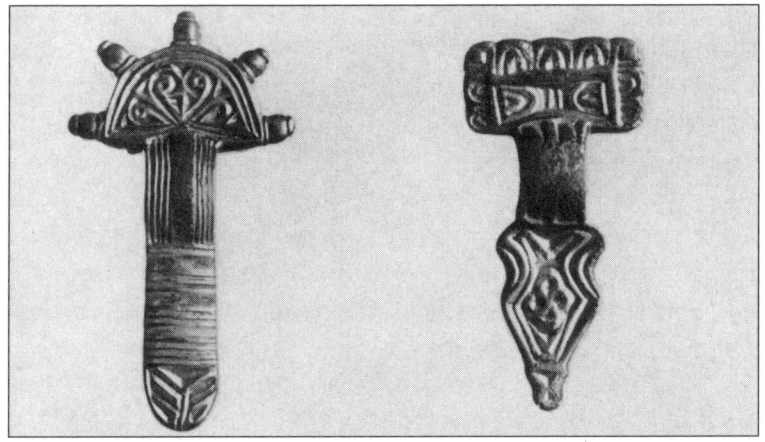

Vergoldete Fibeln aus Silber als Beigaben von bajuwarischen Reihengräbern in Feldmoching.

Das Christentum, das bereits seit der Besiedlung um 500 die Religion der Elite war, wurde um 700 im ganzen Land durchgesetzt. Die Toten wurden nun nicht mehr mit Beigaben in Reihengräbern außerhalb der Siedlungen bestattet; man legte sie in die Friedhöfe, die rings um die neu erbauten Holzkirchen entstanden. Einer der »Missionare« Bayerns, der hier die Christianisierung organisieren sollte, war der westfränkische Wanderbischof Korbinian, den die Bayernherzöge 715 nach Freising riefen. In der dortigen Burg über der Isar wurde 739 durch Bonifatius das dem Erzbistum Salzburg zugehörige Bistum Freising gegründet.

Die Kirche mit ihren Bistümern, Klöstern und Pfarreien entwickelte sich von nun an zum wichtigen Macht- und Wirtschaftsfaktor. Adlige Grundherren waren um ihres und ihrer Familien Seelenheils willen bemüht, Kirchen zu gründen und zu fördern. Herzöge und Hochadelige waren in der Lage, Klöster zu stiften und damit auch ihre eigene Macht zu festigen. Sie dienten als Herbergen und Verwaltungszentren. Hier waren im frühen Mittelalter besonders Benediktbeuern, Polling, Schäftlarn und Tegernsee wichtig. Sie folgten der Regel des heiligen Benedikt: *ora et labora* (Bete und arbeite!). Die Arbeit neben dem Gebet bestand aus der Versorgung von Reisenden, Alten und Kranken sowie der Gründung neuer Siedlungen durch Rodung. Dort betrieben die Klöster selbst Landwirtschaft oder vergaben die Höfe an Hörige zur Bewirtschaftung.

Klöster und Bistümer bekamen bei ihrer Gründung eine Ausstattung an Gütern, und sie erhielten noch im Laufe des Mittelalters viele Besitzungen geschenkt. Im Freisinger Dom verwahrte man seit dem Jahr 744 Pergamentzettel, auf denen die Güterschenkungen an die Gottesmutter Maria, die Patronin des Bistums, verzeichnet waren, sorgfältig auf. Zwar war der Schwur der Zeugen das Beweismittel bei Rechtshandlungen; man erkannte aber, dass eine schriftliche Verewigung von Schenkungen nützlich sein könne. Bereits im Jahr 824 wurden die einzelnen über 500 sogenannten Traditionsnotizen, die bis dahin vorlagen, vom Mönch, Priester und Notar Cozroh buchstabengetreu in karolingischer Minuskelschrift in ein Pergamentbuch eingetragen.

Dieser Kodex wurde laufend weitergeführt und ist im Bayerischen Hauptstaatsarchiv in München noch im Original erhalten. Bis zum Jahr 1275 sind dann insgesamt 1815 Einträge aufgezeichnet. In diesen ›Freisinger Traditionen‹, der wichtigsten Quelle zur Geschichte des frühen Mittelalters in Südbayern, finden wir auch die ersten Belege für viele Orte im Münchner Raum.

Ortsnamen und Siedlungsgeschichte im Raum München

Älteste Ortsnamen auf -ing und -heim

Die häufigen Ortsnamen auf *-ing* kennzeichnen älteste germanische Siedlungen. Bei diesem Wortbildungselement, das Zugehörigkeit ausdrückt, sind im ersten Teil fast ausschließlich Personennamen zu finden. Es sind dies die Namen der Männer, nach denen die Nachbarn den Ort nannten, also Gründer oder wichtige Bewohner der Siedlung. Die ältesten Ansiedlungen wurden an Straßen errichtet, wo oberirdisch Wasser zur Verfügung stand, die aber nicht hochwassergefährdet waren. Weiter wählte man fruchtbare Böden und sonstige günstige Bedingungen für Ackerbau und Viehzucht. Die meisten Orte bestanden ursprünglich aus ein bis fünf Höfen. Die Bevölkerung wuchs aber stark an, sodass Siedlungen laufend erweitert wurden.

Der Ortsname Feldmoching ist erstmals 790 als *Veltmochinga* erwähnt. Er bedeutet »Bei *Mocho und seinen Leuten am Feld« (Gfild= waldfreie Fläche). So sind auch zu erklären: Sendling (782: *Sentilingas*, *Sentilo*), Aubing (1010: *Ubingen*, *Ubo*), Pasing (763: *Pasingas, Paso*), Ober- und Untermenzing (859: *Menzinga, Manzo*), Pipping (1325: *Pipingen, Pipo*), Fröttmaning (815: *Freddimaringa: Freddumar*), Schwabing (782: *Suuapinga, Swapo* »Schwabe«), Denning (um 1200: *Tenningen, Tenno*), Daglfing (839: *Tagolfingas, Tagolf*), Englschalking (1231: *Engelschalchingen, Engelschalk*), Giesing (790: *Kyesinga, Kiso*), Echarding (1091: *Erhartingen, Erhart*), Harlaching (1149: *Hadaleichingen, *Hadaleih*), Trudering (772: *Truhteringa, Truhtheri*) sowie Ober- und Unterhaching (806: *Hachinga, Hacho*). Eine Berufsbezeichnung, die zum Personennamen wurde, enthält Ober- bzw. Unterföhring (750: *ad Feringas*: »Beim Fährmann und seinen Leuten«). Hier gab es offenbar eine Fähre über die Isar.

Der Raum München in der Karte des Philipp Appian von 1566.

Auf das frühe Mittelalter gehen meist auch die Ortsnamen auf -heim zurück. Schleißheim ist bereits 775 als *Sliuuesheim* bezeugt und bedeutet »Wohnstätte des Sliwo«. Die Silbe *-heim* hat sich hier, wohl wegen der überregionalen Bekanntheit des Schlosses, nicht wie sonst in der Mundart, zu *-ham* entwickelt, z. B. Freiham (1150: *Frihaim* »freie Wohnstätte«).

Ortsnamen auf -dorf, -hausen, hofen

Namen auf *-dorf* und *-hausen* kamen seit 600 auf, wie Ramersdorf (1006: *Rumoltesdorf* »Siedlung des *Rumolt*«) und Zamdorf (1022: *Zamindorf*, **Zamo*). Bogenhausen (776: *Pubenhusen* »bei den Häusern des *Pubo*«), Haidhausen (808: *Heidhusir* »auf der Heide«) und Lochhausen (948: *Lohhusa* »am lichten Wald«). Der jüngste dieser Orte ist Neuhausen (1163: *Niwenhusen* »bei den neuen Häusern«).

Die Orte auf *-hofen* sind hier später und an ungünstigeren Stellen entstanden. Der Name von Milbertshofen (1140: *Ilmungeshouen* »Hof des *Ilmung*«), eine ehemalige Schwaige (Viehhof) mit der Kirche St. Georg, wurde im späten Mittelalter willkürlich umbenannt. Auch Hartmannshofen (1369: *Hartmannshoven*, *Hartmann*) und der *Konradshof* (1260: *Chunratshoven*), der zwischen Schwabing und Milbertshofen lag, waren ursprünglich Einzelhöfe. Auf ein herrschaftliches Haus mit gemauertem Kamin (lat. *caminata*) weist *Kemnaten* (um 1193: *Kemenaten*). Der Ort wurde die Schwaige von Schloss Nymphenburg.

Freigelassene und Rodungen

Freimann (948/957: *Frienmannun* »Bei freien Männern«) ist eine Ansiedlung von Freigelassenen. Der Herzog war Herr dieser *liberi homines*. Persönlich frei, aber grundherrschaftlich gebunden waren auch die Barschalken. Fürstenried hieß, bevor der Kurfürst dort ein Schloss errichten ließ, *Parschalchesriet* (1194, Abschrift 15. Jh.) oder *Boschetsried*. Waldland musste für Siedlungen durch Rodung urbar gemacht werden. Dieser Vorgang spiegelt sich in Siedlungs- und Flurnamen wider. Die wichtigste und schwerste Arbeit, die hier bewältigt werden musste, war das Ausgraben der Wurzeln, das eigentliche »roden« oder »reuten«. Daher die Namen mit *-ried* wie Forstenried (1166: *Vorstersriet* »Rodung eines Försters«). Martinsried (11. Jh.: *Riede*) und Neuried (1155: *Niuwenried* »bei der neuen Rodung«).

30

Flurnamen als Siedlungsnamen

Flurnamen, die ursprünglich Gelände bezeichnen, können zu Siedlungsnamen werden, wie bei der Au (1340: *Awe*, »Land am Wasser«). Dachau (805: *Dahauua* »lehmige Aue«) mit dem alten Schloss der Wittelsbacher, das bis 1803 Sitz des Landgerichts für den Nordwesten von München war, hat den Namen von der Bodenbeschaffenheit im Ampertal. Der Name Priel (1305: *Prül*) bezeichnete ursprünglich eine bewässerte Wiese (Brühl) an der Isar bei Oberföhring. Warnberg (1185: *Warnberch*), auf der höchsten Erhebung des Stadtgebietes gelegen, bedeutet »(Siedlung) des Waro an einer Anhöhe«. Berg am Laim (812: *ad Perke* »an der Anhöhe (beim Lehm)«) und Laim (1047: *Leima* »Lehm«) lagen auf Lehmboden. Solln (1078: *Solon* »bei (Schweine)suhlen«) war offenbar Aufenthalt für Wildsschweine. Riem (957: *Riema* »riemenförmiges (Landstück)« und Gern (1024: *Gerin* »spitzes (Landstück)« bezeichneten auffällige Flurformen.

Einen Flussnamen beinhaltet Moosach (807: *Mosaha*, »Fluss am Moor«. Die Moosach (heute im Stadtgebiet Reigersbach und Feldmochinger Mühlbach), die bei Freising in die Amper mündet, entspringt hier. Langwied (1269: *Lanquat*) geht auf eine »lange Furt« am Gröbenbach zurück. Allach (774: *Ahaloh* »lich-

»Kaninchenberg bey Feldmoching«. Zeichnung 1819. Bei der im 20. Jahrhundert Hasenbergl genannten Flur in der Gemarkung Feldmoching wurden seit 1950 Siedlungen errichtet.

31

ter Wald am Fluss«) enthält die althochdeutschen Wörter *ach* »Fluß« und *loh* »lichter Wald«. Der Ort erstreckt sich entlang der Würm und war von Lohwäldern umgeben. Das Wort *loh* findet sich auch in Perlach (790: *Peraloh* »lichter Wald mit (Sau)bären= Ebern«), Pullach (um 790: *Puochloch* »lichter Wald mit Buchen«) und Großhesselohe (776: *Hesinloch* »lichter Wald mit Haseln«). *Hart* ist die alte Bezeichnung für den Weidewald. Haar (1315: *Harde*) geht hierauf zurück, ebenso Groß- und Kleinhadern (1075: *Harderun* »Bei den Leuten im Weidewald«).

Ortsnamen mit kirchlichem Bezug
Seit der Zeit um 700 tauchen auch Kirchen in Namen auf. Thalkirchen (1268: *Talkirchen*) war die im Isartal gelegene alte Pfarrkirche für Sendling. In Taufkirchen (um 1150 *Toufchirchen*) lag die Taufkirche von Ober- und Unterhaching. Ebenso finden wir in Johanneskirchen (815: *ecclesia sancti Johannis baptiste in loco Feringas'* »Kirche des Hl. Johannes des Täufers im Ort Föhring«) die von Ober- und Unterföhring. Baumkirchen (870: *Pouminunchirichen* »Kirche bei (Obst)bäumen«), geht auf Bäume in der Umgebung zurück. Da Kirchen damals noch fast immer aus Holzstämmen errichtet wurden, bezieht sich der Name kaum auf das Baumaterial. Steinkirchen bei Planegg (948: *Steininunchiricha*) zeigt dagegen, dass dieses Gotteshaus bereits aus Stein erbaut wurde. Ein Ortsteil von Oberföhring ist nach seiner Kirche St. Emmeram (1429 *sannd Haymryan*) benannt. Der Leichnam des um 715 in Aschheim ermordeten heiligen Märtyrers wurde von hier aus auf der Isar nach Regensburg befördert.

Der Name München taucht, teilweise mit Varianten und unterscheidenden Zusätzen, allein in Bayern über 50-mal auf. Meist sind Klöster und Mönche als Namenpatrone nachweisbar. Der Name der Landeshauptstadt ist erstmals bei der Erwähnung der Gründung des Marktes *apud Munichen* (»bei Mönchen«) 1158 bezeugt. Möglicherweise kommt der Name vom ältesten Kloster der Stadt, St. Jakob am Anger (Jakobsplatz), wo schon vor 1158 Mönche gewirkt haben könnten.

München im Mittelalter

Bayerische Herzöge von den Agilolfingern zu den Welfen
Im frühen Mittelalter lag der Münchner Raum abseits der großen historischen Entwicklungen. Der Frankenkönig Karl der Große soll der Sage nach in der Reismühle bei Gauting, wo die Karolinger einen großen Fronhof hatten, geboren sein. Er setzte 788 seinen Vasallen und Verwandten Tassilo III. als Herzog von Bayern ab und ließ ihn zum Tode verurteilen, weil Tassilo Karl wiederholt die Gefolgschaft verweigert hatte. Der letzte Herzog aus dem Stamm der Agilolfinger wurde dann gnadenhalber nur geblendet und in ein Kloster in Frankreich eingewiesen, ebenso seine Nachkommen.

Das Land stand nun direkt unter fränkischer Verwaltung. Im 9. Jahrhundert entwickelte es sich aber zum Kernland des deutschen Reiches. Der deutsche König Karlmann (†876) nannte sich *rex Bawariorum* (»König der Bayern«) und Regensburg war unter seinem Sohn König Arnulf (von Kärnten) (†896) erste feste Hauptstadt des Landes. Herzog Arnulf der Böse von Bayern (†937) erhielt dafür, dass er den Sachsen Heinrich I. als deutschen König anerkannte, von diesem Rechte wie die Gewalt über die Kirche zugestanden. Sein Beiname wurde Arnulf von der Geistlichkeit verpasst, weil er nach Ungarneinfällen Klostergüter einzog und unter seine Gefolgsleute verteilte. Bayern wurde 895 ein Amtsherzogtum, das von den mit der Königsfamilie eng verbundenen Luitpoldingern (Luitpold †907, Arnulf †937 und Berthold †947) verwaltet wurde. 947 wurde der Sachse Heinrich I. (†955), Bruder von König Otto I., als Herzog eingesetzt. 955 wurden in der Schlacht auf dem Lechfeld südöstlich von Augsburg die Ungarn, die bis dahin immer wieder Raubzüge unternommen hatten, vernichtend geschlagen. Das Heer führten König Otto I., der Große (†973), Bischof Ulrich von Augs-

33

burg, der Heilige (†973), und Herzog Heinrich I. (†955), der in der Schlacht starb.

In der Folgezeit kam es zu Auseinandersetzungen zwischen dem nachfolgenden Bayernherzog Heinrich II., dem Zänker (†995), der mit östlichen Nachbarn Bündnisse schloss, und den mit ihm eng verwandten Königen. Sein gleichnamiger Sohn wurde 995 Herzog von Bayern und schließlich 1002 als Heinrich II. (†1024) deutscher König. Er schuf das Bistum Bamberg und ließ mit seiner Frau Kunigunde dort den Dom errichten. Beide wurden heiliggesprochen. 1070 erhielt mit Welf I. (†1101) das aus Oberschwaben (Ravensburg) stammende Geschlecht der Welfen die Herzogswürde in Bayern. Dessen Urenkel Heinrich XII., der Löwe (um 1129–1195), Herzog von Sachsen, wurde 1156, nach dem Rücktritt von Heinrich XI. Jasomirgott von diesem Amt, auch Herzog von Bayern. Ein Streit mit seinem Vetter Kaiser Friedrich I. Barbarossa (†1190), dem er Waffenhilfe verweigert hatte, weil er ihm nicht genügend Güter dafür geboten hatte, endete mit der Absetzung des Herzogs 1180 und seiner Verbannung nach England, der Heimat seiner Frau Mathilde, 1182.

Wittelsbacher und Andechser
Friedrich Barbarossa ernannte 1180 den Pfalzgrafen Otto von Wittelsbach (†1183) zum Herzog von Bayern. Die Wittelsbacher hatten ihren Stammsitz bei Unterwittelsbach (westlich von Aichach) und dehnten ihren Machtbereich auf weite Teile Oberbayerns aus.

Das mächtigste Geschlecht in Bayern aber war am Ende des 12. Jahrhunderts das der Andechser, die seit dem 9. Jahrhundert im südwestlichen Oberbayern nachzuweisen sind und dann auch als Grafen den Raum Wolfratshausen und das Inntal beherrschten. Sie überließen 1157 ihren Stammsitz in Dießen am Ammersee dem von ihnen dort gegründeten Kloster und errichteten beim späteren Kloster Andechs über der anderen Seite des Sees eine neue Burg. 1173 wurden sie Markgrafen von Istrien, 1180

Herzöge von Kroatien, Dalmatien und Meranien, sowie 1208 Herzöge von Burgund. Zu ihrer Familie gehörten die Herzogin in Schlesien (Hedwig die Heilige), die Königin von Frankreich (Agnes) und die Königin von Ungarn (Gertrud). Deren Tochter, die heilige Elisabeth, war mit dem Landgrafen von Thüringen verheiratet. Die Andechser besetzten auch die Bischofsstühle von Bamberg und Brixen sowie das Patriarchat Aquileia. Sie gründeten Städte wie Bayreuth, Innsbruck und Kulmbach. Ein Einfluss auf die Entstehung Münchens ist nicht nachgewiesen. Sie waren hier aber als Vögte des Klosters Tegernsee präsent. Aus einem in München um 1190 vollzogenen Rechtsakt *coram duce Pertholdo de Meran* (im Beisein des Herzogs Berthold von Andechs-Meranien) ist zu erkennen, dass sie hier Amtsgeschäften nachgingen.

Der Niedergang dieser Familie begann, als Pfalzgraf Otto von Wittelsbach, ein Vetter von Herzog Ludwig I. († 1231), 1208 den deutschen König Philipp von Schwaben in Bamberg ermordete. Der Andechser Bischof Ekbert von Bamberg und Heinrich von Istrien wurden der Mithilfe bei der Tat bezichtigt und geächtet. Eine drei Jahre später erfolgte Rehabilitation half ihnen wenig. Zwar wurde die Stammburg der Wittelsbacher zerstört, es gelang diesen aber, die Herzogswürden zu behalten und von ihren Andechser Rivalen, die 1248 im Mannesstamm ausstarben, die Besitzungen in Oberbayern zu übernehmen. Bereits 1210 hatte König Otto IV., ein Sohn von Heinrich dem Löwen, den Wittelsbachern die Herzogswürde in Bayern erblich verliehen.

Gründung von München

Die Münchner Schotterebene hatte seit der Römerzeit eine Bedeutung als Verkehrsknotenpunkt. Von Süden (Alpen) nach Norden (Freising, Donau) floss die mit Flößen schiffbare Isar, und an ihrem Westufer befand sich ein wichtiger Fernhandelsweg, der Italien mit der Ostsee verband. Ihn kreuzten zwei Römerstraßen in Ost-West-Richtung, die noch weit ins Mittelalter genutzt wurden. Besonders wichtig war die Salzstraße, die bei Oberföhring die Isar überquerte, der Transportweg für das so wichtige Salz, das im Raum Reichenhall gefördert wurde. An der Brücke bei Oberföhring, auf Gebiet des Freisinger Bischofs, war eine Zollstelle, die dem Bischof Einnahmen sicherte. Heinrich der Löwe, Herzog von Sachsen und Bayern, war ein erfolgreicher Städtegründer, dem auch Lübeck, Schwerin und Landsberg am Lech ihr Entstehen verdanken sowie seine Residenzstadt Braunschweig eine Erweiterung. Er war rücksichtslos auf die Erhöhung seiner Einnahmen bedacht und scheute dabei nicht davor zurück, dem König zustehende Rechte, wie Zölle, für sich zu beanspruchen. Zum Herzogsgut gehörte das Brachland an der Isar beim heutigen München. Daher ließ Heinrich, wohl im Jahr 1157, als er ein Jahr nach seinem Amtsantritt in der Gegend war, hier eine Brücke und Straßen bauen, um den Salzhandel umzuleiten. Diese rechtswidrige Tat mit weitreichenden Folgen löste einen Streit zwischen dem Bischof und dem Herzog aus, der von Kaiser Friedrich I. Barbarossa auf dem Reichstag in Augsburg am 14. Juni 1158 entschieden wurde. In der Urkunde, die als »Augsburger Schied« in die Geschichte einging, wird München (*apud Munichen*) erstmals genannt. Im Text selbst wird die getroffene Regelung eine »gegenseitige Übereinkunft« genannt, durch die der Streit entschieden wurde. Gemeinhin spricht man von der »Gründungsurkunde« und vom »Stadtgründungstag«. Es handelt sich aber nur um die erste schriftliche Erwähnung von München.

Siegel der Stadt München mit Wappen
(Mönch mit Gugel, Stadttor und Adler) um 1268.

Die Verwendung des Namens *apud Munichen*, »bei (den) Mönchen«, lässt auf eine ursprüngliche Niederlassung von Mönchen in der Nähe schließen. Bereits im aus dem Jahr 1239 überlieferten ersten Siegel der Stadt ist ein Mönchskopf mit Kapuze und darüber Stadttor und Adler abgebildet. Eine Siedlung, die wahrscheinlich älter als der Markt München war, lag im Bereich des heutigen Altheimer Ecks, südwestlich vom Marienplatz, außerhalb der ältesten Stadtmauer. Der Name *Altheim* deutet, wie wir dies aus Vergleichsbeispielen, wie dem 1204 gegründeten Landshut, sehen, darauf hin, dass hier vor der Gründung des Marktes München eine Siedlung lag, die dann »Alter Ort« genannt wurde.

Der Augsburger Schied von 1158

Da die Kaiserurkunde für die Geschichte der Stadt besonders wichtig ist, wird sie hier im Wortlaut, übersetzt aus dem Lateinischen, wiedergegeben:

Im Namen der heiligen und unteilbaren Dreifaltigkeit. Friedrich, durch Gottes gütige Huld Kaiser der Römer und allzeit erhabener Herrscher, an seinen geliebten Onkel Otto, Bischof von Freising, und dessen durch kanonische Wahl zu bestellende Nachfolger in Ewigkeit:

Da wir durch Gottes Güte das Steuer des Römischen Reiches in Händen haben, ist es angemessen, dass wir mit dessen Hilfe nach besten Kräften für die Ruhe der Zeiten und den Frieden der Kirchen vorausschauend Sorge tragen. So erhoffen wir den uns anvertrauten Erdkreis in der Gegenwart friedvoll zu regieren und in der Zukunft als Lohn ewige Vergeltung vom König der Könige geschenkt zu erhalten. Deshalb haben wir den Streit, der um den Markt bei Oberföhring (Feringa) und München (Munichen) zwischen Dir, teuerster Onkel, der gegenwärtig die Würde des Bischofs von Freising trägt, und unserem hochedlen Vetter Heinrich, Herzog von Bayern und Sachsen, bekanntlich ausgetragen wird, bei unserem Zusammensein mit den Fürsten auf solche Weise entscheiden lassen, dass künftig zu einer Spannung jeder Anlass beseitigt sein dürfte, der dieser Sache wegen zwi-

schen Euch auftauchen könnte. Die gegenwärtigen Geschlechter aber und die kommenden sollen den Wortlaut der Abmachung kennen, die mit Eurer beider Zustimmung und Willen feierlich getroffen wurde: Der Markt, der bei Föhring (Veringen) abgehalten zu werden pflegte, die Zollbrücke und die Münzstätte werden dort künftig nicht mehr bestehen. Zum Ersatz dafür hat unser Vetter Herzog Heinrich der Kirche von Freising ein Drittel des Gesamteinkommens aus seinem Marktzoll zu München (apud Munichen) übertragen, sei es aus Abgaben für Salz, sei es für andere dort ein- oder ausgehende Groß- oder Kleinwaren.

Einen eigenen Zöllner aber soll nach Gutdünken jeder von Euch haben oder, wenn das für gut erscheint, beide zusammen einen, der jedem von Euch verantwortlich sein soll.

Mit der Münzprägestätte soll es ähnlich gehalten werden, indem ein Drittel ihrer Einkünfte der Bischof erhält, zwei Drittel aber dem Herzog zufließen. Das aber wurde vom Herzog in Treue gelobt, dass ohne List und Niedertracht diese einzelnen Anteile der Kirche von Freising ewig geleistet werden sollen. Die Münzstätte jedoch soll nach Gutdünken des Herzogs errichtet werden können. Die Freisinger Münzstätte soll endlich auch der Bischof nach eigenem Belieben errichten können. Von ihren Einkünften soll der Herzog nur ein Drittel erhalten und er soll diesen Anteil, er sei groß oder klein, nach dem Wunsch des Bischofs als Lehen an jemand weitergeben, wie er es auch bereits getan hat.

Wir bestimmen also und bekräftigen mit dieser Urkunde, dass die Festlegung dieser gegenseitigen Übereinkunft für alle Zeit unerschütterlich Geltung haben soll und dass jeder von Euch, was er erhalten hat, ungestört besitzen soll zu Eurer und Eurer Nachfolger ewigen Nutznießung. Damit weiter die Erinnerung an diese Abmachung nicht ausgelöscht werde, haben wir sie schriftlich niederlegen und mit dem Aufdruck unseres Siegels versehen lassen. Wir haben sie auch, wie unten zu ersehen ist, mit eigener Hand bekräftigt und die anwesenden Zeugen am Schluss aufzeichnen lassen. Ihre Namen sind: Arnold Erzbischof von Mainz, Friedrich Erzbischof von Köln, Gebhard Bischof von Würzburg, Hermann Bischof von Verden, Konrad Bischof von Augsburg, Eberhard Bischof von Bamberg, Friedrich Herzog von

Schwaben, Hermann Markgraf von Verona, Dietrich Markgraf von der Lausitz und sein Bruder Heinrich.
Zeichen des Herrn Friedrich, des unbesiegten Kaisers der Römer.
[Monogramm]
Ich Rainald, Kanzler, habe an Stelle des Herrn Erzbischofs von Mainz und Erzkanzlers
nachgeprüft.
Gegeben zu Augsburg, am 14. Juni im 1158. Jahr nach Christi Geburt, in der 6. Indiktion, unter der Regierung Friedrichs, des erhabenen Kaisers der Römer, im 7. Jahr seiner Herrschaft als König, im 3. als Kaiser.
Amen.

Rechte des Freisinger Bischofs und des Herzogs

Nachdem 1180 Heinrich der Löwe durch Kaiser Friedrich Barbarossa als Herzog abgesetzt worden war, klagte Bischof Adalbert von Freising beim Kaiser, dass Heinrich von Braunschweig den Markt in Föhring mit einer Brücke, den seine Kirche seit lange zurückliegenden Zeiten unangefochten besessen hatte, zerstört und gewaltsam in das Dorf München verlegt habe. Über diese Rechtssache entschieden die Fürsten auf einem Hoftag in Regensburg am 13. 7. 1180, dass die Tat Heinrichs rechtsungültig sein solle. Daraufhin widerrief Friedrich Barbarossa die Verlegung des Föhringer Marktes in das Dorf München und erstattete das Marktrecht mit dem Brückenzoll dem Freisinger Bischof zurück. In der einzigen zeitgenössischen Quelle, den Schäftlarner Annalen, steht dazu lapidar: *München wurde zerstört, Föhring wiedererrichtet.*

Diese angeordnete Zurückverlagerung des Marktes und die Wiedererrichtung der Brücke in Oberföhring wurden dann jedoch offensichtlich nicht vollzogen. Wahrscheinlich verzichtete der Freisinger Bischof auf eine Vollstreckung des kaiserlichen Urteils, weil er mehr Rechte und Einkünfte in München erhielt und dadurch höhere Einnahmen erzielte als mit der Durchsetzung seiner Rechtsposition. Die neue Brücke mit neuem Markt war offenbar auch in den 23 Jahren ihres Bestehens bis 1180 von den Kaufleuten gut angenommen worden. Durch den Salzhandel erfuhr München, das erstmals um 1210 als Bürgergemeinde oder Stadt (*civitas*) bezeichnet wurde, einen rasanten Aufschwung. Vom Recht, das die Freisinger Kirche in der Stadt München habe und das der Herzog sich willkürlich aneigne, kündet 1231 ein Mandat Papst Gregors IX., in dem der Papst den Salzburger Erzbischof beauftragte, gegen den Herzog Kirchenstrafen zu verhängen, falls dieser nicht von der Bedrückung der Freisinger Kirche ablassen und entsprechenden Schadensersatz leisten würde.

Eines der Rechte, die das Hochstift Freising zu München hatte, war die Zollherrschaft. Dies geht aus zwei Urkunden von 1237 und 1286 hervor. Im Gegensatz zur Urkunde von 1237 spricht der Bischof in der Urkunde von 1286 die Zollbefreiung nur für sein Recht aus, während sich eine weitere Zollbefreiung dieses Bischofs, die dieser 1288 dem Kloster Tegernsee gewährte, auf die Abgabenfreiheit an der Brücke bei München beschränkte. Anders als im ältesten bayerischen Herzogsurbar (Güter- und Abgabenverzeichnis) um 1231 heißt es im zweitältesten um 1280, dass der Herzog in München Einkünfte auch aus dem Zoll bezog. Dies alles zeigt, dass der Freisinger Bischof seit etwa 1280 nicht mehr der alleinige Zollherr zu München war. Das Bistum Freising erhielt aber noch bis zur Säkularisation im Jahr 1802 Gelder aus dem Brückenzoll, die dann an den Staat als Rechtsnachfolger übergingen.

Der Stadtherr Münchens war der bayerische Herzog, auf dessen Territorium es lag. Die Gewalt des Königs über München war auf die Regalien, königliche Rechte wie die Erteilung des Markt- oder des Stadtrechts, die Errichtung von Befestigungsanlagen, Gericht, Geleit, Münze und Zoll beschränkt. Diese Rechte gingen erst 1232 durch das von Kaiser Friedrich II. erlassene *Statutum in favorem principum* auf die fürstlichen Landesherren über. Sie waren vor allem der Grund, dass im 14. Jahrhundert die herzoglichen Einkünfte in München die des Freisinger Bischofs um ein Vielfaches überstiegen. Aus einem um 1340 abgefassten Verzeichnis geht hervor, dass der Herzog aus den Münchner Zöllen über 5000 Pfund Münchner Pfennige erlöste. Hinzu kamen noch andere Erträge, wie z. B. von der Stadtsteuer (600 Pfund), von den Mühlen (200 Pfund) oder von den Brauern (50 Pfund). Um ihre Einkünfte zu steigern, förderten die Herzöge die Stadt München. So verfügte Ludwig II. 1265, dass kein Münchner Bürger außer den herzoglichen Beamten von Steuern und anderen Diensten ausgenommen war. Die Güter der geistlichen Institutionen blieben aber ebenfalls unbesteuert. Eine weitere Einnahmequelle, die die Herzöge in München hatten, war die Münzstätte.

Kirchen und Klöster

Die Pfarrkirche St. Peter wurde wohl schon bald nach 1158 errichtet, ist aber erst um 1225 erstmals erwähnt, als Herzog Ludwig der Kelheimer in *ecclesia sancti Petri Muonichen* eine Amtshandlung durchführte. Der Kirchenbau war eine dreischiffige Pfeilerbasilika, ohne Querschiff in romanischem Stil begonnen. Nach dem Brand im Jahr 1327 wurde St. Peter in gotischem Stil wieder aufgebaut. Bereits um 1170 ist als erster Pfarrer und Dekan Heribord bezeugt, der zugleich in der Pfarrei von St. Peter und Paul Feldmoching amtierte.

Da die Stadt »ins unermessliche« wuchs, wurde am 14. November 1271 von Bischof Konrad von Freising die Pfarrei mit Pfarrvolk, Friedhof, Zehnten und Pfründen geteilt und die Marienkirche feierlich zur zweiten Pfarrkirche Münchens erhoben. Die Grenze zwischen den beiden Sprengeln bildete die Achse Tal – Neuhauser Straße. Gleichzeitig wurde auch das Heiliggeistspital als eigene Pfarrei mit Begräbnisrecht bestätigt. Die ursprüngliche romanische Marienkapelle aus dem 12. Jahrhundert musste mehrmals erweitert und schließlich abgerissen werden. Die heutige Frauenkirche wurde von 1468 bis 1488 durch den Baumeister Jörg von Halsbach in gotischem Stil neu errichtet. Stadt und Herzog wirkten hier zusammen, da die Kirche damals auch Hofkirche und damit die wichtigste im Herzogtum war.

Im 15. Jahrhundert entstanden in gotischem Stil auch Kreuz-
und Salvatorkirche als Friedhofskirchen für die Pfarreien St. Peter und zu Unserer Lieben Frau.

Das älteste Kloster, das vielleicht schon bei der Gründung des
Marktes *apud Munichen* bestand, war St. Jakob am Anger. Am
Ende des 13. Jahrhunderts wurden auch Klöster der Franziskaner, der Augustiner und der Klarissen sowie zwei Nonnenhäu-
ser, Letztere benannt nach ihren Stifterfamilien Püttrich und
Ridler, gegründet. Dazu kamen weitere Klöster und sogenannte Seelhäuser, Letztere gestiftet von den Familien Kazmair,
Mäusel, Rudolf, Pienzenauer, Schluder, Schrenk, Sendlinger
und Wilbrecht. Außerdem unterhielten die anderen Klöster des
Herzogtums meist Niederlassungen in der Residenzstadt. Für
das Jahr 1500 geht man bei einer Einwohnerschaft von etwa
13 500 Menschen von rund 700 Geistlichen und Pfründnern
sowie 600 Angehörigen des Hofes aus, das heißt also, dass über
5 Prozent der Bevölkerung dem geistlichen Stand angehörten.
Neben ihren religiösen Pflichten arbeiteten Ordensmitglieder
auch und sicherten damit die wirtschaftliche Basis ihrer Klöster.
Aufgaben waren die Fürsorge für Arme, Kranke und Alte sowie
die Beherbergung von Pilgern und anderen Reisenden. Dazu
gehörten auch Brauerei und Ausschank.

Heiliggeistspital

Bereits 1208 gründete wohl Herzog Ludwig der Kelheimer vor
der Stadtmauer ein Pilgerhaus. Das Gebäude lag südöstlich vom
heutigen Alten Rathaus und wurde dem Orden der Brüder vom
Hl. Geist übertragen. Der Zulauf war so groß, dass die ursprünglichen Räumlichkeiten bald nicht mehr genügten. Das Anwach-
sen der Bevölkerung verlangte zudem dringend die Einrichtung
einer Pflegestätte für Kranke. Die Spitalgebäude lagen im Norden des heutigen Viktualienmarkts und bestanden aus Pilgerhaus, Altersheim, Waisenhaus und Pflegehaus für einfache
Krankheiten. Am 31. Oktober 1250 ist das Heiliggeistspital in
einem Schutzbrief des Papstes Innozenz IV. erstmals bezeugt.

Im 14. Jahrhundert wurde die dem Hl. Geist und der hl. Katharina geweihte Kirche neu errichtet. Herzog Otto II. (1231–1253) übertrug dem Heiliggeistspital einen Teil der Einkünfte des Zolls von der nahen Isarbrücke. Papst Urban IV. stellte 1262 die Stiftung unter seinen Schutz und bestätigte ihre Rechte für ewige Zeiten. Das Stiftungsvermögen unterstand der Mitverwaltung des Magistrats. Schon 1250 besaß das Spital Güter in der Umgebung der Stadt, gestiftet durch Herzog, Adelige und Patrizier. Auch die Kirche unterstützte die Stiftung mit Almosensammlungen.

Von den zahlreichen Stiftungen ist die des Münchner Bürgers Burghard der Wadeler und seiner Hausfrau Hailwich vom 12. Juli 1318 mit der großen Summe von 46 Pfund Pfennigen und 3 Batzen besonders bemerkenswert. Dieses Geld war zu einer wöchentlichen und jährlichen Sonderspeisung für die Spitalinsassen bestimmt. Außerdem waren davon jedes Jahr um 3 Pfund Pfennige Brezen zu kaufen, »deren man 4 um 1 Pfennig gibt«. Davon sollte jeder Arme zwei bekommen. Es ritt dann nachts 12 Uhr vom Heiliggeisthof ein Mann auf einem Schimmel, dem drei Hufeisen gelockert waren, bis zur Hauptwache und rief aus: »Ihr alt und junge Leut, geht zum Hl. Geist, wo man die Wadeler Brezen geit.« Beim Heilggeistbäcker wurden nun bis mittags 12 Uhr umsonst Brezen ausgeteilt. Diese Stiftung wurde erst 1801 aufgehoben. In der Heiliggeistkirche zeigt ein Deckengemälde den Schimmelreiter.

Auch Kaiser Ludwig der Bayer gab namhafte Zuschüsse zur Errichtung des Spitals, das bis 1330 nach einem Brand schöner und größer wieder erstand. Papst Nikolaus V. half, indem er 1329 allen Spendern für den Wiederaufbau des *hospitale Monacensis* den Ablass der Sünden verlieh.

Die Brüder vom Hl. Geist verließen 1333 wegen des päpstlichen Banns über Kaiser Ludwig das Spital. Dessen Verwaltung ging nun vollständig an die Stadt über, die einen Spitalmeister anstellte, der zusammen mit seiner Frau für die Bedürfnisse der Pilger, Kranken und Pfründner zu sorgen hatte. Das Spital verfügte über eine eigene Brauerei, Wirtschaftsgebäude, Gemüsegärten, Mühle, Bäckerei und Fleischbank. Es war zu einer Art Stadt in der Stadt geworden, die sich am Platz des heutigen Viktualienmarktes ausdehnte. Die Aufgaben erweiterten sich ständig: 1498 wurden eine Findelstube (Waisenhaus) und eine »Stube der Sinnlosen« (Psychiatrie) mit dem Spital verbunden, 1589 kam eine Gebärstube dazu. Als 1808 im Hof des Spitals von König Max I. der Viktualienmarkt eingerichtet wurde, zog man 1823 in umgebaute Gebäude des ehemaligen Elisabethinerinnenklosters in der Mathildenstraße. Wegen Raummangels und unzumutbarer hygienischer Verhältnisse dort verlegte man das Spital schließlich 1907 in ein neu errichtetes Gebäude in der Dom-Pedro-Straße in Neuhausen am damaligen Stadtrand.

Patrizier, Handwerker und Verwaltung
Das Münchner Patriziat, das die Stadt beherrschte, bestand hauptsächlich aus gut zwei Dutzend eng miteinander verwandten Familien wie den Astaler, Barth, Diener, Eisenmann, Eßwurm, Gaggenau, Guldein, Hundertpfund, Impler, Kaufinger, Kazmair, Ligsalz, Pötschner, Pütrich, Reitmor, Ridler, Rosenbusch, Rudolf, Schluder, Schrenk, Sendlinger, Stockhammer, Stupf, Tichtl, Tulbeck, Weißenfeld und Wilbrecht. Diese Geschlechter besetzten abwechselnd die zwölf Sitze im Inneren Rat

Wappen Münchner Patrizierfamilien.

und die Bürgermeisterposten. Sie waren überwiegend sehr reich. So mussten z. B. im Jahr 1381 allein die 24 Mitglieder des Inneren und Äußeren Rats etwa ein Viertel der Steuersumme der ganzen Stadt aufbringen. Nur wer über genügend Geld verfügte, konnte es sich leisten, hier politische Ämter zu bekleiden. Die Patrizier schlugen im großen Stil Salz oder Tuche um, machten Geldgeschäfte oder waren, besonders im 15. Jahrhundert, an Bergwerken beteiligt. Natürlich wurde Geld auch in Haus- und Grundbesitz angelegt. Sie erwarben am Ende des Mittelalters viele Güter und Hofmarken in der Umgebung und wandelten sich so zum Landadel. Die Ausübung eines Handwerks oder Straßenhandel vertrugen sich nicht mit der Würde der Geschlechter.

Die zahlreichen Handwerker Münchens waren seit dem 14. Jahrhundert in Zünften organisiert, die Gewerbeangelegenheiten regelten, besaßen aber ursprünglich keine politischen Rechte. Man musste in einer solchen Zunft Mitglied sein, um das jeweilige Gewerbe ausüben zu können. Trotz ihrer wirtschaftlichen Bedeutung für die Stadt war der Einfluss der Handwerker gering. Nach der Gemeindeverfassung wurden zwölf Mitglieder vom Patrizierstand durch eine Versammlung von 300 Geschworenen, der »Gemeinde«, in den »Inneren Rat« gewählt, der dann die Bürgermeister und den »Äußeren Rat« berief. Die Stadtobrigkeit musste dem Herzog als Stadtherren jährlich Treue schwören und ihn bei Streitigkeiten einschalten. Probleme gab es häufig mit dem Haushalt, den der Rat zu verantworten hatte.

Ehrenämter wie Stadtkämmerer und Stadthauptleute wurden jährlich vergeben. Zur Zeit Ludwigs des Bayern hatte München erst wenige besoldete Beamte wie Stadtschreiber und Bürgerknecht, Stadtarzt und Apotheker, Turmwächter und Henker. Der Stadtschreiber musste über Rechtskenntnisse verfügen und die Ratssitzungen protokollieren. Daneben war er auch politischer Berater und Gesandter. Die Zahl der städtischen Bediensteten wuchs im Laufe des Mittelalters an. Grundsatz war, dass die geleisteten Dienste von den Verursachern bezahlt werden mussten und die Ämter möglichst noch Gewinn erwirtschaften sollten.

Landwirtschaft

Im Bericht des Amtsarztes für das Landgericht München aus dem Jahr 1861, als die landwirtschaftlichen Verhältnisse denen im Mittelalter noch sehr ähnlich waren, wird festgestellt: »Die Bodenkultur ist höchst undankbar; die Bodenkrume besteht fast durchgehend aus dem sogenannten leichten Boden d. h. die Humuslage ist ganz unbeträchtlich, oft nur einige Zoll tief und ohne viel beigemengten Lehm. Von eigener Kraft bringen unsere Äcker und Wiesen nur spärliche Gräser und schlechte Pflanzen hervor; die Nutzgewächse müssen durch reichliche Düngung erzwungen werden, und selbst diese gedeihen nur in nassen Jahren. Selbst in ganz guten Jahren gibt das Getreide nur einen dreifachen Samen.«

Von diesem spärlichen Ertrag war dann noch ein großer Teil abzuführen, wovon Obrigkeit, Adel und Kirchen hauptsächlich lebten. Meist brauchten die Bauern den größten Teil der Ernte für den Eigenbedarf, für Abgaben und für Saatgut. Es reichte oft nur knapp zum Überleben. Die Armut auf dem Lande trieb die Menschen stets nach München, da sie hier auf bessere Lebensbedingungen hoffen konnten. Trotz der schlechten Bodenqualität wurden im Mittelalter auch innerhalb der Mauern und im ganzen Burgfrieden, wo dies möglich war, Ställe, Gärten und Felder angelegt oder Gelände als Weide genutzt. Viele Bewohner der Stadt waren Ackerbürger oder wenigstens Selbstversorger mit Gemüsegärten und Kleintierhaltung. Der Großteil der Lebensmittel, die benötigt wurden, musste aber in die Stadt eingeführt werden.

Bier und Bordell

Im Mittelalter trank man in München mehr Wein als Bier. Als sich dies änderte, wurden in der Umgebung zahlreiche Hopfengärten angelegt. Wegen der teilweise schlechten Qualität des Trinkwassers galt es als gesünder, Bier zu trinken. Dieses war auch wegen seines starken Nährgehaltes Volksnahrungsmittel. Schon seit etwa 1280 sind Bierbrauer in der Stadt bezeugt, und das Brauwesen entwickelte sich schließlich zum bedeutendsten

Wirtschaftszweig. So gab es am Ende des 15. Jahrhunderts bereits 38 Brauereien in München, hundert Jahre später 74. Die Herzöge vergaben gegen gute Bezahlung diese Braulehen.

Das Bordell Münchens war ursprünglich im Haus des Henkers untergebracht, wo es aber zu Exzessen kam. Der Rat befürchtete 1433 eine Abwanderung der »gemeinen Töchterlein« aus München, da in der Stadt Glücksspiele um Geld verboten bzw. eingeschränkt worden waren. Man beschloss daher, »um viel Unheil an Frauen und Jungfrauen zu verhüten«, die Errichtung eines öffentlichen städtischen Freudenhauses. Dafür wurde ein Neubau mit zwölf »Mädchenkammern« in der Mühlgasse am Anger errichtet. Geistlichen, Juden und Ehemännern war der Zutritt verboten, und Bürgerstöchter aus München durften hier nicht arbeiten. Das Haus, das keinen Gewinn erwirtschaften durfte, musste 1498 mit Wachen vor Gesellen geschützt werden. Sie wollten den »Frauenwirt« erschlagen, wohl weil sie sich hier mit der neuen Franzosenkrankheit (Syphilis) angesteckt hatten, ein Vorgang, der als »Gesellenaufstand« in die Geschichte einging. Am Ende des 16. Jahrhunderts wurde das Freudenhaus geschlossen.

Handel und Märkte

Am Beginn der Entwicklung Münchens war der Marktplatz von größter Bedeutung. Die Stadt hatte nicht nur ein Stapelrecht, was bedeutete, dass die Salzhändler ihre Ware hier anbieten mussten, sondern sogar eine verbriefte Monopolstellung. Salz war bis in die Neuzeit hinein wichtigster Konservierungsstoff und das hauptsächlich verwendete Gewürz, unverzichtbar und kostbar. Daher ist die Menge von rund 100 000 Scheiben Salz von etwa 1/2 Zentner, die auf 6250 Lastkarren im Jahr 1370 in die Stadt rollte und hier zum Verkauf stand, zu erklären. Sie steigerte sich bis zum Jahr 1610 auf 168 000 Salzscheiben, die aus der Stadt transportiert wurden. Bis zum Anfang des 15. Jahrhunderts wurde das Salz auf den Wochenmärkten am Hauptplatz gehandelt, dann wurden eigene Salzstädel an verschiedenen Stellen der Stadt errichtet. Am Salzhandel verdienten nicht nur die

Salzsender, sondern auch andere mit Transport, Lagerung und Aufbereitung beschäftigte Personen, ja letztlich die ganze Stadt. Daneben war München ein Fernhandelsplatz für Wein, Tuche und Gewürze, hauptsächlich hochwertige Produkte, die aus dem Süden importiert wurden. Im 13. und 14. Jahrhundert trieben viele Münchner mit kostbaren Textilien wie Samt, Seide, Goldbrokat und Tuch aus Flandern Handel. Händler aus der Stadt waren damals die größten Abnehmer von Weinen aus Südtirol. Man handelte aber auch mit Metallwaren und anderen Artikeln.

Der heutige Marienplatz als Marktplatz um 1800.

Der wichtigste Marktplatz war der heutige Marienplatz. Hier wurde außer Salz mit Getreide, Brot, Fleisch, allen übrigen Lebensmitteln und Wein, aber auch mit Stoffen und Schuhen gehandelt. Die Schranne war der bedeutendste Getreidemarkt in Süddeutschland. An den Fischmarkt erinnert noch der Fischbrunnen. Daneben standen das Gerichtshaus und die Münzstätte. Der wichtige Weinmarkt wurde wahrscheinlich ursprünglich in der in Süd-Nord-Richtung verlaufenden Weinstraße abgehalten. 1808 wurden die Lebensmittelmärkte auf den Viktualienmarkt verlegt, der im Hof des Heiliggeistspitals neu errichtet worden war. Der Rindermarkt ist 1242 erstmals an der Stelle erwähnt, wo heute Name und Brunnen an ihn erinnern. Er wurde, wie auch der Rossmarkt, im 14. Jahrhundert zum Oberen Anger hin verlagert. Beim Altheimer Eck gab es einen eigenen Saumarkt, später wurden auch Geflügelmärkte eingerichtet. Holz war wichtigster Bau-, Werk- und Brennstoff. Die Stämme wurden meist auf der Isar nach München geflößt und z. B. an den schon 1310 genannten Isar- und Bachländen gestapelt. Der Holzbedarf in der Stadt war groß; im Jahr 1497 wurden beispielsweise 3312 Flöße gezählt. Mit dem Holz wurde dann auf kleineren Märkten in den Straßen der Stadt gehandelt.

Seit dem 14. Jahrhundert bestand ein Dultmarkt bei St. Jakob am Anger, der anfangs nur drei Tage vom 24. bis 26. Juli dauerte, aber dann auf eine, zwei oder vier Wochen ausgedehnt wurde. Daraus entwickelte sich die Jakobidult, die lange Zeit der einzige Jahrmarkt Münchens blieb. Sie wuchs im Mittelalter zu einer Messe, die auch von auswärtigen Kaufleuten besucht wurde und auf der Fernhandelsgüter im Angebot waren. Der Dultplatz wurde seit dem Ende des 16. Jahrhunderts mehrfach gewechselt. Nach der Zusammenlegung der Münchner mit der Auer Dult am Mariahilfplatz 1905 findet das Fest bis heute dort in Form der Mai-, Jakobi- (oder Sommer-) und Herbstdult statt.

Stadtbäche

Die Stadtbäche waren ursprünglich natürliche Arme der Isar, die im alten Flussbett geblieben waren, während sich der Hauptstrom nach Osten verlagert hatte. Durch mehrere Kanalbauten unterstützt, hatten sie eine wichtige Bedeutung für die Entwicklung der Stadt. Der große Stadtbach floss unterhalb von Thalkirchen von der Isar ab. Sein Wasser wurde dann in die inneren Bäche und die äußeren Bäche aufgegliedert. Die äußeren Bäche strömten zwischen Stadt und Isar entlang, die inneren Bäche wurden in die Gräben der Befestigungsanlage geleitet, flossen aber auch in mehreren kleinen Läufen durch die Stadt. Sie wurden im Nordosten wieder zusammengeführt und ergossen sich durch die Auwälder im Bereich des späteren Englischen Gartens in die Isar. Dort und am Glockenbach kann man sie noch sehen. Sonst wurden sie in Rohre gelegt oder beseitigt. Vom Angerbach, Germbach, Kainzmühlbach, Katzenbach, Köglmühlbach, Kupferhammerbach, Lazarettbach, Malzmühlbach, Pesenbach oder Rossschwemmbach künden noch Straßennamen. Die Namen zeigen die Hauptfunktionen an: Waschen und Tränken von Tieren sowie Antrieb von Mühlen. In den zahlreichen Mühlen in und vor der Stadt wurde Mehl gemahlen, und sie dienten zum Sägen, Schleifen, Walken und Hämmern. Man brauchte Wasser als Rohstoff und Reinigungsmittel. Andererseits dienten die Bäche zum Abtransport von Unrat und Fäkalien als Ersatz von Kanalisationssystem und Müllabfuhr. Allerdings wurde schließlich bei Strafe verboten, den Inhalt von Gruben und anderen Unflat hier wegzuschwemmen.

Seuchen, Hunger und Stadtbrände

Durch die unhygienischen Verhältnisse bei der Lebensmittelherstellung, Trinkwasserversorgung, Abwasserbeseitigung und Müllentsorgung konnten sich Pest und andere Seuchen ausbreiten, an denen Tausende starben. Dazu kamen häufig Hungersnöte. Das Korn (= Roggen), die Hauptnahrung aller Schichten, schwankte stark im Preis, der nicht nur durch die Angebotsmengen bestimmt war. Erst mit der Kartoffel, deren Anbau Graf Rumford um 1790 in Bayern einführte, konnten Hungersnöte in Friedenszeiten weitgehend verhindert werden.

Ein Problem, besonders für Lohnempfänger, war eine dramatische Geldentwertung in der Mitte des 15. Jahrhunderts. Reiche, die mit Goldmünzen ihre Geschäfte abwickelten, Schieber und Geldwechsler konnten aus der Verschlechterung der Silbermünzen Gewinn ziehen, ein Arbeiter erhielt aber für seinen in Pfennigen ausbezahlten Tagesverdienst kaum ein Brot. Hunger und Elend waren die Folge. Feuersbrünste legten in den Jahren 1221, 1327, 1407 und 1418, 1429, 1434 Teile der Stadt in Schutt und Asche.

München wird Residenz und erhält ein eigenes Stadtrecht

1255 wurde das Herzogtum Bayern in Ober- und Niederbayern geteilt. Oberbayern gelangte dabei an Herzog Ludwig II., der sich in München eine Residenz, die »Alter Hof« oder »Alte Burg« genannt wurde, bei der nordöstlichen Stadtmauer und dem Graben erbaute. München war damit Residenzstadt. Die Bevölkerung nahm weiter zu, und die Stadt wurde räumlich erweitert. Im 13. und 14. Jahrhundert wurde sie mit einem neuen, erheblich größeren, Mauerring umgeben, der bis gegen Ende des 18. Jahrhunderts fortbestand. Noch heute sind drei Tore dieser Mauern, allerdings in stark veränderter Form, erhalten: das Neuhauser Tor (Karlstor), das Sendlinger Tor und das Isartor. An der Stelle des Schwabinger Tores steht die Feldherrnhalle.

Die Rechtssatzungen Münchens wurden zuerst in einer Urkunde Herzog Rudolfs im Jahr 1294 zusammengefasst und bestätigt. In den dreiundzwanzig Artikeln dieser ›Rudolfinischen Handfeste‹ wurden wesentliche Fragen geregelt, die den Herzog und die Stadt betreffen. Unter anderem wird festgesetzt, dass der Herzog einen Stadtrichter nur nach Rat und Bitte der Bürger einsetzen soll. Auch werden den Bürgern Selbstverwaltung und eigene Gerichtsbarkeit – mit Ausnahme der über den Totschlag – zugestanden. Diese Rechtssatzung wurde dann durch ein Stadtrechtsbuch erweitert, das Kaiser Ludwig der Bayer 1340 bestätigte.

Judenverfolgungen

Im Jahr 1229 ist ein *Abraham de Municha* in Regensburg erwähnt. Wahrscheinlich wohnten schon seit der Gründung des Marktes Juden in München. Die Bürger veranstalteten hier bereits 1285 ein erstes Pogrom, ausgelöst durch einen angeblichen Ritualmord. Über 60 Personen jüdischen Glaubens hatten in einem Haus, man vermutet, der Synagoge, Schutz gesucht, das dann angezündet wurde.

Bereits zwei Jahre später wurden wieder Juden in der Stadt ansässig. Auch in den folgenden Jahrhunderten kam es immer wieder zu Verfolgungen. Im Jahr 1380 erwarb die Judengemeinde ein Haus in der Judengasse, der späteren Gruftgasse, an der damaligen Stadtmauer und richtete hier ihre Synagoge ein.

1413 wurden die Juden dann einer Hostienschändung bezichtigt. Seit 1420 wurde das Schutzgeld vom Herzog auf 10 Gulden pro Familie erhöht, 1422 auf 20 Gulden. Dies führte dazu, dass viele Juden wegzogen. 1427 wurde die schöne Ursel aus Wolfratshausen aus der Stadt gejagt, weil sie angeblich einen Pfaffen so bezaubert hatte, dass er Messbuch und Messgewänder an Juden versetzte. Schließlich wurden alle Juden 1442 aus ganz Oberbayern vertrieben. Ihre Synagoge, deren Keller Gruft hieß, wurde in zwei Kirchen, die untere Gruftkapelle und die Neustiftkapelle umgewandelt. Bis zur Säkularisation 1803 war hier eine vom Kloster Andechs betreute Wallfahrtsstätte. Nach dieser Kirche wurde die bis ins 20. Jahrhundert hinter dem Neuen Rathaus bestehende Gruftgasse benannt.

München als Hauptstadt unter Kaiser Ludwig dem Bayern
Herzog Ludwig IV. von Bayern wurde 1287 als Sohn von Ludwig III., dem Strengen, Pfalzgraf und Herzog von Oberbayern, und Mechthild, Tochter von Kaiser Rudolf von Habsburg, geboren. Geschickt verstand er es, seine Miterben und Rivalen auszuschalten und zu besiegen. Am 20. Oktober 1314 wurde der Wittelsbacher von der Mehrheit der Kurfürsten in Frankfurt am Main zum deutschen König gewählt und am 25. November 1314 vom Mainzer Erzbischof in Aachen gekrönt. Schon am 19. Oktober 1314 war aber Herzog Friedrich der Schöne von Österreich, mit dem zusammen Ludwig in Wien erzogen worden war, von den übrigen Kurfürsten gleichfalls zum deutschen König gewählt worden und wurde auch am 25. November 1314 vom Kölner Erzbischof in Bonn gekrönt. Über die Königswürde wurde nun wieder ein Krieg zwischen den Vettern geführt. Auch die Münchner Bürger leisteten für König Ludwig dabei Gefolgschaft. Mit dem Sieg in der Schlacht bei Mühldorf am 28. September 1322 entschied Ludwig den Kampf zu seinen Gunsten.

München gelangte durch sein Königtum als Residenzstadt seines landesfürstlichen Territoriums zu weltpolitischer Bedeutung. Es beherbergte auch von 1324 bis 1350 die vom Gegenkönig Friedrich ausgelieferten Reichskleinodien, die in der Hofkapelle Tag und Nacht von Zisterziensermönchen bewacht wurden. Die Stadtfarben Münchens, Schwarz/Gelb, entstammen dem Reichswappen (schwarzer Adler auf goldenem Grund) und gehen auf diese Zeit zurück. In den fast 33 Jahren seiner Regierungszeit als König (1314–1347) hielt sich der im Jahre 1328 auch zum Kaiser des Heiligen Römischen Reiches Deutscher Nation gekrönte Ludwig nachweislich über 2000 Tage in München auf.

1255 hatten die Wittelsbacher im Nordosten des damaligen München ihre Residenzburg, den Alten Hof, errichtet. Unter Ludwig wurde nun der Mauerring der Stadt erweitert und ausgebaut, der sie bis zum Ende des 18. Jahrhunderts umschloss. Zwischen dem Schwabinger Tor (1318) und dem Isartor (1337) wurden das Neuhauser Tor, das Sendlinger Tor und das Schif-

Alter Hof mit Affentürmchen. Foto um 1900.

53

fertor mit den Befestigungsanlagen errichtet. Im Februar 1327 brach in der Nähe des Angerklosters ein Brand aus, der etwa ein Drittel der Stadt verwüstete. Dies veranlasste den Kaiser 1342 zu der Verordnung, dass in München Neubauten mit Ziegeln, statt wie vorher üblich mit Holzschindeln oder Stroh, gedeckt werden sollten.

1315 verfügte der König, dass der Marktplatz nicht durch weitere Bebauung verengt werden dürfe. Außerdem erlaubte er den Bürgern die Verlegung der Brotbänke und des Gerichtshauses an andere Stellen. Die wirtschaftliche Entwicklung Münchens förderte besonders das 1332 gewährte Salzhandelsmonopol. Alles im Herzogtum Bayern zwischen Landshut und dem Gebirge über die Isar westwärts geführte Salz durfte nur bei München den Fluss überqueren und musste dort zum Verkauf angeboten werden. Zur Einfuhr des Salzes in die Stadt und zum Weiterverkauf waren nur die Bürger von München und ihre Diener berechtigt. Außerdem nahm der Kaiser die nach München kommenden Kaufleute und deren Gut unter seinen Schutz.

Geistiges Zentrum

Der Hof in München wurde unter Ludwig Zentrum für Gelehrte und Künstler. Hier entstanden kirchenpolitische Streitschriften von geschichtlicher Bedeutung und gingen in die christliche Welt. Der in Avignon residierende Papst Johannes XXII. (1316–1334) wurde nach heftigem Streit zwar als Friedensstörer und Häretiker 1328 vom Kaiser abgesetzt, nahm aber den von Ludwig in Rom als sein Nachfolger eingesetzten Nikolaus (V.) gefangen und belegte den Kaiser mit dem Kirchenbann. Der galt nun auch für das Herzogtum Bayern bis zum Jahr 1359.

Im Rahmen der Innenpolitik Ludwigs des Bayern begann sich in dessen Kanzlei die deutsche Schriftsprache zunehmend gegen die lateinische durchzusetzen. Hier wurde Ludwig besonders durch seine Hofbeamten Magister Ulrich Wild (1324–1328) und Ulrich Hofmaier von Augsburg (1331–1346) unterstützt. Ulrich Hofmaier war Herausgeber staatstheoretischer Schriften gegen den Papst. Er lehnte sich dabei an die Anschauungen des Florentiners Dante Alighieri (1265–1321) an, der in seiner Abhandlung ›De monarchia‹ die Ansicht vertrat, das Amt des Weltkaisers hänge unmittelbar von Gott und nicht von einem Statthalter oder Diener Gottes, dem Papst, ab. Ludwig holte 1326 Marsilius von Padua (†1342), den Verfasser der Schriften ›Defensor pacis‹ und Rektor der Universität Sorbonne in Paris, als Leibarzt nach München. Hier schrieb Marsilius den ›Defensor minor‹ und eine Abhandlung, die das Recht des Kaisers zur Ehescheidung begründet. Marsilius war der erste große Theoretiker, der die Loslösung des Staates von dem Einfluss der Kirche vertrat. Er war der Auffassung, dass das Gemeinwohl oberstes Prinzip zu sein habe und Recht und Gewalt vom Volk ausgehen müssten.

Der Franziskaner Wilhelm von Occam, den der Kaiser 1328 aus Italien mitgebracht hatte, war um 1290 in Ockham, südlich von London, geboren und lehrte später in Oxford. 1324 war der kritische Geist gezwungenermaßen am päpstlichen Hof gewesen, um seine »Irrlehren« zu rechtfertigen. Da Occam ebenfalls die Trennung von Kirche und Staat forderte, stellte auch er die Macht des Papstes infrage. Sein Hauptwerk hieß ›Über die Macht von Kaisern und Päpsten‹. Mit seiner nominalistischen Erkenntnislehre gründete er einen Zweig der Philosophie. Seine Gedanken hatten später Einfluss auf die Reformatoren Luther und Wykliff. Er wurde Vorbild für William von Canterbury im Roman ›Der Name der Rose‹ von Umberto Eco. Occam starb hoch geehrt 1347 und wurde am Hochaltar der bei der Säkularisation abgebrochenen Franziskanerkirche beigesetzt. Vor ihm waren seine Mitbrüder Bonagratia von Pergamon (†1340) und der Ordensgeneral Michael von Cesena (†1342), die ihn auf seinem Weg begleitet hatten, dort beerdigt worden. Zum Gelehrtenkreis am Kaiserhof gehörten auch der ehemalige Rektor der Universität Sorbonne Jean de Jandun, der Minorit Ubertino di Casale aus Genua und der Theologe Nikolaus de Autrécourt.

Natürlich war die Residenz in der Zeit der Minnelyrik und der Spielleute auch Ort für Dichter und Musiker. Um 1320

Die Franziskanerkirche vor dem Abbruch 1802. Nach einem Aquarell von Giovanni Maria Quaglio.

schrieb Heinrich von München seine gereimte ›Weltchronik‹, und Hadamar von Laber aus der Oberpfalz trug hier um 1335 seine Minneallegorie ›Die Jagd‹ vor. Die bedeutendste erhaltene Plastik aus dieser Zeit ist die um 1330 gehauene sitzende Muttergottes aus St. Jakob am Anger (jetzt im Bayerischen Nationalmuseum).

Erbteilung und Bedeutung der Wittelsbacher
Ludwig der Bayer starb am 11. Oktober 1347 bei einer Bärenjagd in der Gegend von Fürstenfeldbruck an einem Schlaganfall. Seine Besitzungen wurden wieder unter mehreren Erben aufgeteilt. Die sechs Söhne befehdeten sich gegenseitig; Brandenburg und Tirol gingen so verloren. In München residierten teilweise gemeinsam, mit- oder gegeneinander die Herzöge Ludwig V., der Brandenburger (1349–1361), Ludwig VI., der Römer (1349–1365), Otto V., der Faule (1349–1379), Stephan II. (1353–1375), Meinhard (1361–1363), Stephan III., der Kneißl (1397–1413), Friedrich der Weise (1375–1392), Johann II. (1375–1397), Ernst (1397–1438), Wilhelm III. (1397–1435), Albrecht III., der From-

me (1438–1463) und Sigmund (1463–1467). Neben München waren Ingolstadt, Straubing, Landshut und Burghausen Residenzstädte, die prächtig ausgebaut wurden. Die größten Einnahmen hatten die Landshuter Herzöge, die über die Salzlagerstätten verfügten. Legendär wurden hier die Herzöge Heinrich XVI. der Reiche (1368–1450) und sein Sohn Ludwig IX. der Reiche (1417–1479). Die Hochzeit von dessen Sohn Herzog Georg dem Reichen (1455–1503) mit Prinzessin Hedwig von Polen (1457–1502) im Jahr 1475 war eines der prächtigsten Feste jener Zeit mit Kaiser und Fürsten. Es wird seit 1903 als Historienspiel »Landshuter Hochzeit« alle drei Jahre mit großer Anteilnahme der Bevölkerung dargestellt.

Die Wittelsbacher waren ein wichtiges Herrschergeschlecht in Europa. Dies zeigt sich an ihren Heiraten mit Königshäusern. Sophie (1376–1425), eine Tochter von Johann II., wurde Gattin des deutschen und böhmischen Königs Wenzel, dem Sohn von Kaiser Karl IV. Elisabeth (um 1370–1435), eine Tochter von Herzog Stephan dem Kneißl (»dem Prachtliebenden«) und Thaddea Visconti, wurde durch ihre Ehe mit König Karl IV. dem Wahnsinnigen von Frankreich (1368–1422) als Isabeau de Bavière eine der bedeutendsten Königinnen des Mittelalters. Sie führte einen glanzvollen Hof mit Künstlern und Dichter(inne)n, erlebte aber auch mit, wie ein Sohn und ein Enkel als Könige von Frankreich (mit der heiligen Johanna) und England gegeneinander Krieg führten. Ein Andenken an diese Zeit ist das Goldene Rössel, eine einzigartige Goldschmiedearbeit, die über ihren Bruder Ludwig VII. den Gebarteten (um 1368–1477) nach Altötting kam. Er erwarb an der Seite von Isabeau in Frankreich große Reichtümer und baute damit seine Residenz in Ingolstadt aus, starb aber als Gefangener seines Landshuter Vetters Ludwig, wie auch später dessen Schwiegertochter Hedwig, in Burghausen. Alle diese Fürsten stellten ihre hochherrschaftlichen Ansprüche mit riesigem Aufwand auch an finanziellen Mitteln dar.

Auflehnung und blutige Auseinandersetzungen

Die Stadt München entwickelte immer mehr Eigenständigkeit. So werden 1363 erstmals Bußmeister und Baupolizei genannt und Stadtratsausschüsse gebildet. Aus dem Jahr 1365 ist das sogenannte ›Liber Rufus‹, eine Gewerbeordnung, erhalten. Ab 1368 sind auch Steuer- und Gerichtsbücher überliefert, die die aufkommende Schriftlichkeit in deutscher Sprache zeigen. Die Stadt mischte sich 1384 in Teilungsstreitigkeiten der Herzöge wegen deren erpresserischer Steuerpolitik ein. Ein wichtiger Vertrauter der Herzöge, der Ratsherr und Tuchgroßhändler Johann Impler, wurde des Verrats bezichtigt und enthauptet. Um der Rache der Herzöge zu entgehen, mussten die Bürger in Dachau kniefällig um Gnade bitten sowie 6000 Gulden Sühnegeld zahlen und zugestehen, dass am nordöstlichen Stadtrand die »Neue Veste« als Zwingburg errichtet wurde.

Die Streitigkeiten zwischen den vier Herzögen Ernst, Wilhelm, Stephan und Ludwig, die gleichzeitig regierten, trafen 1397 mit einem Protest der Handwerker im Rat der 300 zusammen. Die Rechnungsprüfung des städtischen Haushaltes war vom Rat hinausgezögert worden. Die Gemeindemitglieder schlossen daraufhin die Ratsherren in ein Zimmer ein und bedrohten sie. Die Gemeinde versammelte sich und schickte eine Abordnung ins Rathaus, der die Stadtregierung, symbolisiert durch Banner, Sturmglocken und Schlüssel zu den Stadttoren, übergeben wurde. Die Verwaltung der Stadt war nun in Händen der Handwerker. Die drei Patrizier, denen die Verantwortung für die fragwürdige Rechnungsführung hauptsächlich zur Last gelegt wurde, flohen aus der Stadt. Andere der Misswirtschaft beschuldigte Mitglieder des alten Rates wurden zu hohen Geldstrafen verurteilt. Unter dem neuen Regiment, das streng gegen jede Opposition vorging, normalisierte sich die Lage wieder, die Auseinandersetzungen mit den Herzögen gingen aber weiter. Die Münchner schlossen mit Herzog Ludwig ein Bündnis gegen Ernst und Wilhelm. Es begann ein Kleinkrieg mit gegenseitigen Überfällen auf Kaufleute bzw. Bauern der Gegner.

Kurzfristig vertrugen sich alle Beteiligten, dann kam es aber erneut zu Streitigkeiten. Eine gegen das Stadtregiment geplante Verschwörung scheiterte, und die Herzöge flohen aus der Stadt. Drei der Aufrührer wurden zum Tode durch das Schwert verurteilt. Die verbannten Patrizier versuchten immer wieder, ihre Rechte einzufordern. Nun wurden Beratungen aufgenommen, bei denen man sich schließlich einigte. Die Münchner Stadtregierung widersetzte sich aber den gefassten Beschlüssen, an denen sie nicht beteiligt war. Der Rat verfügte nun, die Herzöge Ernst und Wilhelm nicht als Herren anzuerkennen und ihre Gefolgsleute nicht mehr in die Stadt zu lassen. Diese erklärten daraufhin der Stadt Fehde, und es drohte eine Belagerung. Die Herzöge zogen mit je 1000 Reitern nach Feldmoching bzw. Moosach, um dann mit Unterstützung von Heinrich von Landshut, der am Gasteig Position bezog, die Stadt einzuschließen. Es gelang nicht, München zu erobern, aber die Umgebung wurde zerstört.

1403 erkannten alle einen Schiedsspruch des Burggrafen Friedrich von Nürnberg an, der den Zustand, der vor den Unruhen in der Stadt geherrscht hatte, wiederherstellte. Die Münchner Bürger spendeten den Herzögen Ernst und Wilhelm, die am 1. Juni feierlich in die Stadt einzogen, ein Festmahl, huldigten ihnen und schworen ihnen Treue. Die verbannten Patrizier kehrten zurück und wurden wieder in den Rat oder auch als Bürgermeister gewählt. Um die Schulden, die die Stadt gemacht hatte, abzudecken, verurteilte man die Verantwortlichen zu hohen Geldbußen. Die Patrizier schufen nun mit den Herzögen eine Gemeindeverfassung, die in den Grundzügen bis 1803 Bestand hatte. Neben dem aus je zwölf Männern gebildeten Äußeren und Inneren Rat war die »Gemeinde« das wichtigste Organ. Sie bestand aus allen, die ein Haus in der Stadt hatten oder wenigstens ein halbes Pfund Münchner Pfennige Steuer zahlten. Zu wichtigen Fragen, wie Steuern, Kriegen, Haushalt und der Ausgabe größerer Summen, musste die Gemeinde einberufen werden. Die Verwaltung der Stadt lenkte der Rat, der dem Landesherrn jährlich Treue schwor und in seinen Entscheidungen von ihm abhängig war. Der gewählte Stadtrat konnte nun nicht mehr vor

Ablauf seiner Amtszeit abgesetzt werden. In der Folgezeit gab es nur noch gelegentlich bewaffnete Auseinandersetzungen. So belagerte Herzog Ludwig der Gebartete von Ingolstadt 1422 die Stadt vergeblich und wurde in der Schlacht von Alling geschlagen. Wegen der Hussitengefahr musste 1429 der zweite Mauerring ausgebaut werden.

Gnadenjahr, Kloster Andechs und Agnes Bernauer

1392 ließ Herzog Stephan III. der Kneißl, der zu den Feierlichkeiten des »Jubeljahres« 1390 beim Papst in Rom gewesen war, die auf der ehemaligen Burg Andechs 1388 wiederentdeckten Reliquien nach München bringen. Sie wurden in der Hofkapelle St. Laurentius von März bis August ausgestellt. Das »Andechser Heiltum« bestand u. a. aus Zweigen der Dornenkrone Christi, Stücken der Lanze des hl. Longinus, dem Siegeskreuz Karls d. Großen im Kampf gegen die Sachsen und geweihten Hostien, auf denen das Bild des Gekreuzigten erschien. Papst Bonifaz IX. gewährte den Pilgern einen vollständigen Ablass, eine Vergebung aller Sünden, wie sie sonst nur bei einem Besuch der heiligen Stadt Rom zuteilwurden. Sie mussten sich dafür in München eine Woche lang täglich folgender Übung unterziehen: Besuch der vier Kirchen St. Peter, Frauenkirche, St. Jakob am Anger und Heiliggeist mit jeweils angemessenem Almosen. Die Pilger sollten so viel spenden, wie eine Reise nach Rom gekostet hätte. Die Chronisten berichten von einem ungeheuren Andrang zu diesem ersten »Gnadenjahr« nördlich der Alpen. Man soll in manchen Wochen 60 000 Pilger gezählt haben, also ein Mehrfaches der Einwohnerzahl der Stadt. Für diese sowie den Herzog und den Papst brachte der unerwartet große Andrang von Pilgern gute Einnahmen. Allerdings weigerte sich die Stadt am Ende des Gnadenjahres, den Gewinn mit dem Papst, wie vereinbart, zu teilen. Der Papst exkommunizierte 1402 zwei Stadträte, bis man sich schließlich einigte. Das »Heiltum« wurde nach Andechs zurückgeführt, und das dort von den Herzögen errichtete Kloster wurde dadurch wichtiger Wallfahrtsort.

Der Alte Hof mit Laurentiuskapelle von Norden. Nach einer Tuschezeichnung von Domenico Quaglio.

1438 richtete Herzog Ernst in München ein Kollegiatsstift ein und 1455 siedelte Albrecht III. Benediktiner an. In der Folgezeit wurde zur wirtschaftlichen Grundlage der geistlichen Arbeit Besitz in der Umgebung aufgebaut. 1499 schenkte Herzog Albrecht IV. den Benediktinern das »Grufthaus«, die ehemalige Synagoge der 1442 ermordeten Juden, beim heutigen Marien-

hof. Das Kloster besaß dort bis zur Säkularisation 1803 die
»Gruftkirche«. Ein Grund für die Stiftung des Klosters war
wohl die Sühne des Mordes an Agnes Bernauer, der Frau von
Herzog Albrecht III: Um 1424 ist die Baderstochter aus Augsburg erstmals schriftlich als *Pernawerin* unter dem Hofgesinde
erwähnt. Der Herzog heiratete sie 1432 und sie lebte meist in der
Alten Burg sowie ihren Schlössern Laim und Blutenburg. 1435
ließ Herzog Ernst sie in Abwesenheit ihres Gatten der Zauberei
anklagen und bei Straubing in der Donau ertränken. Diese Blut-
tat des Schwiegervaters machte den Weg frei für die spätere stan-
desgemäße Heirat und damit dem Weiterregieren dieser Linie
der Wittelsbacher. Albrecht III. wurde dann 1437 mit Anna von
Braunschweig vermählt und hatte mit ihr fünf Söhne, die den
Fortbestand der Dynastie sicherten, und drei Töchter.

Kultureller Aufschwung
Unter den in München residierenden Herzögen Albrecht III.
(1440–1460), Sigmund (1463–1467) und Albrecht IV., dem Weisen (1465–1508), verbesserte sich die Lage der Stadt weiter, weil
sie hohe Überschüsse durch Einnahmen aus dem Fernhandel erzielen konnte. Um diesen zu fördern, wurde 1492 durch den Patrizier Heinrich Bart, häufig Mitglied des Inneren Rats, die Kes-
selbergstraße nach Mittenwald ausgebaut.
Es begann eine Blüte in allen Bereichen. Sichtbarste Zeugen
dieser Zeit sind die wichtigen Bauten, die besonders Jörg (Gang-
kofer) von Halsbach (um 1410–1488) schuf, dessen Grabplatte in
Rotmarmor in der Frauenkirche erhalten ist. Er errichtete von
1468 bis 1488 als Baumeister dieses Meisterwerk der Spätgotik
als größte Hallenkirche Süddeutschlands (»mit Gottes Hilfe hat
er den ersten, mittleren und letzten Stein vollführt«). Es entstanden unter seiner Leitung auch 1470/80 das (Alte) Rathaus
(Tanzhaus) und 1480/85 die Kreuzkirche für die Stadt sowie Er-
weiterungsbauten am Alten Hof und der Neuveste für den Herzog. Um 1480 wurde für Herzog Sigismund die Kirche St.
Wolfgang in Pipping und 1488, wohl auch von der Bauhütte der

Frauenkirche, die Schlosskirche der benachbarten Blutenburg errichtet.

In der zweiten Hälfte des 15. Jahrhunderts wirkten der Holzschnitzer Andreas Wunhart und die Steinbildhauer Walter von München und Hans Haldner. Aus dessen Werkstatt stammt der in der Frauenkirche erhaltene Grabstein des 1473 verstorbenen Hofmusikers Konrad Paumann. Von dessen Sohn und Erben Marx Haldner stammen die Bauinschrift der Frauenkirche von 1468 sowie viele Grabplatten in dieser Kirche, in St. Peter und andernorts in Bayern. Auch das bedeutendste Kunstwerk aus dieser Zeit im Dom, das die Südwestecke beherrschende »Kaisergrabmal« von Ludwig dem Bayern aus den Jahren 1485 bis 1490, stammt von Marx und seinem Onkel Matthäus Haldner. Letzterer wurde 1486 zum »Vierer« der Maler- und Bildhauerzunft gewählt. Das Grabmal besteht aus einer Deckplatte aus rotem und einem Gehäuse aus schwarzem Marmor. Das Kunstwerk wurde von Herzog Albrecht IV. in Auftrag gegeben, um seine Vorfahren zu ehren. Die überlebensgroßen Bronzestatuen wurden erst bei einer Umgestaltung 1622 hinzugefügt.

Das Grabmal des blinden Musikers Konrad Paumann (†1473) in der Frauenkirche.

Das von Erasmus Grasser 1477 geschaffene Wappen der Stadt im Saal des Alten Rathauses.

1477 prägte Erasmus Grasser (1450–1513) das »Münchner Kindl«, das Wappen der Stadt, weiter aus. Dieser bedeutende Künstler der Spätgotik war Ge-

Einer der von Erasmus Grasser 1480 geschnitzten Moriskentänzer (Original im Stadtmuseum).

selle beim Maler und Bildschnitzer Ulrich Neuhauser, genannt Kriechpaum, († 1472). 1474 bewarb er sich darum, als dessen Nachfolger in die Münchner Malerzunft aufgenommen zu werden. Die Kollegen bekämpften dies, »um daß er ein unfriedlicher, verworrener und arglistiger Knecht sei«, konnten aber seine Aufnahme 1476 nicht verhindern. Grassers berühmteste Werke sind die 16 Moriskentänzer von 1480 für die Ausgestaltung des (Alten) Rathaussaales. Heute sind noch zehn von diesen Holzfiguren, die Tänzer in sarazenischen Trachten und verdrehten Posen darstellen, erhalten. Daneben schuf Grasser vorwiegend religiöse Plastiken. Er wurde durch vielfältige Tätigkeiten reich und brachte es 1508 bis zum Mitglied des Äußeren Rats.

Noch im 14. Jahrhundert wurde das Tafelbildpaar der Augustinerkirche (jetzt im Nationalmuseum) geschaffen. Aus der Zeit um 1406 stammt der Schrenck-Altar in St. Peter, der im »weichen Stil«, farbig bemalt, das Weltgericht mit den Aposteln darstellt.

Ein Meister der Tafelmalerei war Gabriel Angler († 1485), der 1437 den Hochaltar in der Frauenkirche schuf. Der Nürnberger Michael Wolgemut († 1519), der Lehrer Dürers, wirkte in der Stadt und zeichnete hier die Vorlage zur Ansicht von München in der ›Schedelschen Chronik‹ von 1493. Bedeutend war Jan Polack († 1519), der seit etwa 1480 in München arbeitete. Als Stadtmaler (seit 1488) schuf er Altäre für die Franziskanerkirche (1492) und die Peterskirche (1490). Zu seinem Amt gehörte es aber auch, Fensterstöcke, Türen, Fahrgestelle oder Warensäcke der Stadt zu bemalen; außerdem verzierte er die Stadttore. Auch andere Künstler wie Wolfgang Mielich wurden hier zur Fassa-

Der wegen seiner kunstvollen Bemalung so genannte »Schöne Turm« in der Kaufingergasse. Er wurde 1807 abgebrochen. An ihn erinnern noch ein quadratischer Bodenbelag in der Fußgängerzone und eine Plastik am daneben stehenden Haus. Nach einem Aquarell von Karl August Lebschée.

denbemalung mit Fresken religiösen und heraldischen Inhalts eingesetzt. Nach zeitgenössischen Berichten waren auch Bürgerhäuser mit Malereien geschmückt. Ulrich Füetrer († 1500) aus Landshut stieg 1460 zum »Vierer« der Malerzunft auf. Von ihm stammen das Tafelbild ›Kreuzigung Christi‹ (1457; jetzt in der Alten Pinakothek) und der Bilderschmuck am und im Alten Rathaus. Erhalten sind aus seiner Feder Nachahmungen mittelhochdeutscher Ritterepen, Prosaromane wie das ›Buch der Abenteuer‹ und die ›Baierische Chronik‹. Er war mit Hans Hartlieb († 1468), dem Leibarzt Herzog Albrechts des Frommen, befreundet, einem Naturwissenschaftler und Okkultisten, der auch Schriftsteller und Herausgeber war. Bekannt wurde besonders seine Übersetzung ›Historie von dem großen Alexander‹. Er war einer der bedeutendsten Köpfe des Spätmittelalters, der den Weg zum Humanismus wies. In der Mitte des 15. Jahrhunderts schrieb der aus einer alten Münchner Salzsenderfamilie stammende Albrecht Lesch Lieder. Er war ein Vertreter der Meistersinger, die eine Poeten- und Musikschule in der Stadt gründeten.

1482 wurde von Johann Schauer das erste Buch in München gedruckt. Dem aus Augsburg stammenden Buchdrucker und Verleger Hans Schobser verlieh die Stadt das Bürgerrecht und Steuerfreiheit.

Am Ende des Mittelalters waren der herzogliche Hof, der Adel, die Bürgerschaft und der Klerus an Musik interessiert. In Kirchen wurde der Gregorianische Choral gesungen und in der Peterskirche 1384 eine Orgel errichtet, 1491 auch in der Frauenkirche. Der blinde Hofmusiker und berühmte Organist der Frauenkirche, Konrad Paumann aus Nürnberg (1410–1473), wird auf seinem in der Kirche erhaltenen Grabstein »der kunstreich ist aller instrument und der musica maister« genannt und ist mit Schoßorgel, Laute, Blockflöte, Harfe und Gambe dargestellt. Die Stadt hatte Musiker im Dienst, deren Aufgabe es war, von den Türmen zu blasen, vor Feuer zu warnen, Veranstaltungen zu umrahmen und auf dem Markt aufzuspielen. Sie machten auch Tanzmusik oder begleiteten Umzüge.

Renaissance, Reformation, Gegenreformation und Krieg

Alleinige Hauptstadt

Nach dem Tod von Herzog Albrecht III. hatten seine Söhne Johann IV. und Sigmund Oberbayern gemeinsam regiert, bis Johann 1463 an der Pest starb. 1465 wurde Albrecht IV. Mitregent, und 1467 verzichtete dann der kunstsinnige Herzog Sigmund mit einer Begründung voll bemerkenswerter Selbsterkenntnis auf die Herrschaft: »*Infolge Blödigkeit des Leibes nicht gerne Mühe und Arbeit tragend und mehr geneigt, mir ein geruhiges Wesen ohne alle Bekümmernisse zu machen, will ich mein Regiment in eine Hand stellen, in der für Land und Leute besser und fleißiger gesorgt ist.*« Die anderen Brüder, die Herzöge Wolfgang und Christoph, mussten mit Gewalt und Vergleichen zurückgedrängt werden. Albrecht IV. der Weise (1447–1508) beerbte 1504 auch Herzog Georg den Reichen von Landshut. Die Durchsetzung dieser Erbschaft gelang ihm 1505 in blutigen Auseinandersetzungen mithilfe seines Schwagers, des Kaisers Maximilian I. Dafür musste Bayern unter anderem die reichen Gebiete mit Silberminen um Kufstein, Kitzbühel, Rattenberg und das Zillertal an Habsburg abtreten. Der erste Humanist auf dem Thron, der ursprünglich zum geistlichen Stand bestimmt war und in Italien studiert hatte, sicherte schließlich den Bestand des wiedervereinigten Herzogtums 1506 durch den Erlass des Primogenitur-Gesetzes. Das Erbrecht für den Erstgeborenen verhinderte künftig Gebietsaufteilungen des Herzogtums Bayern unter Erben. München wurde dadurch zur alleinigen und ständigen Hauptstadt eines der wichtigsten deutschen Territorien und gewann zentrale europäische Bedeutung. Nun wurde das Leben in der Stadt noch stärker vom Hof bestimmt. Die Interessen und Neigungen der Herrscher hatten darauf direkten Einfluss.

Hofball in der neuen Veste. Kupferstich von Martin Zasinger 1500.

Nachfolger wurden 1508 Wilhelm IV. der Standhafte (1493–1550) und dann 1550 dessen Sohn Albrecht V. der Großmütige (1528–1597). Dieser legte 1561 der Stadt einen Vertrag vor, der unter anderem die Besteuerung und Rechtsstellung von Hofangehörigen regelte und Formen der städtischen Gerichtsbarkeit neu bestimmte bzw. bestätigten, den ›Albertinischen Rezeß‹. Diese Verordnung brachte München die Gerichtsbarkeit über vormals dem Herzog unterstehende Gruppen wie Brauer, Müller und Kupferschmiede und damit einen Höhepunkt bürgerlich-städtischer Autonomie. Bestätigt wurde der Stadt das Recht, auch in Gerichtsfällen auf Leben und Tod zu urteilen.

Handel, Handwerk und Dienstleistung
Der Salzhandel spielte auch im 16. Jahrhundert noch eine große Rolle. An ihm verdienten die Stadt durch Abgaben sowie die Händler und Gewerbetreibenden, die mit Salz zu tun hatten, wie die Schäffler (Fassmacher). Angesehene Münchner Familien

machten mit dem Salzhandel gute Geschäfte; wahrscheinlich leiten sich die Namen der Ratsfamilien Ligsalz, Pötschner und Pütrich davon ab. Durch den Tod seines Vaters Albrecht V. wurde 1579 Wilhelm V. der Fromme (1548–1626) Herzog. Seine Hochzeit mit Renata von Lothringen (1544–1602) im Jahr 1568 war das glanzvollste Renaissancefest in München mit Tausenden von Gästen. Auf dem Marktplatz wurden zwei Wochen lang Turniere veranstaltet. Als sich Wilhelm V., besonders durch seine Bautätigkeit, finanziell übernommen hatte, verstaatlichte er 1587 den Salzhandel. Dies brachte für die Stadt München sehr empfindliche Einbußen. Damit wandelte sich auch am Salzmarkt in der Prannergasse (heute Promenadeplatz) die Bewohnerstruktur. Die alten Salzhändler zogen fort, Hofangehörige drängten nach. Führende reiche Familien zogen sich aus dem Erwerbsleben und von politischen Ämtern der Stadt zurück, um in die Staatsverwaltung zu gehen oder auf Hofmarken das Leben von Adeligen zu führen.

Im Lauf des 16. Jahrhunderts verlagerte sich das Schwergewicht des Münchner Wirtschafts- und Gewerbelebens auf Warenherstellung für den örtlichen Bedarf sowie Dienstleistung. Viele Handwerker arbeiteten regelmäßig für den fürstlichen Hof. Das Kunsthandwerk mit Malern, Bildhauern, Seidenstickern und Bortenmachern blühte auf. Dazu kamen Sänftenträger, Kutscher, Wäscherinnen oder Dienstboten, deren Auskommen mit dem Hof direkt verbunden war. Relativ gut ging es dem Münchner Gastgewerbe, das auch durch den Hof profitierte. München hatte um 1500 eine Bevölkerung von etwa 13 500 Einwohnern, der Hofstaat umfasste 162 Personen und stieg unter Wilhelm V. (1548–1626) auf über 800 an.

Um 1560 kam es zu Versorgungsengpässen. Gründe waren Bevölkerungswachstum und Lebensmittelknappheit in der Folge von Missernten. Weil nicht genügend Getreide beschafft werden konnte, wandten sich die Bäcker an Stadtrat und Hof mit der Bitte um Hilfe. Später war die Situation auf dem Fleischmarkt ähnlich. Die Metzger mussten ihren Einkauf schließlich bis Wien und nach Ungarn ausdehnen. Ihren Höhepunkt fand die allgemeine Krise in der Kipper- und Wipperzeit, einer durch Münzverschlechterung bewirkten Inflation, um 1620.

Wegen der starken Rattenplage stellte die Stadt erstmals 1546 einen Ratznklauber an. Immer wieder starben arme Leute an der Pest. 1545 wurde ein neuer (Alter Südlicher) Friedhof außerhalb der Stadt angelegt.

Struktur der Stadtviertel

Um 1570 fertigte der Drechsler Jacob Sandtner aus Straubing für Herzog Albrecht V. ein hölzernes Stadtmodell von München an, das im Bayerischen Nationalmuseum zu besichtigen ist. Von den Neubauten des 16. Jahrhunderts, die nach der Fertigstellung des Modells errichtet wurden, wurden der Jesuitenkomplex und die Residenz nachträglich eingefügt. Es gab mehr Fachwerk- als Steinhäuser. Haupttyp war das Traufseit-, seltener das Giebelhaus, das mit der Stirnseite zur Straße stand. Nur in der Inneren Stadt, die durch den ersten Mauerring umschlossen war, gab es vier- und fünfstöckige Häuser. Im 16. Jahrhundert wurde die Bebauung innerhalb der Stadtmauern durch die steigende Wohnbevölkerung dichter, auch Hinterhäuser wurden errichtet und Innenhöfe bebaut. Am Sandtner-Modell lässt sich sehr gut die

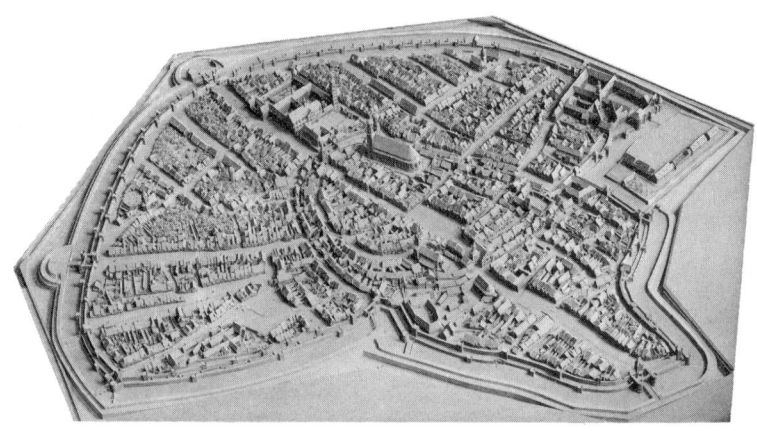

Das Stadtmodell von Jakob Sandtner 1570.

Einteilung der Stadt in vier Viertel nachvollziehen, von denen jedes ein eigenes Profil besaß.

Das Zentrum der Stadt war der Markt Marienplatz. In regelmäßigem Turnus wurde hier an den Werktagen der Markt mit Lebensmitteln und anderen Waren des täglichen Bedarfs abgehalten, wie dies in kleineren Städten noch heute üblich ist. Die andere Funktion des Platzes war die als Mittelpunkt des gesellschaftlichen Lebens. Hier wurden auch Feste und Turniere veranstaltet. Das Stadtviertel nordöstlich des Marienplatzes, das Graggenau(er)-Viertel, hatte eine Doppelfunktion als bürgerliches Handwerkerzentrum und als Sitz höfischer Institutionen. Um die Graggenau (»Krähenland am Wasser«, heute Platzl) waren Leder verarbeitende Gewerbe angesiedelt, die Ircher (Gerber) und Lederer – noch heute liegt hier die »Ledererstraße« – hatten hier an den Stadtbächen ihre Werkstätten. Im Tal, durch das die Salzstraße zog, waren neben Lodenmachern besonders die vom Transportwesen lebenden Hufschmiede, Seiler und Wagner ansässig. Näher am Stadtinneren war die Bevölkerung vornehmer: Händler, Mitglieder des Stadtrats und der Hofgesellschaft. Letztere wohnten besonders an der Vorderen Schwabinger Gasse (heute Residenzstraße). Der nahe Alte Hof diente, nachdem die Neuveste gebaut war, nicht mehr zu Wohnzwecken und wurde Behördensitz.

Das westlich benachbarte Kreuz-Viertel wurde dann im 17. Jahrhundert bevorzugtes Wohngebiet von Hofbediensteten und Hofadel. Hier gab es, außer Schäfflern, kaum Handwerker. Diese saßen wegen der Nähe von Salzmarkt (Promenadeplatz) und Weinmarkt (Weinstraße) in der Schäfflergasse. Die Weinstraße war der einzige Straßenzug der Stadt, der schon im Mittelalter »Straße« hieß. Wichtigstes Element in diesem Kreuz-Viertel, benannt nach der Kreuzgasse (Promenadeplatz-/Pacellistraße), an der wohl früher ein Kreuz stand, war die Kirche. Hier lagen die meisten Gotteshäuser, Klöster und Stadthäuser von auswärtigen Klöstern. Die Frauenkirche mit ihrem Kollegiatsstift, die Friedhofskirche St. Salvator und das Augustinerkloster mit seiner Kirche waren schon zu Beginn des 16. Jahrhunderts vorhanden. Die Jesuitenkirche St. Michael mit Jesuitenkolleg sowie die Kirchen der Kapuziner, Karmeliter und Theatiner kamen erst später dazu.

Das südlich der Neuhauser Straße gelegene Hacken-Viertel mit den unsymmetrischen Straßenstrukturen um das Altheimer Eck, wo der Saumarkt stattfand, war von Obstbäumen und Gärten geprägt. Benannt ist es nach Hecken (Einfriedungen mit Gebüsch), die sich hier offenbar befanden. Der Friedhof der Pfarrei St. Peter mit der Kreuzkirche wurde im 15. Jahrhundert am Westrand des Viertels errichtet. In den engen Gassen hatten sich besonders Vertreter des Textilgewerbes (Weber, Färber und Schneider), der Lebensmittelzubereitung und des Nahrungsmittelverkaufs (Bäcker, Lebzelter, Metzger, Brauer und Gastgeber) sowie des Handels mit Lebensmitteln (Melber, Obser) angesiedelt. Die Sendlinger Gasse, die die östliche Grenze des Viertels bildete, war ein Zentrum der Bierbrauer.

Das östlich anschließende Anger-Viertel war am stärksten städtisch geprägt. Hier befanden sich der als Dultplatz genutzte städtische Anger, das Zeughaus (heute Stadtmuseum), das (Alte) Rathaus, Patrizierwohnungen am Rindermarkt, St. Peter, das Heiliggeistspital, das Kloster St. Jakob, das Mang- und das Färbhaus sowie die unteren Fleischbänke und der Rossmarkt. Am südlichen Rand, direkt an der Stadtmauer, waren Scharfrichter und städtisches Frauenhaus untergebracht.

Architektur und Malerei im 16. Jahrhundert

Um die Form der noch haubenlosen Frauentürme wurde lange gerungen. Statt der Bekrönung mit den ursprünglich vorgesehenen gotischen Spitzhelmen entschloss sich der Rat zu den neuartigen »welschen« Hauben, die 1525, wohl nach Vorbild von Zwiebeltürmen in Augsburg, aufgesetzt wurden. Herzog Wilhelm IV. verband mittelalterliche Ritterideale mit Ideen des Humanismus und der Renaissance. Von ihm ist ein Turnierbuch überliefert, in dem von ihm besuchte Turniere aufgezeichnet sind. Eine Besonderheit höfischer Baukunst stellte das Lusthaus in der Mitte des Hofgartens dar, das zur Erholung und Repräsentation diente. Bei der Einbeziehung der Gartenanlage in die Stadtbefestigung wurde das zweigeschossige Gebäude abgebrochen. Vermutlich für dieses Lusthaus ließ Wilhelm IV. von den bekanntesten Malern seiner Zeit, darunter Albrecht Altdorfer (1480–1538). Barthel Behaim (1502–1540), Hans Burgkmair (1473–1531), Historienbilder malen, deren Themen die »hervorragende[n] Äußerungen männlicher Tugend und Tapferkeit« sowie »Taten berühmter Frauen« waren. Konzeption und Umsetzung der Arbeiten lassen auf den humanistischen Hintergrund des Auftraggebers und der Künstler schließen. Das bekannteste dieser Bilder ist Altdorfers ›Alexanderschlacht‹.

Wichtigster Maler dieser Zeit war Hans Mielich (1516–1573) aus München. Er hatte in der Werkstatt seines Vaters, des gleichnamigen Stadtmalers, gelernt und war Mitglied der Malerzunft. In der Alten Pinakothek sind seine Bildnisse des Bürgermeisters Andreas Ligsalz und seiner Frau sowie des Erbprinzen Albrecht ausgestellt. Im Auftrag von Albrecht V., mit dem er freundschaftlich verbunden war, schuf er unter anderem die Kleinodienbücher und die heute in der Staatsbibliothek befindlichen meisterlichen Illustrationen zu Orlando di Lassos Motetten und Bußpsalmen.

In der zweiten Hälfte des 16. Jahrhunderts gingen nur noch vom Hof bedeutende Bauaufträge aus. Die Stadt ließ außer dem Stadtschreiberhaus in der Burgstraße, dem heutigen Weinstadl, dessen Fassadenmalereien von Hans Mielich stammten, keine Bauten errichten. Unter Herzog Albrecht V. schuf der Hof-

Der als Marstallgebäude 1567 entstandene Renaissancehof der »Alten Münze«. Foto 1990.

baumeister Wilhelm Egkl (um 1520–1588) zwei bedeutsame Bauwerke: 1567 entstand das Marstallgebäude mit seinen Renaissancehof, das 1809 der staatlichen Münze (Münzhof) diente und das durch seine zusätzliche Funktion als Kunstkammer und Sitz der 1558 gegründeten Bibliothek eines der ersten Museen wurde. Heute sitzt hier das Bayerische Landesamt für Denkmalpflege. 1571 wurde das später in den Residenzkomplex integrierte Antiquarium fertig, das für die herzogliche Bibliothek und die sich rasch erweiternde Antikensammlung bestimmt war, der bedeutendste Renaissanceprofanbau nördlich der Alpen.

Die Bauprojekte von Wilhelm V. brachten einschneidende Änderungen im Stadtbild. Für das Jesuitenkolleg mit St. Michael wurden 35 Bürgerhäuser abgerissen. Die nördlich anschließende Wilhelminische Veste – beides zusammen sollte Wilhelms »Escorial« werden – beanspruchte Grund von 54 Häusern. In dem Bau von St. Michael (1581–97) verbanden sich Glaubensdemonstration mit Herrscherlegitimation. So ließ Wilhelm V. an der Fassade unter dem Schutz einer in der obersten Nische aufgestellten Christusfigur seine Ahnengalerie mit 15 Herrscherstatuen anbringen. Darunter steht die mächtige Bronzestatue des Erzengels Michael von Hubert Gerhard, die den Kampf gegen die Ketzerei symbolisieren sollte. Der Bau gilt trotz der noch vorhandenen Renaissanceelemente als Beginn des Barocks in Bayern.

Der fürstliche Baumeister Friedrich Sustris errichtete auch den vierflügeligen Grottenhoftrakt, ein »geheimes Lust- und Residenzgärtlein« mit Grotesken und Muschelverkleidung im manieristischen Stil in der Residenz.

Herzog Wilhelm V. häufte so hohe Schulden auf, dass er seinen Sohn Maximilian schon früh in die Regierungsaufgaben einbezog und sie ihm schließlich 1597 ganz übergab. Er zog sich dann in seine Stadtresidenz und nach Schleißheim zurück, um mit einem asketischen Leben Buße zu tun. Dieser Landsitz weit im Norden der Stadt umfasste eine Landwirtschaft und neun Eremitenklausen, in denen Wilhelm betete. Nach Wilhelms Tod ließ Maximilian I. das heutige Alte Schloss errichten.

Literatur, Musik und Theater

Von 1513 bis 1514 hielt sich der Nürnberger Schuhmacher und spätere Meistersinger Hans Sachs (1494–1576) auf seiner Gesellenwanderschaft in München auf. Nach seinen eigenen Aussagen muss er hier seine ersten dichterischen Versuche gemacht haben: »*Meines alters … im zwanzigsten jar fieng ich zu dichten an … zu Münnichen als man zelt zwar funfzehhundert viertzehen jar / half auch daselb die schul verwalten*«. Der Hinweis auf seine Tätigkeit in der städtischen Poetenschule, die 40 Jahre später mit Martin Balticus (1532–1600) einen bekannten Dichter zum Leiter erhielt, weist allerdings auf eine schon bestehende Bekanntheit des dichtenden Handwerkers hin.

Zum Kreis der von Wilhelm IV. geförderten Humanisten gehörte der Universalgelehrte Aventinus (Johannes Turmair aus Abensberg, 1477–1534), der Prinzenerzieher und seit 1517 Landeshistoriograf war und u.a. die »Bairische Chronik« verfasste, sowie der Leiter der Hofkapelle Ludwig Senfl (um 1490–1543, aus der Schweiz). Um den Patrizier Bartholomäus Schrenck (1508–1576) entstand der humanistische Gelehrtenzirkel *sodalitas litteraria*, dem auch der Stadtschreiber Simon Schaidenreisser (um 1500 bis nach 1573) angehörte, der sich mit Humanistennamen Minervius nannte. Er wurde 1534 auf Vorschlag des Herzogs mit knapper Mehrheit in dieses Amt gewählt, nachdem er bereits 1525 Leiter der städtischen Poetenschule geworden war, und veröffentlichte 1537 die erste deutsche Übersetzung der ›Odyssee‹. Privatbibliotheken wurden angelegt, und einige Familien gingen daran, ihre Chroniken zu verfassen (Ligsalz, Reitmor, Ridler, Rosenbusch, Schrenck, Weiler). Zum humanistischen Umkreis ist auch Anna Reitmor zu zählen, eine gebildete Patrizierin, die der Hofbibliothek Bücher vererbte und durch deren Abschrift die Aufzeichnungen des Bürgermeisters Katzmair über die Unruhen um 1400, eine wichtige Quelle zur Münchner Stadtgeschichte, erhalten blieb.

Die Hofkapelle in München war der Mittelpunkt des bayerischen Musiklebens. Ihre Aufgabe bestand darin, täglich in der Kirche zu spielen und bei Bedarf Tafel- oder Festmusik aufzuführen. Hier wirkten bedeutende Kapellmeister, die auch komponierten, wie Ludwig Senfl (um 1490–1543, aus der Schweiz) oder Ludwig Daser (um 1525–1589 aus München). Dieser musste dem in den Niederlanden 1532 geborenen Orlando di Lasso weichen, der 1556 von Albrecht V. nach München geholt wurde, wo ihn die Hofräte einen »Hergelaufenen« nannten. Aber er lebte sich bald ein, gründete 1558 mit der Münchner Bürgerstochter Regina Wekhinger († 1600) eine Familie und lebte bis zu seinem Tod 1594 in der Stadt. Das Orlandohaus am Platzl erinnert an ihn (sein Wohnhaus war allerdings das danebenliegende Eckhaus). Unter seiner Leitung gewann die Hofkapelle internationalen Ruhm. Er komponierte nicht nur für den Münchner Hof, auch andere Fürsten gaben ihm Aufträge. Sein Werk umfasst über 2000 Kompositionen, von denen viele erhalten sind. Seine Söhne waren ebenfalls als Musiker am Hof tätig, Rudolf (um 1563–1626) als Komponist und Organist, Ferdinand (um 1560–1609) wurde 1602 Nachfolger seines Vaters als Hofkapellmeister.

Am 19. Mai 1510 wurde in München zum ersten Mal Theater aufgeführt. Die Jedermann-Spiele vom ›Jüngsten Gericht‹ und vom ›Sterbenden Menschen‹ fanden auf eigens aufgestellten Bühnen am Marktplatz großen Zulauf. Diese Vorführungen sollten hauptsächlich der sittlich-moralischen Belehrung und der Erziehung dienen. Aus der zweiten Jahrhunderthälfte sind dann die auch unter freiem Himmel aufgeführten mehrere Tage dauernden Jesuitendramen bekannt. 1577 kam das Stück ›Esther‹ zur Aufführung, 1602 der ›Cenodoxus‹ des Jacob Bidermann.

Daneben war die Darstellung von lebenden Bildern aus dem biblischen oder mythologischen Bereich zu zahlreichen festlichen Anlässen beliebt. Auch die alljährliche Fronleichnamsprozession hatte starke theatralische Elemente.

Reformation und Unterdrückung

Die Reformation fand auch in München viele Anhänger, besonders in gebildeten Kreisen. Schon nach dem ersten Religionsmandat Herzog Wilhelms IV. von 1522, das die Verbreitung der

Lehren Luthers verbot, kam es in München zu Verfolgungen, ja sogar zu Hinrichtungen. So wurde im Juli 1523 ein Bäckerknecht enthauptet und am 13. August der Münchner Bürgersohn Arsaci Seehofer vor den Senat der Universität Ingolstadt geladen, verhört und verhaftet. Bei einer Hausdurchsuchung fand man dann evangelische Schriften, Briefe und Nachschriften von Vorlesungen Luthers. Am 7. September musste er vor der Universitätsversammlung seine »lutherischen Irrungen« bekennen und feierlich widerrufen und kam nach Ettal in Klosterhaft. Zunächst war wohl auch Furcht vor politischen Unruhen Anlass für die harte Haltung der Regierung. Die Verfolgungen nahmen nach dem kaiserlichen Mandat von 1528, das die Wiedertäufer für vogelfrei erklärte, zu. Auf die Anzeige von Ketzern wurden nun Belohnungen ausgesetzt. Zahlreiche Wiedertäufer und Lutherische werden in der folgenden Zeit, besonders 1528, verhört, gefoltert und hingerichtet, teilweise ertränkt und verbrannt. Selbst der Gelehrte Aventinus wurde 1528 der Zuneigung zum neuen Glauben verdächtigt und peinlich verhört. Durch Eingreifen des Kanzlers Dr. Leonhard Eck kam er bald wieder frei. Der Schulmeister bei St. Peter Wolfgang Winthäuser (*Anemoecius*), der sich als Übersetzer lateinischer Texte einen Namen gemacht hatte, ging 1531 aus Glaubensgründen ins protestantische Ulm, wo er 1538 starb.

Maßnahmen gegen die Verbreitung der neuen Lehre waren die Durchsuchung von Druckereien und Privatbibliotheken nach Lutherschriften, Kirchenvisitationen und Pflicht zur Vorlage von Beichtzetteln. Albrecht V. befahl der Stadt die Anstellung von Spitzeln, die den Wandel der Bürger beobachten sollten. Am 18. Januar 1558 wurden zwei Stadträte vor die Regierung geladen, weil trotz Verboten fast alle Buchläden der Stadt ketzerische Bücher, Gemälde, Briefe und Figuren offen verkaufen würden, ohne dass der Rat dagegen einschreite. Der Herzog war sehr ungehalten und befahl, eine Visitationskommission aufzustellen und Buchläden ohne Vorwarnung zu durchsuchen. Zwei Tage später fanden Büchervisitationen statt.

Am Sonntag, 19. Juni 1558, störten Handwerker die Messe in

der Augustinerkirche mit einer »lutherischen Demonstration«, indem sie Lieder (Psalmen in deutscher Sprache) sangen. Die Verhöre, die der Stadtrat auf Befehl des Herzogs vornahm, ergaben, dass es sich überwiegend um auswärtige Gesellen gehandelt habe, und man begnügte sich mit Verboten. 1559 wurde Martin Balticus, Leiter der Poetenschule, evangelisch, legte sein Amt nieder und ging nach Ulm, wo er weiter wirkte. Mit drei Religionsverhören zwischen 1567 und 1571, in deren Folge auch vermögende Personen und Mitglieder des Rats mit Familie die Stadt verließen und sich meist in den umliegenden Reichsstädten ansiedelten, endete die reformatorische Phase in München. Hunderte waren betroffen, und der Stadtrat befürchtete daher eine Verödung und Verarmung.

Jesuiten und Prozessionen
1559 holte Herzog Albrecht V. die Jesuiten nach München, um ihnen den Kampf gegen die Reformation zu übertragen. Zunächst saßen sie im Augustinerkloster, wo sie 1560 ein Gymnasium eröffneten, um Glauben zu vermitteln. Die städtische Poetenschule musste schließen, und die kirchlichen Schulen dienten der Vorbereitung für das Jesuitengymnasium (später Wilhelmsgymnasium).

Durch öffentliche Spiele und oft mehrtägige Theateraufführungen wurden die religiösen Emotionen angesprochen. Auf dem Marktplatz führte man unter großem Aufwand mit bis zu 2000 Mitwirkenden Dramen vor. Die Tragödie ›Cenodoxus, Doktor von Paris‹ bewegte mehrere Zuschauer, ins Kloster einzutreten. Die wichtigsten Dichter der Zeit, Jacob Balde (1604–1668), Jacob Bidermann (1578–1639) und Jeremias Drexel (1581–1638), waren Jesuiten.

Jesuiten gestalteten den alltäglichen Kultus und regten das Prozessionswesen an. Dabei unterstützte sie der Herzog, der 1581 auch verbot, dass die Pilger Getränke und Lebensmittel nach Andechs mitnehmen (damit sie diese auf dem Heiligen Berg kaufen mussten und damit sein Kloster förderten). Von der

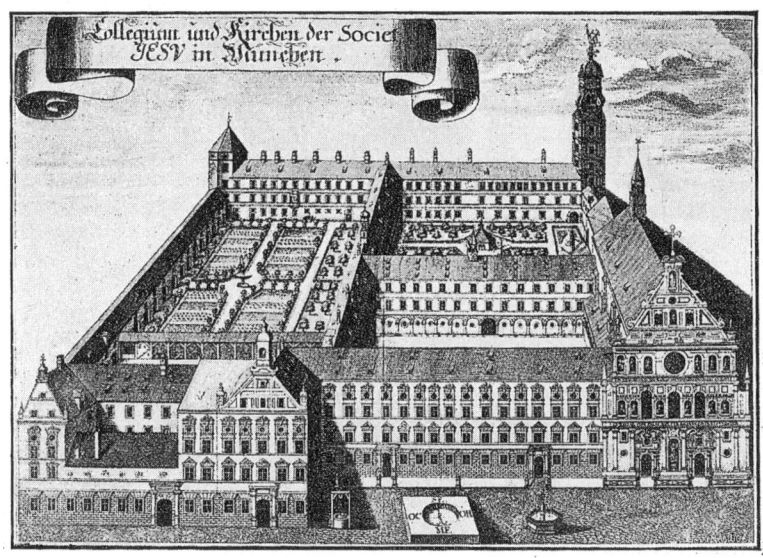

Das unter Herzog Wilhelm V. errichtete Viertel der Jesuiten mit Michaelskirche, Kloster und Schule. Stich von Michael Wening.

Fronleichnamsprozession 1580 ist eine Ordnung überliefert, die genau Vorbereitung und Ablauf zeigt. Maximilian I. legte Wert auf die Teilnahme des Hofs und der Räte an der wöchentlichen Donnerstagsprozession. So bestrafte er 1624 den Inneren Rat wegen Vernachlässigung dieser Prozessionen mit einer Buße von 50 Reichstalern.

Politik und Kunst unter Maximilian I.

Herzog Maximilian I., der Große (1573–1651), der 1598 gut vorbereitet ins Amt kam, nachdem er bereits vier Jahre mit seinem Vater regiert hatte, verfolgte hohe Ziele. Seiner Auffassung von Staatsführung als persönlicher Angelegenheit des Fürsten entsprach es, Befugnisse seiner Hauptstadt in seine Kompetenz zu übernehmen. So häuften sich die Fälle von Nichtbestätigung von Mitgliedern des städtischen Rats und die Durchsetzung eigener Kandidaten für Ämter. 1598 und 1602 ernannte er selbst die Bürgermeister. Er ließ Privilegien und Handwerksordnungen der

Stadt überprüfen und nahm selbst Einfluss auf städtische Gerichtssachen. Auch auf wirtschaftlichem Gebiet kam es zu stärkeren Eingriffen. Teile des Brauwesens, wie 1607 das Weißbier und 1613 das Bockbier, wurden verstaatlicht und herzogliche Brauhäuser errichtet. Das 1897 errichtete heutige Staatliche Hofbräuhaus steht auf dem Gelände des kurfürstlichen Weißbräuhauses.

Maximilian war an Kunst interessiert und sammelte Bilder, wie etwa Werke des 1528 verstorbenen Albrecht Dürer. Auf Maximilians Betreiben wurden unter anderem der Paumgartner-Altar, die ›Beweinung Christi‹, und die ›Vier Apostel‹ erworben. Dafür legte der Herzog kaum Wert auf Musik und reduzierte die Hofkapelle. Er ließ die schon bestehenden Gebäude der Residenz miteinander verbinden und eindrucksvoll ausbauen. In seiner Regierungszeit wurden die Hofkapelle, die Reiche Kapelle, der Brunnenhoftrakt mit dem Residenzturm und schließlich 1612/18 die Vierflügelanlage um den Kaiserhof errichtet. Weiter entstand die »Maximilianeische Residenz« mit Kaisertreppe, Kaisersaal und Ruhmestaten, Vierschimmelsaal, Steinzimmer mit den nach Entwürfen von Peter Candid in der neu errichteten Teppichmanufaktur gefertigten Wandteppichen, Hofdamenstock, Altem Herkulessaal, Trierzimmer, Charlottengang und Großem Hirschgang. Auch der Hofgarten wurde damals angelegt. Schließlich wurde die Fassade an der Residenzstraße gestaltet. Dazu gehörten als wichtige Stilelemente die beiden mit Figuren und Wappenreliefs geschmückten Portale, die jeweils von einem Paar Wache haltenden Löwen (von Carlo Pallago) beschützt werden. Dabei wirkten die bedeutendsten Künstler der Zeit mit. Friedrich Sustris (um 1540–1599), Hubert Gerhard (um 1550–1622/23) und besonders Hans Krumper (um 1570–1643) schufen hier bemerkenswerte Bronzekunstwerke wie den Wittelsbacherbrunnen im Brunnenhof, den Perseusbrunnen im Grottenhof, die Madonna an der Fassade und die Figur auf dem Hofgartentempel.

Neue Klöster, Kirchen und Mariensäule

Die Bevölkerung Münchens stieg bis 1600 auf etwa 20 000 Personen. Gleichzeitig wurde die Zahl der Häuser innerhalb der Stadtmauern verringert: So mussten allein für die fürstlichen Baumaßnahmen, wie den Bau des Jesuitenkomplexes und der Wilhelminischen Veste, fast 100 der etwa 1250 Wohnhäuser in der Stadt abgerissen werden. Zugleich waren durch die Befestigungsmaßnahmen der Stadterweiterung Grenzen gesetzt. Maximilian I. holte weitere Orden nach München. 1600 kamen die Kapuziner, die 1602 in ihr 1802 abgerissenes Kloster am heutigen Lenbachplatz zogen. Die Paulaner erhielten 1627 die zunächst als Votivkirche gestiftete, 1623 von Hans Krumper errichtete und 1902 abgebrochene Kirche St. Karl Borromäus in der Au. Die Englischen Fräulein bekamen 1627 das nach dem Vorbesitzer benannte und von diesem für fromme Zwecke bestimmte Paradeiserhaus an der Weinstraße mit Zugang zur Gruftkapelle. 1697 wurde an derselben Stelle nach den Plänen von Enrico Zuccalli ein Neubau errichtet. Nach der Säkularisation 1803 zog in dieses Gebäude die königliche Polizeidirektion ein. Nach deren Umzug in die Ettstraße kamen andere städtische Verwaltungseinrichtungen hierher. Der Bau wurde nach dem Zweiten Weltkrieg abgebrochen. 1654 wurde das Karmeliterkloster am heutigen Promenadeplatz gebaut.

Die Stadtpfarrkirche St. Peter, deren gotische Turmspitzen 1607 durch einen Blitzschlag zerstört worden waren, erhielt eine neue Bekrönung und im Innern bis 1650 durch Hofkünstler teilweise eine neue Gestaltung. In der Frauenkirche wurde anlässlich des Jubiläums des Landespatrons, des hl. Benno, 1605 der Bennobogen errichtet. Außerdem schufen Heinrich Schön († 1640) und Peter Candid (um 1548–1628) den Hochaltar und schließlich 1622 Hans Krumper das Grabmal Kaiser Ludwigs des Bayern. Außerdem erfuhren Hofkapelle und Reiche Kapelle in der Residenz eine Erweiterung und prächtige Ausstattung.

Maximilian förderte besonders die Marienverehrung. Mit der Anbringung der Marienstatue an der Residenzfassade im Jahre 1616 wurde Maria zur Beschützerin des Landes, zur »Patrona

Bavariae«, erhoben. Marienwallfahrten blühten auf, und Marienkongregationen entstanden. Der Fürst vermachte als Zeichen seiner völligen Hingebung an die Gottesmutter sein Herz an die Gnadenkapelle in Altötting.

Höhepunkt war die Errichtung der Mariensäule am Marktplatz, dem Mittelpunkt der Landeshauptstadt. Ihr verdankt der Platz den erst 1854 eingeführten Namen Marienplatz. Anlass war ein Gelübde Maximilians I. aus dem Jahr 1635, das er zur Errettung aus der Not des Dreißigjährigen Krieges abgelegt hatte. Er gelobte, »*ein gottgefälliges Werk anzustellen, wenn die hiesige Hauptstadt München und auch die Stadt Landshut vor des Feinds endlichem Ruin und Zerstörung erhalten würden*«. 1637 wurde mit dem Bau der Mariensäule begonnen. Am 8. November 1638, dem Jahrestag des Sieges über Friedrich V. von der Pfalz, wurde die von Hubert Gerhart geschaffene Marienfigur geweiht. Die vier kämpfenden Heldenputten am Fuß der Säule, die den Sieg Marias über die großen Plagen der Menschheit, Hunger, Krieg, Pest und Ketzerei, symbolisieren, sowie das Marmorgeländer wurden erst später hinzugefügt. In der Kunstgeschichte gilt die Mariensäule als »bayerische Initialleistung«, sie war Vorbild für nachfolgende Säulen etwa in Wien und Prag oder später in Pasing und Feldmoching.

Der Dreißigjährige Krieg und seine Folgen

Der Dreißigjährige Krieg, der 1618 begann, brachte für die Münchner Bevölkerung große Belastungen. Maximilian gelang es, nachdem er mit dem Feldherrn Tilly 1620 den protestantischen »Winterkönig« von Böhmen, Friedrich von der Pfalz, in der Schlacht am Weißen Berg bei Prag geschlagen hatte, reiche Kriegsbeute und die Kurfürstenwürde für Bayern zu bekommen. Er setzte sich nun an die Spitze der Katholischen Liga.

1630 griff dann der schwedische König Gustav Adolf aufseiten der Protestanten in den Krieg ein und eroberte weite Teile Deutschlands, bis er 1632 in der Schlacht von Lützen getötet wurde. Die Kampfhandlungen zogen sich mit wechselnden Erfolgen bis zum Westfälischen Frieden 1648 hin. In diesem wurde die Konfessionszugehörigkeit der Fürsten im Reich und ihrer Untertanen festgelegt.

Noch bevor die Kriegshandlungen München selbst erreichten, waren die Auswirkungen zu spüren. Die »Kipper- und Wipperzeit« hieß für die Münchner Bevölkerung Inflation, Vernichtung von Vermögen, Versorgungsengpässe. Nachdem schon 1627 ein sehr kaltes Jahr gewesen war mit Schnee im Juni und auch 1628 aufgrund der ungünstigen Witterung Missernten brachte, konnten viele Menschen der im gleichen Jahr auftretenden Pest kaum Widerstand entgegensetzen.

Übergabe der Stadt an Gustav Adolf 1632.

Bedrückend war die Besetzung der Stadt durch die Schweden im Jahre 1632, die eine Brandschatzung von 300 000 Reichstalern (450 000 Gulden) gefordert hatten. Da nur 104 000 Gulden in barem Geld und 40 000 Gulden an Geschmeide aufgebracht werden konnten, nahmen die Schweden 42 Münchner Bürger als Geiseln mit. Diese blieben drei Jahre in schwedischer Gefangenschaft und konnten erst 1635 wieder zurückkehren.

Der Rat hielt seine letzte Sitzung vor dem Einmarsch der Schweden am 2. April 1632 und begann erst am 16. Juli wieder zu tagen. Gustav Adolf zog am 17. Mai in München ein. Schon Tage zuvor kamen Hunderte von Flüchtlingen und Soldaten in die Stadt, viele von ihnen waren verwundet. Sie kamen aus den umliegenden Ortschaften bis Freising, Dachau, Moosburg und Schrobenhausen. Die Soldaten lagerten in den Straßen, die Offiziere nahmen Quartier in Wohnhäusern, vor allem in den Häusern der aus der Stadt Geflohenen, und in Gasthäusern. Die Schweden hielten die Stadt drei Wochen besetzt und zogen am 7. Juni wieder ab. 1632 wurde keine Jacobidult abgehalten, kein Weinungeld (eine Verbrauchssteuer auf Getränke), das sonst eine wichtige Einnahme für die Stadt war, und auch sonst keine städtische Steuer erhoben, da die verbliebenen Einwohner durch Einquartierungen und durch die Erlegung der Brandschatzungssumme finanziell ausgeblutet waren. Ein Großteil der Bevölkerung, besonders die Reichen, war vor den Schweden geflohen. Die Stadt musste Geld aufnehmen, um ihre Ausgaben bezahlen zu können, da auch sie ihr gesamtes verfügbares Geld in die Brandschatzung gegeben hatte.

Der Krieg kam 1634 noch einmal nach München. Die Schweden rückten erneut bis zur Stadt vor. Zudem brachten Truppen die Pest mit. Es starben etwa 7000 Menschen, also ein Viertel der Bevölkerung. Während die Bewohner der Stadt größere Überlebenschancen hatten, wurde die Umgebung Münchens durch die Kriegswirren zum großen Teil entvölkert und verwüstet. In Moosach etwa wurden alle Häuser niedergebrannt. Nur die romanische Martinskirche, die ganz aus Stein gebaut war, blieb stehen – sie diente den Schweden wohl als Pferdestall. Schon vor dem Krieg hatte Maximilian I. begonnen, München zur zweiten Landesfestung ausbauen zu lassen. Zeitweise waren bis zu 500 Arbeiter an diesem Projekt beteiligt. 1638 wurde eine Sondersteuer für den Wallausbau erhoben, bis mit dem Ende des Krieges 1648 auch die Baumaßnahmen vollendet waren. Allerdings boten diese riesigen Befestigungsanlagen nie wirklich Schutz.

Italienische Einflüsse

Auf Maximilian I. folgte 1651 sein noch unmündiger Sohn Ferdinand Maria (1636–1679). Um Bayern an Frankreich zu binden, wurde der Erbprinz mit Henriette Adelaide von Savoyen, der Enkelin Heinrichs IV. von Frankreich und Tochter des Herzogs Victor Amadeus von Savoyen, vermählt. Durch sie wurde der Hof in München zu einem der glanzvollsten in Europa. Die Kurfürstin hatte aus ihrer Heimat Künstler mitgebracht. 1657 wurde das Opernhaus am Salvatorplatz eröffnet, das älteste frei stehende Theatergebäude Deutschlands. Die italienische Musik, besonders die Oper, trug dazu bei, München zum kulturellen Mittelpunkt nördlich der Alpen zu machen. In seinen politischen Ambitionen hielt sich der Kurfürst zurück. So verzichtete er auf einen Kampf mit den Habsburgern um die Kaiserkrone. Als 1662 der Kronprinz Max II. Emanuel geboren wurde, erfüllte der glückliche Vater ein Gelübde und stiftete die Theatinerkirche St. Cajetan gegenüber der Residenz, die dann Hofkirche wurde. Agostino Barelli (1627–1687) und seit 1669 Enrico Zuccalli (1642–1724) bauten sie bis 1688 als Kreuzkuppelkirche nach dem Vorbild der Theatiner-Mutterkirche S. Andrea della Valle in Rom. Der Theatinerprobst Antonio Spinelli, der die Baulei-

Die Heiligen Stiegen an der 1688 fertiggestellten Theatinerkirche. Stich von Johann Stribeck.

tung hatte, ließ die Helme der Türme bis 1690 nach dem Vorbild von Santa Maria della Salute in Venedig gestalten. Der Kurfürst nahm direkten Einfluss auf die Entscheidungen der Stadt. So ernannte er 1673 Mathias Barbier anstelle des gewählten Ferdinand Bart zum Bürgermeister und erhob ihn zum Patrizier. Durch den Einfluss des Kurfürsten wurden die Bürgermeister, die den Kurfürsten genehm waren, zu den wichtigsten Leuten in der Stadt.

Ferdinand Maria kaufte 1663 für 10 000 Gulden die Hofmark Kemnaten. Er schenkte sie seiner Gattin nach der Geburt des Sohnes zur Anlage eines Landhauses. Sogleich begann man das Fundament auszuheben, und 1675 stand der Mitteltrakt des *Burgo delle Nimpfe*, der dem Schloss der Mutter der Kurfürstin in Aglie bei Turin nachgebildet war. Auch hier lagen Pläne von Barelli zugrunde, der 1674 durch Zuccalli abgelöst wurde. Stilistisch war das Gebäude eine Mischung von Renaissance und Barock. Die italienische Blütezeit in Bayern fand mit dem Tode von Kurfürstin Adelheid 1677 ein Ende. Nach einer Rückkehr von seinem geliebten Schloss Schleißheim folgte Ferdinand Maria 1679 seiner geliebten Frau nach.

Max Emanuel, der blaue Kurfürst

Nun wurde der erst siebzehnjährige Sohn Max Emanuel Kurfürst. Er stand noch ein Jahr unter der Vormundschaft seines Onkels Maximilian Philipp, Landgraf von Leuchtenberg. Die Regierung wurde umgebildet, das Amt des Premierministers abgeschafft, und man orientierte sich politisch, statt wie bisher an Frankreich, nun am Hause Habsburg. Das Territorium des Kurfürstentums Bayern umfasste im 17. Jahrhundert die größten Teile von Ober- und Niederbayern, der Oberpfalz sowie noch das Innviertel; insgesamt ein Gebiet von rund 40 600 Quadratkilometern. Das Land war, verglichen mit den Nachbarn, arm. Mehr als 2/3 der Bevölkerung waren in der Landwirtschaft tätig, und rund 56 Prozent des Landes mit über der Hälfte der Menschen waren im Besitz von Kirchen und Klöstern. Von den

Abgaben und Steuern dieser Bevölkerung lebte der Landesherr in München mit seinem Hofstaat, der über 1000 Dienstkräfte bezahlte. Die luxuriösen Aufwendungen konnten nie durch diese Einnahmen gedeckt werden. Die Hauptstadt war ganz vom Hof des Kurfürsten abhängig, von dem sie größtenteils lebte. Diese Situation fand Max Emanuel bei seinem Regierungsantritt 1680 vor. Sein erstes Anliegen war eine Stärkung des bayerischen Heeres, um gegen die Türken gerüstet zu sein. Man führte dazu eine Sondersteuer ein. Im Jahr 1682 hielt der Kurfürst auf der Heide zwischen München und Freimann Heerschau und marschierte im Jahr darauf mit 11 300 Mann nach Österreich gegen die Türken, die unter dem Großwesir Kara Mustafa Wien belagerten. Zusammen mit den kaiserlichen Truppen sowie Polen und Sachsen gelang es, die zahlenmäßig weit überlegenen Türken und Magyaren in die Flucht zu schlagen. Den Beinamen »der blaue Kurfürst« erhielt Max Emanuel wegen der Farbe seiner Uniform. Um die Waffenbruderschaft zu festigen und höher aufzusteigen, heiratete er 1685 in Wien die Kaisertochter Maria Antonie, die aber bereits sieben Jahre später, erst 23-jährig, starb.

Der Kurfürst zog mit seinem Heer nach Ungarn, eroberte 1688 Belgrad und nahm hier zwischen 1683 und 1690 viele Türken gefangen. Diese schickte er dann teilweise nach München, um sie beim Bau des Kanalnetzes für seine Schlösser und des 1684 zur Hochzeit errichteten Schlösschens Lustheim oder als Diener einzusetzen. Es wurde Mode bei Adeligen und Bürgern, sich von Türken bedienen zu lassen, die in München eine eigene Sesselträgerzunft gründeten. Man betrieb auch mithilfe von Dolmetschern ihre Missionierung und taufte einige. Einer der christlichen Rufnamen, wie z. B. Joseph, wurde dann zum Familiennamen. Nach dem Frieden zwischen Kaiser und Sultan im Jahr 1699 konnten die Gefangenen wieder nach Hause, aber ein paar blieben freiwillig: 1700 sind noch 36 »türkische Sklaven« in München nachweisbar. Der »Neue Kanal«, der von der Residenz zum Schloss Schleißheim führen sollte, wurde erst begonnen, als keine türkischen Kanalarbeiter mehr zur Verfügung standen. Doch nannte der Volksmund diese bald trocken gefallene Wasserstraße Türkengraben, und der Weg, der zum ver-füllten Bett führte, hieß später Türkenstraße. Die am Kanalbett entstandene Straße, ab der Gaststätte Max Emanuel heißt Kur-fürstenstraße und Belgradstraße. Die Kanäle dienten wirtschaft-lichen Zwecken, wie dem Transport für Baumaterial, aber auch Vergnügungsfahrten. Der Kurfürst ließ dazu eigens Gondeln und Gondolieri aus Venedig kommen.

1691 gelang es Max Emanuel, von Spaniens König zum Gene-ralstatthalter und Generalkapitän der Spanischen Niederlande ernannt zu werden. Im Jahr darauf verlegte er seine Residenz nach Brüssel und nahm seinen Hofstaat mit. Auch Geld wurde aus Bayern abgezogen und die Steuerschraube weiter angezogen.

Bauernaufstand gegen die Österreicher
Joseph Ferdinand, der älteste Sohn Max Emanuels, wurde 1692 geboren. Durch seine Mutter, die bei der Geburt starb, hatte er, da sie Enkelin von Philipp IV. von Spanien war, den Anspruch auf den Thron dieses Imperiums, denn Karl II. von Spanien be-stimmte seinen kleinen Neffen, den wittelsbachischen Kron-prinzen, 1698 testamentarisch zu seinem Universalerben. Un-glücklicherweise starb der Knabe, erst sechs Jahre alt, bald darauf. Als Karl II. am 1. November 1700 schließlich das Zeit-liche segnete, begann ein Streit zwischen Frankreich und Öster-reich um das Erbe. Max Emanuel verbündete sich dabei mit Ludwig XIV., da ihm dieser mehr Geld und Länder sowie die Königskrone versprach. Mit Tirol und Mailand, was ihm der Kaiser bot, war er nicht zufrieden. Den Spanischen Erbfolge-krieg begann Max Emanuel 1702 mit dem Überfall auf die kai-serliche Festung Ulm. Nach wechselseitigen Scharmützeln und Überfällen kam am 13. August 1704 die blutige Entscheidung bei Höchstädt an der Donau. Die von den Franzosen unterstützten Bayern wurden von den alliierten Österreichern, Preußen und Engländern vernichtend geschlagen. 13 000 Mann wurden dabei getötet. Die Sieger waren Prinz Eugen und der Herzog von Marlborough. Dieser konnte sich von der Siegprämie sein neues

Schloss Blenheim (so nannten die Engländer die Schlacht nach dem Ort Blindheim bei Höchstädt) mit einem der schönsten Gärten Englands errichten.

Max Emanuel floh über den Rhein, Bayern war den Österreichern schutzlos ausgeliefert. Das Land mit der Residenzstadt München musste eine Besatzungsarmee aufnehmen. Die Familie des Kurfürsten wurde gefangen genommen, die Bevölkerung ausgebeutet. Die jungen Männer wurden in die kaiserliche Armee gepresst. Unter der Devise »lieber bayerisch sterben, als in des Kaisers Unfug verderben« erhob sich die Landbevölkerung gegen diese Unterdrückung. Einer der Organisatoren war ein Schreiber vom Pfleggericht Pfarrkirchen, Sebastian Plinganser. Aus dem bayerischen Oberland um Bad Tölz brachen, unter Führung des legendären Schmiedes von Kochel, etwa 3000 Männer auf, um die Residenzstadt zu befreien. Die nicht kriegserfahrenen und schlecht bewaffneten Haufen mussten sich bei Sendling, dem südlichen Vorort von München, in der Weihnachtsnacht 1705 ergeben, doch über 1000 der wehrlosen Aufständischen wurden von den Österreichern niedergemetzelt. Dies Geschehnis ging als »Sendlinger Mordweihnacht« in die Geschichte ein und ist

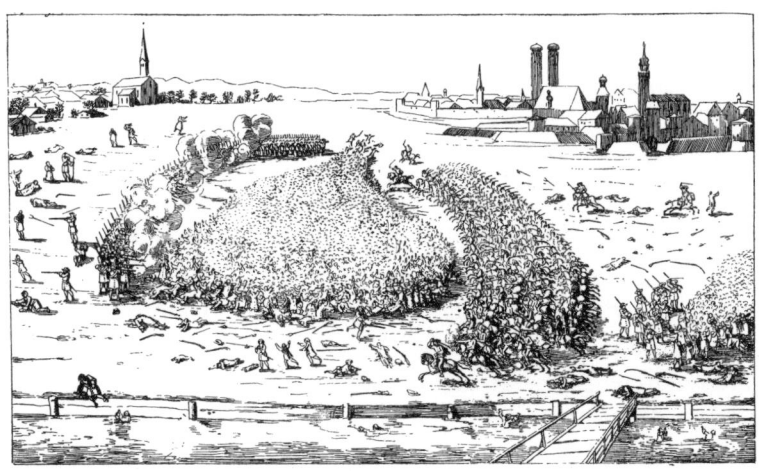

Darstellung der Sendlinger Mordweihnacht 1705 auf einem Votivbild in der Kirche von Egern.

bis heute ein Anlass für patriotische Gedenkfeiern. Anschließend erschlugen die kaiserlichen Truppen am 8. Januar 1706 auch noch 5000 aufständische Bauern aus Niederbayern vor Aidenbach bei Vilshofen. Bei einem Strafgericht über beteiligte Münchner wurden am 29. Januar Johann Georg Aberle, Johann Clanze, Johann Georg Kidler und Johann Sebastian Senser auf dem Marktplatz geköpft und der Körper des am 17. März hingerichteten Wirtes Johann Jäger danach noch geviertelt und an den vier Haupttoren der Stadt zur Abschreckung zur Schau gestellt. Die Landstände erfüllten, da Stadt und Land den Krieg glimpflich überstanden hatten, ein Gelübde und ließen nach Plänen von Antonio Viascardi (1645–1713) 1711 bis 1718 die barocke Dreifaltigkeitskirche errichten, die Cosmas Damian Asam ausmalte.

Max Emanuel baut weiter
Österreich verleibte sich nun das Innviertel ein, und Kaiser Joseph I. wollte ganz Bayern mit Österreich vereinigen; er starb aber 1711. Versuche von Max Emanuel, für Bayern die Niederlande oder Sardinien und Sizilien zu erhalten und damit König zu werden, scheiterten. Nun wandte sich der Kurfürst, nachdem die über ihn verhängte Reichsacht aufgehoben war und er 1715 nach München zurückkehren konnte, wieder freundschaftlich nach Wien. Die alte Partnerschaft wurde 1722 durch die Heirat des Erbprinzen Karl Albrecht mit Maria Amalia, einer Tochter Josephs I., erneuert. Bevor Max Emanuel die Früchte seiner Machtspiele ernten konnte, starb er am 26. Februar 1726.

Der Dachauer Hofgärtnersohn Joseph Effner (1687–1745) und der Wallone François Cuvilliés der Ältere (1695–1768), der 1706 als Kammerzwerg in den niederländischen Hofstaat des Kurfürsten aufgenommen worden war, waren auf Kosten von Max Emanuel zu Architekten ausgebildet worden. Sie vollendeten mit anderen Künstlern das Neue Schloss und den Park in Schleißheim (1728) sowie die Schlösser Dachau (1717) und Fürstenried (1717), außerdem in Nymphenburg die Pagodenburg (1719), die Badenburg (1721), das erste heizbare Hallenbad seit der Antike, und andere Anlagen. Die Landsitze waren für Vergnügungen, besonders Jagden, bestimmt. Auch Adelige und Hofleute ließen sich in der Umgebung der Stadt Schlösser errichten, wie der Geheime Kabinettssekretär des Kurfürsten Franz Xaver Ignaz von Wilhelm. Er nannte sein barockes Rittergut in Schwabing, 1718 vom Hofbaumeister Johann Baptist Gunezrainer (1692–1763) errichtet, Suresnes nach einem Schloss, in dem er im Exil Max Emanuels bei Paris gerne weilte. Es ist heute Sitz der Katholischen Akademie in Bayern.

Große Pläne
Die Residenzstadt eines Landes mit 20 Millionen Gulden Schulden und sechs Millionen Einkünften im Jahr hatte Kurfürst Karl Albrecht 1726 von seinem Vater übernommen. Auch er hatte große Ziele und plante, die Stadt entsprechend der Bedeutung seiner Herrschaft auszubauen. Daher wollte er neue Paläste. Die »Reichen Zimmer« mit der »Grünen Galerie« in der Residenz wurden von François Cuvilliés in seinem Auftrag eingerichtet. Für seine Gattin, die jagdbegeisterte Kurfürstin Maria Amalia (1701–1756), ließ Karl von diesem Meister, mithilfe des Stuckateurs Johann Baptist Zimmermann, auch die Amalienburg im Schlosspark Nymphenburg bauen. Die Anlage der zwischen Nymphenburg und München geplanten »Karlstadt«, einer neuen, ideal eingerichteten Vorstadt, für die 1728 der Grundstein gelegt wurde, gedieh über Anfänge nicht hinaus. Nur einige Handwerker waren dazu zu bewegen, sich beim Nymphenburger Kanal anzusiedeln. Der weite Weg in die Stadt und die architektonischen Auflagen für die Häuser wirkten abschreckend. Mit Billigung des Kurfürsten errichtete ein Bürgerlicher, der Künstler Egid Quirin Asam, in der Sendlinger Straße eine eigene Kirche neben seinem reich geschmückten Wohnhaus. Erst machten die Anlieger Schwierigkeiten, da sie am liebsten selbst ein Gotteshaus erbaut hätten, aber eine Reliquie des 1729 heiliggesprochenen und zum Beschützer Bayerns bestimmten Johann Nepomuk half dem gottgefälligen Werk.

Der Brunnenhof der Residenz. Kupferstich von Johann August Corvinus um 1730.

Am 20. Oktober 1740 starb Kaiser Karl VI. in Wien und setzte seine älteste Tochter Maria Theresia (1717–1780) als Erbin ein. Die durch einen Erbvertrag geregelte Übergabe der Herrschaft an eine Frau war neu und ungewohnt. Kurfürst Karl Albrecht, der mit einer Schwester des verstorbenen Kaisers verheiratet war, machte nun Ansprüche auf diesen Thron geltend. Die juristische Lage war gut, wenigstens einen Teil des Erbes zu erhalten. Karl überfiel 1741 Passau, die Bischofsstadt Österreichs, und ließ sich in Linz als Erzherzog huldigen. Das Angebot von Maria Theresia, die Niederlande und Oberösterreich zu beherrschen, lehnte er siegesgewiss ab. Im gleichen Jahr ließ sich Albrecht zum König von Böhmen krönen und kurz darauf (Januar 1742) einstimmig zum Kaiser wählen.

Diese Wahl erkannten aber die Österreicher nicht an und besetzten München. Die Diplomatie und das Kriegsglück wandten sich nun gegen Karl; er verlor Land und Armee. Die vereinigten Engländer und Österreicher mit ihren Bundesgenossen schlugen 1743 bei Dettingen am Main die mit den Bayern verbündeten Franzosen vernichtend. Georg Friedrich Händel komponierte in London für den Sieger dieser Schlacht, König Georg

II., der persönlich das Kommando geführt hatte, das Dettinger Tedeum. Maria Theresia wollte Bayern dem Habsburger Besitz einverleiben, dies verhinderte jedoch Preußenkönig Friedrich der Große, der wegen Schlesien mit den Österreichern in Fehde lag. Er verbündete sich 1744 mit Karl, und dieser konnte wieder nach München zurückkehren, doch starb er bereits am 20. Januar 1745. Franz Stephan von Lothringen, der Gemahl von Maria Theresia, wurde nun ohne Gegenkandidaten zum Kaiser gekürt.

Die Aufklärung

Max III. Joseph (1727–1777) übernahm von seinem Vater ein ausgebeutetes Land und beendete den Krieg. Dann bemühte er sich um die Förderung der Wirtschaft. So ließ er in München die für den Handel wichtige Isarbrücke von Grund auf erneuern, und die Kaufleute erhielten neue Lagerhallen. 1747 richtete er im Paulanergarten in der Vorstadt Au die Porzellanmanufaktur ein, die dann 1761 zum Schloss Nymphenburg verlegt wurde. Schließlich wurden die Gassen der Stadt gepflastert. 1752 bauten die Barmherzigen Brüder außerhalb der Stadtmauern »links der Isar« ein Krankenhaus, ebenso die Elisabethinerinnen fünf Jahre später an der heutigen Mathildenstraße.

Seine Erziehung durch Johann Adam Freiherr von Ickstatt (1772–1776), einen vom Geist der Aufklärung beseelten Wissenschaftler und Staatsmann, beeinflusste den Kurfürsten stark. Er gründete 1759 mit der Hilfe des Universalgelehrten Johann Georg von Lori (1723–1786) gegen den Widerstand der Jesuiten die Bayerische Akademie der Wissenschaften. Um die Armut seiner Untertanen durch Bildung zu bekämpfen, führte er 1771 die Schulpflicht ein und organisierte 1775 einen Armenfonds. Gegen die Prunksucht und die daraus resultierende Verarmung wurde bereits 1750 eine Kleiderordnung erlassen. Mit Verordnungen versuchte man auch gegen das Bettlerwesen vorzugehen (1748). Im Auftrag des Kurfürsten schuf 1751 Wigulaeus Kreittmayr (1706–1790) das erste einheitliche Strafrecht und Strafprozessgesetz (*Codex Juris Bavarici Criminalis*). Hier ist noch die Folter zur Wahrheitsfindung vorgesehen. Es ist aber erklärt, dass der Zweck des Staates »lediglich in gemeiner Wohlfahrt besteht«.

Auch die Kunst nahm in dieser Friedenszeit einen Aufschwung. 1754 ließ sich Ignaz Günther (1725–1775) in München nieder, der zwei Jahre später bereits Hofbildhauer beim Kurfürsten wurde und 1761 das heute nach ihm benannte Haus am Unteranger (Sankt-Jakobs-Platz 15) erwarb. 1763 wurde François Cuvilliés, der Hauptvertreter des bayerischen Rokoko, Oberhofbaumeister. Er schuf unter anderem im Auftrag des Kurfürsten 1753 das Alte Residenztheater (Cuvilliéstheater). Sein Sohn und Nachfolger François Cuvilliés der Jüngere (1731–1777) arbeitete im barocken und klassizistischen Stil und baute das Ständehaus (heute Meisterschule für Mode, Rossmarkt 15). Wolfgang Amadeus Mozart kam mehrmals an den Hof des Musik liebenden Fürsten, der ihn unter anderem 1762 als Wunderkind erlebte und 1775 der Uraufführung seiner Oper ›La finta giardiniera‹ beiwohnte, 1777 aber seine Bitte, ihn anzustellen, ablehnte.

Altes Residenztheater (Cuvilliéstheater) bei einem Festball am 14. Januar 1765.
Kupferstich von Ignaz Günther nach François Cuvilliés.

94

1741 wurde der Staatsrechtslehrer Christian Wolff von der Universität Würzburg in die kurfürstliche Residenz berufen, um den Prinzen Max Joseph zu unterrichten. Auf diesen Lehrer und den Jesuiten Daniel Stadler (1705–1764), der auch Beichtvater war, ging die Erziehung des jungen Herrschers zu einem aufgeklärten Absolutismus zurück. In der Theorie war man tolerant, human und auf das Gemeinwohl hin orientiert, in der Praxis wurde mithilfe der Zensur eine absolutistische Politik betrieben. Man begann aber, die Rechte der Kirche einzuschränken, indem man ein staatliches Schulsystem einführte und Spenden an die Kirche begrenzte. Auch die als zu zahlreich empfundenen kirchlichen Feiertage und die ausgedehnten Wallfahrten wurden bekämpft.

In München wirkten bedeutende Köpfe der Aufklärung. Johann Franz Seraph von Kohlbrenner (1728–1783) war ursprünglich im Bereich des Salz- und Forstwesens tätig. Nach seinem Aufstieg zum »Wirklichen Hofkammer- und Kommerzienrat« 1773 wurde er auch noch 1778 in den Reichsritterstand erhoben. Besonderes Ansehen erwarb der vielseitige Kohlbrenner sich seit 1776 durch die Herausgabe des ›Churbayerischen Intelligenzblattes‹, der wichtigsten kritischen Zeitschrift. Der Publizist war seiner Zeit voraus. So kämpfte er für die Einrichtung einer öffentlichen Bibliothek für München und machte bereits 1768 den umstrittenen Vorschlag, eine Hundesteuer einzuführen. Sonst kämpfte Kohlbrenner besonders gegen jeglichen Aberglauben und für das Vaterland, womit er in Gegensatz zu Kurfürst Karl Theodor geriet. Der Jurist Andreas Dominikus Zaubzer (1748–1795) wurde 1773 Sekretär des Hofkriegsrats und 1784 Professor für Philosophie an der späteren Militärakademie. Seine kritischen theologischen Veröffentlichungen fanden große Beachtung, besonders seine 1777 erschienene ›Ode auf die Inquisition‹, die 1780 der Zensur zum Opfer fiel. Er schrieb auch 1784 ein Wörterbuch mit dem Titel ›Versuch eines bayerischen und oberpfälzischen Idiotikons‹. Kajetan Weiller (1761–1826), ein Geistlicher und Philosoph, beeinflusste als Direktor des Wilhelmsgymnasiums viele Schüler. Sein Kollege, der kritische

Theologe Lorenz von Westenrieder (1748–1829), wurde Historiker und 1799 Direktor der Bücherzensurkommission. Diese Persönlichkeiten prägten auch die Bayerische Akademie der Wissenschaften.

Ein Erbe aus der Pfalz

Nach dem Tod des altbayerischen Wittelsbachers Max III. Joseph, der am 30. Dezember 1777 mit nur 50 Jahren ohne leiblichen Erben an Pocken starb, war die Thronfolge umstritten. Der Kurfürst hatte, um einen erneuten Erbfolgekrieg mit Bayern als Schauplatz zu verhindern, 1771 einen Vertrag mit den pfälzischen Wittelsbachern geschlossen, der auch die gegenseitige Erbfolge regelte. Der neue Kurfürst Karl Theodor wäre lieber in seiner Residenzstadt Mannheim geblieben und hatte an München nur begrenztes Interesse. Er versuchte daher, wie schon Max Emanuel, das Kurfürstentum Bayern an Österreich zu verkaufen oder zu tauschen und die Niederlande dafür einzuhandeln. Die jährlichen Einnahmen wären fast doppelt so hoch (zwei Millionen Gulden mehr) gewesen. Friedrich der Große von Preußen wusste aber diesen Handel, den auch viele Bayern ablehnten, zu verhindern. Beim Friedensschluss, der den bayerischen Erbfolgekrieg beendete, kam 1779 das Innviertel endgültig zu Österreich. Kurfürst Karl Theodor war in München nicht nur deshalb so unbeliebt, weil er aus Mannheim kam und das bayerische Kurfürstentum nur widerwillig übernommen hatte, sondern vor allem, weil er despotisch herrschte.

Er brachte 1777 beim Umzug seines Hofstaates aus Mannheim auch Künstler mit. Einige sollten Stammväter von Künstlerfamilien werden, wie Carl Ernst Christoph Hess (1755–1828), Ferdinand Kobell (1740–1799) und Lorenz Quaglio (1730–1804). Der Kurfürst förderte auch den Maler Johann Georg Dillis (1759–1841). Dillis machte sich ab 1790 als Inspektor der neu erbauten Galerie im Hofgarten verdient. Er konnte 1797 unter großen Gefahren 615 der bedeutendsten Gemälde vor den Franzosen retten und wurde 1803 mit der Auswahl von Bildern aus aufgehobenen Klöstern für die Galerie betraut, die noch in Museen zu sehen sind. Er wurde Professor für Landschaftsmalerei und war noch für König Ludwig I. beim Aufbau der Pinakothek tätig.

Einer der Musiker, die mit der berühmten Mannheimer Hofkapelle nach München kamen, war der Komponist Christian Cannabich (1731–1798). Er wurde 1778 Musikdirektor und hatte großen Einfluss auf Mozart, den er noch von Mannheim her kannte. Karl Theodor lud Wolfgang Amadeus Mozart ein, für ihn eine Oper zu komponieren. Im Januar 1781 fand im Hoftheater die Uraufführung der Oper ›Idomeneo‹ statt, die aber keinen großen Erfolg hatte. Auch Karl Theodor ließ Mozart ziehen. 1778 kam der auch als Geiger damals sehr beliebte Opernkomponist Peter Winter (1745–1825) aus Mannheim nach München und wurde hier 1787 Hofmusikdirektor. 1779 führte Christoph Willibald Gluck eine Oper im alten Hoftheater bei der Salvatorkirche auf.

Bei der Volkszählung von 1781 wurden in der Stadt München 37 840 Einwohner registriert. Davon waren aber nur 1479 Personen rechtlich Vollbürger und Steuerzahler. Der Hofstaat war größer, und dessen Angehörige mussten, ebenso wie die der Klöster, keine Steuern zahlen. Diese schwache Basis wohlhabender Steuerzahler machte sich auch in der Wirtschaftskraft bemerkbar. 1789 hatte die Stadt 313 000 Gulden Schulden. Man war bei der Steuererhebung von der Regierung abhängig, die etwa 1777 beschloss, den städtischen Bierpfennig abzuschaffen und diese Abgabe künftig an die Landschaft (Ständeparlament) zahlen zu lassen. Stadt und Fürstentum waren in allen Bereichen in desolatem Zustand, der auch immer wieder zu Unruhen führte. Hilfe kam hier von einem Fremden.

Benjamin Thompson – ein Amerikaner in München

Einer der Männer, die München am meisten geprägt haben, wurde am 26. März 1753 in Woborn bei Boston als Benjamin Thompson geboren. Der begabte junge Mann floh nach dem

Das Rumford-Denkmal im Englischen Garten. Stich von Simon Warnberger,
1796.

Unabhängigkeitskampf 1776 nach England. In London wurde er
bereits 1778 Staatssekretär für Nordamerika und schnell zu einem reichen Mann. 1779 wurde er als Naturforscher zum Mitglied der Königlichen Britischen Akademie der Wissenschaften
gewählt. Nach dem Friedensschluss mit den Vereinigten Staaten
von Amerika wurde er 1783 mit halbem Gehalt pensioniert.
Benjamin Thompson entschied sich, seine Fähigkeiten in den
Dienst des Kaisers in Wien zu stellen, und reiste auf den Konti-
nent. In Straßburg wurde er mit dem französischen Garnisons-
kommandanten Herzog Maximilian Joseph von Zweibrücken,
der 1799 Kurfürst von Bayern werden sollte, bekannt. Dieser
schickte Thompson mit einer Empfehlung zu seinem Verwandten Kurfürst Karl Theodor nach München. Thompson fand
rasch Gefallen an der Stadt und war angenehm berührt durch
das freundliche Entgegenkommen des Landesherrn. Dieser bot
dem Amerikaner an, in seine Dienste zu treten, um im Land Reformen durchzuführen. Nach fünf Tagen reiste Thompson aber
doch nach Wien weiter, in der Hoffnung, sich im Krieg gegen
die Türken militärisch auszeichnen zu können. Er wurde dort

aber von seinem »kriegerischen Wahnsinn« geheilt und beschloss, künftig dem Fortschritt und nicht mehr der Vernichtung von Menschen zu dienen. Er nahm das Angebot des Kurfürsten an. Der englische König Georg III. gewährte Thompson die Bitte, in die Dienste Bayerns treten zu dürfen, und schlug ihn zum Ritter.

Im Frühjahr 1784 kam Sir Benjamin Thompson nach München. Er hatte nun Gelegenheit, sich umfassend über Land und Leute zu informieren. Er wohnte in der Hinteren Schwabinger Gasse (heute Theatinerstraße). Der katastrophale Zustand in vielen Bereichen, besonders in der Armee, inspirierte den 1785 zum Kammerherrn und 1787 zum Geheimen Rat aufgerückten Thompson im Jahr 1788 zu einem umfangreichen Gutachten mit ungewöhnlichen Lösungsvorschlägen. Dem Kurfürsten gefiel das Memorandum, und so ernannte er den Engländer, unter Zurücksetzung bisheriger Amtsträger, zum Kriegs- und Polizeiminister, Generalmajor und Staatsrat.

Bekämpfung von Armut und Unwissenheit
Die Bekämpfung der Armut und Unwissenheit in der Bevölkerung sollte zunächst über die Armee erfolgen. Militärgemüsegärten wurden angelegt, aus denen sich die Soldaten selbst mit frischer, gesunder Nahrung versorgen sollten. Kohlrüben, Klee und besonders die bisher vielfach noch für giftig gehaltene Kartoffel wurden nun von München aus über das Militär in Bayern flächendeckend propagiert. Besonders betroffen war Sir Benjamin von der Not der Bettler, die München in großer Zahl bevölkerten. Um die Stadt von dieser Plage zu befreien und gleichzeitig den armen Menschen zu helfen, richtete er im ehemaligen Kloster der Paulaner in der Au (heute Gefängnis Neudeck) eine Fabrik mit Wohnungen ein. 1790, am 1. Januar, dem Tag des alljährlichen Almosengebens, wurden die Bettler Münchens (angeblich über 200, bei einer Einwohnerzahl von knapp 40 000) registriert und ins Arbeitshaus gebracht. Alle wurden nun nach ihren Möglichkeiten beschäftigt, z. B. damit, Uniformen für die

Armee anzufertigen. Obwohl die Arbeiter, unter ihnen auch Behinderte und Kinder, nicht nur beherbergt und beköstigt wurden, sondern auch Lohn erhielten, warf das gut organisierte Unternehmen bald Gewinne ab. Als Thompson, angegriffen durch die großen Anstrengungen seiner Arbeit und belastet durch Missgunst, die ihn viele Höflinge und der Magistrat spüren ließen, schwer erkrankte, zogen seine Arbeitshausinsassen täglich in einer Prozession an seinem Fenster vorbei zur Frauenkirche, um dort für ihn eine Stunde zu beten. Erst nach dem Weggang des Stifters wurde das »Arbeitshaus in der Au« immer mehr zur Zwangsarbeitsanstalt. Um die Erziehung begabter, aber unbemittelter Mädchen und Knaben zu ermöglichen, gründete der Minister auch eine Einrichtung, die er »Haus der Industrie« nannte.

Hunger und Fehlernährung waren Hauptprobleme dieser Zeiten. Interessengebiet des Forschers Thompson war stets die richtige Ernährung. Für das Arbeitshaus erfand er neue Speisen, so die »Rumfordsuppe«, einen Eintopf aus Wasser, Sauerbier, geriebenen Kartoffeln, Brot, Perlgraupen und Erbsen. Mit der aus den Münchner Erfahrungen geschöpften, in London erschienenen Arbeit ›Über die Auswahl und Zubereitung von Speisen, insbesondere für die Armen‹ half Thompson später in England, eine Hungerkatastrophe abzuwenden. Beim Bohren eines Kanonenrohres machte Rumford 1797 grundlegende Experimente zum Problem der Wärme. Seine ›Abhandlung über die Wärme‹, die als seine größte wissenschaftliche Leistung gilt, beschrieb, dass Wärme keine Substanz ist, sondern durch die Bewegung von Molekülen entsteht.

Wichtig für die Ernährung war auch die Erfindung eines neuartigen Kochherdes, den Thompson im »Arbeitshaus« einführte. Dieser Herd verbrauchte wesentlich weniger Brennstoff und war schneller betriebsbereit als herkömmliche Öfen. Der Minister bemühte sich, auch bei Hausfrauen und Köchen für seine Ideen zu weben. Daneben erfand er noch Kochgeschirr und Lampen, mit denen Energie gespart werden konnte. So schrieb er eine Abhandlung ›Über Kaminfeuerherde, nebst Vorschlägen

zur Verbesserung derselben, um Brennstoff zu sparen, die Wohnhäuser angenehmer und gesünder zu machen und das Rauchen
der Schornsteine ganz zu verhüten‹. Thompson kümmerte sich
auch um andere Dinge des Alltags. Um die Opferbüchsen in den
Kirchen vor Diebstahl zu schützen, erdachte er ein wirksames
System. Weiter schrieb er über Themen wie »verbesserte Pfer-
de- und Hornviehzucht« und »die Mittel, den Wucher in München abzustellen«.

Der Englische Garten
Ein weiteres Anliegen war Thompson die Landeskultivierung
und -pflege. Die von ihm propagierten und angelegten Militär-
gärten dienten neben der Versorgung der Soldaten auch diesem
Ziel. Am 21. Februar 1798 veröffentlichte er Richtlinien zu einem
neu anzulegenden militärischen Garten. Bereits am 24. März
1789 forderte Karl Theodor den Stadtmagistrat von München
auf, für die Verwirklichung eines Militärgartens einen geschützten Platz ausfindig zu machen. Da es der Stadtverwaltung mit
der Durchführung des Planes, den Thompson entworfen hatte,
nicht eilig war, schritt der Minister selbst zur Tat. Er hielt die
Gegend um den Hirschanger vor dem Schwabinger Tor, bisher
ein nur zur Jagd genutztes Stück Land, für am besten geeignet
und begann daraufhin bereits 1789, die für die Anlage des Gartens nötigen Grundstücke, Wiesen zwischen der heutigen Köni-
ginstraße und dem Eisbach, zu erwerben. Noch vor den ersten
Spatenstichen brach am 14. Juli die Französische Revolution aus.
Dies förderte den Gedanken, den ursprünglich projektierten
Militärgarten zu einem großen Volkspark auszuweiten.

Thompson begann mit größter Eile, den Plan zu verwirk-
lichen. Ein Armeekorps stand hierfür zur Verfügung. Bereits am
7. August wurde der in England ausgebildete Gartenbaumeister
Friedrich Ludwig von Sckell (1750–1823) nach München berufen, um unter der Leitung des Ministers »Entwürfe zur Anlage des Gartens« zu machen. Sckell brachte sogleich seine
»Vorschläge zu einem englischen Garten bei dieser Residenz-

Der Chinesische Turm im Englischen Garten. Stich von Simon Warnberger, 1796.

stadt« zu Papier; die ersten Pflanzungen wurden ausgesteckt. Am 13. August 1789 gab der Kurfürst dann per Dekret bekannt, dass er »*den hiesigen Hirsch-Anger zur allgemeinen Ergötzung für dero Residenz-Stadt München herstellen zu lassen und diese schönste Anlage der Natur dem Publikum in ihren Erholungs-Stunden nicht länger vorzuenthalten gnädigst gesonnen*« sei. Karl Theodor war von Thompsons Projekt so begeistert, dass er die Kosten aus der Kasse des Hofkriegsrats vorschießen ließ. Das Gelände wurde entwässert, Brücken, Straßen und Wege wurden angelegt, dazu Grotten und Tempel. Pflanzungen verschiedenster Art, ein See und allerlei Vergnügungsstätten wurden gebaut: Glanzpunkt war der »Chinesische Turm«. Bei diesem entstand ein Bauernhof mit Schwaige als Muster für Zuchtviehhaltung. Die »Vieharznayschule« (heute Tierärztliche Fakultät der Universität in der Veterinärstraße) war bereits am 1. Mai 1790 eröffnet worden. Am 25. Mai inspizierte dann der Kurfürst erstmals in Begleitung Thompsons die Anlage, die Bürger durften sie ab Frühling 1792 betreten.

Kniefall und Rettung Münchens

Die Stadtväter warfen Thompson nun Eigenpropaganda »hinter dem Rücken der bürgerlichen Obrigkeit« vor und wollten sogar Bürger bestrafen, die dem Kurfürsten eine Dankschrift für dessen Reformen schrieben. Der Magistrat sah sich in seinen Rechten verletzt und begehrte gegen den Kurfürsten auf. Karl Theodor entfernte daraufhin die Magistratsherren aus ihren Ämtern und ließ sie am 21. Mai 1791 kniend vor seinem Bild um Verzeihung bitten, was als ungeheure Schmach galt und einen Tiefpunkt in der Geschichte des städtischen Ratsgremiums darstellte.

Als Karl Theodor 1792, nach dem Tod Kaiser Leopolds, kurzzeitig das Reichsvikariat innehatte, nutzte er diese Stellung, um Sir Benjamin Thompson zum Grafen des Heiligen Römischen Reiches Deutscher Nation zu erheben. Nach dem ehemaligen Namen der Stadt in Amerika, in der er seine Karriere begonnen hatte, nannte Thompson sich nun »Graf Rumford«. Nach einem Erholungsaufenthalt in Italien fand bei seiner Rückkehr ein Volksfest für 30 000 Menschen im Englischen Garten statt. Auch 1800 Insassen des »Arbeitshauses« waren unter den Gästen. Anschließend fuhr Rumford nach England und Irland, um zu forschen und auch dort die Armut zu bekämpfen.

Doch schon Ende Juli 1796 wurde Graf Rumford von Karl Theodor eilig nach München zurückgerufen. München lag zwischen den Heeren von Österreich und Frankreich und drohte zum Schlachtfeld zu werden. Rund 14 000 bayerische Soldaten waren in der Stadt zusammengezogen. Karl Theodor, inzwischen 77 Jahre alt, stattete Rumford mit umfassenden Vollmachten aus, ernannte ihn zum Führer des Regentschaftsrates und floh nach Sachsen. Der Graf übernahm das Kommando und ließ die Stadttore schließen. Er verwehrte sowohl der am 24. August 1796 bei Friedberg geschlagenen österreichischen Armee als auch den sie verfolgenden Franzosen erfolgreich den Zugang nach München. Die Bürger feierten Rumford als Retter Münchens. Der Kurfürst ernannte ihn nun zum Polizeiminister. In dieser Funktion veranlasste Rumford die Beseitigung von Befestigungsanlagen, die der sich ausbreitenden Stadtentwicklung im Wege waren. Doch die Stadtregierung, die sich zurückgesetzt fühlte, erreichte 1798, dass Rumford München wieder verließ. Er wurde als bayerischer Gesandter nach London geschickt. 1810 kam er auf Einladung des Königs noch einmal nach München und starb am 21. August 1814 in Auteuil bei Paris.

Stadterweiterung

Die Bevölkerung Münchens, die innerhalb des alten Mauerringes lebte, war von 1650 bis 1781 von rund 15 000 Personen auf 37 840 Personen angestiegen. Die Stadt war noch bis in das 17. Jahrhundert teilweise locker bebaut, und es gab Gärten zwischen den Häusern. Diese wurden nun überbaut, Gebäude aufgestockt und Hinterhäuser errichtet. Besonders groß war der Anstieg der Haushalte im 18. Jahrhundert, von 2266 im Jahre 1704 auf 8829 im Jahr 1781. Man war gezwungen, auf immer enger werdendem Raum zusammenzuleben. Bereits im 18. Jahrhundert begann eine rege Bautätigkeit vor den Toren der Stadt. Patrizier und Adelige ließen sich hier Schlösschen und Gärten errichten. Auch der Bereich der nutzlos gewordenen Befestigungsanlagen wurde zunehmend bebaut. Zur Isar hin entstanden Floßländen, Wirtschaftsbetriebe und Gasthäuser, an den Hängen Keller von Brauereien. Auch Klöster begannen, ihre Niederlassungen außerhalb der Mauern anzulegen. Aus dem Lehen des Grafen Tattenbach entstand im Nordosten eine Vorstadt, die Lehel genannt wurde. Hier siedelten sich besonders ärmere Personen an. 1791 lebten schon über zehn Prozent der Stadtbevölkerung außerhalb der Mauern.

Mit der von Graf Rumford begonnenen, von Kurfürst Karl Theodor am 18. März 1791 angeordneten Niederlegung der Bastion vor dem Neuhauser Tor setzte eine systematische Stadterweiterung ein. Die alten Befestigungsanlagen waren militärisch nutzlos geworden. Ihr Unterhalt war teuer, und sie wurden als Verkehrs- und Bauhindernis empfunden. Während die stolze Reichsstadt Nürnberg ihren Mauerring behielt und pflegte, brach man in München die Torbauten größtenteils ab. Der Protest von Geschichtsschreibern und romantischen Künstlern gegen solche Maßnahmen verhallte weitgehend ungehört. Die »Denkmalpflege«, unterstützt durch Kronprinz Ludwig, setzte später wenigstens durch, dass drei der Haupttore, wenn auch teilweise in veränderter Form, erhalten oder wiedererrichtet wurden. Das Isartor, das noch die mittelalterliche Stadtbefestigung in ihren Ausmaßen erahnen lässt, wurde gegen den Willen des städtischen Magistrats von König Ludwig durch Friedrich von Gärtner restauriert. Der von Rumford beauftragte Architekt Franz Thurn schuf bereits 1791 die Pläne für das Karlstor und den neuen Karlsplatz, wie die Stelle bei der 1755 eröffneten Wirtschaft des Eustachius Föderl nun heißen sollte. Der Name nach dem unbeliebten Kurfürsten Karl Theodor konnte sich in den letzten 200 Jahren nur teilweise durchsetzen; die Münchner Bevölkerung nennt den Platz noch immer Stachus. Ein Ring von Wohnhäusern sollte die Stadt umschließen. Diese Pläne konnten anfangs aber nur langsam in die Tat umgesetzt werden.

Das neue München
als Stadt der Kunst

Krieg gegen und Verbrüderung mit Napoleon

Als Kurfürst Karl Theodor am 16. Februar 1799 starb, trat der Herzog von Pfalz-Zweibrücken-Birkenfeld auf der Grundlage der Hausverträge der Wittelsbacher das Erbe an. Der neue Kurfürst Maximilian IV. Joseph bestellte seinen Berater Maximilian von Montgelas (1759–1838) zum Minister. Dieser Mann aus savoyardischer Familie, dessen Vater bayerischer General gewesen war, hatte eine Erziehung in Freising, Nancy, Straßburg und Ingolstadt genossen und musste 1785 wegen politischer Verfolgung aus Bayern nach Zweibrücken fliehen. Er sollte der Vater des modernen bayerischen Staates werden, der die Verwaltung des Landes nach französischem Vorbild neu und zentralistisch organisierte.

Bei Regierungsantritt waren über 100 000 Soldaten des österreichischen Bundesgenossen im Kurfürstentum stationiert. Bayern befand sich im zweiten Koalitionskrieg gegen Napoleon. Es erlitt bei Niederlage an der Seite der Österreicher gegen die Franzosen am 3. Dezember 1800 bei Hohenlinden Verluste und sollte nun an Frankreich Kriegskontributionen zahlen, die höher als die jährlichen Staatseinnahmen waren. Maximilian schloss daher Frieden mit Frankreich und erhielt die Zusage für eine Entschädigung für die auf linker Rheinseite von den Franzosen annektierten kurpfälzischen Gebiete. Mit einem Vertrag, der am 25. August 1805 im Schloss des Ministers Graf Montgelas in Bogenhausen geschlossen wurde, gingen Bayern und Frankreich ein militärisches Bündnis ein.

Beim Frieden von Pressburg, der am 26. Dezember 1805 nach der Schlacht von Austerlitz mit Österreich geschlossen wurde, erhielt Bayern dann Tirol sowie weite Teile Frankens und Schwabens mit 1,2 Millionen Einwohnern zugesprochen. Napoleon wollte verbündete Königreiche in Süddeutschland schaffen und im Rheinbund Unterstützung gegen Österreich und Russland haben. Am 1. Januar 1806, 10 Uhr, wurde vom Landesherold, begleitet von Kavallerie und Hoftrompetern, auf den Hauptplätzen Münchens Maximilian Joseph zum König des nunmehrigen Königreiches Bayern ausgerufen. Zur Besiegelung der Freundschaft mit Frankreich wurde Amalie Auguste Ludovica (1788–1851), die älteste Tochter des Königs, am 14. Januar 1806 Eugène de Beauharnais, dem Stiefsohn Napoleons und Vizekönig Italiens, im Beisein des Kaisers mit Familien und Hofstaat feierlich angetraut.

Kriege und Einquartierungen gingen weiter. Bayern musste den französischen Bundesgenossen auch bei seinem Russlandfeldzug 1811/1812 Beistand leisten. Von den rund 35 000 Soldaten, die gegen Osten marschiert waren, kehrten nur rund 5000 zurück. Max Joseph wechselte dann vor der Völkerschlacht von Leipzig 1812 die Fronten und stand nun wieder auf der Siegerseite. Er konnte das neue Königreich dadurch nicht nur in seinem Besitzstand fast erhalten, sondern auch die vorher an Frankreich abgetretene linksrheinische Pfalz zurückbekommen.

»Bürgerkönig« Max
1818 wurde eine Verfassung für das Königreich verabschiedet, die Grundrechte und eine parlamentarische Vertretung der Bevölkerung gewährleistete. Es begann eine Zeit des Friedens und der Konsolidierung für das Land und seine Hauptstadt. König Max I. (1756–1825) war bei der Bevölkerung als volkstümlicher »Bürgerkönig« Maxl sehr beliebt. Er war kein Neuerer und hätte sich als »gelassener Mensch« sowie Familienvater lieber nur seinen Neigungen gewidmet. Sein Hauptinteresse galt den Naturwissenschaften. So förderte er die Kgl. Bayerische Akademie der Wissenschaften und stiftete ihr 1812 aus seinem Privatvermögen ein großes Grundstück nordwestlich vom Karlsplatz, die Herzog-Max-Wiese. Hierauf sollten das Chemische Laboratori-

um und der Botanische Garten errichtet werden, das erste Geschenk des Monarchen an die Bürger seiner Residenzstadt. Das von Oberbaukommisär Joseph Emanuel von Herigoyen (1746–1817) errichtete klassizistische Tor zum Karlsplatz hin ist heute noch erhalten. Beete, Baumreihen und ein 120 Meter langes Gewächshaus boten vielen Gewächsen aus aller Welt Platz. Der König finanzierte eine Forschungsreise nach Südamerika, die in seinem Auftrag in den Jahren 1817 bis 1820 der Arzt und Zoologe Johann Baptist Spix (1781–1826) und der Naturforscher und Ethnograf Karl Friedrich Philipp Martius (1794–1868) unternahmen. Sie entdeckten dort Tausende von Tier- und Pflanzenarten und bereicherten die Sammlungen in München. Martius wurde Professor und 1832 Direktor des Botanischen Gartens.

Max lernte 1801 Joseph (von) Fraunhofer (1787–1826) kennen, als das Haus, in dem dieser Lehrjunge war, einstürzte. Durch die Förderung des Königs wurde der junge Mann ein bedeutender Optiker und Astronom, Erfinder und Professor. In diesen Zeitraum fielen auch für diese Zeit wichtige Erfindungen wie die des Steindrucks (Lithografie), der anfangs besonders für Karten genutzt wurde, durch Alois Senefelder (1771–1834) und der Kurzschrift durch Franz Xaver Gabelsberger (1789–1849).

Der in Fürstenfeldbruck geborene Medailleur Johann Baptist Stiglmaier (1791–1844) wurde vom König nach Italien geschickt, um dort die Kunst des Erzgusses zu lernen. 1824 wurde unter seiner Leitung die Kgl. Erzgießerei eingerichtet, in der die meisten Denkmäler in München und viele für die ganze Welt (etwa Tore des Capitols in Washington) entstanden. Über der Arbeit an der Bavaria starb Stiglmaier, und der Platz in der Nähe der Gießerei, der vorher Ludwigsplatz hieß, wurde nach ihm benannt. Sein Neffe Ferdinand von Miller (1813–1887) konnte seine Tätigkeit erfolgreich fortsetzen.

München wurde am Beginn des 19. Jahrhunderts zu einem Zentrum der klassizistischen Architektur. Um einen Abschluss der Prannerstraße zu schaffen, ließ der König 1805 das nach ihm benannte Max-(Joseph)-Tor anlegen. Der Generalplan zur Stadterweiterung mit der Gestaltung der Maxvorstadt, der vom königlichen Baurat Karl von Fischer (1782–1820) und vom Hofgarten-intendanten Friedrich Ludwig von Sckell (1750–1823) konzipiert worden war, teilte das Neubaugebiet der »Maximiliansvorstadt« in große Quadrate. Dabei wurde auch die Errichtung von repräsentativen Plätzen geplant. Zum Beginn seiner Karriere hatte der Mannheimer Karl von Fischer 1802 mit dem Gewinn eines Wettbewerbs für die Neugestaltung des Nationaltheaters Erfolg, dessen Bau zog sich wegen Geldmangels von 1812 bis 1818 hin. Er schuf auch 1806 für den ehemaligen Minister und Abbé Pierre de Salabert das spätere Prinz-Karl-Palais und wurde 1808 als Professor an die neu gegründete Akademie der Bildenden Künste berufen.

Säkularisation
Im Jahr 1781 lebten in den 20 klösterlichen Gemeinschaften in der Stadt München 686 Mönche und Nonnen. Dies entsprach 1,8 Prozent der Bevölkerung. Die Stimmung im Zeitalter der

Das 1803 von Karl von Fischer erbaute Prinz-Karl-Palais. Aquarell um 1803.

Aufklärung war gegen den Klerus gerichtet. Mönche wurden wegen ihres Aufwandes, ihrer mangelnden Produktivität oder ihres Sittenverfalls herb kritisiert. Man sah besonders in den Bettelorden Verbreiter von Aberglauben und Unwissenheit. Andererseits leisteten Klöster in Seelsorge, Schulwesen und Fürsorge wertvolle Arbeit. Da einige Klöster in Bayern sehr reich waren, hatte der Staat bei deren Enteignung Hoffnung auf großen finanziellen Gewinn. Der 1803 verabschiedete Reichsdeputationshauptschluss sollte deutsche Fürsten für Gebietsabtretungen an die Franzosen auf dem linken Rheinufer entschädigen. Er verfügte die Verstaatlichung der Besitzungen von Klöstern und Bistümern. Für München war diese Aufhebung der Klöster ein wesentlicher Einschnitt, der den Charakter der Stadt veränderte. Bereits am 25. Januar 1802 wurden in München die Bettelorden aufgelöst und die Verwendung ihres Eigentums für die Versorgung der Angehörigen und Finanzierung von Schulen angeordnet. Die Aufhebung der Klöster, die 1803 abgeschlossen wurde, stieß weder bei den Geistlichen noch in der Bevölkerung der Stadt auf aktiven Widerstand, obwohl viele Menschen dadurch Arbeitsplatz und materielle Versorgung einbüßten. Auch die von den Mönchen betriebenen bzw. unterhaltenen Brauereien, Apotheken, Schulen und Bibliotheken waren ja betroffen.

Einige Klostergebäude wurden abgerissen, wie das bedeutende Franziskanerkloster, das den Ausbauten der Residenz mit dem Nationaltheater weichen musste. Andere Bauten wurden weltlichen Zwecken zugeführt, wie das Augustinerkloster, dessen Gebäude als Mauthalle dienten und wo heute das Jagdmuseum untergebracht ist. Beide Namen sind noch durch Biersorten und Gastwirtschaften bekannt. Das schon 1799 auf Wunsch der Mönche aufgelöste Paulanerkloster im ehemaligen Herzogsschloss Neudeck unterhalb des Nockherbergs, in dem einst das Starkbier Salvator gebraut wurde, lebt im Namen Paulanerplatz in der Au weiter.

Protestanten

München war seit der Gegenreformation rein katholisch und »Ketzerei« streng verpönt. Der Geist der Aufklärung förderte Toleranz. Bereits im 18. Jahrhundert wich man daher, wenn es opportun war, von diesen Grundsätzen ab. Neben Soldaten, Handwerkern und Reisenden anderer Bekenntnisse hielten sich auch Gesandte von evangelischen Staaten wie Preußen und Sachsen in der Residenzstadt auf, denen man nicht die Religion vorschreiben konnte. Verstorbene Protestanten wurden bis 1782 auf einem eigenen lutherischen Friedhof an der »oberen Lände« bestattet. Max IV. Joseph war zwar katholisch – sein Vater war aus politischen Gründen vom Calvinismus konvertiert –, aber seine Frau, Karoline von Baden, nach der der Karolinenplatz benannt ist, war evangelisch. Sie hatte bei ihrer Heirat für sich und ihren Hofstaat freie Ausübung des Glaubens vereinbart. Die evangelische Hofgemeinde umfasste 150 Seelen, darunter der eigene Pfarrer. So konnte am 12. Mai 1799 im Schloss Nymphenburg der erste offizielle protestantische Gottesdienst seit der Reformationszeit abgehalten werden, und 1800 wurde in der Residenz eine Hofkapelle eingerichtet.

Erst 1801 durfte mit Johann Balthasar Michel aus Mannheim, gegen den Widerstand des Stadtmagistrats, der erste Protestant Bürger von München werden. Es war ein Befehl des Kurfürsten mit Hinweis auf die Verfassung nötig, um dem Weinhändler den Kauf einer Wirtschaft zu ermöglichen. 1803 wurden im Religionsedikt die Gleichberechtigung der Konfessionen verankert und auch Mischehen erlaubt. Durch die Erweiterung Bayerns um zahlreiche evangelische Gebiete nahm der Anteil der Protestanten in der Haupt- und Residenzstadt ab 1803 sprunghaft zu. Die der neuen protestantischen »Stadtpfarrei« am 11. Dezember 1806 überlassene Salvatorkirche reichte bald nicht mehr aus. Die Stimmung gegenüber Protestanten in der Stadt war teilweise feindselig. 1826 hatten die 6000 Gemeindemitglieder aber bereits fast zehn Prozent Anteil an der Bevölkerung.

Obwohl der Nachfolger von Max IV. Joseph, sein Sohn Ludwig I., eine evangelische Mutter, Stiefmutter und Frau hatte, war

Die protestantische Kirche in der Sonnenstraße. Zeichnung um 1850.

er ein Gegner des Protestantismus. Daher hatte er für den Bau evangelischer Kirchen wenig übrig und erfüllte hier nur seine verfassungsmäßige Pflicht. Für die Kirche in der heutigen Sonnenstraße (bei der Schwanthalerstraße) wurde bereits 1827 der Grundstein gelegt, sie konnte aber erst 1833 eingeweiht werden. Das Gebäude, im klassizistischen Stil von Johann Nepomuk Pertsch entworfen, fiel dann 1938 Hitlers Stadtausbauplänen zum Opfer und wurde abgerissen. Als Ludwigs Stiefmutter, die protestantische Königswitwe Karoline, am 13. November 1841 starb, wurde bei der Beisetzung in der Theatinerkirche auf Betreiben des ultrakatholischen Ministers von Abel ihrem Pfarrer der Zutritt verwehrt. Dies war eine Brüskierung der Trauergemeinde und des Königs. Den Streit gegen Abel musste der Pfarrer und Dekan von München Dr. Christian Friedrich von Boeckh (1830–1849) führen, der auf Wunsch des Königs auf diesen Posten berufen worden war. 1838 hatte Ludwig den Befehl erlassen, dass alle Staatsdiener, also auch Protestanten, bei Prozessionen mitzugehen und dabei vor dem Allerheiligsten (geweihte Hostie) niederzuknien hätten. Dieser »Kniebeugeerlass« musste 1845 aufgehoben werden.

Juden

Für die Finanzierung des Herrscherhauses, Geldgeschäfte und den Handel spielten schon im 18. Jahrhundert Juden in München eine wichtige Rolle. Man gestattete ihnen sogar 1786 erstmals die Feier des Laubhüttenfestes in der Stadt, gegen eine Spende von 500 Gulden an die Armenkasse. 1798 wurden in München bereits 200 Personen jüdischen Glaubens gezählt. Noch 1801 war es nicht erlaubt, dass es mehr als vier jüdische Fabrikbesitzer in der Stadt gab. Erst 1813 wurden Juden nach dem Gesetz in Gewerbefreiheit und politischen Rechten anderen Bürgern gleichgestellt. Man versuchte aber, diese Bevölkerungsgruppe durch Verordnungen weiter klein zu halten. 1825 lebten 607 Juden in München, und 1840 bekannten sich immerhin schon 1432 Menschen, knapp zwei Prozent der Bevölkerung, zum jüdischen Glauben. Unter großen finanziellen Opfern und mithilfe von König Max I. konnte 1826 eine erste Synagoge mit 320 Sitzplätzen in der heutigen Westenriederstraße errichtet werden; Kronprinz Ludwig demonstrierte seine offizielle Verbundenheit, durch Teilnahme bei der Einweihung.

Der Sprachforscher Johann Andreas Schmeller (1785–1852), der damals außerordentlicher Professor an der Münchner Universität war, notierte am 12. Dezember 1850 in sein geheimes Tagebuch: »*Dieser Tage lief von Seite der Universität ein Circular um, über die vom Ministerium der Schulen und des Cultus gestellte Frage, ob zu Docenten auch Israeliten zuzulassen seyen? Bei weitem die meisten vor mir hatten Gründe für Nein. Ich konnte nicht anders als schreiben: ›Glauben und Wissen sind zweierlei Dinge. Es gibt des Wissens genug, das nicht gerade ein christliches seyn muß. Ich stimme für Zulassung.‹ Bei dem Geiste, der jetzt wieder durch unsere wie alle Regierungen weht, werd ich mich wohl nicht sonderlich empfehlen.*«

Kronprinz Ludwig – Kunstliebhaber und Baumeister

Am 25. 8. 1786, dem Tag des hl. Ludwig, kam in Straßburg der erste Sohn des Herzogs von Zweibrücken Maximilian Joseph und seiner Frau Auguste zur Welt. Nach seinen Paten, dem französischen König Ludwig XVI., und dem Onkel Herzog Karl August wurde das Kind Ludwig Karl August genannt. Der Pate Louis verlieh ihm den Ehrentitel eines Obersten der französischen Armee. Eine Abordnung der Stadt München kam an den Rhein, um zur Geburt zu gratulieren. Bereits 1789 musste die junge Familie wegen der Auswirkungen der Französischen Revolution Straßburg verlassen. Maximilian wurde 1795, nach dem Tode seines Bruders Karl II. August, nominell regierender Herzog von Pfalz-Zweibrücken, das zu diesem Zeitpunkt allerdings bereits von den Franzosen besetzt war. Ludwig hatte noch einen Bruder Karl und zwei Schwestern. Die Mutter starb 1796, und Max Joseph heiratete in zweiter Ehe Karoline Friederike Wilhelmine von Baden, mit der er fünf weitere Kinder bekam.

Ludwigs religiöse Einstellung wurde besonders von Joseph Anton Sambuga (1752–1815) geprägt. Dieser war seit 1797 sein Religionslehrer und Beichtvater; er führte Ludwig in seinen aufgeklärten katholischen Glauben ein. 1804 brach Ludwig zu seiner ersten großen Italienreise, der Grand Tour, auf; sie führte ihn über Venedig und die Städte Oberitaliens nach Rom. Er hielt sich fast ein Jahr lang in Italien auf. Insgesamt war er im Laufe seines Lebens 77 Mal in Rom, das er besonders liebte. Er durchstreifte hier Straßen, Ruinen, Museen und Kirchen, er lebte zusammen mit deutschen Künstlern, er sammelte Kunst – besonders die aus seiner Sicht qualitätvollen Antiken. Sein Kunstsinn wurde auch dadurch beeinflusst, dass er fast ein Jahr Gast des Kaisers in Paris war und dort Zugang zu den Sammlungen hatte. Die meisten bedeutenden Kunstwerke erwarb Ludwig in den Jahren zwischen 1811 und 1819. Ergebnisse dieser Sammelleidenschaft sind in der Glyptothek zu bewundern. Sein Künstlerfreund und Kunstagent, der Archäologe, Bildhauer und Maler Johann Martin Wagner, der auch unter unglaublichen Schwierigkeiten den »Barberinischen Faun« für Ludwig erwerben konnte, wechselte mit ihm 1463 Briefe. Der Geschmack des Kronprinzen wurde an italienischen Vorbildern geprägt; an ihnen orientierte sich seine Bautätigkeit in München.

Ludwig wurde am 12. Oktober 1810 in der Hofkapelle mit der

Prinzessin Therese von Sachsen-Hildburghausen getraut. Die Braut war, obwohl protestantisch, wegen ihrer Schönheit und Freundlichkeit ausgewählt worden. Am 17. Oktober wurde nach dem Vorbild der 400 Jahre vorher stattgefundenen Hochzeitsfeier von Herzog Albrecht III. ein Pferderennen veranstaltet. Auf der »Theresienwiese« findet seitdem das Oktoberfest statt. Am 28. November 1811 wurde dann bereits der Thronerbe geboren, der nach dem Großvater und Paten Maximilian Joseph getauft wurde. Ein Hauptziel von Ludwig war es, die Residenzstadt zum bemerkenswertesten Ort Deutschlands zu machen. Schon als Kronprinz ließ sich Ludwig 1812 inoffiziell die Leitung der Bauangelegenheiten des Königreichs übertragen und begann Planung und Bau seiner neuen Stadt. Nach dem Tod seines Vaters am 12.10.1825 konnte er als König all seine Pläne in die Tat umsetzen.

Die Ludwigstraße

Sein erstes Gesamtkunstwerk war die 1828 nach dem König benannte Ludwigstraße, für die seit 1814 der Architekt Leo von Klenze (1784–1864) planen durfte. Klenze schuf auch unter anderem die Befreiungshalle und die Walhalla an der Donau sowie repräsentative Gebäude in Kassel, Athen und St. Petersburg. Ludwig bestimmte mit ihm, wie die Bauten an der späteren Ludwigstraße auszusehen hatten. Das Schwabinger Tor (beim Odeonsplatz) wurde 1817 abgerissen, und die Gräben der Stadtbefestigung wurden zugeschüttet. Der Staat war so hoch verschuldet, dass Ludwig hier zunächst keine Unterstützung erhielt. Der erste Privatmann, der als Bauherr gewonnen werden konnte, war der Schwager des Prinzen, Eugène de Beauharnais, seit 1817 Herzog von Leuchtenberg und Fürst von Eichstätt. Sein Palais entstand 1817 am heutigen Odeonsplatz und beherbergt heute das Bayerische Ministerium der Finanzen. Daneben baute Ludwig einen Konzertsaal, das Odeon, das, im Krieg schwer zerstört, jetzt Sitz des Ministeriums des Inneren ist. Als Kriegsministerium wurde 1830 das Gebäude Ludwigstraße 14 errichtet, das heute vom Hauptstaatsarchiv und dem Institut für Bayerische Geschichte genutzt wird. In Anspielung auf diese Art von Bautätigkeit beklagte 1829 Bürgermeister Jakob Klar (1783–1833), dass Paläste errichtet würden, wo man Wohnhäuser bräuchte. Ludwigs Architekt wurde 1827 Friedrich von Gärtner (1792–1847), der den Rest der Gebäude an dieser Prachtstraße planen durfte. 1842 ließ der König nach dem Vorbild des florentinischen Palazzo Ruspoli die monumentale Staatsbibliothek errichten. Die Unzweckmäßigkeit des Bauwerkes wurde schon von Zeitgenossen kritisiert. Die Stadt München war von Ludwigs Baulust wenig begeistert, musste sie doch allein für Grundstückserwerbungen an der Ludwigstraße 750 000 Gulden aufbringen. Die 1829 geplante Ludwigskirche sollte den glänzenden Abschluss der Löwenstraße (später Schellingstraße) bilden. Der König stellte für ihren Bau 100 000 Gulden aus seinem Privatvermögen zur Verfügung. Die hoch verschuldete Stadt sollte ihrerseits eine ungeheure Summe für die Erbauung dieser Pfarrkirche in einem noch kaum bewohnten Stadtteil aufbringen. Als sie sich weigerte, für eine Kirche »in den Wiesen, wo man den Schafen predigen könne«, so viel Geld auszugeben, drohte Ludwig, seine Residenz nach Nürnberg zu verlegen und auch die Universität von München abzuziehen. Die Stadt musste sich schließlich dem Druck des Königs beugen. So entstand, durch widrige Umstände öfters unterbrochen, bis 1842 eine dreischiffige Basilika nach italienischen Vorbildern. Die riesigen Fresken wurden nach Vorlagen von Peter von Cornelius (1783–1867) angefertigt. Das Bau- und Kunstwerk kostete allein die Stadt München 877 538 Gulden.

Auf der westlichen Seite der Straße wurden Bauwerke von Institutionen, über die der König bestimmen konnte, errichtet, wie die Blindenanstalt, das Damenstift (1840) und die Salinenverwaltung (1840). Den Höhepunkt bildete die Universität (1840) mit den gegenüber liegenden Bauten Georgianum (Priesterseminar) und Max-Joseph-Stift (Mädchenpensionat, 1838). Die bayerische Landesuniversität, die 1472 in Ingolstadt gegründet und 1800 nach Landshut verlegt worden war, wurde 1826 von Ludwig nach München geholt und vorübergehend in der

Alten Akademie, dem ehemaligen Jesuitengebäude (Neuhauser Str. 51), untergebracht. Schließlich wurde an der Stadtseite der Straße die Feldherrnhalle (1844) nach dem Vorbild der Loggia dei Lanzi in Florenz errichtet. Das Gegenüber bildete am anderen Ende der Ludwigstraße das erst 1852 fertiggestellte Siegestor, ein Denkmal zum Ruhm des bayerischen Heeres nach dem Vorbild des Konstantinbogens in Rom. Hier war nach Ludwigs Plänen die Grenze der Stadt erreicht, die heutige Adalbertstraße ließ er »Letzte Straße« nennen.

Königsplatz, Pinakotheken und Residenz
Auf wenig Verständnis stießen bei Zeitgenossen ursprünglich die Museumsbauten des Königs. Ludwig war von dem Gedanken beseelt, der Anblick von schönen Kunstwerken würde die Menschen bessern, daher wollte er öffentliche Museen mit freiem Eintritt schaffen. Bereits als Kronprinz legte Ludwig 1816

Bauten Ludwigs I. in München (Ludwigskirche, Propyläen am Königsplatz, Bavaria mit Ruhmeshalle, Mariahilfkirche in der Au, Siegestor, Neue Pinakothek). Fotos um 1890.

117

den Grundstein für die Glyptothek, die er aus seinen privaten Mitteln für seine Sammlung von Steinplastiken errichten ließ. Nach Klenzes Plänen, die auf Entwürfe von Karl von Fischer zurückgingen, entstand bis 1830 das Gebäude mit Außenanlagen und Innenbemalung im klassizistischen Stil nach griechischen Vorbildern. Auf der anderen Seite des Königsplatzes erbaute Georg Friedrich Ziebland (1800–1873) dann bis 1848 das »Kunst- und Industrie-Ausstellungsgebäude« (heute die Staatliche Antikensammlung). Den Abschluss dieses Ensembles, das die Griechenlandliebe des Königs dokumentiert, bildeten die von Klenze nach dem Vorbild der Athener Akropolis von 1848 bis 1860 errichteten Propyläen. Dieses Bauwerk war, wie das Siegestor, als Stadttor geplant.

1836 vollendete er die Alte Pinakothek im Stil der Hochrenaissance. Man hielt damals ein Museum in so großer Entfernung von der Stadt für unzweckmäßig und bezeichnete es spöttisch als »Dachauer Gemäldegalerie«. Die 1853 von August von Voit fertiggestellte Neue Pinakothek war der damaligen zeitgenössischen Kunst gewidmet. Die Fassade zierte ein Gemälde von Wilhelm (von) Kaulbach (1805–1874). Das 1944 im Krieg beschädigte Gebäude wurde 1949 beseitigt. Hier wurde dann von 1975 bis 1981 nach Plänen von Alexander von Branca die »Neue Pinakothek« im postmodernen Stil errichtet. Nach seiner Krönung hatte Ludwig mit dem Ausbau der Residenz begonnen. Orientiert an den Palazzi Pitti und Rucellai in Florenz entstand der Königsbau im Hochrenaissance-Stil am Max-Joseph-Platz.

Weitere Kirchen und Klöster

Die Allerheiligen-Hofkirche in der Residenz wurde nach dem Vorbild der Cappella Palatina in Palermo und byzantinischen Motiven von St. Marco in Venedig 1837 vollendet. Das Gebäude wurde im Zweiten Weltkrieg zerstört und vereinfacht wieder aufgebaut. Die Mariahilfkirche in der Vorstadt Au von den Architekten Daniel Ohlmüller (1791–1839) und Georg Friedrich Ziebland entstand 1839 als »Wiedergeburt des gotischen Sakralbaus«.

Ludwig unterstützte zunehmend intolerante klerikale Kräfte, die sich im Ordinariat des Erzbistums, dessen Sitz Ludwig 1821 nach München holte, konzentrierten. Wiedereinrichtung und Neubau von Klöstern war für Ludwig eine Herzenssache, die er nach Kräften förderte. Sein Lieblingsprojekt war hier das Kloster St. Bonifatius mit seiner großen Basilika in der Karlstraße beim Königsplatz, 1847 durch Ziebland errichtet. Als Vorbilder dienten hier Sant' Apollinare in Classe bei Ravenna und St. Paul in Rom. Ludwig verfügte, dass sein Körper, wie auch der seiner Frau Therese, in dieser Kirche ewige Ruhe finden sollte. Im Krieg schwer getroffen und 1951 durch Hans Döllgast nur teilweise wieder aufgebaut, ist St. Bonifaz ein wichtiges religiöses Zentrum der Stadt. Es bildet mit dem Kloster Andechs eine Gemeinschaft. Dieses hatte Ludwig 1846 mit seinen privaten Mitteln gekauft und seiner Gründung als Wirtschaftsgut gestiftet.

Das Weltwunder Bavaria und weitere Monumente
Eine technische Sensation war der Guss des von Klenze konzipierten und von Ludwig Schwanthaler entworfenen Bavaria-Standbildes in der königlichen Erzgießerei in der Sandstraße durch Ferdinand von Miller 1850. Die in Ludwigs Auftrag von Klenze 1853 errichtete Ruhmeshalle über der Theresienwiese sollte Büsten der »edelsten und besten aus dem Volke« enthalten, damit an der ewigen Leuchte ihres Wirkens das bayerische Volk sich fort und fort erwärme […]. Der König schenkte dieses Bauwerk mit der Bavaria seinem Volk. Ludwig ließ auch andere Denkmäler errichten, wie den Obelisk im Karolinenplatz, der an die 30 000 im Russlandfeldzug Napoleons 1812 umgekommenen bayerischen Soldaten erinnern soll. Der von einer Säulenreihe umgebene Rundtempel Monopteros wurde von Klenze auf einem künstlichen Hügel aus dem Schutt der Anlagen am Max-Joseph-Platz, Schwabinger Tor und Karlstor 1837/38 im Englischen Garten erbaut. Er sollte das Gedenken an Kurfürst Karl Theodor aufrechterhalten, unter dessen Herrschaft der Park angelegt wurde, und Max Joseph, der ihn weiter ausbauen ließ. Sei-

nem Vater hatte Ludwig bereits das nach Entwürfen von Klenze und Martin Wagner 1835 von Christian Daniel Rauch in Berlin ausgeführte große Denkmal am Max-Joseph-Platz vor dem Nationaltheater gewidmet.

Das Denkmal von Ludwig I. am Odeonsplatz wurde von der Stadt München als Dank für seine Verdienste zu dessen Lebzeiten errichtet. Ferdinand von Miller, der es gegossen hat, schildert in seinen Lebenserinnerungen anschaulich die Entstehung dieses Monuments. Der König ließ nach vielen Vorüberlegungen das Reiterstandbild nach Plänen des verstorbenen Ludwig Schwanthaler durch Johann von Halbig und Klenze ausführen. Es war ursprünglich als Denkmal für den ungarischen König Matthias Corvinus geplant gewesen, was aber nicht ausgeführt wurde. Als Platz kam schließlich nur der an der Ludwigstraße infrage. Nach einigem Zaudern verbannte Ludwig die Denkmäler der bayerischen Tonkünstler Orlando di Lasso und Christoph Willibald Gluck, die er dort selbst hatte aufstellen lassen, damit sie immer auf die aus dem Odeon klingende Musik lauschen sollten, auf den Promenadeplatz. Nun thront Ludwig im mittelalterlichen Ornat auf einem Pferd, flankiert von zwei Pagen, die seinen Wahlspruch »gerecht und beharrlich« tragen.

Alle Bauten, die Ludwig in München errichten ließ, wurden mehr oder weniger durch Bomben zerstört, nach dem Krieg jedoch restauriert oder wiedererrichtet. Obwohl nach griechischen oder italienischen Vorbildern konzipiert, wurden sie doch im Lauf der Zeit zu charakteristischen Merkmalen Münchens. Die Bautätigkeit des Königs war ein »Konjunkturförderungs-Programm«, das Tausenden von Handwerkern und Künstlern über Jahrzehnte hinweg Arbeit und Verdienst bot und seither den Tourismus belebt.

Selbst der kritische Heinrich Heine lobte die Bauten: »... *wenn wir die neuen Werke betrachten, die sich neben den alten erheben, so ists, als würde uns eine schwere Perücke vom Haupte genommen und das Herz befreit von stählerner Fessel. Ich spreche hier von den heiteren Kunsttempeln und edleren Palästen, die in kühner Fülle hervorblühen aus dem Geiste Klenzes, des großen Meisters.*«

Kunststadt

Die 1808 in München gegründete Kunstakademie lockte viele Maler in die Stadt. Das Interesse an den Künstlern dokumentierte sich im Münchner Kunstverein, der 1844 bereits über 3000 Mitglieder hatte. Durch die Förderung Ludwigs wurde München besonders zu einem Zentrum der romantischen Malerei. Carl Rottmann (1797–1850) kam 1820 nach München und reiste von hier nach Italien. Seine Ansichten von Italien, Griechenland und den oberbayerischen Alpen, die der König bewunderte, sind in der Neuen Pinakothek ausgestellt. Nach dem Maler wurde sogar ein Ort benannt, die Rottmannshöhe am Starnberger See, wo er sich besonders gerne aufhielt. In der Schackgalerie findet man wichtige Gemälde des aus Wien stammenden Moritz von Schwind (1804–1871), der 1827 nach München zog. Er malte nicht nur Fresken in der Münchner Residenz (1832/34) und in der Burg Hohenschwangau (1835), sondern auch in der Wartburg (1853) und im Wiener Opernhaus. Ein Freund von Schwind war

Aufzug zum Festgottesdienst in der Michaelskirche bei der Eröffnung der Universität am 13. Oktober 1826. Lithografie von Josef Kirchmayr.

121

der gebürtige Münchner Carl Spitzweg (1808–1885), von Beruf eigentlich Apotheker. Der Autodidakt entdeckte 1833 sein künstlerisches Talent und wurde einer der am meisten geschätzten Maler Münchens. Auf Ablehnung stieß 1839 die Ausstellung seines Gemäldes ›Der arme Poet‹ beim Münchner Kunstverein. Man vermutete wohl, die Dichtkunst, der auch der König huldigte, solle lächerlich gemacht werden. Die scheinbaren Idyllen des Malers deckten schonungslos die Spießigkeit der Biedermeierzeit auf. Die Gesellschaftskritik wurde hier in eine skurrile und nach außen heile Form gegossen.

Der gekrönte Dichter
Ludwig verehrte die Dichterfürsten Goethe und Schiller, hielt sich selbst aber für den größten Lyriker. Er verfasste ständig Gedichte, die er auch gerne als Briefe verschickte und veröffentlichte. Nach seinem Rücktritt dichtete er über Lola Montez:

Hätt' ich doch nie und nimmer dich gesehen!
Für die gegeben ich mein letztes Blut.
Durchdrangest mich mit namenlosen Wehen,
Du meines Lebens glühendste Liebesglut!

Mit Untreu hast Du meine Treu vergolten,
Du wollt'st mein Geld, du wolltest meine Macht,
Die Du bewirktest, daß mir alle grollten,
Verwandeltest das Dasein mir in Nacht. …

Der Jahre langer Traum ist nun verschwunden,
In einer Öde bin ich jetzt erwacht,
Vorüber ist, was ich gefühlt, empfunden,
Doch um die Krone bleibe ich gebracht.

Der Dichter Heinrich Heine (1797–1856), der 1827 nach München kam und hier auf eine Professur hoffte, aber vom König, auch weil er Jude war, verschmäht wurde, verhöhnte dessen

Dichtkunst in drei Gedichten, die dem Stil Ludwigs nachempfunden waren. Hieraus drei Strophen, in denen auch auf einen Sprachfehler des schwerhörigen Königs angespielt wird:

Lobgesänge auf König Ludwig I

Das ist Herr Ludwig von Bayerland,
Desgleichen gibt es wenig';
Das Volk der Bavaren verehrt in ihm
Den angestammelten König.

Er liebt die Kunst, und die schönsten Fraun
Die läßt er porträtieren;
Er geht in diesem gemalten Serail
Als Kunst-Eunuch spazieren. [...]

Herr Ludwig ist ein großer Poet,
Und singt er, so stürzt Apollo
Vor ihm auf die Kniee und bittet und fleht:
Halt ein, ich werde sonst toll, o! [...]

Ein Frauenheld

Ludwig zeigte seine Verehrung für Frauen offen in der »Schönheitengalerie«, die im Schloss Nymphenburg zu bewundern ist. Hierfür ließ Ludwig, als er König geworden war, von Joseph Karl Stieler (1781–1858) 38 Porträts besonders anmutiger Mädchen malen. Die Modelle wurden »ohne Rücksicht auf Rang und Stand, lediglich nach der äußeren Erscheinung« ausgewählt; so kamen, zum Erstaunen der Zeitgenossen, selbst eine jüdische Bankierstochter und ein Dienstmädchen zu dieser Ehre. Lola Montez, eigentlich Maria Dolores Gilbert (1820–1861), wurde in Schottland als Tochter eines Offiziers und einer Südamerikanerin geboren. Sie heiratete 1837 einen Leutnant James, mit dem sie nach Indien zog. 1840 verließ sie ihren Mann, ging nach Paris und reiste von hier aus als Tänzerin durch Europa. 1846 kam sie nach München, um im Hoftheater aufzutreten. Da ihr dies nicht gestattet wurde, kämpfte sie sich bis zu König Ludwig vor und überzeugte ihn von ihren Qualitäten durch eine in München »vielseitig erzählte Szene«. Sie habe sich, »als der König einigen Zweifel über die Realität der ersichtlichen Wölbung ihres Busens andeutete, eine Schere von des Königs Schreibtisch genommen und sich damit das Kleid vor der Brust aufgeschnitten. Von diesem Moment an soll die Anknüpfung des jetzigen Verhältnisses datieren.«

Ludwig I. war als Frauenheld allgemein bekannt, und die Zahl seiner unehelichen Kinder war unüberschaubar. Obwohl dieser Lebenswandel in Anbetracht seiner Ehe mit Therese sicher nicht den religiösen und moralischen Maximen der Zeit entsprach, stieß auch die Affäre mit Lola kaum auf Hindernisse. Die Schwierigkeiten begannen erst, als Ludwig seine Favoritin als »Gräfin Landsfeld« in den Adelsstand erheben wollte. Die Voraussetzung hierfür war das Heimatrecht für Lola in einer Gemeinde Bayerns, zu dessen Verleihung aber keine Bereitschaft bestand. Ludwig musste daher dazu ein königliches Dekret erlassen. Der dafür zuständige Staatsrat lehnte aber am 11. Februar 1847 das Ansinnen des Monarchen einstimmig ab, und Innenminister Abel gab die für den König wenig schmeichelhafte Begründung auch an die Presse. Ludwig wechselte daraufhin das Ministerium aus und ernannte Georg Ludwig von Maurer (1790–1872) als Nachfolger. Nun wurde Lola Bayerin, und der König konnte ihr den Titel Gräfin von Landsfeld verleihen. Auch kirchliche und reaktionäre Kreise missbilligten die Mätressenwirtschaft. Als der Minister sich weigerte, mit der neuen Gräfin gesellschaftlich zu verkehren, wurde er mit seinem Kabinett am 1. Dezember 1847 entlassen.

Die Revolution von 1848

Ab März 1847 gab es ständig Unruhen wegen Lola Montez, besonders, nachdem der König die meisten der von ihm eingesetzten Professoren ihrer Ämter enthoben hatte, weil die Univer-

sität Minister Abel für seine Haltung ihren Dank ausgesprochen
hatte. Militär wurde gegen Demonstranten eingesetzt, und in
der Residenz wurden Fensterscheiben eingeworfen. Schließlich
ließ der König am 9. Februar 1848 die Universität schließen und
wollte die Studenten aus der Stadt verbannen. Dies brachte nun
die Münchner Bürger auf die Barrikaden, da sie wirtschaftliche
Einbußen fürchteten. Das Revolutionsjahr 1848 brachte Auf-
stände des bürgerlichen Mittelstandes, besonders in Baden, Berlin und Wien. Am 18. Mai trat in der Paulskirche in Frankfurt
die Deutsche Nationalversammlung zusammen, die aus den gewählten Abgeordneten der einzelnen Regionen bestand. Man
konnte sich hier allerdings nicht auf greifbare Ergebnisse einigen. Unruhen wurden dann blutig unterdrückt und die alte
Ordnung wiederhergestellt.

Das Jahr 1848 brachte auch eine Politisierung der Bürgerschaft Münchens. Es bildeten sich mehrere politische Vereine,
und es wurden zahlreiche Versammlungen abgehalten. Reformen wie eine neue Gemeindewahlordnung und Öffentlichkeit
der Sitzungen wurden eingefordert. Die »Märzforderungen«,
die auch ein gerechteres Wahlrecht, die Abschaffung der Zensur
und die Einrichtung von Geschworenengerichten enthielten,
sollen 10000 Bürger im Rathaus unterschrieben haben. Erst die
Nachricht, dass der König sofort den Landtag einberufen will,

*Die Revolution 1848 »Allgemeine Politisch-moralische Volkserhebung in
München«. »Es lebe hoch das treue Bayern und das vereinigte Deutschland!«.
Zwei von zwölf Lithografien von Gustav Kraus.*

verkündet am Faschingssamstag, dem 4. März 1848, und das Eingreifen des beliebten Prinzen Karl, des ältesten Bruders des Königs, verhinderte die blutige Revolution der Bürger, die bereits in bewaffneten Zügen zur Residenz stürmten. In den nächsten Tagen nahm die Unruhe zu. Der vom König ernannte liberale Minister Fürst Ludwig zu Oettingen-Wallerstein (1791–1870) enttäuschte Ludwig durch Formulierungshilfen für die »Aufrührer« und die Äußerung an diese, »wäre ich nicht Minister, so würde ich in Ihren Reihen stehen«. Der Minister verfasste eine königliche Proklamation, in der alle Forderungen genehmigt wurden, und wurde daraufhin am 11. März von Ludwig wegen »unerhörter Eigenmächtigkeiten« entlassen. Am selben Tag musste Gräfin Landsfeld aus der Stadt fliehen. Sie fand ein Exil in der Schweiz und schrieb ihre Memoiren. Sie starb nach weiteren drei Ehen und Jahren in Australien 1861 in New York, verarmt und sehr fromm geworden.

1848 kam es in anderen Städten wie Berlin und Wien zu Revolutionen, die viele Todesopfer forderten. Am 20. März trat der bayerische König zurück, um ein Blutvergießen zu vermeiden. Er befahl, das Heer auf die Verfassung zu vereidigen, und hob die Pressezensur auf. Das Nachgeben gegenüber dem Volkswillen entsprach nicht Ludwigs Auffassung vom Stellvertreter Gottes auf Erden. Um »nicht Sklave zu werden, wurde ich Freiherr«, soll er seinen Rücktritt kommentiert haben. Seine Proklamation an sein Volk begann mit den Worten: »Bayern, Eine neue Richtung hat begonnen, eine andere als die in der Verfassungsurkunde erhaltene, in welcher Ich nun im 23. Jahre geherrscht. Ich lege die Krone nieder zugunsten Meines geliebten Sohnes, des Kronprinzen Maximilian […]«.

Maximilian II. und sein Stil
Max II. bemühte sich, aus dem Schatten seines Vaters zu treten. Er versuchte, ihn als Bauherr zu übertrumpfen, er prägte mit Bauten in der Maximilianstraße und dem Maximilianeum (1874) mit seinem Architekten Friedrich Bürklein seinen »Maximilian-

stil«. Das Wittelsbacher Palais, das Max II. als Kronprinz nach seiner Vorstellung von Gärtner beginnen ließ, diente dann Ludwig als Münchner Wohnung. Dieser konnte sich mit dem Gebäude aber nie anfreunden. Nach wechselvoller Geschichte wurde es im Zweiten Weltkrieg zerstört. Auf dem Gelände steht heute die Bayerische Landesbank. Auch das größte Bauwerk des Königs, die 1860 errichtete Max-II-Kaserne (zwischen Nymphenburger und Dachauer Straße), wurde ein Opfer der Bomben. Die panische Angst von Max II. vor einer Erhebung des Volkes, wie sie sich 1848 angedeutet hatte, bewirkte die Form der Anlage: eine Festung, um die herum im Abstand eines Gewehrschusses keine Deckung vor Geschützen möglich sein sollte. Dies war eine Umsetzung des durch Wilhelm Heinrich Riehl überlieferten Ausspruchs des Königs »Ich liebe mein Volk, aber in gehöriger Distanz«. Sonst war der Monarch »unkriegerischer Natur«. Der Maximilianstil wurde von den Zeitgenossen überwiegend kritisch gesehen.

Regieren mit Abendunterhaltungen

Als Thronfolger schrieb Max bereits 1832 als Maxime in sein Tagebuch: »Den Gebieten der Kunst und Wissenschaft will ich durch Forschung in allen Weltteilen die größtmögliche Ausdehnung zu geben suchen und diese mit dem höheren geistigen Leben meiner Nation in mächtigen Zusammenhang und Wechselwirkung bringen – so die Völker ihrer ewigen Bestimmung näher bringen, dass von Deutschland das Licht ausgeht, das die Völker erleuchtet.« Wie sein Vater wollte er als König den Ruhm Münchens verbreiten, sogar über Deutschland hinaus. Daher rief er Forscher und Dichter nach München. Da sie überwiegend aus den nördlich gelegenen Ländern Deutschlands kamen, bezeichnete man sie als »Nordlichter«. Dies war aus Sicht der konservativen Münchner nicht freundlich gemeint; hauptsächlich die evangelische Konfession der meisten Zugereisten stieß auf Ablehnung. Auf Widerstand der katholischen Kreise stieß besonders der 1856 nach München berufene protestantische Historiker

Heinrich von Sybel (1817–1895), der 1848 ein liberales Mitglied der hessischen Ständeversammlung gewesen war. Er wurde Sekretär der »Münchner Historischen Kommission« und gründete die ›Historische Zeitschrift‹. Den ständigen politischen Intrigen, die seine wirkungsvolle Tätigkeit in München begleiteten, entzog er sich 1871 durch die Annahme eines Rufes an die Universität Bonn, wo er bei Leopold von Ranke studiert hatte.

Die besondere Neigung des Königs galt den Dichtern. So holte der wegen der Baulust seines Vaters gezwungenermaßen sparsame Monarch 1852 auf seine persönlichen Kosten den Lyriker Emanuel von Geibel (1815–1884) aus Lübeck als Vorleser nach München und machte ihn auf dessen Wunsch zum unbezahlten Honorarprofessor für deutsche Literatur und Ästhetik. Weiter rief er 1854 den Berliner Paul Heyse (1830–1914), der dann 1911 als erster Deutscher den Nobelpreis für Literatur erhielt, an seinen Hof. Heyse gründete die literarische Gesellschaft »Krokodil« und war mit Geibel Haupt des »Münchner Dichterkreises«. Zu diesem Kreis gehörten auch die universell gebildeten von

Die literarische Gesellschaft Krokodil. Zeichnung von Theodor Pixis um 1860.

128

Max nach München gezogenen Friedrich von Bodenstedt (1819–1892) und Adolf Graf von Schack (1815–1894), der Stifter der »Schackgalerie«. Ein Autor, der während der 48er Revolution anonym die ›Lieder eines kosmopolitischen Nachtwächters‹ veröffentlicht hatte, Franz von Dingelstedt (1814–1881) aus Hessen, wurde 1850 ans Hoftheater gerufen. Dieses führte er als Intendant zur Weltgeltung, wich aber dann vor Anfeindungen nach Weimar. Bayern wie Hermann (von) Lingg (1820–1905) oder urmünchnerische Dichter wie Hofzeremonienmeister Franz Graf von Pocci (1807–1876) und Franz von Kobell (1803–1882), die großen Einfluss auf den König hatten, genossen Ansehen in der Bevölkerung.

Solche Geister lud der König seit 1854 wöchentlich zu »Abendunterhaltungen« oder »Symposien« zu sich ein. Es wurde dabei über Themen aus verschiedenen Bereichen referiert und diskutiert. Bekannte Persönlichkeiten, die sich auf der Durchreise aufhielten, wie Theodor Fontane 1859, erhielten vom König eine Audienz oder wurden zu seinen Symposien geladen. Dieser Hofstaat in der bayerischen Haupt- und Residenzstadt wurde von Zeitgenossen unterschiedlich bewertet. Was Joseph von Eichendorff spöttisch als »Kleindichterbewahranstalt« bezeichnete oder in einer anonymen Flugschrift ›Ferrara-Weimar an der Isar‹ geschmäht wurde, sah der 1848 als Staatsrechtler nach München berufene Schweizer Johann Caspar Bluntschli (1808–1881) positiv: »Das Leben wurde bewegter, interessanter, geistiger, das Grau des finsteren Lebens wurde durch helle Farbtöne verschönert.«

Einfluss der Wissenschaften

Max II. veranlasste, dass 1852 der Chemiker Justus von Liebig (1803–1873) aus Gießen, der später der Landwirtschaft mit seinen Forschungen (Kunstdünger) half, an die Universität München kam. Max von Pettenkofer (1818–1901) wurde zum Begründer der modernen Hygiene, die vom Münchner Hygienischen Institut in die Welt wirkte. Pettenkofers Seuchenforschungen veranlassten die Anlage der modernen Kanalisation. Der in Würzburg geborene Preuße Karl Theodor von Siebold (1804–1884), ein Mediziner und Naturwissenschaftler, wurde Konservator der anatomischen Anstalt.

An der Erforschung von Bayerns Sprache und Kultur nahm Max II. regen Anteil. So besuchte er 1844, noch als Kronprinz, den Schöpfer des Bayerischen Wörterbuches, Johann Andreas Schmeller (1785–1852), in der königlichen Bibliothek und versprach, ihn bei der Fortführung seiner Forschungen zu unterstützen. Einen bedeutenden Einfluss hatte die Berufung des Kunsthistorikers und Schriftstellers Wilhelm Heinrich von Riehl (1823–1897) als Professor für Staatswissenschaften (1854) und dann der Kulturgeschichte (1859) an die Universität München. Riehl wurde 1885 auch als Direktor des Bayerischen Nationalmuseums (ursprünglich auf dem Gelände des heutigen Völkerkundemuseums in der Maximilianstraße) berufen und gilt als Begründer der Volkskunde. Er betreute auch die von Max angeregten und geförderten Bände der ›Bavaria. Landes- und Volkskunde des Königreiches Bayern‹ (1860–67). Deren Ziel war unter anderem die »Darstellung des sozialen Zustandes der Angehörigen der verschiedenen Volksklassen Bayerns«. Die Beiträge über die ›Ethnographie der Stadt München‹ und das ›Gewerbewesen‹ von Eduard Fentsch wurden erst 1989 veröffentlicht.

Glaspalast
Max II war auch für Neuerungen in der Technik offen und ließ die »Erste deutsche allgemeine Industrie-Ausstellung 1854« in München abhalten und dafür am Nordende des Botanischen Gartens ein Gebäude errichten. Da hier ohnehin ein großes Gewächshaus geplant war und man den Winter über in der Kürze der Zeit weder genügend Backsteine, noch Holz, die üblichen Baumaterialien, herbeischaffen und verarbeiten konnte, wählte man Eisen und Glas. Nach den Plänen des Oberbaurates August (von) Voit (1801–1870) und dem Vorbild des Crystal-Palace in

London wurde innerhalb von sechs Monaten von Januar bis Juli 1854 von der Firma Klett & Comp. (Cramer-Klett) der Glaspalast errichtet. Die Ausstellung wurde aufgebaut, aber eine Choleraepidemie, der auch Königinmutter Therese zum Opfer fiel, vertrieb die Gäste bald wieder aus der Stadt.

Da ein Abriss zu teuer gekommen wäre, suchte man nach der Ausstellung andere Nutzungen für das Gebäude. So exerzierte hier das Militär, aber es wurde dann Ausstellungsfläche und Großveranstaltungshalle. Die hier abgehaltenen Gewerbe- und Kunstausstellungen gingen in die Geschichte ein. Der Garten blieb aber weitgehend Parkanlage. Am 6. Juni 1931 brach aus ungeklärter Ursache im Glaspalast ein Feuer aus. Das Bauwerk und 110 Werke der bedeutendsten romantischen Maler wie Caspar David Friedrich und Moritz von Schwind, die hier gerade in einer Ausstellung hingen, wurden ein Raub der Flammen. Das Gelände wurde wieder Grünfläche, Aufbaupläne wurden durch die Machtergreifung vereitelt, Hitler ließ als neuen Ausstellungsbau 1937 das Haus der (deutschen) Kunst am Englischen Garten errichten.

Der Glaspalast. Stich um 1880.

Die soziale Frage

König Max II. war auch stets an den aktuellen Entwicklungen interessiert. Bereits 1847 hatte er daher mit dem Historiker und Staatswissenschaftler Wilhelm von Doenniges (1814–1872) ein Gespräch über »Das Junge Deutschland, Communismus und Radicalismus«. Ab 1856 beschäftigte sich der König auch in seinen »Abendunterhaltungen« mit den politischen, sozialen und nationalen Bewegungen der Zeit. Dies war eine Reaktion auf ein verschärftes Sichtbarwerden sozialer Probleme mit der Industrialisierung. Hatte sich zwischen 1839 und 1846 die Anzahl der Industriearbeiter verdoppelt, so waren gleichzeitig die Reallöhne gesunken.

Er bemühte sich seit seinem Amtsantritt um soziale Reformen in allen Bereichen, um der herrschenden Not entgegenzuwirken. Er stellte die Preisfrage »Durch welche Mittel kann der materiellen Noth der unteren Klassen der Bevölkerung Deutschlands und in Sonderheit Bayerns am zweckmäßigsten und nachhaltigsten abgeholfen werden?«. Ein wichtiges Anliegen war die Verhinderung der weiteren Verelendung der Beamtenschaft. Schon 1849 erhöhte daher der König die Gehälter der am schlechtesten besoldeten Staatsdiener. So wurde der Sold der Soldaten verdoppelt. 1854 wurde eine sozial gestaffelte Teuerungszulage gewährt.

Drei Jahre später forderte der Oberstleutnant und spätere General Karl Spruner von Mertz (1803–1892), der auch als Schriftsteller, Geograf, Kartograf und Politiker hervortrat, in einer Denkschrift die Errichtung von Arbeiterwohnungen in München. Durch die Preissteigerungen hätten die Mieten eine Höhe erreicht, die es »dem Arbeiter, der von der Hand in den Mund lebt, nahezu unmöglich macht, eine auch nur den bescheidensten Ansprüchen genügende Wohnung zu finden«. Die »finsteren Spelunken« in den Vororten Au, Haidhausen und Lehel sollten verschwinden.

Noch im Jahr seiner Regierungsübernahme schuf Max das »Staatsministerium des Handels und der öffentlichen Arbeiten«, das helfen sollte, die soziale Frage zu entschärfen. Auch zur Arbeitsbeschaffung sollten Heime und Krankenhäuser (wie z. B. das

Marienplatz mit Altem und Neuem Rathaus. Foto um 1900.

Gasteigspital 1862) errichtet werden. Gesetze für die Betreuung hilfsbedürftiger Menschen und zum Arbeitschutz konnten durchgesetzt werden. Mehrere Initiativen wurden nach dem Tod des Königs 1864 erst unter Ludwig II. in die Tat umgesetzt. Verantwortlich war hier besonders der Minister Gustav von Schlör (1820–1883). Auf dessen Antrag hin wurde auch 1868 die Technische Hochschule in München errichtet. Im gleichen Jahr wurde eine neue liberalere Gewerbeordnung erlassen, und das menschenfeindliche Gesetz über Heimat, Verehelichung und Aufenthalt in Gemeinden wurde neu gefasst. Die öffentliche Sozialversicherung, die eine tief greifende Reform auf dem Weg zu einem Sozialstaat bedeutete, wurde aber erst vom Reichstag in Berlin 1882 eingeführt, als Bayern ein Bestandteil des Deutschen Reiches war.

Bürgerschaft

Am 9. November 1818 erhielt die Stadt München durch das Gemeindeedikt eine neue Ordnung. Statt des 1811 eingerichteten

Munizipalrates residierte nun wieder ein Magistrat. Erster Bürgermeister blieb Franz Paul von Mittermayr (1766–1836). Die Stadt war offiziell befugt, ihre inneren Angelegenheiten selbst zu regeln. Die Polizeiaufgaben behielt sich aber der König vor, der auch in anderen Fragen, die ihn interessierten, in die Stadt hineinregierte. Eigentliches Zentrum der Macht blieb also die Residenz. An den innerstädtischen Wahlen konnte nur teilnehmen, wer das Bürgerrecht besaß. Dieses erhielt nur wer über Grundbesitz oder Vermögen verfügte oder Gewerbesteuern zahlen musste. Dies traf nur auf fünf Prozent der Bevölkerung zu – natürlich ausschließlich Männer. Diese Bürger durften dann demokratisch bei den Wahlen der Gemeindebevollmächtigten mitbestimmen. Passives Wahlrecht hatte allerdings nur das reichste Drittel der Steuerzahler. Auch die Angehörigen des Hofstaates und die Geistlichkeit hatten in München kein Bürgerrecht und konnten an der innerstädtischen Demokratie nicht mitwirken, mussten aber auch an die Stadt keine Steuern zahlen.

Als Nachfolger von Bürgermeister Mittermayr wurde 1836 Joseph von Teng (1786–1837) gewählt. Ihm folgte 1838 Dr. Jacob Bauer (1787–1854), der sich nicht scheute, im Interesse der Stadt Konflikte mit dem König auszutragen. Er legte mit dem Magistrat Wert auf das Nützliche und Notwendige und war bemüht, die Verschönerung und Vergrößerung der Stadt in Grenzen zu halten. Sein 1854 gewählter Nachfolger Kaspar (von) Steinsdorf (1797–1879) hatte sich bereits mit dem rasanten Wachstum der Stadt abgefunden. München erlebte einen wirtschaftlichen und kulturellen Aufschwung, der die Abhängigkeit vom Hof deutlich verringerte.

Seit 1848 waren, erkämpft durch die Revolution, die städtischen Sitzungen öffentlich zugänglich. Mehr als die Kommunalpolitik bewegten allerdings, wie die Staatsregierung 1863/64 feststellte, übergeordnete Probleme die Münchner: Die Frage der deutschen Einheit, wie man die Kleinstaaten zu einem Reich zusammenführen könne, und die Erreichung der Gewerbefreiheit, die den Berufszwang beseitigen sollte, waren am wichtigsten. Solche Probleme wurden hauptsächlich im Bayerischen Landtag, der seinen Sitz in der Prannerstraße hatte, diskutiert.

Nach der Gemeindeordnung von 1869 wurde das Kollegium der 60 rein ehrenamtlichen Gemeindebevollmächtigten, entsprechend dem späteren Stadtrat, von den Männern mit Bürgerrecht durch Wahlmänner in den Stadtvierteln auf neun Jahre gewählt. Um die Kontinuität zu wahren, schied alle drei Jahre ein Drittel aus. Die Aufgabe des Gremiums der Gemeindebevollmächtigten war es, die Interessen der Bürgerschaft und der Stadtteile zu vertreten und den Magistrat zu wählen. Dieser bestand aus dem 1. und dem 2. Bürgermeister, dem Stadtbaurat, dem Stadtschulrat und den Rechtsräten, die hauptamtlich tätig waren. Dazu kamen 20 »bürgerliche Magistratsräte«, die eine Aufwandsentschädigung von monatlich 100 Mark erhielten. Der Magistrat war für die laufenden Geschäfte und die Verwaltung zuständig.

Das Stadtgebiet war in Distrikte eingeteilt, die jeweils einige Straßen umfassten. Die hier zur Aufsicht bestellten ehrenamtlichen Distriktsvorsteher hatten sich um soziale Probleme und andere kommunale Fragen ihres Bezirkes zu kümmern, um die Stadtverwaltung zu entlasten. Einen großen Aufschwung nahm in der Biedermeierzeit das Vereinswesen. Diese Vereine dienten hauptsächlich der Geselligkeit und der Bildung. Standesübergreifend war um die Jahrhundertmitte die Mehrzahl der ortsansässigen Männer in ihnen integriert.

Beginn der Industrialisierung

1839 entstand in München, damals außerhalb der Stadt, am Marsfeld ein Bahnhof. Die erste Linie war eine Privatbahn, die 1840 über Pasing und Lochhausen nach Augsburg führte. 1844 wurden alle Strecken in die königlich bayerischen Staatsbahnen integriert, mit denen man 1854 nach Starnberg, 1857 nach Lenggries und 1860 bis nach Wien reisen konnte. München wurde ein Knotenpunkt im Nord-Süd- und West-Ost-Verkehr. Durch die Eisenbahn wurden problemlose Fern- und Massenreisen möglich und ein Gütertransport in größeren Mengen über Land rentabel. Erst so wurde, da die Isar kaum schiffbar war, das Wachstum Münchens zur Großstadt eingeleitet. Menschen, die auf dem Land keine Arbeit hatten oder keine Aufstiegsmöglichkeiten sahen, gingen oder fuhren in die Hauptstadt und boten ihre Arbeitskraft an. Sie strömten als Tagespendler täglich herein, z. B. über den 1847 an der heutigen Stelle im italienischen Stil von Friedrich Bürklein errichteten Hauptbahnhof. Ab 1850 zog der Fortschritt in München auch in Form der neuen Gasbeleuchtung ein.

Die Bahnlinien zogen Industriebetriebe an, ja ermöglichten sie vielfach erst. Joseph Anton (von) Maffei kaufte 1837 den mit Wasserkraft betriebenen ehemaligen Lindauerschen Hammer in der Hirschau bei Schwabing im Englischen Garten. Hier wurden ab 1841 Lokomotiven hergestellt. Man produzierte bis 1900 mit über 1000 Beschäftigten auch Maschinen für Industrie und Landwirtschaft, Dampfkessel und Dampfschiffe. Andere wichtige Werke waren die aus einer Schmiede 1852 hervorgegangene Wagenfabrik Josef Rathgeber in der Marsstraße und die 1866 gegründete Gießerei von Georg Krauss am Südbahnhof, die hauptsächlich Lokomotiven herstellte.

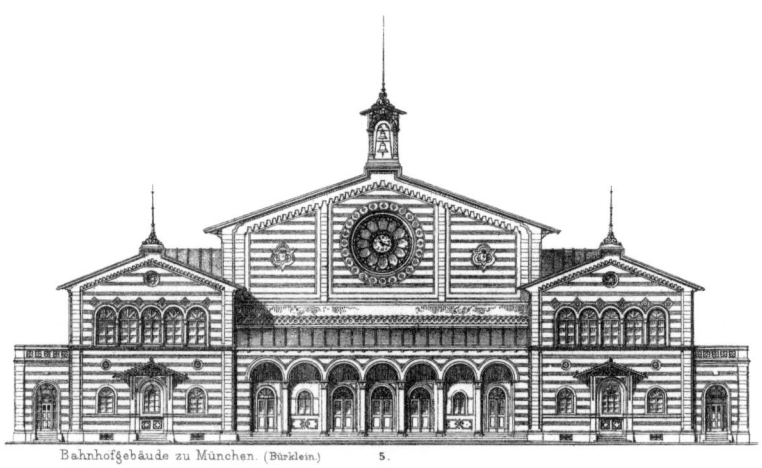

Bahnhofgebäude zu München. (Bürklein.) 5.

Der Münchner Hauptbahnhof. Zeichnung um 1850.

136

Großbetriebe und Brauereien waren zunehmend auf die Nähe von Bahnlinien angewiesen. Seit alters her war das Braugewerbe einer der wichtigsten Stützen der städtischen Wirtschaftskraft. Bereits in der Biedermeierzeit setzte ein Brauereisterben ein. Waren es 1819 noch 62 Betriebe gewesen, blieben davon 23 Jahre später nur noch 38 übrig, die allerdings einen wesentlich größeren Ausstoß hatten. In dieser Zeit begann auch die Kühlung des Bieres mithilfe von Natureis, das im großen Stil gewonnen wurde. Die Bauern der Umgebung brachen es im Winter von den Gewässern und verkauften es an die Brauereien, die es in eigens dafür angelegten Eiskellern einlagerten.

Das Neue Rathaus

Der Zuzug in die Stadt bewirkte die Verfünffachung der Einwohnerzahl zwischen 1830 und 1890 von rund 70 000 auf 350 000. Im Jahr 1864 wurden die Räume des ehemaligen Landschaftsgebäudes, das im Nordosten des Marienplatzes lag, frei. Die Regierung von Oberbayern, die in diesem einstigen Parlamentsgebäude gesessen hatte, zog in den Neubau in der Maximilianstraße um. 1865 erwarb die Stadt das Gebäude, um darauf ein neues Rathaus zu errichten. Das alte Rathaus war zu klein geworden, denn die Verwaltung brauchte angesichts der auch durch Eingemeindungen gewachsenen Aufgaben mehr Platz. Die Öffentlichkeit sah diese Notwendigkeit allerdings nicht ein. Man warf dem Magistrat Verschwendungssucht bei Vernachlässigung dringender Aufgaben vor. Als das Landschaftsgebäude bereits abgerissen war, wurde ein Wettbewerb für den Neubau ausgeschrieben. Eine Jury prämierte mehrere Arbeiten, die aber nicht überzeugten. Schließlich wurde 1866 der neugotische Plan des jungen Grazer Architekten Georg Hauberrisser angekauft. Dem einflussreichen Magistratsrat Ferdinand von Miller gelang es, diesen Entwurf gegen ursprüngliche Festlegungen auf einen Plan des städtischen Ingenieurs und späteren Stadtbaurats Arnold Zenetti (1824–91) mit einer Stimme Mehrheit bei einem Drittel Enthaltungen im Magistrat durchzusetzen.

Der Große Sitzungssaal im Neuen Rathaus. Foto um 1900.

Diese Pläne eines Auswärtigen waren »der Münchner Künstlerschaft ein Schlag ins Gesicht«. Am 1. Juni 1867 begann man mit dem Bau im »ultramontanen Pfaffenstil«, der von konservativer Seite als Zeichen der »Kraft und Selbständigkeit des Bürgertums« wie im deutschen Mittelalter interpretiert wurde. Die aufwendige Innenausstattung des Großen und Kleinen Sitzungssaales wurde 1871 in Angriff genommen, aber erst 1880 vollendet und 1881 mit ersten Sitzungen von Magistrat und Gemeindebevollmächtigtenkollegium eingeweiht. 1897 wurde nach langwierigen Grunderwerbsverhandlungen, auch auf Grundlage von Plänen Hauberrissers, der westlich anschließende Teil des Rathauskomplexes gebaut. Auch hier mussten mehrere alte Bürgerhäuser weichen. Durch den gewachsenen Wohlstand der Stadt konnte nun weißer Tuffstein statt Ziegeln zur Verkleidung verwendet werden. Der Vorwurf der Öffentlichkeit richtete sich auch gegen den neuen Turm, der das alte Stadtbild zerstöre. Hauberrisser sah ihn als Symbol für bürgerliche und städtische Freiheit. Die filigrane historisierende Außen- und die Innenausstattung des Baus bezogen ihre Motive aus der Geschichte.

König Ludwig II. und Richard Wagner

Durch den überraschenden und frühen Tod seines Vaters wurde der Kronprinz am 10. März 1864 mit 18 Jahren als Ludwig II. König von Bayern. Er hatte, wie schon sein Vater, eine wenig erfreuliche Jugend mit einer falschen Erziehung durchlitten. Max II. war von seinem Sohn enttäuscht. Er äußerte über ihn:»Was soll ich mit dem jungen Herrn sprechen? Es interessiert ihn nichts, was ich anrege.« Der große und schöne Jüngling kümmerte sich weniger um die praktischen Dinge und das Volk, er zog Kunst, Literatur und Musik vor. Ludwig verlobte sich zwar mit seiner Kusine Sophie, der Schwester der späteren Kaiserin Elisabeth (Sisi), er löste sich aber bald wieder aus dieser Bindung. Eine konsequente Haltung, wenn man sieht, wie er für Wagner schwärmte, dem er am 9. März 1867 folgenden Brief schrieb:

»Einzig geliebter Freund! mein Erlöser! mein Gott!
Ich juble vor himmlischem Entzücken, ich rase vor Wonne; als ich heute meiner Sophie Ihren göttlichen Brief mittelte, der mir Ihr Kommen meldet, erglühten ihre Wangen in Purpurröte, so innig fühlte sie meine Freude mit. – O, nun bin ich glücklich, nicht mehr verlassen in trostloser Öde, da ich den Einzigen in meiner Nähe weiß; o, bleiben Sie nun da, Angebeteter, für den einzig ich lebe, mit dem ich sterbe.
O Tag des Heiles! Wonnezeit. In ewiger Liebe, in unerschütterlicher Treue
Ihr Eigen Ludwig«.

Ludwig liebte die Musik und die Person Richard Wagners so sehr, dass er sogar abdanken wollte, um bei ihm leben zu können. Die Freigebigkeit des Königs, der Wagners luxuriöse Eskapaden aus der Kabinettskasse finanzierte, führte zum Fiasko. Als der vom König 1864 eingesetzte Minister Ludwig von der Pfordten (1811–1880) 1865 mit dem Rücktritt drohte, wenn Richard Wagner, der sich in der Briennerstraße in einer von Ludwig geschenkten Villa (gegenüber der Einmündung der heuti-

Der von Ludwig II. auf dem Dach der Residenz eingerichtete Wintergarten.
Zeichnung um 1880.

gen Richard-Wagner-Straße) niedergelassen hatte, nicht aus der
Stadt verschwände, gab Ludwig nach. Wagner musste 1866 München verlassen und verwirklichte seine großen Pläne in Bayreuth.

Hass auf die Hauptstadt, Traumschlösser und trauriges Ende
König Ludwig II. wollte vom Baumeister Gottfried Semper
(1803–1879) ein Opern-Festspielhaus über der Isar errichten lassen, wie er es in Dresden geschaffen hatte. Als dies den Münchnern aber nicht so viel Geld wert war, wurde ihm die Stadt ver-
hasst. Ludwig mied München von nun an und ließ sich kaum
mehr in der Öffentlichkeit sehen. Die Bevölkerung und die öffentliche Meinung verübelten ihm dies, und der König war darüber empört. Als der Polizeidirektor der Stadt es in einem Bericht »wünschenswert« nannte, dass sich der König in der Stadt
häufiger zeige, verfügte Ludwig seine Strafversetzung. Friedrich
von Ziegler, Vertrauter des Königs, der 1876 als Kabinettschef
berufen wurde, schrieb: »Seine Majestät ergingen sich in Aus-
drücken des tiefsten Hasses gegen die Stadt München. Oft muss-

140

te ich hören, wie schön es wäre, wenn man das verfluchte Nest an allen Ecken anzünden könnte.«

Ludwigs Lebensinhalt wurde nun seine Bautätigkeit an den Königschlössern Linderhof, Neuschwanstein und Herrenchiemsee am Alpenrand sowie dem Berghaus Schachen im Wettersteingebirge im maurischen Stil. Die Meinung, Ludwig II. habe daneben kaum ernsthaft regiert, ist durch seine nachgewiesene Tätigkeit zu widerlegen. In die Regierungszeit des Königs fielen drei einschneidende politische Ereignisse. Der Krieg mit den bundestreuen Ländern gegen das vertragsbrüchige Preußen 1866, der zur Abhängigkeit Bayerns führte. Weiter der Krieg gegen Frankreich 1870/71, an dem das bayerische Heer siegreich teilnahm, und der Eintritt Bayerns in das Deutsche Reich. Die offizielle schriftliche Aufforderung des Königs an seinen Onkel, Wilhelm I. von Preußen, die deutsche Kaiserkrone anzunehmen, brachte Ludwig fünf Millionen Reichsmark (für seine Bauvorhaben) ein, die ihm Bismarck in Jahresraten schickte. Der Vermittler, Oberstallmeister Graf von Holnstein, erhielt zehn Prozent dieser Summe.

Ludwig wurde 1886 unter zweifelhaften Umständen entmündigt und zum Schloss Berg am Starnberger See gebracht. Dort ertrank er zusammen mit seinem schmächtigen Nervenarzt Prof. Dr. Bernhard von Gudden (geb. 1824) am 13. Juni 1886 im See. Der Leichnam des Königs wurde unter großer Anteilnahme der Bevölkerung in die Gruft der Michaelskirche überführt und in einem Bleisarg beigesetzt, der bis heute nach dem Willen des Hauses Wittelsbach nicht geöffnet werden darf. Legenden bildeten sich um den mysteriösen Tod des »Kini«, der im Gedenken des Volkes weiterlebte.

Alltagsleben im 19. Jahrhundert

Not, Hunger und Krankheiten
Der Beginn des 19. Jahrhunderts war von Kriegen, Not und Hunger geprägt. In München grassierten auch Epidemien wie die Cholera, die bis zur Einrichtung der neuen Trinkwasserversorgung und der Kanalisation viele Opfer forderten. Die Kindersterblichkeit war, nicht nur bei ärmeren Schichten, sehr hoch. Viele Menschen wurden in der Blüte ihrer Jahre dahingerafft. Die medizinische Versorgung und Krankenhäuser wurden erst im Laufe der Jahrzehnte aufgebaut.

Dass die Mehrheit der Geburten in München zeitweise unehelich war, hatte zwei Gründe. Vor allem war es nur bei Nachweis eines entsprechenden Einkommens erlaubt, eine Ehe zu schließen. Dadurch wollten die öffentlichen Kassen Sozialkosten vermeiden. Außerdem wurde in der Sonnenstraße 17 im Jahr 1832 eine »Gebäranstalt« errichtet, in der ledige Mütter aus der Stadt und dem Land ihre Kinder zur Welt bringen konnten. 1856 entstand ein Neubau (Alte Frauenklinik) von Stadtbaurat Karl Muffat (1797–1868) und Friedrich Bürklein im Maximilianstil, der heute der Postbank dient. Hier ist 1882 auch Karl Valentin (Fey) geboren.

Wie wichtig die Mitgift im 19. Jahrhundert noch war, zeigen die Tagebuchaufzeichnungen von Johann Andreas Schmeller, dem bedeutenden Sprachforscher und Bibliothekar. Ihm wurde 1818 eine Tochter Emma geboren, deren Mutter, die Witwe Juliane Auer, er wegen finanzieller Probleme erst 1834 heiraten konnte, um Emma »aller Welt als meine Tochter vorführen zu können«. Als Emma endlich 1848, im Alter von 30 Jahren für damalige Zeiten schon sehr spät, heiraten wollte, bat der künftige Schwiegersohn um 10 000 Gulden Mitgift. Er benötigte diese Summe als Kaution, um seine Stelle als militärischer Unterarzt antreten zu können. Als Schmeller ihm mitteilen musste, diese Summe bei Weitem nicht aufbringen zu können, trat der angehende Arzt vom »lange gehegten Wunsch, sie die Seinige nennen zu dürfen«, zurück. Er musste sich eine andere suchen, die einen reicheren Vater hatte. Emma Schmeller starb verarmt im Jahr 1900. Sie blieb unverheiratet.

Der Physikatsbericht des Landgerichts München und seine Bedeutung

Mehr als 90 Prozent der Fläche von München besteht aus eingemeindeten Orten, die im 19. Jahrhundert noch Bauerndörfer waren. 1858 wurden alle Amtsärzte vom Kgl. Bayer. Innenministerium aufgefordert, eine medizinisch-topografische und ethnografische Beschreibung ihres Bezirkes vorzulegen. Entsprechend dem Fragenkatalog lieferte der für das Landgericht München links der Isar, zu dem der größte Teil des heutigen München gehörte, zuständige Arzt Prof. Dr. Anton Kranz, ein Altbayer Jahrgang 1799, seinen Physikatsbericht 1861 ab. Der Mann verfügte über langjährige Erfahrung und genaue Kenntnis der Situation im Raum München. Laut dem ersten Adressbuch der königlichen Haupt- und Residenzstadt München, das 1835 erschien, war er schon damals »Praktischer Civilarzt« (Sonnenstr. Nr. 13 über zwei Stiegen).

Die hier niedergeschriebenen Aussagen sind überwiegend nicht nur für das Land, sondern auch für die damalige eigentliche Stadt München im 19. Jahrhundert und die Zeit davor zutreffend und aufschlussreich. Bemerkenswert sind unter anderem die durch Mangelernährung und körperliche Anstrengungen in der Kindheit bedingte durchschnittliche Körpergröße von 150 cm, die Lebensgewohnheiten, die Hygiene und die Wohnverhältnisse. Daher sind im Folgenden einige Auszüge aus dieser im Stadtarchiv München lagernden Quelle wiedergegeben.

Bevölkerung

Die ursprünglichen Einwohner des Gerichtsbezirkes gehörten dem altbayerischen Stamme an. Im Laufe der Zeiten wurde dieser aber mit fremden Eindringlingen vermischt. [...] So ist es gekommen, dass wir jetzt einen wahren Mischmasch von Einwohnern besitzen, die sich alle feindselig entgegenstehen. Die ursprünglichen Sitten haben dabei aber nichts gewonnen. Die alten Einwohner haben an ihren ursprünglichen Tugenden verloren und die Fehler der neuen Eindringlinge nur zu gerne angenommen. [...] Es ist eine alte und durch die Geschichte bewährte Erfahrungssache, dass die neuen Eindringlinge die alten Einwohner allmählich verdrängen. Rhein- und Oberpfälzer haben bereits den Stoß gegeben und die Altbayern aus ihrem Geleise getrieben, die neubayerischen Franken, welche wie nach einem gelobten Lande zu uns herüber siedeln, werden mit ihrer berechnenden Schlauheit das Werk vollenden und uns beherrschen.

Das Mittelmaß der erwachsenen Männer beträgt kaum 5 Schuh 7 Zoll rheinisch [etwa 150 cm]. Die Fähigkeit zur Anstrengungsdauer ist gering; ein Mann von 50 Jahren gleicht schon einem Greise. Frühzeitige Anstrengung und noch mehr Ausschweifungen in der ersten Jugend bilden den Grund hiezu. Verhältnismäßig sind die Weiber kräftiger als die Männer.

In intellektueller Beziehung brauche ich nur zu erwähnen, dass unsere ursprünglichen Bewohner in dem Ruf der »dummen Bayern« stehen. Wohl nicht ganz mit Unrecht. Allein es fehlt ihnen ganz sicher nicht an den natürlichen Anlagen und der Bildungsfähigkeit, sondern es fehlt an dem Unterricht und der Erziehungsweise. Eine Besserung ist nur zu ermöglichen dadurch, dass die Jugend mehr zu sittlichen Menschen als zu blinden Gläubigen erzogen, dass der Verstand kultiviert, die Vernunft in ihre Rechte eingesetzt und überhaupt der Mensch mehr für diese Welt als für die Ewigkeit erzogen werde.[...]

Hygiene

Der Sinn für Reinlichkeit in und außer den Häusern ist bei unsern Bewohnern noch nicht geweckt. Die Umgebung der Wohnungen, die Hofräume, gleichen in der Mehrzahl wahren Pfützen. [...]

Der Ziegenmarkt. Stich um 1880.

Mit der Reinlichkeit in der Kleidung und Wäsche hat es eine eigentümliche Bewandtnis. In den Arbeitstagen herrscht durchgehends die größte Unreinlichkeit vor. In den Feiertagen dagegen herrschen überall Flitter und Luxus, jedoch nur in den sichtbaren Oberkleidern – das Hemd ist auch an den Festtagen meistens zerrissen und von Schmutz stinkend.

Im Allgemeinen und mit nur wenigen Ausnahmen gehören unsere Einwohner zu einer unreinlichen und schmutzigen Volksklasse. Besonders tun sich in der Unreinlichkeit die eingewanderten Oberpfälzer hervor, während dagegen die Rheinpfälzer zu unseren reinlichsten Einwohnern zählen. Durchgehends sind auch die Protestanten in jeder Beziehung reinlicher als die Katholiken.

Die Neigung zum Baden ist bei unsern Landleuten fast null. Warme Bäder gebrauchen sie ausschließlich nur auf ärztliche Verordnung und um sie dazu zu bringen, muss meistens ein ernstlicher Zwang angewendet werden.

Zu kalten Flussbädern haben nur jene Bewohner Gelegenheit, welche an dem Isar- und Würmflusse ihre Wohnsitze haben. Aber auch diese machen von der dargebotenen Gelegenheit den allerseltensten Gebrauch; höchstens sieht man die Schulknaben im Freien hie und da baden und diese nur, weil sie daran einen Spaß finden – nicht selten aus Muthwillen – keineswegs aber aus Liebe zur Reinlichkeit.

In der neuren Zeit, und zwar auf meine Veranlassung, wurden an der Würm und ihren Kanälen viele Badeanstalten errichtet. Diese werden fast ausschließlich von Bewohnern Münchens benützt.

Die größte Mehrzahl der Bewohner unseres Bezirkes sind außer dem Säuglingsalter in kein Bad gekommen und eine große Zahl derselben haben sich in ihrem ganzen Leben außer dem Gesicht, Händen und Füßen keinen Teil ihres Leibes gewaschen.

Vergnügungen: Die Hauptstadt verdirbt das Landvolk

Die Vergnügungen unserer Landleute sind nur grobsinnlicher Art und bestehen lediglich im Wirtshausbesuche und in ausgelassenen Tänzen dortselbst. Für alle andern Ergötzungen sind sie stumpf und gefühllos. Zu geistigen Vergnügungen muss das Volk eben erst erzogen werden, aber an einer solchen Erziehung fehlt es bei uns noch gänzlich. Alle Feste, welche unsere Landleute haben, sind kirchlicher Natur. Diese beginnen morgens mit einem Gottesdienst (bei den Katholiken nämlich) und gewähren den ganzen Nachmittag bis in die späte Nacht hinein den Wirten ihre beste Ernte.

Am Kirchweihtage ist immer auch im Ortswirtshause Tanzmusik mit Freinacht. Dort versammelt sich schon nachmittags fast die ganze erwachsene Bevölkerung nicht nur des Ortes, sondern auch der Umgegend von weiter Ferne. Welche Ausgelassenheit, Übermut und Muthwillen der rohesten Art bei diesen Festen gewöhnlich vorfallen, kann gar nicht beschrieben werden. In der Regel endet jedes solche Fest mit einer, nicht selten recht ernstlichen Rauferei. [...]

Nur eine Gewohnheit, von der ich nicht weiß, ob sie auch anderswo zu Hause ist, muss ich leider hier erwähnen. Sie ist der schmutzigsten und lasterhaftesten Art. Wenn sich nämlich ein Mädchen von einem Burschen zum Tanze führen und sich dort Bier und Braten bezahlen lässt – wonach alle, als ihrem einzigen Vergnügen streben, sobald sie nur der Feiertagsschule entwachsen sind –, so glaub es sich auch zur Entschädigung verpflichtet zu sein und die Auslagen des Burschen mit ihrem Leibe vergüten und sich zur Befriedigung fleischlicher Lust hergeben zu müssen. Diese schändliche Sitte ist so allgemein bekannt, dass kein Mädchen mehr für eine Jungfrau angesehen wird, welches einmal mit einem Burschen einen Tanzboden besucht, sich »ausführen« hat lassen. Zu diesem »Ausführen« geben unsere vielen Kirchweihen und die übrigen Tanzmusiken nicht einmal genugsame Gelegenheit. Es wird dazu noch in jenen Zeiten, wo in unsern Ortschaften die Geige schweigt, die so sehr nahe Hauptstadt benützt, in welcher an jedem Feiertag die Gelegenheit zur Liederlichkeit jeder Art gegeben ist.

Überhaupt ist diese Hauptstadt das Verderben für unser Landvolk. Durch den häufigen Verkehr mit ihr hat es sich alle Laster desselben angewöhnt – die seinigen aber beibehalten.

Freilich gewährt diese Stadt unsern Einwohnern große Vorteile; sie gibt ihnen die Gelegenheit, alle ihre Erzeugnisse leicht und gut zu verwerten und ihre Bedürfnisse auf eine wohlfeilere Art befriedigen zu können; allein ihren Erlös lassen sie größtenteils in der Stadt wieder zurück, entziehen unsern Gewerbsleuten ihren Verdienst und – was die Hauptsache ist – haben an ihrer Sittenreinheit, ländlichen Genügsamkeit und Sparsamkeit einen Verlust erlitten, welchen der pekuniäre Vorteil nicht aufwiegen kann. [...]

Ehe und Geschlechtlichkeit

Das eheliche Leben unseres Landvolkes kann nicht als ein Muster aufgestellt werden; nur bei der ärmeren Volksklasse kommen Ehen aus Liebe vor. Die größeren Bauerngüter sind unmäßig hoch taxiert, der Übernehmer hat sohin große Summen an die abtretenden Eltern und an die Geschwister hinauszubezahlen, zur Ermöglichung dieser Leistungen – da er ein bares Geld in die Hand bekömmt – muss er nach Reichtum heiraten und darf nicht seiner Neigung folgen. So ist es auch bei den kleineren Bauergütern, überhaupt bei Heiraten auf ein Anwe-

Im Hofgarten. Zeichnung um 1850.

sen. Welches Leben solche Verhältnisse bedingen, bedarf keiner weiteren Erörterung; an ehelicher Untreue von beiden Seiten fehlt es daher nicht, so wie auch nicht an fortwährendem Zank und Hader. Überhaupt werden die Weiber von ihren Männern nur als die ersten Mägde betrachtet und mit Sorgen und Arbeiten überladen. Dafür entschädigt sich aber das Weib hinter dem Rücken des Mannes durch Verschwendung jeder Art.

Es ist selten, dass ein Jüngling vor dem 24sten und ein Mädchen vor dem 20sten Lebensjahre eine Ehe eingeht. Die meisten Ehen werden in einem späteren Alter geschlossen. Ein Hang zur Ehelosigkeit besteht gar nicht, die Anwesenbesitzer sind zur Ehe gezwungen, um Geld zu erheiraten [und] um durch ein Weib die Arbeitskraft zu vermehren.

Der Zudrang zur Ansässigmachung und Verehelichung auf Taglohn und Handarbeit ist sehr stark und vermehrt sich jährlich. Die Ursache ist größtenteils darin begründet, dass wir nur sehr wenige ledige Burschen und Mädchen besitzen, welche nicht außereheliche Kinder zu ernähren haben. Da sie nun glauben, nach ihrer ehelichen Vereinigung leichter erziehen zu können, und da ihrem außerehelichen Stande doch manche Schranken und Hindernisse gesetzt werden, so trachten sie nach Kräften zur Ehe. Wenn heute die Ehe völlig freigestellt würde, so hätten wir morgen um die Hälfte Eheleute mehr.

Bei der übermäßigen Geschlechtsausschweifung vom ersten Eintreten geschlechtlicher Reife beiderseits sind die Ehen nicht besonders fruchtbar [...]. Würde man die außerehelich Geschwängerten, die zu ihrer Niederkunft die nahe Gelegenheit des Gebärhauses zu München benützen, hinzurechnen, so würden die außerehelichen Geburten die ehelichen überschreiten. Es ist so weit, dass mit einer außerehelichen Schwangerschaft gar keine Schande mehr verbunden ist. »Weil mich meine Gemeinde nicht heiraten lässt, hört man solch schamlose Dirne sagen, so bringe ich ihr so viele Kinder, dass sie daran genug zu ernähren hat«. Und wirklich ist die Auslage für die Erziehung von außerehelichen Kindern von armen, der Gemeinde angehörigen Mädchen in vielen Ortschaften die größte Gemeindelast.[...]

Geistige Bildungsfähigkeit und Schulen

Die geistige Bildungsfähigkeit kann unsern Ureinwohnern nicht abgesprochen zu werden. Sie bringen solche Anlagen mit auf die Welt, dass sie zu jeder Intelligenz ausgebildet werden könnten. An dieser Ausbildung der geistigen Anlagen fehlt es aber allenthalben und es wird auch nicht besser werden, so lange die Schulen nicht selbständig sind. Gegenwärtig lernen die Kinder in der Schule nur notdürftig lesen, schlecht schreiben und noch weniger rechnen. Die größte Zeit wird auf unverständige Gegenstände verwendet. So kommt es, dass die meisten der jungen Leute bei der Entlassung aus der Feiertagsschule wieder fast alles vergessen haben und kaum mehr ihren Namen leserlich schreiben können.

Da sie in den Schulen und in der Kirche nicht für dieses Leben gebildet, sondern nur für die Ewigkeit erzogen werden, da nur auf blinden Glauben und nicht auf Moralität hingewirkt wird, so bleiben an diesen Zöglingen der mittelalterlichen Schule von den angebornen tierischen Leidenschaften nur zu viele Teile haften, die sich dann in Rohheit und Ungezogenheit aussprechen.

Der Mangel an Erlernung nützlicher Kenntnisse bringt es auch natürlich mit sich, dass keine Neigung zum Fortschritte zur höheren Ausbildung sich offenbart. [...]

Sie bleiben größtenteils bei dem, was sie von Jugend auf sehen, daher bleibt der Bauernjunge wieder Bauer und der Schneiderknabe wird wieder Schneider usw.

In besonderer Ungnade bestehen bei unsern Bauern alle Menschen höherer Bildung und deswegen ist es eine sehr seltene Ausnahme, wenn ein Junge unseres Bezirkes eine höhere Bildungsanstalt irgend einer Art besucht; höchstens, dass alle Säcula sich einer dem geistlichen Stande widmet. [...] Sie sind stark im Glauben und schwach im redlichen Handeln. [...]

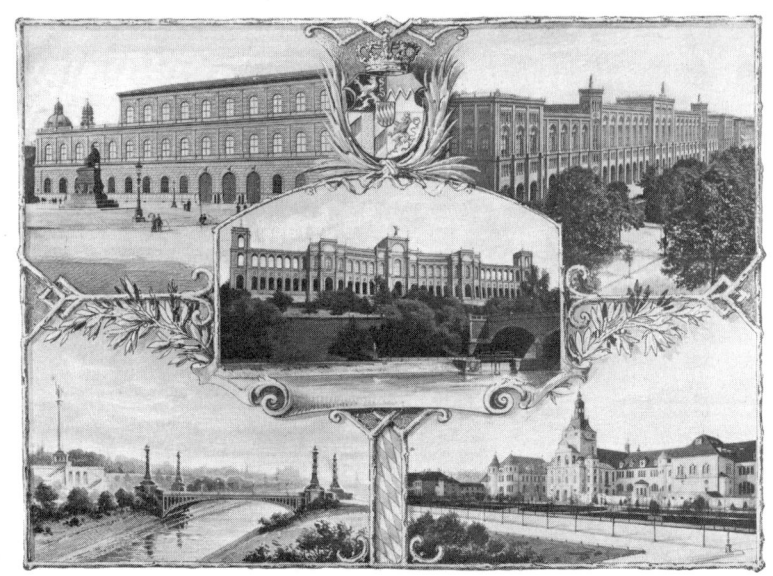

Königsbau der Residenz, Regierungsgebäude in der Maximilianstraße, Maximilianeum, Luitpoldbrücke mit Friedensengel, Nationalmuseum. Fotos um 1895.

DIE PRINZREGENTENZEIT

Industrialisierung

Nach Ludwig II. übernahm 1886 sein Onkel Luitpold (1821–1912), der drittgeborene Sohn Ludwigs I., die Regentschaft. König war nominell Otto I., der geisteskranke Bruder von Ludwig II., weswegen Luitpold zeitlebens Prinzregent blieb. Er verstand es, durch Tatkraft, verbunden mit Bescheidenheit, die anfängliche Skepsis seiner Untertanen zu überwinden, die die exotische Erscheinung Ludwigs II., trotz aller Defizite des Monarchen, schmerzlich vermissten. Gleichwohl machten den Prinzregenten seine volkstümliche Art und seine Wohltätigkeit im Lauf der Zeit zum populärsten Wittelsbacher. Die ein Vierteljahrhundert während Prinzregentenzeit wurde zu einem goldenen Zeitalter für Bayern und seine Hauptstadt, die damals einen enormen Aufschwung erlebte. Prinzregentenstraße, Prinzregententheater und Luitpoldpark erinnern heute noch an Luitpolds Wirken.

München wurde in jener Blütezeit zwischen der Wirtschaftskrise, die der Reichsgründung gefolgt war, und dem Ersten Weltkrieg zu einer wirtschaftlich und kulturell gleichermaßen bedeutenden Großstadt. Von 1883 bis 1901 verdoppelte sich die Einwohnerzahl von 250 000 auf 500 000, wodurch München nach Berlin und Hamburg zur drittgrößten Stadt im Deutschen Reich wurde, eine Position, die es bis heute innehat. Die Reallöhne stiegen seit den frühen 1880er-Jahren in Deutschland spürbar, zusätzlich trug Bismarcks Sozialgesetzgebung dazu bei, die Lage der Arbeiterschaft zu verbessern. Es wurden die Grundlagen gelegt für das bis heute bestehende System der Kranken-, Unfall- und Rentenversicherung. Bismarcks Hoffnung, die rasch wachsende Arbeiterbewegung dadurch zurückdrängen zu können, erfüllte sich allerdings nicht. Die SPD gewann weiter an

Zuspruch. 1912 wurde sie bei den Reichstagswahlen trotz Benachteiligung durch das Wahlrecht stärkste Fraktion, zwei Jahre später gelang ihr das auch bei der Münchner Kommunalwahl.

Deutschland, das lange hinter den Kolonialmächten England und Frankreich zurückgeblieben war, wurde in den Jahren vor dem Ersten Weltkrieg durch die späte, nun aber machtvolle Industrialisierung zur wirtschaftlichen Großmacht. München nahm mit der ihm eigenen Gemächlichkeit an dieser Entwicklung teil. Um die Jahrhundertwende waren 48 Prozent der Erwerbstätigen in Industrie und Gewerbe tätig, in Nürnberg dagegen 55 Prozent, und in Industriestädten wie Dortmund oder Chemnitz lag der Anteil sogar deutlich über 60 Prozent. München erhielt sich in starkem Maße seinen Charakter als Residenz- und Handelsstadt.

Doch auch München ließ die Grenzen der mittelalterlichen Stadt hinter sich. Die Stadtmauer war geschleift worden, und nur Isartor, Sendlinger Tor und Karlstor blieben erhalten. 1847 hatte Friedrich Bürklein einen zentralen Bahnhof errichtet. Dieser wurde 30 Jahre später stark vergrößert und erhielt eine vierschiffige Halle, eine Eisen- und Glaskonstruktion mit elektrischer Beleuchtung, was damals für Deutschland eine Novität war. In jener Zeit entwickelte sich das Münchner Bier zu einem in ganz Deutschland berühmten Getränk, da es mit der Eisenbahn nun überallhin transportiert werden konnte. Dazu leistete auch das von dem Ingenieur Carl von Linde (1842–1934) entwickelte neue Kühlverfahren einen wichtigen Beitrag. Der Oberfranke war 1868 einem Ruf an die Polytechnische Schule München gefolgt und hatte 1879 mit zwei Brauern und weiteren Geschäftspartnern die »Gesellschaft für Linde's Eismaschinen AG« gegründet, die Urzelle der Linde AG, die heute ein Weltkonzern ist. 1886 hatte der Karlsruher Carl Benz das Automobil erfunden, aber die erste Fahrprüfung der Welt wurde 1899 in München abgenommen, wo es auch die ersten Zulassungsnummern für Autos gab. 1903 wurde auf Initiative des Bauingenieurs Oskar von Miller (1855–1934) der Verein zur Gründung eines »Deutschen Museums von Meisterwerken der Naturwissenschaft und Technik« ins Leben gerufen, der schon bald über Sammlungen verfügte, die zunächst provisorisch in Räumen des Bayerischen Nationalmuseums gezeigt wurden, bevor 1925 das Gebäude am heutigen Standort bezogen werden konnte. Miller hatte 1884 in München das erste deutsche Elektrizitätswerk erbaut und war ein international anerkannter Fachmann für die Energieversorgung von Städten. Auch das nach dem Ersten Weltkrieg erbaute Walchenseekraftwerk, das bis heute München mit Strom versorgt, ging auf seine Initiative zurück.

1900 verließen elf Fußballspieler den MTV 1879 München und gründeten den FC Bayern, der heute mit 125 000 Mitgliedern einer der größten Sportvereine der Welt ist. Schließlich wurde 1907 die Filmstadt Geiselgasteig (heute Bavaria Film) eröffnet und 1911 in Hellabrunn der weltweit erste nach geografischen Gesichtspunkten organisierte Tierpark.

Auch große Fabrikschornsteine rauchten in München. Prägend aber blieb der Mythos vom Isar-Athen, während Walter Rathenau, damals Vorstandsmitglied der AEG und nach dem Krieg Außenminister, in Bezug auf Berlin mit Stolz feststellte: »Spree-Athen ist tot und Spree-Chicago wächst heran.« Der an überkommenen Werten orientierte süddeutsche Liberalismus, der zunächst auch in München dominierte, das, wie ein großer Teil Bayerns, zu 90 Prozent katholisch war, befand sich gegenüber dem preußisch-protestantischen Konservatismus in einer unterlegenen Position. Doch man klammerte sich an die alte Gemütlichkeit, die dann nach dem Krieg, wie Thomas Mann es im ›Doktor Faustus‹ treffend formuliert hat, endgültig in eine Gemütskrankheit umschlug. Die zahmen Neuerungen wie etwa die Eröffnung der ersten Nachtbar 1898 im Hotel Vier Jahreszeiten gingen vielen schon zu weit.

Ludwig Thoma besang die »liebe, alte Zeit« und beklagte die »verschwundenen Herrlichkeiten«, die München seine Eigenart gegeben hätten, das sich nun an den Bedürfnissen amerikanischer Snobs orientiere. Thoma, der die Euphorie der Gründerzeit als einen großen Schwindel ansah, wählte den skandalumwitterten Bau des Deutschen Theaters 1895/96 als Hintergrund für seinen

Roman ›Münchnerinnen‹. Frank Wedekind parodierte das gewagte Unternehmen, das in einer gewaltigen Pleite endete, in seinen ›Münchner Szenen‹. Josef Ruederers ›Münchner Satire‹ (1903) entlarvte eine künstlerische Initiative als Bauspekulation; schließlich siegte die »Bierstadt« über die »Kunststadt«. Heinrich Manns im gleichen Jahr erschienener Roman ›Die Jagd nach Liebe‹ nahm den Lyriker, Mäzen und »Insel«-Verleger Alfred Walter Heymel als Repräsentanten einer dekadenten Boheme aufs Korn. Die, wenn auch verhaltene, Entwicklung zur Metropole, der immer mehr schwindende dörfliche Charakter Münchens und das damit einhergehende spekulative Moment, vor allem im Bausektor, waren auch das Thema von Michael Georg Conrads Roman ›Was die Isar rauscht‹, von Wedekinds Drama ›Der Marquis von Keith‹ und zahlreichen anderen literarischen Werken. Die Klage über die »Steinwüsten« (Thoma) und »Spekulationsbauten« (Conrad) war Ausdruck einer romantischen, mit dem Wachstum der Städte einhergehenden Großstadtfeindschaft. Die gab es auch andernorts, aber in München gab es eine besondere prononcierte Traditionsverbundenheit, die nicht selten einen provinziellen Zug annahm.

Mittelstand

Die Stadtverwaltung schuf kaum Anreize, um Industrieansiedlungen zu fördern. München blieb eine von Handwerk und Kleinindustrie geprägte Stadt, eine Land- und Residenzstadt, in der das mittelständische Bürgertum dominierte. Das Gremium der Gemeindebevollmächtigten, in dem zwar auch Vertreter der Münchner Wirtschaft saßen, vor allem Brauereibesitzer, das aber von Handwerkern, Händlern und Kaufleuten dominiert war, stand Industrieansiedlungen sehr reserviert gegenüber. Ein Unternehmen wie die Mayer'sche Hofkunstanstalt, die Glasfenster und Mosaiken in die ganze Welt lieferte und zur Jahrhundertwende 300 Menschen beschäftigte, galt in München schon als Großbetrieb.

Abgesehen von den großen Brauereien gewann die Stadt vor

allem als Standort von Banken und Versicherungen an Bedeutung. Nachdem 1835 mit der Bayerischen Hypothek- und Wechselbank die erste Münchner Großbank gegründet worden war, nahmen 1869 die Bayerische Vereinsbank und die Bayerische Handelsbank ihre Geschäftstätigkeit auf, im Jahr darauf öffneten mit Aufhäuser und Merck, Finck & Co. die ersten Privatbanken ihre Schalter. 1880 wurde die Münchner Rückversicherung gegründet, heute einer der weltweit größten Rückversicherer, der auch zehn Jahre später bei der Gründung der Allianz Versicherung Pate stand, die bald zum größten deutschen Sachversicherer aufstieg, ihre Geschäfte allerdings ab 1891 von Berlin aus führte und erst 1949 ihre Hauptverwaltung nach München verlegte.

1878 gründete der jüdische Kaufmann Heinrich Uhlfelder im Rosental ein Geschäft für Haushalts- und Galanteriewaren. Das Angebot richtete sich vor allem an die weniger wohlhabende Kundschaft und war so erfolgreich, dass Uhlfelder schließlich sein Kaufhaus auf den ganzen Häuserblock ausdehnte. Mit 7000 Quadratmetern war sein Haus in den 20er-Jahren das zweitgrößte am Ort nach dem Kaufhaus Tietz am Bahnhofsplatz, das

Hauptbahnhof und Kaufhaus Tietz. Foto um 1910.

155

wie Oberpollinger in der Neuhauser Straße 1905 eröffnet wurde. Das Haus von Hermann Tietz war ein modernes Großkaufhaus mit eigenem Stromaggregat, Dampfheizung und elektrischen Aufzügen. Während Uhlfelder durch die »Arisierung« später alles verlor, bestehen die beiden anderen Häuser an gleicher Stelle noch heute, nur dass aus dem Namen Hermann Tietz inzwischen »Hertie« geworden ist. Die Warenhäuser waren eine Begleiterscheinung des Industrialisierungsprozesses. An die Stelle von Handwerk, Manufaktur und direkter Versorgung durch die Landbevölkerung trat die kostengünstige Massenproduktion für eine notgedrungen preisbewusste Kundschaft. Schon bald erhob sich ein von antisemitischen Untertönen nicht freies Protestgeschrei gegen diese Entwicklung, das die »Vernichtung zahlloser Einzelexistenzen« beklagte und eine »gezielte Mittelstandspolitik« verlangte. Insbesondere die »Frauenwelt« wurde dringend gebeten, ihren bisherigen Lieferanten, den »reellen Spezialgeschäften«, treu zu bleiben. Diese Propaganda gegen die Warenhäuser, die bei allem Aufschwung nur einen bescheidenen Anteil des gesamten Einzelhandelsumsatzes erreichten, war auch in den Jahren der Weimarer Republik virulent.

Infrastruktur

In der Prinzregentenzeit wurden auch Grundlagen für eine soziale Infrastruktur gelegt. 1895 wurde das städtische Arbeitsamt eröffnet, das die weltweit erste unentgeltliche Vermittlungsstelle war. 1900 wurde die Elektrifizierung der 1876 zunächst als Pferdebahn gegründeten Straßenbahn abgeschlossen, wodurch sie das zentrale Massenverkehrsmittel für die Stadtbevölkerung wurde. 1901 wurde das Müllersche Volksbad eröffnet, das bei seiner Fertigstellung das modernste und teuerste Bad der Welt war und heute zu den schönsten Hallenbädern Europas zählt. Angesichts der Wohnverhältnisse der großen Bevölkerungsmehrheit kam dem Volksbad, das seine Entstehung einer generösen Stiftung des Ingenieurs Johann Müller verdankt, eine erhebliche Bedeutung zu. Die Wahl des Standorts in der Nähe der Arbeiterwohnviertel ging auf Wünsche aus der Bevölkerung zurück. Das Müllersche Volksbad setzte Maßstäbe für den deutschen Bäderbau, ähnlich wurde die 1900 eröffnete moderne Großmarkthalle zum Vorbild im In- und Ausland. Diese soziale Infrastruktur war auch das Anliegen von Wilhelm Georg von Borscht (1857–1943), der von 1893 bis 1919 Oberbürgermeister war. Ihm zur Seite stand der Architekt Hans Grässel (1860–1939), der von 1900 bis 1928 Stadtbaurat war. Auf Grässel gehen die großen, dem Gedanken des Naturschutzes verbundenen Friedhofsanlagen zurück, die zu den schönsten Orten der Stadt zählen, der Ostfriedhof, Nordfriedhof und Westfriedhof sowie als glanzvoller Höhepunkt der Waldfriedhof und zuletzt der neue jüdische Friedhof gegenüber dem Nordfriedhof.

Die Stadt wuchs erheblich durch Eingemeindungen. Zwischen 1854 und 1913 verdreifachte sich die Stadtfläche, was die Voraussetzung für eine vorausschauende Stadtplanung war. 1892 wurde erstmals ein Stadterweiterungswettbewerb ausgeschrieben. Theodor Fischer (1862–1938) wurde mit der Leitung des neu entwickelten Stadterweiterungsbüros beauftragt, auf ihn ging die Staffelbauordnung von 1904 zurück, die bis 1980 in Kraft blieb. Natürlich gelang es am ehesten, in den neu erschlossenen Gebieten städtebauliche Akzente zu setzen. Während die Wohnbevölkerung in der Altstadt bereits spürbar zurückging, waren die neuen Stadtviertel Haidhausen, Schwabing, Neuhausen, Nymphenburg und Laim wichtige Wachstumsbezirke. So wie in der ersten Hälfte des 19. Jahrhunderts die Ludwigstraße entstanden war und in der zweiten die Maximilianstraße, war die zentrale neue Achse die Prinzregentenstraße mit Nationalmuseum, Friedensengel, Villa Stuck und Prinzregententheater, die zwischen 1894 und 1901 entstanden.

An der baulichen Expansion der Stadt beteiligten sich zahlreiche Terraingesellschaften, die mit der Erschließung der neuen Flächen enorme Gewinne erwirtschafteten. Die bedeutendste war die von Jakob Heilmann, der durch seine Anregungen zur Weiterentwicklung der Stadt und die Gründung von Villenvierteln wie Gern und Harlaching erheblichen Einfluss ausübte.

1892 entstand durch Fusion die Firma Heilmann und Littmann, die u. a. das Geschäftshaus der ›Münchner Neuesten Nachrichten‹, die Schackgalerie, das Kaufhaus Oberpollinger und die Preußische Gesandtschaft erbaute. 2005 wurde das Unternehmen Teil der Heilit + Woerner Bau GmbH.

Die von großbürgerlichen Interessen dominierte Stadtregierung förderte den Bau von Luxuswohnungen, weil sie vor allem am Zuzug von Wohlhabenden interessiert war. So wurden zwischen 1885 und 1910 zwar 70 000 Wohnungen gebaut, die aber für den größten Teil der Bevölkerung, insbesondere die Arbeiterschaft, viel zu teuer waren. In den Innenstadtrandbezirken entstand repräsentativer Wohnraum, der oftmals am Bedarf vorbei gebaut wurde. Der sehr gut verdienende Schriftsteller Ludwig Thoma bezahlte für eine Zehn-Zimmer-Wohnung 150 Mark monatlich, während die Münchner Durchschnittsmiete damals bei 30 Mark lag, was die meisten schon kaum aufbringen konnten. Die alteingesessene Bevölkerung wurde aus der Innenstadt verdrängt, wo sich zunehmend elegante Geschäfte breitmachten. Gleichzeitig entstanden Arbeiterviertel in den Vorstädten.

›Alt-München‹. Zeichnung 1914.

Tagelöhner und Handwerker lebten vor allem rechts der Isar, in der Au, Haidhausen und Giesing. Industriearbeiter fanden sich vor allem südlich des Hauptbahnhofs, im Westend, aber auch in Sendling, Thalkirchen und Laim, das mit 75 Prozent den höchsten Arbeiteranteil hatte.

Arbeiterschaft

Eine vierköpfige Arbeiterfamilie hatte normalerweise weniger als 30 Quadratmeter zur Verfügung, in der Regel eine Wohnküche mit einem Herd als einziger Wärmequelle und einem unbeheizbaren Schlafzimmer. Ein Teil der Wohnungen verfügte über eine Toilette, ansonsten gab es für jedes Stockwerk eine Gemeinschaftstoilette, aber auch die nicht immer. Für etliche Wohnungen stand nur ein Kübel zur Verfügung. Wo auch diese minimale sanitäre Einrichtung nicht vorhanden war, musste das nächste Wirtshaus benutzt werden, was den Betreffenden in dessen »Bierhörigkeit« brachte, sodass er dort sein Bier kaufen musste. Die viel zu kleinen Wohnungen befanden sich zudem oft in einem schlechten Zustand. Es mangelte an Licht und frischer Luft, sodass auch die Kindersterblichkeit in den Arbeitervierteln mehr als doppelt so hoch war wie in besseren Wohngegenden, wozu natürlich auch noch andere Umstände beigetragen haben.

Besonders plastisch schilderte Karl Valentin die Wohnungsnot in seinem Stück ›Der Umzug‹, ein Thema, das ihm durch den Beruf seines Vaters – er war Spediteur – vertraut war. Die neunköpfige Familie haust in einem Zimmer und ist bereits seit sechs Jahren beim Wohnungsamt vorgemerkt. Auch der Bezirkskommissar schaltet sich ein, doch das Wohnungsamt vermag nicht für Abhilfe zu sorgen, obwohl diese dringend geboten wäre: »Das einzig Schöne, was wir in der Wohnung ham, ist das laufende Wasser – das lauft Tag und Nacht über d' Wänd runter, so feucht ist's in unsrer Burg. Und ein Leben ist drin! Alle acht Tag werden die Schulkinder klassenweise in unsere Wohnung geführt, und der Herr Lehrer erklärt den Kindern bei uns das Leben und Treiben des Hausungeziefers.«

Angesichts der offensichtlichen Missstände drängte sogar der bayerische Innenminister die Stadt, etwas zu unternehmen, doch die Lobby der Haus- und Grundbesitzer war stärker. 1898 führten schließlich die katholischen Arbeitervereine und die Gewerkschaften eine private Erhebung durch. Die treibende Kraft war dabei der Zentrums-Landtagsabgeordnete Karl Schirmer. Diese Aktion schuf endlich den nötigen öffentlichen Druck.

1899 wurde der »Verein zur Verbesserung der Wohnungsverhältnisse« gegründet, in dem sich nicht nur Wohnungssuchende, sondern auch bürgerliche Sozialreformer, fortschrittliche Zentrumspolitiker wie Bürgermeister Wilhelm von Borscht und Mäzene zusammenfanden. Zu den Mitgliedern gehörten der

Nationalökonom und »Kathedersozialist« Lujo Brentano, der auch den Verein für Sozialpolitik ins Leben gerufen hatte, der Hygieniker Max von Gruber, der Direktor des Statistischen Amtes Karl Singer und Ika Freudenberg, die Vorsitzende des Vereins für Fraueninteressen. 1904/07 kam es dann doch zu einer städtischen Wohnungsenquete, und in den folgenden Jahren wurden verschiedene Baugenossenschaften gegründet, unter deren Regie sich in den letzten Jahren vor dem Krieg fast die Hälfte des gesamten Wohnungsbaus vollzog.

Obwohl es in München keine klassischen Arbeiterviertel gab wie etwa im »steinernen Berlin«, so war doch die soziale Abgrenzung als Folge der Industrialisierung um die Jahrhundertwende schon deutlich ausgeprägt. Zur vornehmen Gegend entwickelte sich, neben einigen innenstadtnahen Bereichen, vor allem Bogenhausen, wo bereits jede Wohnung über ein Bad verfügte, während in Giesing und in der Au nur jeder Dreißigste eine Badewanne hatte. Im Arbeiterviertel Westend, das durch den Hauptbahnhof und die hier angegliederten Betriebe entstanden war, verdreifachte sich die Bevölkerung zwischen 1880 und 1900, was einem fast doppelt so starken Wachstum wie in der Gesamtstadt entsprach. Es gab eine breite Unterschicht aus kleinen Angestellten, nicht abgesicherten Freiberuflern, Tagelöhnern, Arbeitern und Arbeitslosen, die in Hinterhöfen, Mietskasernen und Herbergsvierteln eine oftmals notdürftige Unterkunft fanden. Nicht wenige waren »Schlafgänger« und hatten nur stundenweise Anspruch auf eine Bettstatt, die in der übrigen Zeit von anderen genutzt wurde.

Doch so zahlreich sie waren, diese Menschen prägten nicht das Bild der Stadt. München war nach eigenem Anspruch und Selbstverständnis, keine Arbeiterstadt, sondern eine Kunststadt, eine »Musenstadt mit Hinterhöfen«. Die soziale Frage hatte nur einen bescheidenen Rang auf der politischen Agenda, obwohl die meisten Arbeiterfamilien sich, selbst bei größtem Fleiß aller Angehörigen und äußerster Sparsamkeit, ständig am Rande der nackten Not bewegten. Mehr als die Hälfte des Verdienstes musste für Nahrungsmittel aufgewendet werden, etwa 15–20

Der Männerraum einer Wärmestube, Holzschnitt von Fritz Bergen 1895.

Prozent für die Miete. Vom restlichen Geld mussten alle übrigen Aufwendungen, unter anderem die erheblichen Beiträge zu den Sozialkassen, bestritten werden. Jeder Einnahmeausfall, etwa durch Arbeitslosigkeit oder Krankheit, konnte das sorgsam geplante Budget durcheinanderbringen. Bei einem Stundenlohn von 40 Pfennigen war auch eine Bierpreiserhöhung von 26 auf 28 Pfennige (für eine Maß) schon ein harter Schlag. Eine der im Auftrag des Statistischen Amtes untersuchten Familien verzeichnete als einzige Vergnügungsausgabe während eines ganzen Jahres 20 Pfennige für ein Kindertheaterbillett. 20 Pfennig war auch der Monatsbeitrag für den Arbeiterbildungsverein, und drei Pfund Brot kosteten ebenso viel. Eine andere Familie besuchte einen Faschingsball, was zehn Pfennig Eintritt kostete, und gab dort 52 Pfennig aus, wofür man in einem einfachen Wirtshaus einen Gansbraten bekam.

Die politische Organisation der neu entstehenden Arbeiterklasse wurde mehr und mehr die SPD. 1906 waren von 6700 Mitgliedern 77 Prozent Lohnarbeiter. Der populärste bayerische Führer der Sozialdemokraten war der Münchner Georg von

Vollmar (1850–1922). Er kam aus einer katholischen Beamten-
familie und vertrat seit 1884 den Wahlkreis München II im
Reichstag. Sechs Jahre später, als die SPD im Deutschen Reich
schon die nach Stimmen stärkste Partei war, eroberte sie mit
dem Gastwirt Georg Birk auch den anderen Münchner Wahlkreis. Sehr viel schwerer als bei den Reichstags- und Landtagswahlen, bei denen alle volljährigen Männer stimmberechtigt waren, tat sich die SPD bei den Kommunalwahlen. Hier war nur
wahlberechtigt, wer das Bürgerrecht erworben hatte. Ein Arbeiter musste dafür etwa einen halben Monatslohn aufwenden, was
viele sich nicht leisten konnten. Das Mehrheitswahlrecht und
die Einteilung der Stimmbezirke bevorzugte die herrschenden
Liberalen noch zusätzlich. 1893, als die Sozialdemokraten in
München bei Reichstagswahlen bereits auf 22 Prozent der Stimmen kamen, stellten sie mit Georg Birk erstmals einen der 50 Gemeindebevollmächtigten; bis 1914 sollte sich diese Zahl auf zehn
erhöhen. 1899 wurde mit Eduard Schmid, der nach dem Krieg
dann Bürgermeister war, der erste Sozialdemokrat Magistratsrat.

Bildung und Wissenschaft

Einer, dem es gelang, sich aus einfachsten Verhältnissen empor-
zuarbeiten, war Georg Kerschensteiner (1854–1932). Seine Eltern waren verarmte Kaufleute, mit acht Jahren wurde er wegen
»Bandendiebstahls« in Gewahrsam genommen. Nach einer ganzen Reihe von Zwischenstationen begann er 1877 an der neun
Jahre zuvor als Polytechnische Schule gegründeten Technischen
Hochschule zu studieren und wechselte 1880 an die Ludwig-
Maximilians-Universität, wo er drei Jahre später promovierte.
Kerschensteiner wurde 1895 zum Stadtschulrat berufen und hatte dieses Amt ein Vierteljahrhundert inne. Er begann sogleich
mit einer gründlichen Reform des gesamten städtischen Schulwesens, richtete »Arbeitsschulen« ein, die Vorläufer der heutigen Berufsschulen, und gründete 1906 den Bayerischen Volks-
bildungsverband. Noch im gleichen Jahr begann die Münchner

Volkshochschule ihre Tätigkeit. Kerschensteiner war auch politisch engagiert und vertrat von 1912 bis 1918 die Fortschrittliche Volkspartei im Reichstag. Außerdem gehörte er dem Vorstand des Deutschen Museums an und hatte eine Honorarprofessur für Pädagogik an der Universität.

Die Universität München war in der zweiten Hälfte des 19. Jahrhunderts geprägt vom Wirken einer Reihe hochrangiger Gelehrter und der zunehmenden Bedeutung der naturwissenschaftlichen Fächer, die erstmals zu einer eigenen Sektion zusammengefasst wurden. 1847 war Max von Pettenkofer (1818–1901) nach München gekommen, er wurde 1865 Rektor der Universität und übernahm zugleich die erste deutsche Professur für Hygiene, die er als eigenes Fach innerhalb der Medizin etablierte. Die von Pettenkofer entwickelte Gesundheitstechnik spielte bei der Verbesserung der hygienischen Verhältnisse in der Stadt eine wichtige Rolle. Der Berliner Adolf von Baeyer (1835–1917) kam 1875 als Nachfolger Justus von Liebigs nach München, wo nach seinen Maßgaben ein neues chemisches Labor erbaut wurde. 1905 erhielt er für seine Verdienste um die anorganische Chemie und die chemische Industrie den Nobelpreis. 1915 übernahm Richard Willstätter (1872–1942) Baeyers Lehrstuhl und erhielt noch im selben Jahr ebenfalls den Nobelpreis für Chemie. Auch Wilhelm Conrad Röntgen (1845–1923), der Entdecker der später nach ihm benannten Strahlen, den Prinzregent Luitpold 1888 nach Würzburg berufen hatte, kam 1900 an die Universität München und erhielt ein Jahr später den erstmals vergebenen Nobelpreis für Physik.

Im Jahr 1900 wurden mit den beiden schottischen Naturwissenschaftlerinnen Maria Ogilvie-Gordon und Agnes Kelly erstmals zwei Frauen an der Münchner Universität promoviert. Bayern und Baden waren die ersten deutschen Länder, die Frauen die volle Immatrikulation ermöglichten. Der liberale Süden war hier Vorreiter. 1905 gab es 53 studierende Frauen in München und 1918 waren es bereits 1191 von insgesamt 8625 eingeschriebenen Studenten.

Frauenbewegung

Das Stimmrecht bei Wahlen erreichten die Frauen erst nach der Revolution von 1918, aber es gab eine aktive Frauenbewegung. Sie war bürgerlich geprägt. Die verschiedenen Organisationen schlossen sich 1894 zum »Bund deutscher Frauenvereine« zusammen, der im Jahr darauf in München seine erste Generalversammlung abhielt. Die SPD war die einzige Partei, die für das Frauenstimmrecht eintrat, sie war aber gleichzeitig in Sexual- und Familienfragen absolut konservativ. In der Parteipresse war sogar Werbung für Verhütungsmittel verboten.

1887 war das »Atelier Elvira für künstlerisches Lichtbild« eröffnet worden, das erste von Frauen geleitete Fotoatelier, das sowohl kunstgeschichtlich von Bedeutung war als auch als Kristallisationspunkt der Frauenbewegung. Geleitet wurde es von zwei Juristinnen, der Holländerin Sophia Goudstikker, die ab 1908 die erste in München zugelassene weibliche Srafverteidigerin war, und Anita Augspurg, die auch international in der Frauenbewegung eine wichtige Rolle spielte. Goudstikker lebte seit 1898 mit Ika Freudenberg zusammen, der Vorsitzenden des »Vereins für Fraueninteressen«, dessen Rechtsschutzstelle Goudstikker leitete, Anita Augspurg ging gleichzeitig eine Lebensgemeinschaft mit Lida Gustava Heymann ein. Beide waren 1899 unter den Gründerinnen des radikalliberalen »Verbands fortschrittlicher Frauenvereine« und drei Jahre später des »Deutschen Vereins für Frauenstimmrecht«.

Literarisches Leben

München war neben Berlin und Wien der dritte Hauptort der kulturellen Moderne. Seit der Mitte des 19. Jahrhunderts hatte die Stadt viele Schriftsteller aus dem In- und Ausland angezogen. Hunderte von Zeitungen und Zeitschriften erschienen hier, u. a. ›Pan‹, ›Jugend‹, ›Simplicissimus‹, ›Insel‹, ›Süddeutsche Monatshefte‹, ›März‹, ›Der Kunstwart‹, ›Hochland‹ und die ›Blätter für die Kunst‹ des Kreises um Stefan George. Die Stadt war ein Zentrum der Buchkunst, aber auch der Bibliophilie, die

Zahl der Verlage, Druckereien und lithografischen Anstalten wuchs ständig, und mit dem Blauen Reiter war hier auch der bedeutendste Kristallisationspunkt für neue Bestrebungen in der bildenden Kunst.

Der ›Simplicissimus‹ erschien im Verlag des rheinischen Fabrikantensohnes Albert Langen (1869–1909), der seit 1895 in München residierte. Er war neben Georg Müller (1877–1917) und Reinhard Piper (1879–1953) einer der wichtigen Verleger der Münchner Moderne. Der ›Simplicissimus‹, nach dem Vorbild des französischen Witz- und Karikaturenblattes ›Gil Blas Illustré‹ gestaltet, vereinte in großem Format künstlerische Beilagen, Dichtung und Prosa. Er entwickelte sich rasch zur anerkanntesten politisch-satirischen Wochenschrift in Deutschland. Sein Name wurde zum Synonym für Kritik am Wilhelminismus, wobei die Monarchie als Staatsform nicht infrage gestellt wurde. Die Zeitschrift vereinte kreative Kräfte höchst unterschiedlicher Art, von Hans Grimm bis Heinrich Mann; der wichtigste Autor und Redakteur wurde Ludwig Thoma. Vor allem aber hatte sie die besten Zeichner, die es damals gab, unter anderem Thomas Theodor Heine, Eduard Thöny, Rudolf Wilke und Olaf Gulbransson. Der wirtschaftliche Erfolg übertraf sogar den der ebenfalls in München gegründeten ›Jugend‹. 1907 gründete Langen eine weitere Zeitschrift, den ›März‹, den Ludwig Thoma und Hermann Hesse herausgaben. Die politische Richtung des Blattes war stark von den Mitarbeitern Conrad Haussmann und Theodor Heuss geprägt, zwei württembergischen Liberalen.

Der bedeutendste Verleger jener Zeit war Georg Hirth (1841–1916), der 1872 aus Thüringen nach München gekommen war. Von seinem Schwiegervater übernahm er die ›Münchner Neuesten Nachrichten‹, in denen er einen »Panzerturm zum Schutze der Rechtsgleichheit, der Gewissensfreiheit, des zeitgemäßen Fortschritts und der nationalen Ideale« sah. Unter seiner Leitung wurden sie zur meistgelesenen Zeitung Süddeutschlands. 1884 begann der Verleger im neu erbauten »Hirthhaus« in der Luisenstraße einen Salon zu führen. Der Kronprinz verkehrte hier, der Nachbar Paul Heyse, die Künstler Arnold Böcklin,

Adolph Menzel, Max Klinger und Franz von Lenbach, Musiker, Schauspieler und viele andere. Hier schuf Hirth viele der Verbindungen, die dann der Zeitschrift ›Jugend‹ zugutekamen, die gleichzeitig modern und volkstümlich war. Sie besetzte den Raum zwischen der rettungslos spießigen ›Gartenlaube‹, den elitären Journalen ›Insel‹ und ›Pan‹ und dem politischen ›Simplicissimus‹ und hatte damit großen Erfolg. Es wirkten fast 300 verschiedene Künstler mit, darunter Max Liebermann, Max Slevogt, Th. Th. Heine, Félix Vallotton, William Nicholson und Carl Larsson. Diese Namen zeigen, dass Hirth nicht einer bestimmten Richtung verpflichtet sein wollte. Trotzdem gab seine Zeitschrift einer bald weitverbreiteten Stilrichtung den Namen: Der Jugendstil wurde prägend für die Zeit bis zum Kriegsausbruch, er verband Architektur, angewandte Kunst, Malerei, Grafik, Buchgestaltung, Mode, Schmuck, Bildhauerei, Literatur, Musik und Theater.

Fern der neuen Reichshauptstadt hatte sich der süddeutsche Liberalismus seine Entfaltungsräume erhalten. Zugleich hatte die Literarisierung der Gesellschaft erhebliche Fortschritte gemacht. Die Buchproduktion versiebenfachte sich im Laufe des 19. Jahrhunderts. Zu Beginn des 20. Jahrhunderts hatte Deutschland mit über 30 000 Neuerscheinungen die größte Buchproduktion der Welt. Der Anteil der Lesekundigen an der Gesamtbevölkerung war als Folge der sogenannten Leserevolution innerhalb eines Jahrhunderts von 25 auf 90 Prozent gestiegen.

Mittelpunkt des literarischen Lebens war Paul Heyse (1830–1914), dessen Wirken eine sehr weite Ausstrahlung hatte. Der Berliner war 1854 nach München gekommen und gehörte zu den prominentesten »Nordlichtern«. Er war der letzte Dichterfürst und residierte neben den Propyläen in einer Villa, die dem Anwesen des Malerfürsten Franz von Lenbach direkt gegenüberlag. Heyse setzte sich für zahlreiche Schriftstellerkollegen ein, kämpfte gegen Klerikalismus und Zensur und war ein Liberaler alten Schlages, der Bismarck als Reichseiner verehrte, aber dessen Sozialistenverfolgungen ablehnte. Heyse war dem Leben zugewandt und würdigte in seinen Gedichten die für die Armen eingerichteten Wärmestuben ebenso wie das Münchner Bockbier. 1910, zu seinem 80. Geburtstag, ernannte die Stadt ihn zum Ehrenbürger, zugleich erhielt er als erster Deutscher den Nobelpreis für Literatur. Zu Lebzeiten war Paul Heyse ungeheuer populär gewesen, nach seinem Tod 1914 geriet er rasch in Vergessenheit.

Erster Vorkämpfer der literarischen Moderne war der Unterfranke Michael Georg Conrad (1846–1927), der 1890 gemeinsam mit Otto Julius Bierbaum, Hanns von Gumppenberg und anderen die »Gesellschaft für modernes Leben« gründete. Conrad plädierte für Brückenschläge zwischen Altem und Neuem und sah die Moderne als selbstlose moralische Instanz im Gegensatz zur am Eigennutz orientierten Kulturindustrie. Die in Bayern mächtige katholische Presse warf dem Protestanten Conrad gleichwohl Atheismus und Materialismus vor sowie geistige Impotenz und »Sozialdemokratentum im Frack«, wogegen Conrad, der die Deutsche Volkspartei im Reichstag vertrat, sich entschieden verwahrte.

Die Münchner Moderne stand nicht nur in Konkurrenz zu Wien und Berlin, sie musste sich auch mit einem bayerisch-katholischen Konservatismus auseinandersetzen, der in der feudalen Tradition von Zensur und Repression stand und dem alles Neue suspekt war. Das Künstlerviertel Schwabing, ein Ort immerwährender Atelierfeste und erotischer Freizügigkeit wie auch Heimstatt für Anarchistenzirkel, esoterische Geheimlehren, Spiritisten und »Schlawiner« der unterschiedlichsten Observanz, erschien diesen Kräften als ein einziges Sündenbabel.

Eine vermittelnde Position zwischen den einander befehdenden literarischen Gruppen nahm Ludwig Ganghofer (1855–1920) ein, der München vielfältig verbunden war und sich 1894 hier niedergelassen hatte. Er war Autor zahlreicher Heimatromane, die eine Gesamtauflage von 30 Millionen Exemplaren erreichten. Mit Ganghofer befreundet war Ludwig Thoma (1867–1921), der seit 1897 in München lebte und als Redakteur beim ›Simplicissimus‹ arbeitete. Ein Jahr zuvor war Frank Wedekind (1864–1918) nach München gekommen, der auch Thomas Vorgänger in der Redaktion der satirischen Zeitschrift war. Wedekind gilt als Ahnherr des expressionistischen Dramas. 1898 arbeitete er als Dramaturg am Schauspielhaus und veranstaltete im Oktober die Uraufführung seines Stückes ›Erdgeist‹, die ebenso viel emphatischen Beifall wie heftige Ablehnung hervorrief. Wedekind ließ den Naturalismus weit hinter sich. In seinem Stück ›Frühlings Erwachen‹ kritisierte er die lügnerische Prüderie der bürgerlichen Erziehung.

Ein krasser Gegner des Naturalismus war Stefan George (1868–1933). Seine Ideale waren priesterliche Reinheit und festliche Schönheit, er strebte nach dem Weihevollen und Exklusiven und er inszenierte um seine Person einen exzessiven Kult mit stark homoerotischen Zügen. Zum George-Kreis gehörten Friedrich Gundolf, der »Prophet« Ludwig Derleth, der Antisemit und Mysterienforscher Alfred Schuler, der Privatgelehrte und Grafologe Ludwig Klages, der Schriftsteller Karl Wolfskehl, der wegen seiner jüdischen Abstammung später emigrieren musste, sowie der Buchkünstler Melchior Lechter. Man traf sich meist in der Wohnung von Hanna und Karl Wolfskehl in der Römerstraße, wo auch George lebte. Dort fanden die Maskenfeste des George-Kreises ebenso statt wie die Versammlungen der »Kosmiker«. Man übte sich in kultischen Festen, orphischen und korybantischen Tänzen, antikischen Ritualen und orgiastischen Gastmählern mit vergoldeten Speisen. Propagiert wurde ein Neuheidentum, die Erneuerung der schöpferischen Kräfte der Antike. Lechter, der die Publikationen des Kreises maßgeblich gestaltete, verwendete dabei bevorzugt das alt-arische Symbol des Hakenkreuzes.

Das literarische Leben vollzog sich in einem dichten Geflecht aus zahllosen, mehr oder weniger wichtigen Vereinigungen, Kabarettbühnen, privaten Salons, Festlichkeiten, Stammtischen und Zeitschriftenredaktionen. Man konnte sich ebenso gut im Haus von Max Halbe in der Wilhelmstraße 7 oder in der »Insel«-Wohnung treffen wie im Café Stefanie, genannt Café Größenwahn, in der Amalienstraße 14, bei den Elf Scharfrichtern oder im Kabarett von Papa Benz im Café Luitpold, wo auch Wedekind seinen Kreis zu versammeln pflegte. Conrad hatte seinen

Stammtisch im Hofbräuhaus, kam aber ebenso in die Osteria Bavaria in der Schellingstraße, wo später auch Adolf Hitler verkehrte. Die Münchner literarische Gesellschaft traf sich im Hotel Vier Jahreszeiten und der Dramatische Klub des Arbeiterbildungsvereins im Wirtshaus »Zur Lacke« in der Holzstraße 9. Mitarbeiter des ›Simplicissimus‹ konnte man in der Odeon-Bar finden, Schriftsteller wie Rilke, Schnitzler, Hauptmann und Thomas Mann im Hotel Continental in der Max-Josef-Straße. Andere beliebte Treffpunkte waren das Englische Café am Maximiliansplatz, das Café Heck am Odeonsplatz, das Café Noris in der Leopoldstraße 41 und die Torggel-Stuben am Platzl.

Die berühmteste Künstlerkneipe aber war der nach der satirischen Zeitschrift ›Simplicissimus‹ benannte legendäre »Simpl«, den Kathi Kobus 1903 in der Türkenstraße 57 eröffnete, wo er noch heute besteht. Der »Simpl« diente auch als Kabarettbühne, ohne dass es ein festes Ensemble gab. Der prominenteste Künstler, der hier auftrat, war lange Jahre Joachim Ringelnatz (1883–1934), der zum »Hausdichter« wurde. Er hielt dem »Simpl« die Treue, bis er 1933 von den Nazis Auftrittsverbot erhielt.

Vorderraum der Gaststätte ›Simplicissimus‹, später ›Alter Simpl‹, in der Türkenstraße. Kathi Kobus Zweite von rechts. Foto um 1910.

Theater

Nachdem es zunächst nur Bühnen gab, die unter der Aufsicht des Hofes standen und modernen Autoren keine Aufführungsmöglichkeiten boten, wurde 1896 das Deutsche Theater eröffnet, im Jahr darauf das Schauspielhaus in der Neuturmstraße, 1901 das Prinzregententheater, 1903 das Volkstheater in der Josefspitalstraße, 1907 das Kleine Theater in der Türkenstraße, 1908 das Künstlertheater im Ausstellungspark und 1911 das Lustspielhaus in der Augustenstraße, das im Jahr darauf den Namen »Kammerspiele« annahm und dessen Oberspielleiter 1914 Otto Falckenberg wurde. Doch auch hier galt, dass Theaterstücke einer Vorzensur unterlagen. Der Zensurbeirat, dem zeitweise auch Thomas Mann angehörte, begutachtete zwischen 1908 und 1918 insgesamt 108 Stücke, von denen er 79 verbot. Kein Autor wurde dabei stärker drangsaliert als Frank Wedekind, der die Aufführung vieler seiner Stücke nie erlebte.

Auch auf Reichsebene gab es Versuche, gegen die gerne mit öffentlicher Unsittlichkeit in Zusammenhang gebrachte Kunst und Literatur vorzugehen. Seit 1892 lag ein Gesetzentwurf im Reichstag, aus dem nach acht Jahre währenden Debatten schließlich die Lex Heinze wurde. Der Namensgeber Heinze war ein wegen Dirnenmords verurteilter Zuhälter. Zentrum des Widerstands gegen die Lex Heinze, dem es tatsächlich auch gelang, den Entwurf entscheidend zu entschärfen, war München. Am 8. März 1900 versammelten sich 3000 Menschen, um gegen das geplante Gesetz zu demonstrieren; Hauptredner war der liberale Verleger Georg Hirth. Hirth übernahm auch gemeinsam mit dem Schriftsteller Max Halbe und dem Maler Friedrich August von Kaulbach den Vorsitz des »Goethebunds zum Schutze freier Kunst und Wissenschaft«, Ehrenpräsident wurde Paul Heyse. Auch die Gegenseite blieb nicht untätig. Im Mai 1906 wurde der »Münchner Männerverein zur Bekämpfung der öffentlichen Unsittlichkeit« gegründet, dem sich aber nur einige hundert Mitglieder, unter ihnen allerdings zahlreiche prominente Zentrumspolitiker, anschlossen.

Dem Versuch Michael Georg Conrads, nach Berliner Vorbild

Thalkirchen mit dem Isartal und München vom Obersendlinger Schmiedberg aus. Aquarell von Arnold Meermann 1863.

München mit der Isar von Osten. Kolorierte Lithografie von Wage 1852.

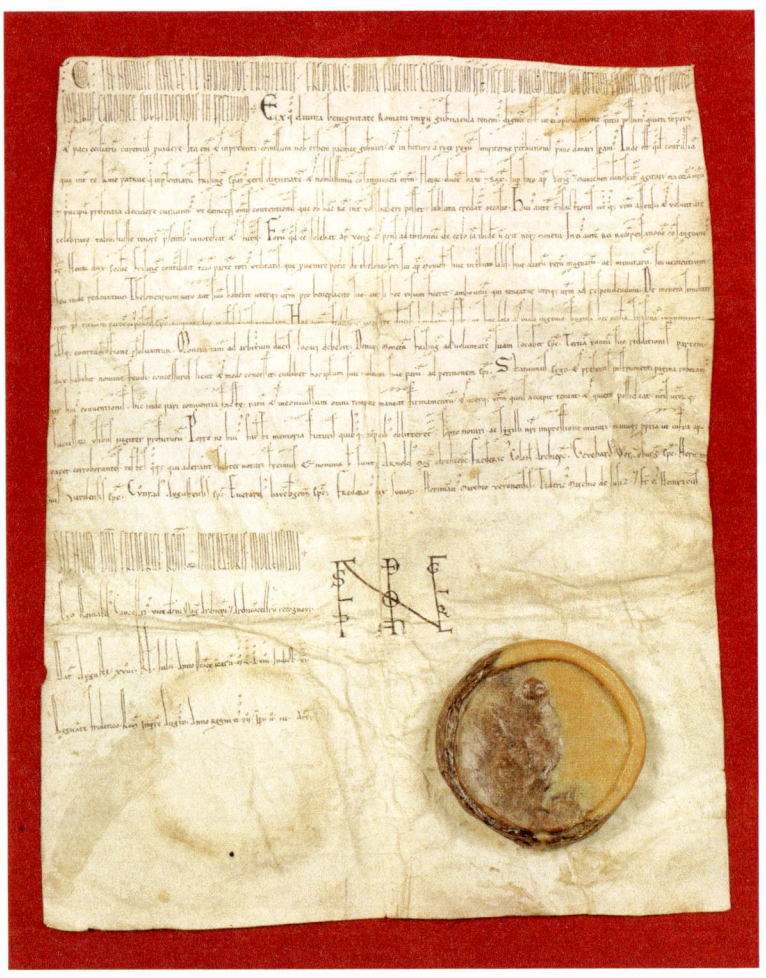

Kaiserurkunde mit der ersten Nennung des Marktes München. 14. Juni 1158.

Widmungsblatt im Evangeliar Heinrichs des Löwen, mit der Darstellung des Herzogs und seiner Frau Mathilde (links bzw. rechts unten) um 1188.

Herzog Albrecht V. mit seiner Frau Anna beim Schachspiel.
Gemälde von Hans Mielich im Kleinodienbuch 1552.

Der heutige Marienplatz von Westen mit Altem Rathaus. Gemälde um 1740.

Der heutige Marienplatz von Osten mit Mariensäule. Gemälde um 1740.

Schloss Nymphenburg von Westen. Gemälde von B. Belotto, gen. Canaletto 1761.

Das »Vogelhaus« im Nymphenburger Park mit der Hofgesellschaft von Kurfürst Karl Albrecht und seiner Gattin Maria Amalia bei der Falkenbeize. Gemälde von Jakob Horemans im Jagdzimmer der Amalienburg um 1750.

Einzug Kaiser Napoleons in München von Westen (Karlsplatz) am 24. Oktober 1805. Gemälde von Nicolas-Antoine Taunay 1806/08.

Ziviltrauung des Stiefsohns von Napoleon mit Prinzessin Auguste Amalie in der Grünen Galerie der Residenz am 13. Januar 1806. Gemälde von François-Guillaume Menageot 1806.

München als Hauptstadt des Isarkreises (Oberbayern) von Osten mit Trachten, um 1820.

Am Stadtgraben bei der Maxburg (am heutigen Lenbachplatz). Kolorierte Lithografie von E. Kirchner 1840.

Die Allerheiligen Hofkirche bei der Trauung des späteren Max II. mit Marie von Preußen am 12. Oktober 1842. Kolorierte Lithografie von Gustav Kraus 1842.

Oktoberfest von Nordosten mit Bavaria und Schützenhaus.
Gemälde von O. v. Ruppert 1885.

Oktoberfest. Postkarte um 1900.

Münchner illustrierte Wochenschrift für Kunst und Leben. — G. Hirth's Verlag in München & Leipzig.
ALLE RECHTE VORBEHALTEN.

Titelbild der Zeitschrift ›Jugend‹ vom 3. April 1897 von Hans Christiansen.

Die Staffelbauordnung von 1904.

Wassily Kandinsky: Umschlag des Almanachs Der Blaue Reiter, 1912.

Das Braune Haus, Postkarte 1933.

Königlicher Platz, Postkarte 1937.

Olympiagelände, das Olympiastadion.

Allianz-Arena.

Die Synagoge am St.-Jakobs-Platz.

Die BMW-Welten beim Olympiagelände.

eine »Freie Bühne« zu etablieren, war kein Erfolg beschieden. Als Ersatz diente der 1891 gegründete »Akademisch-dramatische Verein an der Ludwig-Maximilians-Universität zu München«, zu dessen Mitgliedern Ernst von Wolzogen und Josef Ruederer sowie die Studenten Otto Falckenberg und Arthur Kutscher zählten. Der »Theaterprofessor« Kutscher (1878–1960) wurde Literaturwissenschaftler und Mittelpunkt eines literarischen Kreises, aus dem bedeutende Theaterleute und Schriftsteller wie Erwin Piscator und Bert Brecht hervorgingen.

Außerhalb der Welt der Theater etablierten sich die »Elf Scharfrichter«. Dieses künstlerische Kabarett folgte den Vorbildern der Szene auf dem Pariser Montmartre. Sein künstlerischer Leiter war Marc Henry. Er gab auch die ›Revue franco-allemande‹ heraus und warb, ebenso wie der ›Simplicissimus‹-Verleger Albert Langen, für den Ausgleich mit dem großen Nachbarland Frankreich. Um der Zensur zu entgehen, gründete man einen Verein und erhob auch von den Gästen keinen Eintritt. Stattdessen musste eine Garderobengebühr entrichtet werden. Die elf Gründungsmitglieder bekamen Scharfrichternamen wie »Kaspar Beil« oder »Frigidus Strang«. Otto Falckenberg war »Peter Luft«. Die 1901 entstandene Gruppe gestaltete in nur drei Jahren eine große Zahl beachtlicher und beachteter Abende. Die »Elf Scharfrichter« trugen anspruchsvolles Kabarett mit gesellschaftskritischen Chansons, moderner und auch klassischer Lyrik vor, wobei die meisten Texte von Hanns von Gumppenberg, Otto Julius Bierbaum, Richard Dehmel und Leo Greiner kamen. Star und »Wahrzeichen« der Bühne war die Sängerin Marya Delvard, eine Musikstudentin aus Elsass-Lothringen, die mit Henry liiert war. Ein besonderes Erlebnis war es auch, wenn Wedekind selbst zur Laute seine Chansons vortrug, die oft die bürgerliche Sexualmoral verspotteten. Diese Auftritte trugen entscheidend zum Ruhm des Kabaretts bei, sie hatten den Ruf, einzigartige Ereignisse zu sein, von, in den Worten Heinrich Manns, »nahezu schauriger Niegesehenheit«.

Eine absolut singuläre Erscheinung war Valentin Ludwig Fey (1892–1948), der unter dem Namen Karl Valentin berühmt geworden ist. Er wuchs in der Au auf und besuchte, nachdem er zunächst eine Schreinerlehre absolviert hatte, eine Komikerschule. Dann ging er mit einem selbst gebauten »Orchestrion« auf Tournee, was ihn wirtschaftlich ruinierte. 1908 war er wieder in München und feierte erste Erfolge auf der Bühne; wenig später lernte er seine langjährige Partnerin Liesl Karlstadt (bürgerlich Elisabeth Wellano, 1892–1960) kennen. Die Komik des großen dürren Mannes lebte von der grotesken Körpersprache. Valentin sah sich in der Tradition der Münchner Volkssänger, beeindruckte aber auch Zeitgenossen wie den Starkritiker Alfred Kerr oder Bert Brecht, mit dem er bei Theater- und Filmproduktionen zusammenarbeitete. Nach 1933 waren seine Arbeitsmöglichkeiten eingeschränkt, 1948 starb er verarmt und fast vergessen, heute ist er berühmter als je zuvor.

Bildende Kunst

München wurde in Deutschland das wichtigste Zentrum des Jugendstils. Als »Lebens-Kunst« war er nicht exklusiv, sondern versuchte, Grenzen zu überschreiten und die verschiedenen modernen Bestrebungen zu vereinigen. Der Malerfürst Franz von Stuck und der Schriftsteller Rudolf Alexander Schröder entwarfen Möbel, der Architekt Henry van den Velde engagierte sich für das Kunsthandwerk, viele Künstler schufen Buchschmuck oder entwarfen Plakate. Der vielleicht Genialste unter den Münchner Jugendstil-Künstlern war Hermann Obrist (1863–1927), Sohn einer schottischen Aristokratin und eines Schweizer Arztes. 1892 eröffnete er in Florenz eine Kunststickerei, die er drei Jahre später nach München verlegte. Er schuf auch Keramik, Möbel und Plastiken. Sein Haus in Form einer Burg (Karl-Theodor-Straße) ließ er von August Exter bauen und von Richard Riemerschmid einrichten. Die schönsten Jugendstilfassaden, die heute in München zu sehen sind, stammen von Martin Dülfer (1859–1942) sowie dem Architektenpaar Henry Helbig und Ernst Haiger. Bemerkenswert war die Fassade des Atelier Elvira in der Von-der-Tann-Straße von August Endell

Die Villa von Hermann Obrist in der Karl-Theodor-Straße, erbaut 1893 von August Exter und Alfred Pinagl. Foto um 1900.

(1871–1925), die Adolf Hitler später abschlagen ließ, weil sie ihm nicht gefiel.

1898 begründete eine Gruppe von Künstlern, unter ihnen Hermann Obrist, Peter Behrens und Richard Riemerschmid, die »Vereinigten Werkstätten für Kunst und Handwerk«. 1907 wurde unter dem Vorsitz von Theodor Fischer der Deutsche Werkbund gegründet. Er vereinigte Künstler, Architekten, Industrielle und Handwerker, die den Qualitätsgedanken in der gewerblichen Arbeit fördern wollten. Bis zu seiner Zerschlagung durch die Nazis 1933 übte der Werkbund erheblichen Einfluss aus auf die Formentwicklung von Einrichtungsgegenständen, Möbeln, Häusern und Wohnsiedlungen.

Die öffentliche Bautätigkeit war dagegen noch völlig von historisierenden Stilen beherrscht. Bedeutendster Vertreter dieser Richtung war der Architekt Gabriel Seidl (1848–1913), der unter anderem das Künstlerhaus, den Franziskaner-Keller, das Bayerische Nationalmuseum und das Deutsche Museum errichtete.

In der bildenden Kunst war die dominierende Figur der

Hof-Atelier Elvira in der Von-der-Tann-Straße 15, die Fassade von August Endell.

Traditionalist Franz von Lenbach (1836–1904), seit 1896 auch Präsident der »Münchner Künstlergenossenschaft« (MKG). Der Sohn einfacher Leute aus Schrobenhausen hatte Magdalena Gräfin Moltke geheiratet, was ihm Zugang zu höchsten Kreisen verschaffte. Seine Bismarck-Porträts sind Legion. 1887 ließ er sich von Gabriel Seidl eine Neorenaissance-Villa mit Blick auf die Propyläen bauen. Die Pracht dieser Künstlervilla hatte in Deutschland kaum ihresgleichen. In zweiter Ehe heiratete er seine Schülerin Charlotte, gen. Lolo, von Hornstein, die die Villa der Stadt stiftete. Diese baute das Anwesen aus und schuf hier die Grundlagen für die Städtische Galerie, die 1929 eröffnet wurde. Auch die 1897/98 erbaute neoklassizistische Villa Stuck ist heute ein städtisches Museum. Wie Lenbach stammte auch Franz von Stuck (1863–1928) aus einfachen Verhältnissen. Er war der Sohn eines niederbayerischen Müllers. Ab 1895 hatte er eine Professur an der Akademie der Künste. Zu seinen Schülern zählen Paul Klee und Wassily Kandinsky. Der Dritte der Münchner Malerfürsten war Friedrich August von Kaulbach (1850–1920), der 1886 Direktor der Kunstakademie wurde. Die Kaulbach-Villa in der gleichnamigen Straße ist heute Sitz des Historischen Kollegs.

Die MKG führte ab 1889 jährlich eine große Kunstausstellung im Glaspalast auf dem Gelände des Alten Botanischen Gartens durch. Nach drei Jahren kam es zur Sezession. 78 der etwa 1000 Mitglieder verabschiedeten sich aus der von Lenbach immer autokratischer geführten MKG, unter ihnen Peter Behrens, Lovis Corinth, Th.Th. Heine, Max Liebermann, Franz Stuck, Hans Thoma und Wilhelm Trübner. Sie gründeten mit etlichen weiteren den »Verein bildender Künstler München e. V. Secession«, was von den liberalen ›Münchner Neuesten Nachrichten‹ sehr freundlich kommentiert wurde.

Der Blaue Reiter

Das letzte Jahrzehnt vor dem Ersten Weltkrieg sollte entscheidend werden für die Entwicklung der modernen Kunst in Europa. Im Pariser Herbstsalon traten die Fauves um Henri Matisse erstmals an die Öffentlichkeit, im gleichen Jahr gründeten Ernst Ludwig Kirchner, Erich Heckel und Karl Schmidt-Rottluff in Dresden die Künstlergemeinschaft »Brücke«. Georges Braque und Pablo Picasso setzten sich mit dem Kubismus auseinander. Giorgio de Chirico, der Begründer der »Pittura Metafisica«, studierte 1906/07 in München. Die Stadt spielte in diesem Jahrzehnt eine wesentliche Rolle. Für einen historischen Moment war München der wichtigste Ort der Avantgarde in Deutschland. Der einzige Münchner, der dabei eine Rolle spielte, war allerdings Franz Marc (1880–1916); Wassily Kandinsky, Alexej von Jawlensky und Marianne von Werefkin waren 1896 aus Russland nach München gekommen, Paul Klee 1898 aus der Schweiz und Alfred Kubin aus dem böhmi-

Wassily Kandinsky in seiner Wohnung in der Ainmillerstraße 36. Foto 1911.

schen Leitmeritz, die gebürtige Berlinerin Gabriele Münter 1901 aus Bonn.

Wassily Kandinsky (1866–1944) eröffnete 1901 gemeinsam mit drei anderen Künstlern die Kunstschule »Phalanx«. Kandinsky war auch Präsident der die Schule tragenden Künstlervereinigung. In nur drei Jahren führte er fast ein Dutzend Ausstellungen durch, die nicht nur Wegmarken für die moderne, offiziell nicht anerkannte Kunst setzten, sondern gleichzeitig mit schon bekannten Künstlern in internationalen Kontext treten sollten; eine Ausstellung war den »Elf Scharfrichtern« gewidmet. Die Malschule »Phalanx« unterschied sich in vielfacher Weise vom herrschenden Akademiebetrieb. Sie nahm auch Frauen auf, die sogar am Aktzeichnen teilnehmen durften. Außerdem legte Kandinsky großen Wert auf die Arbeit in der Natur, was damals noch ganz unüblich war. Gerne zog er mit seinen Schülern auf Fahrrädern durch die bayerische Landschaft; dabei fiel ihm Gabriele Münter (1877–1962) auf, die dann für entscheidende zwölf Jahre seine Lebensgefährtin wurde.

Im Januar 1909 setzten sich einige jüngere Maler von der allzu konservativen Münchner Sezession ab, die über Impressionismus und Jugendstil keinesfalls hinausgehen wollte, und gründeten im Salon von Marianne von Werefkin die »Neue Künstlervereinigung München« (NKVM). Vorsitzender wurde Kandinsky. Die NKVM veranstaltete insgesamt drei Ausstellungen, von denen die zweite im September 1910 die wichtigste war. Diese erste wirklich radikal moderne Ausstellung rief heftiges Unverständnis hervor. Die ›Münchner Neuesten Nachrichten‹ schrieben: »Diese absurde Ausstellung zu erklären, gibt es nur zwei Möglichkeiten: Entweder man nimmt an, dass die Mehrzahl der Mitglieder und Gäste der Vereinigung unheilbar irrsinnig ist oder aber, dass man es mit schamlosen Bluffern zu tun hat.« Franz Marc dagegen meldete sich mit einem enthusiastischen Brief, was der Beginn seiner Freundschaft mit Kandinsky war.

Kandinsky, Marc, Münter, Jawlensky und Werefkin verließen die NKVM und gründeten die Gruppe »Der Blaue Reiter«. Unter diesem Namen erschien im Verlag von Reinhard Piper auch ein Almanach, der als eine der bedeutendsten künstlerischen Programmschriften des 20. Jahrhunderts gilt. Er setzte nicht auf eine Elite wie der George-Kreis, auch nicht auf eine einheitliche Stilbildung wie die »Brücke«. Sein Ziel war die künstlerische Synthese, die offene Verständigung der künstlerischen Avantgarde. »Der Blaue Reiter« markiert zugleich die Geburtsstunde der Abstraktion.

Musik

Ganz im Gegensatz zur bildenden Kunst war München für die Musik nicht der Ort, an dem sich entscheidende Entwicklungen vollzogen. Während in Wien Gustav Mahler und mehr noch Arnold Schönberg, Alban Berg und Anton Webern die Bahnen

Der Kaim-Saal nach einem Entwurf von Martin Dülfer. Zeichnung um 1900.

des musikalischen Schaffens des 19. Jahrhunderts in revolutionärer Weise hinter sich ließen, war München um die Jahrhundertwende die Hochburg der sogenannten Neudeutschen, deren Namen heute sämtlich vergessen sind. Max Reger (1873–1916) dagegen, der die neudeutsche Schule eine »Aktiengesellschaft für angewandte Impotenz« nannte, erlebte gerade in den Münchner Jahren, zwischen 1901 und 1907, seinen großen internationalen Durchbruch, wurde in seiner Wahlheimat aber so angegriffen, dass er der Stadt schließlich den Rücken kehrte.

München hatte damals schon ein eigenes philharmonisches Orchester, dessen Gründung 1893 auf den Klavierfabrikanten Franz Kaim zurückging. Zwei Jahre später wurde in seinem Auftrag von dem Jugendstil-Architekten Martin Dülfer in der Türkenstraße 5 der Kaimsaal errichtet, der ab 1905 Tonhalle hieß. 1908 trennte sich das Orchester von seinem Mäzen. 1924 wurde es von der Stadt übernommen und erhielt 1928 den heutigen Namen Münchner Philharmoniker.

Antisemitismus

München war auch ein frühes Zentrum des Antisemitismus. Eine zentrale Rolle spielte in diesem Zusammenhang der Verleger Julius Friedrich Lehmann (1864–1935). In Zürich geboren, kam er 1900 nach München, wohin ihn sein Vetter Bernhard Spatz gerufen hatte, der Schriftleiter der Münchner Medizinischen Wochenschrift (MMW) war. Lehmann übernahm die Zeitschrift. Es gelang ihm, die Abonnentenzahl von 1500 auf mehr als das Zehnfache zu steigern. Schon um die Jahrhundertwende war die MMW die auflagenstärkste deutsche medizinische Wochenzeitung, wobei das ungeschriebene Gesetz galt, dass kein Jude mitarbeiten durfte. Lehmanns Verlag spezialisierte sich auf die Gebiete Medizin, völkische Politik sowie »Rassenhygiene und Vererbungsforschung«. Hier wurde ein erheblicher Teil des später von den Nationalsozialisten adaptierten Gedankengutes entwickelt. So trat Lehmann immer wieder für die Zwangssterilisierung von »Minderwertigen« ein. 1909 erschien in seinem Verlag die Erste von zahllosen rassenpolitischen Schriften: ›Deutsche Rassenpolitik und die Erziehung zu nationalem Ehrgefühl‹ von Hauptmann a. D. Eberhard Meinold. Lehmann stand mit Alfred Ploetz' Deutscher Gesellschaft für Rassenhygiene, deren Vorstand er auch angehörte und die wie die MMW in der Paul-Heyse-Straße residierte, ebenso in Verbindung wie mit Richard Wagners Schwiegersohn Houston Stewart Chamberlain. Der Mediziner Alfred Ploetz (1860–1940) war Herausgeber des »Archivs für Rassen- und Gesellschaftsbiologie«. Ploetz propagierte den Begriff der »Rassenhygiene«, der der traditionellen Eugenik eine sozialdarwinistische Stoßrichtung gab. Zur »Rettung der nordischen Rasse« gründete er verschiedene Geheimbünde, unter anderem den »Nordischen Ring«, der später in »Bogenclub München« umbenannt wurde.

Zum wichtigsten Verbreiter des wissenschaftlich verbrämten Rassismus wurde Hans F. K. Günther (1891–1968), der »Rasse-Günther«, von dem 15 verschiedene Bücher bei Lehmann erschienen, darunter die ›Rassenkunde des deutschen Volkes‹, die Jahr für Jahr in großen Stückzahlen nachgedruckt wurde und später ein Grundbuch des Nationalsozialismus wurde. Lehmann hatte das Werk bei dem damals noch ganz unbekannten jungen Lehrer in Auftrag gegeben. Von dem außerordentlichen Erfolg profitierten beide in erheblichem Maße. Lehmann verlegte außer der MMW noch eine Vielzahl weiterer Zeitschriften, unter anderem ›Im Kampf ums Deutschtum‹, die Flugschriften der Alldeutschen, deren eifriges Mitglied er war, sowie die ›Wartburg‹, das Kampfblatt der antikatholischen Los-von-Rom-Bewegung, schließlich seit 1917 ›Deutschlands Erneuerung‹. Nach dem Ersten Weltkrieg traten noch ›Volk und Rasse‹ und die ›Zeitschrift für Rassenhygiene‹ hinzu. Lehmann war außerdem aktives Mitglied zahlloser vaterländischer Verbände, vom Flotten-Verein über den Deutschen Sprachverein bis zum Kampfbund für die Grenzmarkdeutschen. 1934 wurde er zu seinem 70. Geburtstag von Adolf Hitler mit dem Adlerschild des Deutschen Reiches ausgezeichnet, und die medizinische Fakultät der Universität München ernannte ihn zum Ehrendoktor.

Die jüdische Gemeinde wuchs in gleichem Maße wie die übrige Stadtbevölkerung, sodass ihr Anteil konstant etwa 1,8 Pro-

Die Hauptsynagoge in der Herzog-Max-Straße. Zeichnung von Heinrich Nisle 1888.

zent betrug. 1887 wurde die Hauptsynagoge in der Herzog-Max-Straße eingeweiht, sie war damals die drittgrößte in Deutschland. Sie wurde von der liberalen Gemeinde genutzt, während die kleine Gruppe der Orthodoxen fünf Jahre später die Ohel-Jakob-Synagoge in der Canalstraße (heute Herzog-Rudolf-Straße) eröffnete. 1908 wurde der neue Friedhof in der nördlichen Ungererstraße in Gebrauch genommen, und 1911 öffnete das jüdische Krankenhaus in der Hermann-Schmid-Straße seine Pforten. Es genoss schon bald einen ausgezeichneten Ruf, musste immer wieder vergrößert werden und wurde auch von vielen nicht jüdischen Patienten aufgesucht. Tatsächlich stand bei seiner Gründung auch die Idee Pate, das Haus solle eine Visitenkarte jüdischer Mitmenschlichkeit sein. Doch der Antisemitismus war in der Stadt immer präsent. Verschiedene satirische Wochenblätter wie der ›Grobian‹ machten ihn sogar zu ihrem Hauptthema, aber auch in dem weltoffenen ›Simplicissimus‹, zu dessen wichtigsten Mitarbeitern Th. Th. Heine gehörte, gab es immer wieder antisemitische Karikaturen.

1891 wurde mit dem »Deutsch-Sozialen Verein« die erste antisemitische Organisation gegründet, die sich zwei Jahre später »Antisemitische Volkspartei München« nannte. Die Wahlerfolge dieser wie auch späterer Gruppierungen waren bescheiden, aber es gelang, zu bestimmten Anlässen große Menschenmengen zu mobilisieren. So kamen 5000 Leute zur ersten Großkundgebung der Antisemitischen Volkspartei, um den berüchtigten Agitator Hermann Ahlwardt zu hören. Ähnlich erfolgreich war ein Auftritt des Wiener Bürgermeisters Karl Lueger, der über den Kampf gegen die Emanzipation der Juden in Österreich sprach. Zusätzlich nobilitiert wurden die politischen Anstrengungen der Antisemiten dadurch, dass das katholische Zentrum sich mehrfach zu Wahlbündnissen mit ihnen bereitfand. 1905 stellte das Zentrum in zwölf der 20 Wahlkreise Kandidaten auf, die »Christlich-Soziale Partei« in den übrigen acht, von denen einer gewählt wurde. Aber im Allgemeinen ging von den antisemitischen Parteien eine viel geringere Gefahr aus als von den Vereinen und Verbänden, die, wie die Alldeutschen, der

Deutschnationale Handlungsgehilfenverband, der Bund der Landwirte oder die organisierte Studentenschaft, deren Judenhass stetig aggressiver wurde.

1879 hatte Wilhelm Marr den Begriff »Antisemitismus« geprägt. In den letzten Jahrzehnten des 19. Jahrhunderts wurde die antisemitische Programmatik entwickelt, die zunächst unterhalb der Ebene der politischen Repräsentation eine erhebliche Wirkung entfaltete. Es entstand jenes antisemitische System, das die Nationalsozialisten dann nach dem Ersten Weltkrieg, dem für den deutsch-jüdischen Dissimilationsprozess eine erhebliche Bedeutung zukommt, mit grausiger Konsequenz in die Tat umsetzten. Für die Entstehung dieses Systems kam der späteren »Hauptstadt der Bewegung« eine zentrale Rolle zu.

Krieg und Revolution

Kriegsausbruch

Als bekannt wurde, dass ein bosnischer Student in Sarajewo den österreichischen Thronfolger erschossen hatte, wurden auch die Münchner vom Kriegsfieber, das sich nun überall breitmachte, ergriffen. Vier Wochen später, am 25. Juli 1914, brach Österreich die diplomatischen Beziehungen zu Serbien ab, was den nationalistischen Überschwang noch steigerte. Die Bayern fühlten sich den ebenfalls katholischen Österreichern besonders eng verbunden. Die Münchner Cafés spielten patriotische Lieder. Als der Wirt des Café Fahrig am Stachus nach Mitternacht die Kapelle stoppte, um die überbordende Stimmung zu bremsen, erreichte er gerade das Gegenteil, und das Lokal wurde völlig zertrümmert. Am 27. Juli 1914 veranstaltete die Münchner SPD eine Kund-

Menschenmenge auf dem Odeonsplatz am 2. August 1914, im unteren Drittel in der Mitte Adolf Hitler. Foto Heinrich Hoffmann.

gebung gegen die drohende Kriegsgefahr, doch sie konnte den Lauf der Dinge so wenig aufhalten wie die anderen von den Kräften der Sozialistischen Internationale organisierten Demonstrationen. Die Idee der internationalen Solidarität der Arbeiterklasse hatte keine Chance, als das Vaterland zu den Fahnen rief.

König Ludwig III. verhängte am 31. Juli über Bayern den Ausnahmezustand, und am Tag danach folgte die deutsche Kriegserklärung an Russland, verbunden mit der allgemeinen Mobilmachung. Nochmals einen Tag später, am Sonntag, den 2. August 1914, erreichte die Kriegseuphorie in München ihren Höhepunkt. Viele Tausende versammelten sich zum Aufzug der Residenzwache am Odeonsplatz, sangen die Nationalhymne und ›Die Wacht am Rhein‹. Auf einem der Fotos von dieser Kundgebung hat man später Adolf Hitler identifiziert, der auf der Flucht vor dem Militärdienst in der österreichischen Armee nach München gekommen war. Nun hatte die Kriegsbegeisterung auch ihn erfasst, und er schloss sich dem königlich-bayerischen Heer an. Bayern hatte eigene Truppen und ein eigenes Kriegsministerium. Das war eines der Privilegien, die man dem bayerischen König bei der Reichsgründung 1871 als Preis für seine Zustimmung zugestanden hatte.

Im Dezember 1914 wurden trotz des Krieges die anstehenden Gemeindewahlen in Bayern durchgeführt. SPD und Zentrum erzielten dabei Gewinne auf Kosten der Liberalen. So war es auch in München, wo die Sozialdemokraten erstmals die stärkste Fraktion stellten. Sie erreichten 22 von 60 Sitzen (zuvor 19), die Liberalen kamen auf 18 (24), das Zentrum auf 17 (14), und die Partei der Hausbesitzer stellte unverändert drei Stadträte. Erster Bürgermeister blieb Wilhelm von Borscht, der dieses Amt seit 1893 innehatte, aber die Sozialdemokraten stellten nun erstmals einen Gemeindevorstand.

Wachsende Not
Im Sommer 1915 ging der Krieg in sein zweites Jahr. Der erhoffte schnelle Sieg war nicht eingetreten, und man musste sich auf

einen langen und schweren Kampf einrichten. Im März 1915 wurden Lebensmittelkarten eingeführt. Es begannen die Jahre des ständigen Kampfes um Nahrungsmittel und Brennmaterial. Die Unzufriedenheit mit der Ernährungssituation, den starken Preissteigerungen, dem Mangel, der ungerechten Verteilung des Vorhandenen, den Ernteerschwernissen durch die Einberufungen und den Unzulänglichkeiten der Nahrungsmittelbewirtschaftung durch die Berliner Zentralbehörden war das Hauptproblem für die bayerische Regierung in den Kriegsjahren. Lebensmittel wurden nicht nur rationiert, die Rationen wurden zudem laufend herabgesetzt. Schon 1916 gab es in München pro Kopf nur noch 125 Gramm Butter pro Woche. Auch Zucker, Seife und Kleidung waren nun rationiert. Um Energie zu sparen, wurde die Sommerzeit eingeführt. Das Färben von Ostereiern war verboten, und es gab nur noch Dünnbier. Als Wildbret bot der Markt Fleisch von Eichkätzchen, Kaninchen und Dachsen. Es gab keine Semmeln mehr. Gleichzeitig musste Bayern als Land mit agrarischer Überschussproduktion Getreide an das Reich abführen.

Georg Heim, der populäre Führer der katholischen Bauernbewegung, legte eine Denkschrift vor, in der er nachdrücklich auf die zu befürchtende Benachteiligung der bayerischen Bauern hinwies, denn die Tätigkeit der Reichsernährungsstelle komme einer »Prämierung aller Spekulanten und Lumpen« gleich. In München kam es erstmals im Juni 1916 zu einer großen Demonstration auf dem Marienplatz gegen die Not, in die der Krieg die Menschen gestürzt hatte. Noch wagte die Obrigkeit, bewaffnete Ordnungskräfte einzusetzen, steigerte die Erregung dadurch aber erheblich, wobei auch Schimpfworte wie »Preußenknechte« zu hören waren.

Industrialisierung

Der Erste Weltkrieg brachte der Stadt einen verspäteten Industrialisierungsschub. Im Norden entwickelte sich ein regelrechtes Industrieareal. 1913 hatte der Flugmotoreningenieur Karl

Offene Prüfstände der Rapp-Motoren-Werke auf dem Gelände an der Schleißheimer Straße 288. Foto um 1916.

Rapp in Milbertshofen die Rapp-Motoren-Werke gegründet. 15 Mitarbeiter hatte er in Friedenszeiten, 1916 waren es 370. Im folgenden Jahr wurde das Unternehmen in Bayerische Motoren Werke (BMW) umfirmiert. Unter diesem Namen existiert es noch heute. Der Ingenieur Gustav Otto, dessen Vater den Otto-Motor erfunden hatte, gründete bereits 1910 die Otto-Flugzeugwerke, die zunächst in der Gabelsberger Straße ihren Sitz hatten, bevor sie 1914 Werkshallen in der Neulerchenfeldstraße (heute Lerchenauer Straße) bezogen. 1916 wurde das Unternehmen in die Bayerischen Flugzeugwerke integriert. Im selben Jahr eröffneten die Essener Krupp-Werke eine Geschütz- und Munitionsfabrik in Freimann.

Flugzeuge gewannen im Ersten Weltkrieg erstmals einen militärischen Stellenwert. Seit 1912 gab es eine Fliegerstation in Schleißheim. Hier war der erste bayerische Militärflugplatz, außerdem gab es eine Fliegerschule und eine Werftkompanie, in der der Maler Paul Klee Dienst tat. Klee war Mitglied des Blauen Reiter gewesen. Diese Künstlergruppe war nach Kriegsausbruch zerfallen. Kandinsky, Jawlensky und Werefkin mussten als feindliche Ausländer das Land verlassen. August Macke und Franz Marc eilten zu den Fahnen und fielen 1914 bzw. 1916. Auch der Münchner Maler Albert Weisgerber fiel 1915, sodass der bayerische König unter der Hand verfügte, weitere Künstler sollten nicht an die Front geschickt werden. Davon profitierte Klee, der in Schleißheim im Dienst Flugzeugteile bemalen musste, aber in seiner Freizeit seine künstlerische Arbeit fortsetzen konnte.

Kriegszielbewegung und Pazifismus
Ludwig III. gehörte zu den extremen Annexionisten. Für sie konnte der Krieg nur mit einem »Siegfrieden« beendet werden, der erhebliche Gebietsgewinne, z. B. die Annexion Belgiens, mit sich brachte. Diese Position entsprach nicht der Grundstimmung in der bayerischen Bevölkerung, die nicht auf Eroberung aus war, fand aber Widerhall in Teilen der Münchner Öffentlichkeit. Die ehedem so liberale Stadt war ein Zentrum der ge-

Ludwig III. besichtigt die ersten erbeuteten französischen Geschütze vor der Feldherrnhalle. Postkarte 1914.

gen den als zu moderat empfundenen Reichskanzler Theobald von Bethmann-Hollweg gerichteten Kanzlersturzbewegung, der Alldeutschen, des Rassismus und völkischer und antisemitischer Vereinigungen geworden. Hier wurde 1916 der »Volksausschuss für die rasche Niederwerfung Englands« gegründet, in dem Leute wie der nationalistische Verleger Lehmann oder der spätere Oberbürgermeister Karl Scharnagl aktiv waren. Den Vorsitz übernahm Max von Gruber, ein aus Österreich stammender Arzt, der auch der »Deutschen Gesellschaft für Rassenhygiene« vorstand und Herausgeber der völkischen Zeitschrift ›Deutschlands Erneuerung‹ war. Als im September 1917 die Deutsche Vaterlands-Partei gegründet wurde, wurde Gruber Leiter der bayerischen Sektion. Die Vaterlands-Partei hatte sich gegen die von dem Zentrums-Führer Matthias Erzberger im Deutschen Reichstag durchgesetzte Friedensresolution gebildet, die einen Verständigungsfrieden ohne Annexionen forderte. Die wichtigsten Agitatoren der Vaterlands-Partei waren in Bayern die Schriftstellerfreunde Thoma und Ganghofer, doch der Erfolg hielt sich trotz ihrer hohen Popularität sehr in Grenzen, denn die Partei wurde als preußisch-protestantisches Unternehmen wahrgenommen, und die antipreußische Stimmung hatte sich im Lauf des Krieges enorm verschärft.

Gegen die Kanzlersturzbewegung und die Vaterlands-Partei standen die Staatsregierung einschließlich Kriegsministerium, die Sozialdemokraten, ein Teil der Liberalen, einzelne Zentrumspolitiker und Teile der bürgerlichen Presse, so etwa die ›Münchner Neuesten Nachrichten‹. Die entschiedenste Gegenposition nahmen naturgemäß die Pazifisten ein. Deren wichtigste Organisation war die »Deutsche Friedensgesellschaft«. Vorsitzender war seit 1914 der linksliberale Münchner Landtagsabgeordnete, Historiker und spätere Friedensnobelpreisträger Ludwig Quidde. Er hatte 1907 in München den 16. Weltfriedenskongress organisiert und noch am Vorabend des Kriegsausbruchs Vorschläge für eine Beendigung des Wettrüstens ausgearbeitet. Später wurde er mit Publikationsverbot belegt und ging wie die Schriftstellerin Annette Kolb in die Schweiz. Auch die literarisch-künstlerische Zeitschrift ›Zeit-Echo‹ verlegte ihren Redaktionssitz von München nach Bern, nachdem das zunehmend pazifistische Profil der Beiträge immer mehr zu Konflikten mit der Militärzensur geführt hatte. Ein prominenter Emigrant war auch Hugo Ball, der bis 1914 an den Kammerspielen gearbeitet hatte und bald nach Kriegsbeginn nach Zürich ging, wo er mit Hans Arp, Tristan Tzara und anderen das Cabaret Voltaire gründete, aus dem die Bewegung des Dadaismus hervorging.

Heimatfront

An der Heimatfront wurde die Lage fortwährend schwieriger. Der »Bauerndoktor« Georg Heim legte eine zweite Denkschrift vor, ›Ein Hilferuf der deutschen Landwirtschaft‹. Er wies drastisch auf die zahlreichen Probleme, vor allem auch auf die Gefährdung der Bestellung der Felder im kommenden Frühjahr hin. Heim setzte sich über die Militärzensur hinweg, indem er berichtete, dass inzwischen fast die gesamte Zuckerproduktion für Glyzerin bei der Herstellung von Munition verbraucht werde. Im Dezember 1916 wurde ein bayerisches Kriegswucheramt gegründet, das den zunehmenden Unmut gegen die Zentralisierung der Kriegswirtschaft in Berlin aber nicht zu dämpfen vermochte. Vielmehr verschlechterte sich die Situation im folgenden Jahr weiter. Dem schon lange bestehenden Schlachtverbot für Bauern folgte das Verbot der Selbstversorgung für Metzger. Selbst die Milch wurde Mangelware, die die Bauern in der Not zunehmend als Bierersatz konsumierten. Die Kriegsmüdigkeit wuchs allenthalben.

Überall im Reich fanden Streiks statt, die sehr geringe Besteuerung der Kriegsgewinne wurde immer mehr zu einem sozialen Konfliktstoff. Diese Entwicklungen gingen auch an den Intellektuellen nicht spurlos vorüber. Manch einer war angesichts der Kriegsgräuel zum Pazifisten geworden. Besonders eindrucksvoll hat Ernst Toller diese Wandlung in seinem Buch ›Eine Jugend in Deutschland‹ beschrieben. Auch die in München ansässige Redaktion des ›Simplicissimus‹ blieb von Auseinandersetzungen nicht verschont. Zu Kriegsbeginn hatte insbesondere Ludwig Thoma dafür plädiert, das Satireblatt ganz einzustellen, da die Zeiten dafür zu ernst seien. Die Mehrheit entschied sich anders und schlug unter Leitung von Th. Th. Heine einen betont nationalen Kurs ein. So besuchten die ›Simplicissimus‹-Zeichner im Sommer 1915 die Kriegsgefangenenlager Puchheim und Lechfeld »zwecks Studien zu Typen der gegen uns im Feld stehenden Völker«. Doch im Mai 1917 kam es zu einem offenen Konflikt in der Redaktion, und der sich zunehmend radikal chauvinistisch gebärdende Thoma musste ausscheiden.

Die Friedenssehnsucht war seit 1915 nicht nur stetig gewachsen, sie war auch mehr und mehr mit antipreußischen Emotionen verbunden. Im Dezember 1916 forderte ein Passauer Bürger den König auf, in »Anbetracht der vielen Familienväter und Söhne, die ihr Leben für den preußischen Größenwahn lassen müssen, unser schönes Bayernland vor dem Ruin zu retten«. Diese Stimmung richtete sich im Verlauf des Krieges mehr und mehr auch gegen den König, der vielen als ein verlängerter Arm Preußens erschien. Die Kriegswirtschaft beeinträchtigte vor allem auch den Mittelstand. In München gab es zahlreiche neue Antiquitätengeschäfte, in denen die in der Not verkauften Familienerbstücke feilgeboten wurden. In vielen Eingaben an das Königshaus hieß es, gerissene Geschäftsleute und Trusts hätten mithilfe der Berliner Zentralstellen das gesamte Wirtschaftsleben unter ihre Kontrolle gebracht, Bayern sei an Preußen verkauft. Es kam das Gerücht auf, die Bayern würden bevorzugt als Sturmtruppen eingesetzt. Fronturlauber forderten ihre Verwandten auf, durch Produktionseinschränkungen und Ablehnung der Kriegsanleihen das Kriegsende herbeizuzwingen. Der stark angewachsene Touristenstrom aus dem Norden trug 1916 und mehr noch 1917 sehr zur Missstimmung bei. Die »Berliner Kriegsgewinnler« trieben die Preise hoch und äßen den Einheimischen die Nahrung weg, hieß es. Die starke Wiederbelebung antipreußischer Emotionen in Verbindung mit der Kritik am Königshaus bereitete in erheblichem Maße den Boden für die

Novemberrevolution. Tatsächlich war dann von allen gekrönten Häuptern der bayerische König der Erste, der seinen Thron räumen musste. Die Herrschaft der Wittelsbacher, die 738 Jahre gewährt hatte, war damit zu Ende.

Zu Beginn des Jahres 1918 herrschte eine angespannte Atmosphäre. Der unbeschränkte U-Boot-Krieg hatte den Deutschen nicht den Sieg gebracht, sondern stattdessen den Kriegseintritt Amerikas provoziert. Die militärische Lage schien zunehmend ausweglos. Die Erbitterung über die ständige Verteuerung der viel zu wenigen Lebensmittel und den Widerstand der herrschenden Klasse, endlich die überfällige Verfassungsreform in die Wege zu leiten, war groß. Im Januar kam es in Nürnberg und München zu Streiks, von denen gerade auch die Rüstungsbetriebe betroffen waren. Am 31. Januar 1918 versammelten sich die Streikenden zu einer großen Kundgebung im »Schwabinger Bräu« und verabschiedeten eine Resolution: »Die streikenden Arbeiter Münchens, voran die Krupp-Werke, entbieten ihren brüderlichen Gruß den belgischen, französischen, englischen, russischen, italienischen, amerikanischen, serbischen Arbeitern. Wir fühlen uns mit Euch eins in dem feierlichen Entschlusse, dem Krieg des Wahnsinns und der Wahnsinnigen sofort ein Ende zu bereiten.«

Die USPD (Unabhängige Sozialdemokratische Partei), die sich während des Krieges aus pazifistischen Sozialdemokraten gebildet hatte, versuchte, die Bewegung zu einem Generalstreik auszuweiten, doch ihr Führer Kurt Eisner wurde noch am selben Tage verhaftet. Die Streikenden brachen ihre Aktion am 3. Februar ab, nachdem die bayerische Regierung zugesichert hatte, eine Delegation der Arbeiter zu empfangen. In den folgenden Monaten suchte die Regierung ihr Heil einerseits in Sonderzulagen für die Rüstungsarbeiter, andererseits in verschärften Überwachungsmaßnahmen.

Im Juni 1918 gab es erneut Unruhen, die von den Soldaten in der Türkenkaserne ausgingen, die dort zusammengezogen worden waren, um an die Front abkommandiert zu werden. Ende Juli kam es auf dem Marienplatz zu einer großen Demonstration von Frauen gegen den Lebensmittelmangel. Dies wiederholte sich in den kommenden Wochen noch zweimal, ohne dass die Polizei es wagte, dagegen vorzugehen. Als Schutzleute versuchten, eine der Anführerinnen zu verhaften, wurden sie von der erregten Menge daran gehindert. Am Tag, als die zweite dieser Kundgebungen stattfand, am 7. August 1918, vernichtete, nachdem die letzte deutsche Offensive an der Westfront gescheitert war, eine englische und französische Gegenoffensive sieben deutsche Divisionen. Das Deutsche Reich konnte den Krieg nicht mehr gewinnen. Dies war auch der Tenor einer Denkschrift des bayerischen Kriegsministers vom 12. August, der vor allem die verheerende Wirkung der Gegenoffensive auf die Moral der Truppe betonte.

Kriegsende

Am 3. Oktober richtete die deutsche Regierung eine erste Note an Wilson, um in Friedensverhandlungen einzutreten. Kurz darauf dankte Ludwig III. dem bayerischen Heer für das in den vergangenen vier Jahren Geleistete. Am 2. November war die bayerische Staatsregierung so weit, an die Umwandlung Bayerns in eine parlamentarische Demokratie zu denken, nachdem sie eine entsprechende Landtagsinitiative der SPD im Vorjahr noch weitgehend abgelehnt hatte. Doch nun war es zu spät. Am 2. November wurden die Einführung des allgemeinen Wahlrechts und andere Reformen beschlossen. Der König ratifizierte diese Beschlüsse unverzüglich. Am 6. November stimmte die Abgeordnetenkammer der Verfassungsreform zu, zwei Tage darauf sollte die Kammer der Reichsräte folgen, doch am 7. November begann die Revolution.

Die militärische Niederlage war für die Menschen ein ungeheurer Schock, vor allem auch deshalb, weil Regierung und Oberste Heeresleitung wider besseres Wissen fast bis zuletzt Siegeszuversicht verbreitet hatten. Noch Mitte September 1918 herrschte Hausse-Stimmung an der Münchner Börse. Als im Oktober die Waffenstillstandsverhandlungen begannen und plötzlich deutlich wurde, dass die Menschen vier Jahre lang umsonst gehungert, gefroren und geblutet hatten, war die Enttäuschung umso größer. Fast 13 000 Münchner Soldaten waren gefallen. Viele Bürger hatten ihre Wertsachen verkauft, um Kriegsanleihen zu zeichnen, die nun wertlos waren. Die Armut hatte weite Teile des Mittelstandes erfasst.

Der verlorene Krieg war zugleich eine Niederlage der alten politischen Ordnung. Das bedeutete einen Machtzuwachs für die Arbeiterbewegung. Gleichzeitig radikalisierte sich aber deren Basis. Die Männer der USPD, die diesen Krieg abgelehnt und sich von der kompromissbereiten Mehrheitssozialdemokratie losgesagt hatten, erschienen im Nachhinein als diejenigen, die recht gehabt hatten. Eisner war bereits Mitte Oktober auf freien Fuß gesetzt worden, weil er bei einer Nachwahl für den Reichstag kandidierte. Am 3. November 1918 war es den Teilnehmern einer von der USPD organisierten Friedensdemonstration gelungen, drei weitere zu Beginn des Jahres inhaftierte Streikführer aus dem Gefängnis Stadelheim zu befreien. Am Tag darauf bildeten Gewerkschaftler und Sozialdemokraten eine Einigungskommission, die aus je sieben Vertretern der SPD und der USPD bestand. Man wollte reichsweite Demonstrationen mit dem Ziel, die Monarchie abzuschaffen.

Die Revolutionäre vor dem Sturm auf die Residenz am 7. November 1918, Kurt Eisner in der Mitte. Zeitgenössische Darstellung.

Beide Parteien riefen gemeinsam für den 7. November um 15 Uhr zu einer großen Friedensdemonstration auf der Theresienwiese auf. Mehr als 100 000 Arbeiter strömten in langen Kolonnen aus ihren vorzeitig geschlossenen Betrieben. Eine Resolution zur Beendigung des Krieges, Abdankung des Kaisers, Demokratisierung Deutschlands und Einführung des Achtstundentags wurde verabschiedet. Anschließend zog Erhard Auer (SPD) mit der großen Mehrheit der Demonstranten zum Friedensengel. Eine revolutionär gestimmte Gruppe, die vor allem aus Soldaten bestand, stürmte mit Kurt Eisner (USPD) an der Spitze zu den Kasernen, die alle kampflos eingenommen wurden. Am nächsten Morgen konnten die Münchner auf den Plakatsäulen lesen: »Unter dem fürchterlichen Druck innerer und äußerer Verhältnisse hat das Proletariat die Fesseln mit gewaltiger Anstrengung zerrissen und sich jubelnd befreit! Ein Arbeiter- und Soldatenrat ist gegründet, der die Regierung in sicherer Hand hat.« Eisner rief den »Freistaat Bayern« aus, und der König floh auf das Jagdschloss seines Oberstallmeisters in der Nähe von Salzburg.

Nun war es auch in Berlin so weit. Der Reichskanzler Prinz Max von Baden gab, ohne Kaiser Wilhelms Entscheidung abzuwarten, dessen Rücktritt bekannt, und der Sozialdemokrat Philipp Scheidemann rief die Republik aus. Wie in Bayern übernahmen auch im Reich die Mehrheitssozialdemokraten gemeinsam mit der USPD die Regierungsgeschäfte. Der deutsche Kaiser floh in die Niederlande, der österreichische in die Schweiz. Damit waren das Deutsche Reich, Österreich und das nunmehr souveräne Ungarn ihrer gekrönten Häupter ledig.

Revolution

Der Umsturz wurde zunächst auch vom liberaleren Teil des Bürgertums begrüßt. Thomas Mann notierte am 9. November: »Überhaupt sehe ich den Ereignissen mit ziemlicher Heiterkeit und Sympathie zu. Die Bereinigung und Erfrischung der politischen Atmosphäre ist schließlich gut und wohltätig.« Kurz darauf entband König Ludwig III. die bayerischen Beamten offiziell von ihrem Eid, was allgemein als Thronverzicht verstanden wurde. Zu diesem Zeitpunkt hatten die neuen Kräfte sich längst etabliert. Kurt Eisner war Vorsitzender des Arbeiter- und Soldatenrates und gleichzeitig Ministerpräsident und Außenminister, sein Intimfeind Erhard Auer Innenminister. Insgesamt stellte die SPD vier Minister, die USPD zwei, und zwei waren parteilos. Diese Regierung wurde am 8. November vom »provisorischen Nationalrat« bestätigt, der aus je 50 Vertretern des Arbeiter-, Soldaten- und Bauernrates bestand sowie den bisherigen Landtagsfraktionen der SPD und des Bauernbundes sowie drei Vertretern der Liberalen. Keine Einigkeit gab es über die Räte. Während manche ihnen konstitutionelle Bedeutung zugestehen wollten, hätte Auer sie am liebsten schnell wieder abgeschafft. Eisner sah in ihnen ein Beratungsorgan: »Der Arbeiterrat hat nur beratende und kontrollierende Tätigkeit, keinerlei Gesetzgebung, das wäre Bolschewismus. Das Parlament kann nicht reaktionär regieren schon mit Rücksicht auf die Arbeiter in München. Das soll aber seine Souveränität nicht einschränken. Ich bin gegen die Diktatur der Räte und für die Souveränität des Parlaments.«

Kurt Eisner (1867–1919) war, ebenso wie andere führende Revolutionäre, ein »Zugereister«. Er stammte aus Berlin, war also das, was gewisse bayerische Kreise gern einen »Havelschlawiner« nannten. Von 1889 bis 1898 hatte er für die ›Frankfurter Zeitung‹ gearbeitet, war danach zum sozialdemokratischen ›Vorwärts‹ gewechselt und dort nach einem schweren Konflikt mit dem orthodox-marxistischen Parteivorstand entlassen worden. 1910 übersiedelte er nach München und arbeitete für die Parteizeitung ›Münchner Post‹. Nach Ausbruch des Weltkrieges wurde er bald zum radikalen Pazifisten, verließ die SPD und nahm im April 1917 am Gründungsparteitag der USPD in Gotha teil. Eisner war ein Sozialist von hohen Idealen. Er wollte Marx mit Kant versöhnen und glaubte an das Gute im Menschen, dem die Demokratisierung der Gesellschaft zum Durchbruch verhelfen werde. Als Streikführer hatte Eisner vielen aus der Seele gesprochen, doch zu einem Mann des Volkes wurde er dadurch nicht. Dagegen standen seine bohemehafte Erscheinung, seine Berliner Herkunft, sein intellektueller Habitus und nicht zuletzt seine jüdische Abstammung.

Landtagswahlen
Als am 12. Januar 1919 Landtagswahlen stattfanden, kämpfte Eisner schon mit dem Rücken zur Wand. Den Linken war er zu bürgerlich, die Sozialdemokraten lehnten ihn als realitätsfernen Schwärmer und Idealisten ab, und für die bürgerlichen Kräfte verkörperte er das Schreckgespenst der Räteherrschaft. Die USPD verfügte außerhalb Münchens kaum über eine Organisation, die Partei hatte zunächst nicht einmal eine eigene Zeitung. Die vernichtende Niederlage bei den Wahlen war deshalb nicht überraschend. Eisners Partei erhielt nur drei der 180 Landtagsmandate, die SPD dagegen 61. Die als Abspaltung vom Zentrum unter Führung von Georg Heim gegründete Bayerische Volkspartei (BVP) kam auf 66 Sitze, die Liberalen auf 25, der Bayerische Bauernbund auf 16 und die Mittelpartei auf neun.

»Rache für Eisner!«, Demonstration am 21. Februar 1919 in der Ludwigstraße, links das bayerische Kriegsministerium.

Am 21. Februar befand sich Eisner auf dem Weg zur konstituierenden Sitzung des neu gewählten Landtags in die Prannerstraße, um dort den Rücktritt seiner Regierung zu erklären. Als er gerade den Promenadeplatz überquert hatte, wurde er von dem jungen Anton Graf Arco hinterrücks erschossen. Josef Hofmiller notierte tags darauf in seinem Tagebuch: »Eisner forderte durch sein ganzes Verhalten zu seiner gewaltsamen Entfernung heraus.« So dachten gewiss viele Angehörige des Bürgertums, die der neuen Republik, und nicht nur dem Experiment der Räte, mehr als distanziert gegenüberstanden. Arco wurde angesichts des offensichtlichen Tatbestands notgedrungen zum Tod verurteilt, aber der Richter fügte in seiner Urteilsbegründung hinzu: »Von einer Aberkennung der bürgerlichen Ehrenrechte konnte natürlich keine Rede sein, weil die Handlungsweise des jungen politisch unmündigen Mannes nicht niedriger Gesinnung, sondern der glühendsten Liebe zu seinem Volke und Vaterlande entsprang und ein Ausfluss seines Draufgängertums und der in weiten Volkskreisen herrschenden Empörung gegen Eisner war.« Mehr Verständnis und menschliche Wärme sind wohl selten einem Mörder vor Gericht entgegengebracht worden. Da überrascht es nicht, dass schon am Tag darauf Justizminister Ernst Müller-Meiningen Arco zu lebenslänglicher Festungshaft begnadigte, die wenig später auf 15 und schließlich auf vier Jahre reduziert wurde.

Das Attentat auf Eisner hatte die Münchner in einen außerordentlichen Erregungszustand versetzt und in der Arbeiterschaft große Empörung hervorgerufen. Im Landtag gab es einen Gegenanschlag. Der Metzger Alois Lindner schoss auf mehrere Abgeordnete. Unter anderem wurde Erhard Auer schwer verletzt, sodass beide sozialdemokratischen Parteien auf einen Schlag ihrer führenden Köpfe beraubt waren. Der Landtag lief auseinander. Alle Geschäfte wurden geschlossen, der Verkehr ruhte, die Arbeiter verließen die Betriebe und versammelten sich zur Abwehr befürchteter gegenrevolutionärer Aktionen zu einer großen Kundgebung auf der Theresienwiese. Es folgte ein dreitägiger Generalstreik. Die Verlagshäuser der bürgerlichen

Zeitungen wurden besetzt. Ihre Hetze gegen Eisner sah man als Ursache dafür an, dass der friedliche Versuch einer Demokratisierung Bayerns ein so blutiges Ende genommen hatte. Als die Zeitungen wieder herauskamen, unterstanden sie einem Zensurrat, für den unter anderem der Schriftsteller Oskar Maria Graf und der Verleger Heinrich Franz Bachmair tätig waren.

In dem politischen Machtvakuum etablierte sich noch am Tage von Eisners Ermordung ein Zentralrat, in dem die beiden sozialdemokratischen Parteien, die Kommunisten, die Arbeiter-, Soldaten- und Bauernräte und die Gewerkschaften zusammenarbeiteten. Die Beerdigung Kurt Eisners auf dem Ostfriedhof am 26. Februar wurde zur größten politischen Kundgebung, die München je gesehen hatte. Hunderttausende gaben ihm das letzte Geleit. Die verschiedenen politischen Kräfte der Arbeiterschaft stellten ihre Differenzen nun hintan. Der Zentralrat verkündete schon am 24. Februar die »Einheitsfront des Sozialismus«. Am 17. März trat der Landtag im ruhigeren Bamberg wieder zusammen und wählte eine Regierung unter Vorsitz des Mehrheitssozialdemokraten Johannes Hoffmann. Die Ministerliste war zehn Tage zuvor im sogenannten Nürnberger Kompromiss von den beiden sozialdemokratischen Parteien und dem gemäßigten Flügel des Bauernbundes ausgehandelt worden. Der Münchner Zentralrat stimmte diesem Ergebnis zu, wenngleich es vonseiten der USPD eine Reihe von Gegenstimmen gab.

Erste Räterepublik

Die Lage hatte sich scheinbar stabilisiert. Da geschah etwas, das die Gemüter in München aufs Neue erregte. Am 21. März wurde in Ungarn die Räterepublik ausgerufen. Am 4. April kam eine Abordnung der Augsburger Arbeiter- und Soldatenräte nach München und forderte auch für Bayern die Etablierung einer Räterepublik. Tags darauf folgte eine einstimmige Erklärung der Vollversammlung der Münchner Kasernenräte: »Bei einem in München ausbrechenden Generalstreik erklärt die Garnison Münchens, dass ihre Sympathien auf der Seite der Arbeiter liegen. Die Garnison bleibt neutral. Bereitschaften, wenn solche gestellt werden, dienen in erster Linie dazu, die Arbeiterschaft zu schützen und Plünderungen zu verhüten.« Ein Schutz des Landtags wurde ausdrücklich abgelehnt. In der Nacht vom 6. auf den 7. April beschloss der Zentralrat nach langen Debatten mit großer Mehrheit die Ausrufung der Räterepublik. Gleichzeitig wurden für die verschiedenen Ressorts Volksbeauftragte berufen; sie bildeten faktisch eine Gegenregierung zur Regierung Hoffmann in Bamberg. Die bekanntesten Persönlichkeiten unter ihnen waren der Schriftsteller und undoktrinäre Sozialist Gustav Landauer, der Volksbeauftragter für Volksaufklärung wurde, und der Finanztheoretiker Silvio Gesell, der für das Finanzwesen verantwortlich war.

Die Räteregierung befand sich in einer ähnlichen Lage wie einige Monate zuvor die Regierung Eisner. Die Mehrheitssozialdemokraten beteiligten sich zwar an dem Unternehmen, waren aber eigentlich dagegen. Die KPD lehnte das Experiment in ihrer Mehrheit entschieden ab. Der Kommunist Richard Müller schrieb in seinen Memoiren: »Das Ausrufen der Räterepublik war nichts anderes als elende gewissenlose Revolutionsspielerei politischer Streber und Caféhausliteraten …« Hier kam der alte kommunistische Standpunkt zum Ausdruck, dass eine Revolution immer nur dann stattfinden darf, wenn die kommunistische Partei stark genug ist, in ihr die führende Rolle zu übernehmen.

Die erste Räteregierung entwickelte sofort zahllose Sozialisierungspläne. Praktische Arbeit leistete vor allem der Volksbeauftragte für das Wohnungswesen, der Jurist Arnold Wadler, der auch der zweiten Räteregierung angehörte. Er versuchte durch Beschlagnahmung, Umsetzungen von wohnungslosen Arbeiterfamilien, Aufteilungen von Bürgerhäusern usw. die große Wohnungsnot in München zu mildern. Doch die Tage der Räteregierung waren gezählt. Unternehmer, Mittelstand und Beamtenschaft standen der Regierung der Volksbeauftragten durchweg ablehnend gegenüber. Vor allem aber stellte sich auch der im Bauernbund organisierte fortschrittliche Teil der Landbevölkerung auf die Seite der Regierung Hoffmann. Bayern war das

einzige Land, wo es neben Arbeiter- und Soldaten- auch Bauernräte gab, aber ihnen ging die Entwicklung zu weit. Sie wollten,
dass wieder Ruhe ins Land einkehrte, und missbilligten vor allem
die antiklerikale Programmatik der Räterepublik. Die meisten
Mitglieder des Zentralbauernrates verließen München und
kehrten in ihre Heimatorte zurück. Dies verstärkte die auf dem
Lande vorhandene Stimmung noch weiter, dass es nicht die Aufgabe der Bauern sei, die Unruhestifter in der Landeshauptstadt
zu ernähren. Die Nahrungsmittelversorgung Münchens wurde
von Tag zu Tag prekärer. In den letzten Wochen vor der Eroberung der Stadt gab es kaum noch Lebensmittel außer Eiern und
Brot, und auch dies von schlechter Qualität und streng rationiert.

Zweite Räterepublik
In dieser Situation kam es am 13. April zum ersten gewaltsamen Versuch, die Herrschaft der Räte zu beenden. Ein Teil der
republikanischen Schutztruppe putschte mit Billigung der Regierung Hoffmann, aber auch der Münchner Mehrheitssozialdemokraten. Mehrere Mitglieder der Räteregierung und des
Zentralrates wurden verhaftet. Doch noch am selben Tag gin-

Rotgardisten vor dem Hauptbahnhof im April 1919. Postkarte.

gen Einheiten der sich seit einigen Wochen formierenden Roten Armee zum Gegenangriff über und besiegten in einem blutigen Gefecht die Putschisten, die sich im Hauptbahnhof verschanzt hatten. Dies hatte zur Folge, dass die Sympathien eines Großteils der Münchner Arbeiterschaft jetzt auf die KPD übergingen. Der für den folgenden Tag ausgerufene Generalstreik wurde deshalb auch allgemein befolgt. Jetzt war es so weit, dass auch die Regierung Hoffmann auf die militärische Intervention von außen als letztes Mittel setzte. Bisher hatte Hoffmann sich nicht an Reichswehrminister Gustav Noske gewandt, weil er befürchtete, ein solches Hilfsersuchen könne die bayerische Militärhoheit beschädigen. Doch am 14. April bat er um die Abkommandierung von Reichstruppen nach Bayern. Während die Rote Armee in Dachau noch Siege über die Konterrevolutionäre feierte, zogen die preußischen, württembergischen und bayerischen Truppen, insgesamt etwa 46 000 Mann, den Belagerungsring um München bereits immer enger.

Die zweite Räterepublik, an deren Spitze unter anderem Ernst Toller, Eugen Leviné, Ernst Niekisch und Gustav Landauer standen, war wesentlich militanter als die erste. Der »rote Stadtkommandant« Rudolf Egelhofer verfügte, dass alle Bürger innerhalb von zwölf Stunden ihre Waffen abliefern mussten, andernfalls drohte ihnen die Erschießung. Anstelle von Zeitungen erschienen ›Mitteilungen des Vollzugsrates der Betriebs- und Soldatenräte‹. Gleichzeitig wurde die Lage in München noch schwieriger. Die Stadt war von jeder Lebensmittelzufuhr abgeschnitten. Selbst an Kranke wurde nur noch bei unmittelbarer Lebensgefahr Milch ausgegeben. Außerdem herrschte ein akuter Banknotenmangel, da die Münchner Reichsbankfiliale alle Bargeldvorräte und Notenprägestöcke entfernt hatte, sodass keine Löhne ausgezahlt werden konnten. Gleichzeitig rückten die Interventionstruppen weiter voran, und die Stadt war erfüllt von den wildesten Gerüchten. In dieser Lage brachen die alten Gegensätze wieder auf. Die Unabhängigen Sozialdemokraten plädierten dafür, mit der Regierung Hoffmann zu verhandeln, während die Kommunisten für den bewaffneten Kampf eintraten.

Am 28. April stürmten die Spartakisten das Polizeipräsidium. Tags darauf wurde ein neuer Generalstreik ausgerufen in der verzweifelten Hoffnung, so den Gegner wirksam zu treffen. Am 30. April wurden im Luitpold-Gymnasium acht Mitglieder der antisemitischen Thule-Gesellschaft zusammen mit zwei gefangen genommenen Freikorpssoldaten erschossen. Wenngleich diese Geiselerschießung gewiss ein Resultat der zunehmenden Verwirrung und Desorganisation in München war und von den Räten sofort verurteilt wurde, diente sie doch später als Symbol für den »roten Terror«, der in der Zeit der Räte geherrscht habe.

Niederlage

Am 1. Mai begann der Einmarsch der Exekutionstruppen in München. Einer der führenden Männer war Oberst Franz Xaver Ritter von Epp (1868–1946), der ein eigenes Freikorps befehligte. Er hatte 1900 als Offizier an der Niederschlagung des Boxeraufstands in China teilgenommen und 1904 in Südwestafrika an der Abschlachtung der Hereros. Im Ersten Weltkrieg war er Kommandeur des bayerischen Infanterie-Leibregiments gewesen. Das Freikorps Epp und die anderen Truppen stießen bei der Eroberung Münchens nur vereinzelt auf Widerstand und hatten kaum Verluste zu beklagen. Trotzdem richteten sie ein beispielloses Blutbad an. Erst als am 6. Mai 21 Mitglieder des Katholischen Gesellenvereins St. Joseph als angebliche Spartakisten ermordet worden waren, bemächtigte sich jähe Ernüchterung des Bürgertums und der neuen Machthaber. Da hinter dem Gesellenverein die Bayerische Volkspartei stand, wurden die Mörder sogar bestraft, während sonst bei Übergriffen durchweg Freisprüche erfolgten, soweit überhaupt Anklage erhoben wurde. Laut amtlicher Statistik wurden in den Tagen nach der »Befreiung« Münchens 557 Menschen getötet, von den vielen Verletzten ganz zu schweigen. In Wirklichkeit dürfte die Zahl der Toten etwa doppelt so hoch gewesen sein.

Im Mai 1919 kamen Reichspräsident Ebert und Reichswehrminister Noske nach München und ließen die siegreichen »weißen«

Freikorps-Trupp am 2. Mai 1919. Postkarte.

Truppen paradieren. Obwohl die Räterepublik ganz offensichtlich restlos zerschlagen war, blieb das Standrecht vorerst weiter bestehen, und die Sieger nutzten die Gunst der Stunde zu einer radikalen Säuberung von Militär, Polizei und Beamtenapparat von demokratischen Kräften. Der Nationalsozialist Ernst Pöhner wurde Polizeipräsident, er berief den späteren Reichsinnenminister Wilhelm Frick zum Leiter der Politischen Abteilung. Hans Ritter von Seißer, beim Hitler-Putsch 1923 als Polizeiminister vorgesehen, wurde Chef der Landespolizei. Ritter von Epp trat an die Spitze der neuen bayerischen Reichswehr-Schützenbrigade und berief Ernst Röhm in den Generalstab. Somit war der Machtapparat in der Hand von ausgewiesenen Antidemokraten.

WEIMARER REPUBLIK

Jahre der Not

1919 hatte München nicht mehr viel gemein mit der Stadt der Vorkriegsjahre und ihrer »grundbehaglichen Boheme«, wie Thomas Mann es einmal formuliert hat. Schwabing hatte seine Bedeutung als Montparnasse für große und kleine Künstler in den Kriegsjahren weitgehend eingebüßt. Jetzt bestimmten nicht mehr Atelierfeste, temperamentvolle Diskussionen über den Bierpreis und Spott über den preußischen Militarismus, verbunden mit prinzipienfester Verehrung des bayerischen Königshauses, die Atmosphäre, sondern ein – nach dem Empfinden vieler Bürger – bedenkliches Maß an Anarchie, scharfe politische Auseinandersetzungen mit teilweise bürgerkriegsähnlichen Zuständen und vor allem bittere soziale Not. Die Preise waren in den Kriegsjahren ungleich stärker gestiegen als die Löhne, sodass viele Menschen nicht einmal ihre Grundbedürfnisse an Nahrung und Kleidung befriedigen konnten. Der Wohnungsbau war zum Erliegen gekommen; die chronische Wohnungsnot hatte katastrophale Ausmaße angenommen. Waren 1914 noch 703 neue Wohnungen errichtet worden, waren es zwei Jahre später noch ganze 23. Hinzu kam eine drückende Arbeitslosigkeit, da sich die ganz auf die Kriegswirtschaft eingestellte Industrie nur sehr schwer umstellen konnte, zumal es an allen Rohstoffen, ja selbst an Kohlen fehlte. Allein BMW entließ im Dezember 1918 3400 Arbeiter. Zu Beginn des Jahres 1919 waren fast 45 000 Münchner arbeitslos, bei einer Gesamtbevölkerung von 630 000 Einwohnern. Die Ernährungslage war, trotz zahlreicher Volksküchen, katastrophal. Von 100 Säuglingen starben 17 im ersten Lebensjahr.

Die folgenden Jahre brachten keine wesentliche Besserung. Zwar ging die Arbeitslosigkeit zurück, doch es blieben die Wohnungsnot und die völlig ungenügende Versorgung mit Lebensmitteln. Die Denkschrift ›Die Not in München‹ des Stadtrates der Bayerischen Volkspartei (BVP) Michael Gasteiger aus dem Jahre 1923 ist ein erschütterndes Dokument. Es wird darin berichtet, dass der Milch- und Fleischkonsum pro Kopf der Bevölkerung 1923 weniger als halb so hoch war wie 1913, wobei er nach dem Krieg stetig weiter abgenommen hatte. Brennmaterial war so unerschwinglich teuer geworden, dass selbst große Teile des Mittelstandes es sich nicht leisten konnten, im Winter ihre Wohnung zu heizen. In manchen Stadtvierteln waren bis zu 50 Prozent der Schulkinder erheblich unterernährt. In fast jedem fünften der untersuchten Haushalte gab es Tuberkulosekranke, die meist auf engstem Raum mit den anderen Familienmitgliedern zusammenlebten, denn am schlimmsten von allem war die Wohnungsnot. 1923 kamen auf 240 neu gebaute Wohnungen 30 000 Wohnungssuchende. Selbst vier- und fünfköpfige Familien hatten oft nur einen Raum zur Verfügung, der in vielen Fällen keine zehn Quadratmeter hatte. Mehr als einmal kam es vor, dass kleine Kinder nachts starben, weil sie während des Schlafes infolge der Beengung erstickten.

Gasteigers Denkschrift endete mit einem Appell an die Landbevölkerung, hinter der glitzernden Fassade der Großstadt die Not ihrer Bewohner nicht zu übersehen und eine »Not-, Brot- und Schicksalsgemeinschaft zwischen Stadt und Land« zu schaffen. Tatsächlich trug die politische Zerrissenheit nicht unwesentlich zu der bestehenden Notlage bei. Die Zeit der Räterepublik hatte den bestehenden Stadt-Land-Gegensatz erheblich verschärft. Das Räteexperiment war von der großen Mehrheit der Landbevölkerung abgelehnt worden, was sich in der Teilnahme verschiedener bayerischer Schützenverbände und Einwohnerwehren an der Niederschlagung der Räterepublik ausgedrückt hatte, vor allem aber auch in der Verweigerung notwendiger Lebensmittellieferungen, die selbst jetzt nur zögernd und in ungenügendem Umfang die Landeshauptstadt erreichten. Dieser Stadt-Land-Gegensatz wurde überlagert durch den traditionellen Nord-Süd-Gegensatz innerhalb des Deutschen Reiches, der im Laufe des Krieges, mit schwindendem Kriegsglück und wachsenden Versorgungsschwierigkeiten, erheblich an Brisanz gewonnen hatte. Zu den Mentalitäts- und Konfessionsunterschieden gesellte sich nun auch ein politischer. Das »rote Preußen« hatte eine energische, sozialdemokratisch geführte Regierung, während der Süden mehrheitlich konservativ-klerikal geprägt war. Der bayerische Teil des Zentrums hatte sich von der Partei abgespalten und unter der Führung von Georg Heim die Bayerische Volkspartei gebildet.

München nach dem Ersten Weltkrieg
Hatte München in der wilhelminischen Ära bedeutenden Vertretern des antipreußischen Liberalismus eine Heimstatt geboten, so geriet die Stadt nun in eine entgegengesetzte Oppositionsrolle. München war eine agrarisch-katholische Residenzstadt, Berlin eine protestantische, industriell geprägte Großstadt, in der die Arbeiterparteien SPD und KPD bei Wahlen dominierten. »Berlin« wurde zum Synonym für das von vielen abgelehnte demokratische »System« und den »Schandfrieden« von Versailles, für Kosmopolitismus und jüdischen Intellektualismus, für die Sündhaftigkeit der modernen Großstadt und ihr »Asphaltliteratentum«. Die antirepublikanisch-reaktionäre Haltung des Münchner Bürgertums jener Zeit hat Lion Feuchtwanger in seinem Schlüsselroman ›Erfolg‹ großartig nachgezeichnet.

Während es aus der Sicht dieser reaktionären Bürger keinen rechten Unterschied zwischen Sozialdemokraten, unabhängigen Sozialdemokraten und Kommunisten gab, waren die verschiedenen Flügel der Arbeiterbewegung nach der blutigen Unterdrückung des sogenannten Spartakus-Aufstands in Berlin und der Münchner Räterepublik zutiefst verfeindet. Die Enttäuschung über das Bündnis, das die Sozialdemokraten mit den alten Eliten in Militär, Justiz und Verwaltung eingegangen waren – symbolisiert in der Gestalt des »Bluthundes« Gustav Noske –, schlug sich auch im Ergebnis der ersten Münchner Kommunalwahlen nieder.

Kommunalwahlen 1919

Die USPD, die Partei des ermordeten Ministerpräsidenten Eisner, die das Räteexperiment maßgeblich mitgetragen hatte, wurde am 5. Juni 1919 überraschend stärkste Partei im Münchner Stadtrat. Sie erhielt 16 von 50 Sitzen, während die Mehrheitssozialdemokraten nur auf zehn Stadträte kamen. Dieser knappen Mehrheit der beiden Arbeiterparteien stand ein bürgerliches Lager gegenüber, in dem mit 15 Sitzen die Bayerische Volkspartei dominierte. Sieben Sitze fielen auf die Deutsche Demokratische Partei, je einer auf die liberale Bürgerpartei und die Liste der Haus- und Grundbesitzer. Die letztere Gruppierung hatte einen beträchtlichen Einfluss, da der Haus- und Grundbesitz in der Kommunalpolitik eine wichtige Rolle spielte. Josef Humar, seit 1906 Vorsitzender des Münchner Hausbesitzer-Vereins, hatte dessen Interessen schon während des Krieges im Kollegium der Gemeindebevollmächtigten vertreten. Außerdem hatte er die Münchner Hausbesitzerbank gegründet und war Vorsitzender des »Hilfsbundes der Münchner Einwohnerschaft«, der die militärische Intervention gegen die Räterepublik tatkräftig unterstützt hatte.

Zu den vielen Errungenschaften der Weimarer Republik gehörte neben dem Achtstundentag, der obligatorischen Krankenversicherung und der Schulpflicht das allgemeine und gleiche Wahlrecht. Auch Frauen hatten nun das aktive und passive Wahlrecht. Die Lehrerin Toni Pfülf (1877–1933) wurde für die SPD in die Nationalversammlung gewählt. In Metz geboren lebte sie seit 1896 in München und hatte sich als Frauenrechtlerin und Pazifistin und auch in sozialen Fragen engagiert. Sie gehörte dem Reichstag bis 1933 an. Wenige Tage vor dem Verbot der SPD nahm sie sich im Juni 1933 aus Verzweiflung über die politische Entwicklung das Leben.

Dem Münchner Stadtrat gehörten nun fünf Frauen an. Die bedeutendste unter ihnen war die Vertreterin der Demokratischen Partei Luise Kiesselbach (1863–1929). Nach dem Tode ihres Mannes, der in Erlangen Medizin gelehrt hatte, war sie in München in der Frauenbewegung aktiv geworden. Sie wurde Vorsitzende des »Vereins für Fraueninteressen« und gründete den »Stadtbund Münchner Frauen«. Später wurde sie auch Vorsitzende des Hauptverbandes Bayerischer Frauenvereine und des Paritätischen Wohlfahrtsverbandes. Sie setzte sich vor allem für soziale Belange ein. Auf ihre Initiative gingen zum Beispiel der Bau eines Altersheimes und die Gründung eines Mädchenwohnheims zurück.

Eine Neuerung war auch die Direktwahl des Ersten Bürgermeisters, die allerdings bei den nächsten Kommunalwahlen schon wieder abgeschafft wurde. Alle Parteien hatten Kandidaten aufgestellt. Die Stimmenverhältnisse waren ähnlich wie bei der Stadtratswahl, sodass kein Kandidat die absolute Mehrheit erreichte. Eine Stichwahl war nicht vorgesehen, so musste schließlich doch wieder der Stadtrat entscheiden. Da die stärkste Partei, die USPD, ihren Kandidaten zurückzog, kam überraschend der Mehrheitssozialdemokrat Eduard Schmid (1861–1933) zum Zuge, obwohl er bei der Volkswahl nur Dritter geworden war. Der gelernte Möbelschreiner hatte zu diesem Zeitpunkt schon eine lange Karriere hinter sich. Als Bürgermeister setzte sich Schmid vor allem für soziale Belange und den Ausbau des nicht konfessionellen Schulwesens ein. Der von seiner Partei damals noch laut vorgetragene Ruf nach Verstaatlichung bzw. Kommunalisierung wichtiger Produktionsmittel führte lediglich zur Übernahme der Straßenreinigung und des Rettungsdienstes durch die Stadt, Maßnahmen, die selbst von der BVP mitgetragen wurden. Eduard Schmid verstand sich als Bürgermeister aller Münchner. Er versuchte, ausgleichend zwischen den divergierenden Kräften zu wirken. Tatsächlich ist die erste Nachkriegsperiode des Münchner Stadtrats durch eine vergleichsweise konstruktive Atmosphäre gekennzeichnet, zumal die offenkundige Not weiter Teile der Bevölkerung die Kommunalpolitiker immer wieder zu gemeinsamem Handeln zwang.

Die Fraktion der USPD wies einen besonders großen Anteil an Künstlern und Intellektuellen auf. Der bedeutendste von ihnen war der Fraktionsvorsitzende Hans Ludwig Held (1885–1954). Wegen seines schlechten Gesundheitszustandes vom städtischen Dienst beurlaubt, hatte er sich besonders der Volksbildung verschrieben. Schon vor dem Krieg hatte er verschiedene kulturpolitische Zeitschriften ins Leben gerufen, außerdem 1911, gemeinsam mit Thomas Mann, Frank Wedekind und anderen, den »Schutzverband Deutscher Schriftsteller« gegründet, dessen Geschäftsführung er auch übernahm. 1921 berief ihn der Stadtrat zum Stadtbibliothekar. In dieser Position leistete er Außerordentliches. Der Bestand der Münchner Stadtbibliothek wurde mehr als verdreifacht. Held schuf fünf Volksbüchereien, vier Lesehallen mit Zeitungen und Zeitschriften sowie 14 Kinderlesestuben. Er erfand die Bibliotheksbusse (»Wanderbücherei«), die auch schlecht versorgte Wohngebiete erreichten. Außerdem hatte er großen Anteil am Aufbau der Volkshochschule.

Bayerische Landesregierung

An der Spitze der Landesregierung stand von 1919 bis 1920 der Sozialdemokrat Johannes Hoffmann (1867–1930), der unter Eisner Kultusminister gewesen war. Obwohl der Landtag ihn einstimmig gewählt hatte und obwohl er beste Absichten hatte, konnte seine Regierung nur eine schwache Autorität entfalten. In seiner Amtszeit entstand die »Unordnungszelle Bayern«, wie Wilhelm Hoegner es später einmal genannt hat, ein Netz aus monarchistischen Beamten, klerikalen Loyalitäten, Femegerichten, Geheimgesellschaften, völkischen Schutz- und Trutzbünden, vagabundierenden Freikorps und bürgerlichen paramilitärischen Verbänden. Als es im Januar 1920 an der Münchner Universität zu großen Demonstrationen für den kurz zuvor verurteilten Eisner-Attentäter Graf Arco kam, die vom Militär und dem Münchner Polizeipräsidenten mit unverhohlener Sympathie begleitet wurden, kommentierte der Ministerpräsident bitter: »Bei uns in Bayern hat die Regierung an der Reichswehr, Polizeiwehr und Einwohnerwehr eine Stütze, wenn es gegen links geht. Geht es gegen rechts, ist die Regierung mit der sozialdemokratischen Spitze und wegen ihr vollständig schutzlos.«

Ausgerechnet der pazifistische Sozialist Hoffmann hatte die Reichswehr nach Bayern geholt, um dem ersten Versuch einer an

den Interessen der Arbeiterklasse orientierten Gesellschaftsord-
nung den Garaus zu machen. Sein anschließender Aufruf an die
Münchner Arbeiter, »Kehrt zurück zum Sozialismus unserer
großen Führer Marx und Engels«, war absurd und wirkungslos.
Was Hoffmann tatsächlich erreichte, war ein Scheitern seines eigenen »Volkswehrkonzeptes«. Durch die Reichsintervention
verlor Bayern endgültig seine Militärhoheit. Das bayerische Militär war nun Teil der Reichswehr, deren Führung in Berlin saß.
Die Militärs setzten Hoffmann sehr stark unter Druck, seinen
sozialdemokratischen Kriegsminister Schneppenhorst zu entlassen und Oberst Ritter von Epp zum Chef der neuen bayerischen
Reichswehr-Schützenbrigade zu ernennen. Letzteres forcierte
auch Reichswehrminister Noske. Hoffmann widersetzte sich
diesen Plänen mit Nachdruck, doch Ende Mai musste er sein
Kabinett umbilden. In die zuvor rein sozialdemokratische Regierung traten Minister ein, die der DDP und der BVP angehörten,
und die Ernennung Epps war nicht länger zu verhindern.

In dieser Zeit entstand neben dem Militär mit den Einwohnerwehren noch ein weiteres antidemokratisches Machtzen-
trum. Bald hatten sie 300 000 Mitglieder, 25 000 davon in München. Der Nationalsozialist Ernst Röhm, der als Stabschef des
Münchner Stadtkommandanten für die »Säuberung und Reor-
ganisierung der Sicherheitskräfte« zuständig war, stattete die
Einwohnerwehren überreichlich mit militärischem Material aus.
Es ist eine besondere Ironie der Geschichte, dass ausgerechnet
Röhm auch für die Umsetzung der Entwaffnungsbestimmun-
gen des Versailler Friedensvertrages zuständig war. Die Einwohnerwehren mussten 1921 aufgelöst werden, doch Röhm gelang
der Aufbau einer geheimen Feldzeugmeisterei, was ihm den
Spitznamen »Maschinengewehrkönig« einbrachte.

Antirepublikanischer Putschismus
Im März 1920 zettelten Reichswehroffiziere, preußische Adelige, Politiker der extremen Rechten und Freikorpsverbände, an-
geführt von dem preußischen Beamten Wolfgang Kapp und

dem General Walther von Lüttwitz, den Kapp-Lüttwitz-Putsch an. Das war der erste Versuch reaktionärer Kräfte, das Rad der Geschichte wieder zurückzudrehen. Angesichts des entschlossenen Widerstands der Arbeiterschaft brach der Aufstand nach wenigen Tagen zusammen. Viele Reichswehrbefehlshaber hatten dem Putsch ablehnend gegenübergestanden, so auch der bayerische General Arnold Ritter von Möhl. Gleichwohl verlangte er von der Regierung Hoffmann die Übertragung der Vollzugsgewalt, da nur so die Aufrechterhaltung von Ruhe und Ordnung gewährleistet sei. Hoffmann wehrte sich heftig, heftiger als sein Kabinett. De facto kam es zu einem »kalten Staatsstreich«, General von Möhl wurde zum Staatskommissar für München-Stadt und München-Land ernannt und übertrug die »Sicherheitsmaßnahmen« Oberst Ritter von Epp. Als Vorwand dafür dienten gerade die großen Demonstrationen der Münchner Arbeiterschaft gegen den Kapp-Putsch. Regierungskommissar wurde der Regierungspräsident von Oberbayern, Gustav von Kahr. Diese drei Männer – Möhl, Epp und Kahr – übten nunmehr faktisch die Macht in Bayern aus. Ministerpräsident Hoffmann trat zurück, nachdem ihn sogar die eigene Partei im Stich gelassen hatte. Am 6. März 1920 wurde mit 92 von 134 Stimmen Gustav von Kahr (1862–1934) zu seinem Nachfolger gewählt, der sich auf ein breites Bündnis aus bürgerlichen Kräften, Reichswehr, Einwohnerwehren und Rechtsradikalen der verschiedensten Couleur stützte. Vor allem seine Innenpolitik war obrigkeitsstaatlich orientiert und offen reaktionär. Die sofortige Aufhebung der Arbeiterräte durch Justizminister Christian Roth, der später der NSDAP beitrat, hatte demonstrativen Charakter.

München wurde in dieser Zeit zum Sammelbecken für reaktionäre, antidemokratische, militaristische und nationalistische Elemente, in den Worten einer nationalsozialistischen Darstellung: »Bayern wurde die Hoffnung aller nationalen Kreise, München das Asyl aller verfolgten Freiheitskämpfer.« Die Stadt war ein Eldorado für Systemgegner und politische Straftäter, wozu die Münchner Polizei unter Führung von Pöhner und Frick entscheidend beitrug. Es wurden Akten gefälscht oder vernichtet, Anzeigen unterschlagen, »Inkognito-Pässe« ausgegeben, Fememörder gedeckt. Der in Berlin steckbrieflich gesuchte Brigadeführer Hermann Ehrhardt reiste nach München und richtete für seine Terrororganisation in der Franz-Joseph-Str. 3 ein Büro ein. Von Polizeipräsident Pöhner war er mit mehreren falschen Pässen ausgestattet worden. Das Freikorps Oberland hatte sein Hauptquartier im Hotel Adelmann am Isartorplatz, ganz in der Nähe des Sterneckerbräus, wo die NSDAP tagte.

Die sozialdemokratische Führung der Stadt war demgegenüber machtlos. Die Folge waren eine zunehmende Zahl tätlicher Angriffe, antisemitische Ausschreitungen und Terrorakte gegen demokratische Kräfte. Als 1921 der USPD-Abgeordnete Karl Gareis vor seiner Wohnung in Schwabing erschossen wurde, protestierte die Arbeiterschaft mit einem dreitägigen Generalstreik, doch die Polizei untersuchte den Fall nur äußerst widerwillig. Der Gymnasiallehrer Gareis gehörte zum gemäßigten Flügel seiner Partei, aber sein entschlossenes Vorgehen gegen illegale Machenschaften der Einwohnerwehr und anderer Selbstschutzorganisationen hatte ihm immer wieder Morddrohungen eingebracht.

Einer der eifrigsten Hetzer gegen Gareis war Ludwig Thoma, der anonym zahlreiche Beiträge für den ›Miesbacher Anzeiger‹ schrieb. Thomas Mitwirkung machte die unbedeutende Provinzzeitung zum radikalsten antidemokratischen Hetzblatt neben dem ›Völkischen Beobachter‹. Das Attentat auf Ministerpräsident Kurt Eisner, die bestialische Ermordung Gustav Landauers sowie den Überfall auf den Sexualwissenschaftler Magnus Hirschfeld kommentierte er mit den Worten: »In München haben wir doch mit der Hinrichtung des Eisner und der Prügelstrafe gegen den Magnus Spinatfeld den Nachweis geliefert, dass es uns nicht an Temperament fehlt. Die Berliner werden auch dankbar anerkennen müssen, dass wir ihnen den Landauer durchgetan haben.« Die Weimarer Demokratie war ihm ein verachtenswertes »Affenwerk«.

Zu Beginn der Zwanzigerjahre kamen prominente Vertreter der politischen Rechten nach München. Unter ihnen war der

Vater der deutschen Hochseeflotte Großadmiral Tirpitz, der 1917 nach seinem Zerwürfnis mit Wilhelm II. hatte zurücktreten müssen und mit dem späteren Putschisten Wolfgang Kapp die Deutsche Vaterlands-Partei gegründet hatte. Der prominenteste Zuwanderer war sicherlich General Erich Ludendorff (1865–1937).

Erich Ludendorff
Ludendorff, neben Hindenburg der populärste Held des Ersten Weltkriegs, ließ sich im damaligen Münchner Vorort Solln auf der Prinz-Ludwigs-Höhe nieder. Hier lernte er auch Mathilde von Kemnitz, seine spätere zweite Frau, kennen. Sie hatte 1913 mit einer Arbeit über den »asthenischen Infantilismus des Weibes« promoviert und betrieb in der Ludwigstraße eine psychiatrische Praxis. Die Agitation des Ehepaares Ludendorff richtete sich vor allem gegen die »überstaatlichen Geheimmächte« der Freimaurer, Katholiken, Juden und Bolschewisten, die sich angeblich gegen die nordische Rasse verschworen hatten und insgeheim die deutsche Volkskraft zersetzten. Ludendorff sammelte seine Anhänger im »Tannenbergbund« und stellte sich gegen alle Formen des Christentums, auch gegen die nationalsozialistischen Deutschen Christen. Stattdessen propagierte er das »Deutschvolk«, dessen Anerkennung als Religionsgemeinschaft er aber nicht durchsetzen konnte. Außerdem gab es in der Romanstr. 7 eine Verlagsbuchhandlung, in der seit 1929 ›Ludendorffs Volkswarte‹ erschien, wozu später noch die Beilage ›Am Heiligen Quell deutscher Kraft‹ kam.

Nach der Kriegsniederlage war die gedemütigte, ausgezehrte und vielfach verarmte Bevölkerung in hohem Maße aufnahmebereit für verführerische Erklärungen des eigenen Versagens. Angesichts seines überragenden Ansehens als Militärführer war das Wirken Erich Ludendorffs und seiner paranoiden Verschwörungstheorien ganz besonders fatal. Er trug maßgeblich zur Verbreitung der Dolchstoßlegende bei, derzufolge das deutsche Heer – »im Felde unbesiegt« – durch einen Dolchstoß in den Rücken zu Fall gebracht worden sei. Nicht die militärische Übermacht der Alliierten war für deren Sieg verantwortlich. Die Deutschen hatten den Krieg vielmehr gewonnen, der Sieg sei ihnen entwunden worden durch jüdische Drückeberger in den eigenen Reihen, jüdische Kriegsgesellschaften, die die Front aussaugten, »überstaatliche Mächte« und vor allem durch die von jüdischen Bolschewisten gesteuerte Novemberrevolution.

Pogromantisemitismus

»Nie wieder Krieg!«, lautete die Schlagzeile eines frühen nationalsozialistischen Flugblattes, in dem dargelegt wurde, dass der Erste Weltkrieg ausschließlich im Interesse des internationalen Börsen- und Bankkapitals geführt worden sei. Das Lagerverzeichnis der Münchner Deutschvölkischen Buchhandlung von 1920 zeugt deutlich von der antisemitischen Fixierung. Unter den aufgeführten 160 Titeln gibt es auch Schriften von Bismarck, Hindenburg und Richard Wagner oder solche, die sich mit den Germanen, der Sonnenwende oder dem Hakenkreuz beschäftigen. Aber dominierend waren Titel wie ›Die Juden in den Kriegsgesellschaften‹, ›Der Judenspiegel‹, ›Das jüdische Geheimgesetz‹, ›Ahasver am Rhein‹, ›Judas Schuldbuch‹, ›Die Rätsel des jüdischen Erfolges‹, ›Judas der Weltfeind‹ oder ›Das Gesetz des Nomadentums und die heutige Judenherrschaft‹. Besondere Popularität genossen die ›Die Geheimnisse der Weisen von Zion‹, die gleich in drei verschiedenen Ausgaben angeboten wurden.

Die Projektion der militärischen Niederlage im Ersten Weltkrieg auf die jüdische Minderheit führte zu einer explosiven Stimmungslage, die durch das Erlebnis der Räterepublik noch entschieden verschärft wurde. Die Erregung nahm solche Ausmaße an, dass im Sommer 1919 die Vertreter eines Pogromantisemitismus im Lager der Judenfeinde die Oberhand gewannen. In Bayern gab es eine regelrechte Kampagne gegen angeblich im Windschatten des Krieges zugezogene Ostjuden, und in der Nähe von Ingolstadt wurde ein Internierungslager für abzuschiebende Personen eingerichtet. De facto kam es nur zu relativ wenigen Landesverweisungen, aber die ganze Aktion trug dazu bei, das Klima weiter zu vergiften.

Am 13. Oktober 1919 vermeldete die Nachrichtenabteilung der Münchner Polizei: »Wie wir von zuverlässiger Seite erfahren, sollen Ende Oktober des Jahres in München Judenpogrome stattfinden, ähnlich wie in Wien und Russland. Judenfamilien, welche in der Sache informiert sind, haben München bereits verlassen.« Während er andernorts schon bald wieder in den Hintergrund trat, blieb der Pogromantisemitismus in Bayern und vor allem in München tonangebend. Das Bayerische Innenministerium sah sich schließlich angesichts der anhaltenden antisemitischen Propaganda, die »einer friedlichen Entwicklung nicht zuträglich« war, zu einem Rundschreiben an die Polizeibehörden veranlasst, in dem zu einer Überwachung und gegebenenfalls einem Verbot der Aktivitäten aufgerufen wurde. Bei bedenklichen Äußerungen sei Strafanzeige zu erstatten. Kirche, Schule und »die besonnene Presse« sollten aufklären, das Kultusministerium wurde um Mithilfe ersucht. Dieses Rundschreiben des an sich wohlmeinenden Innenministers hatte natürlich keine durchschlagende Wirkung, da die Antisemiten ja vielfach in den Polizeibehörden saßen. Im März 1923 sprach schließlich eine Abordnung des Verbandes der Bayerischen Israelitischen Kultusgemeinden beim Ministerpräsidenten vor, um über die sich häufenden Terrorakte und den mangelnden Rechtsschutz Klage zu führen. Der Ministerpräsident, Eugen Ritter von Knilling (BVP), nahm die Ausführungen der Delegation »mit Interesse und Wohlwollen« entgegen. Davon, dass er energische Maßnahmen zur Abwehr des um sich greifenden gewalttätigen Antisemitismus initiiert hätte, ist allerdings nichts bekannt geworden.

Die bayerische Regierung verfolgte in den Jahren 1921 bis 1923, zwischen Kapp-Putsch und Hitler-Putsch, eine Politik der bedenkenlosen Toleranz gegenüber allen rechtsradikalen Kräften, solange sie nur irgendwie den Anschein einer oppositionellen Haltung gegenüber »Berlin« erweckten. Die bayerische und die Münchner Presse, die zu über 90 Prozent dem bürgerlichkonservativen Lager angehörte, folgte dieser Linie. Wirtschaftlich kontrolliert wurden die wichtigsten Zeitungen von der Großindustrie. Alfred Hugenberg, der bis 1918 Vorstandsvorsitzender bei Krupp gewesen war und jetzt einen rechts gerichteten Medienkonzern aufbaute, erwarb 1920 die München-Augsburger ›Abendzeitung‹ und vorübergehend auch die ›Münchner Neuesten Nachrichten‹, die einige Jahre später von einem Konsortium der Schwerindustrie unter Führung der Gutehoffnungshütte kontrolliert wurden, dem auch der ›Fränkische Kurier‹, die wichtigste nordbayerische Tageszeitung, gehörte. Die ›Münchner Neuesten Nachrichten‹ waren die wichtigste bayerische Tageszeitung, die einzige mit einer Auflage von mehr als 100 000 Exemplaren.

Als Herausgeber der ›Münchner Neuesten Nachrichten‹ wurde 1920 Paul Nikolaus Cossmann eingesetzt, als Chefredakteur Fritz Gerlich. Die beiden steuerten einen entschieden nationalistisch-antidemokratischen Kurs, sodass die ›Frankfurter Zeitung‹ feststellen musste: »Seitdem auch die ›Münchner Neuesten Nachrichten‹ unter den Einfluss der Kreise geraten sind, die im sogenannten Ordnungsblock die Sammlung aller reaktionären Kräfte betreiben, kommen die demokratischen Ideen in der bayerischen Presse nicht mehr zu Wort.«

Katholische Kirche

An der Spitze der katholischen Kirche stand seit 1917 Michael Kardinal von Faulhaber (1869–1952), ein entschiedener Gegner der Demokratie und der führende Kopf der antirepublikanischen Kräfte innerhalb der katholischen Kirche in Bayern. Auf dem ersten Münchner Katholikentag 1919 bezog er Stellung gegen die neue Verfassung: »Könige von Volkes Gnaden sind keine Gnade für das Volk und wo das Volk sein eigener König ist, wird es über kurz oder lang auch sein eigener Totengräber.« 1922, beim zweiten (diesmal nationalen) Münchner Katholikentag, kam es zu der berühmt gewordenen Auseinandersetzung zwischen Faulhaber und Konrad Adenauer, damals Oberbürgermeister von Köln. Adenauer, der Präsident des Katholikentages war, begann seine Entgegnung auf die antidemokratischen Äußerungen Faulhabers, der »Meineid und Hochverrat« als Ausgangspunkt der Weimarer Republik bezeichnet hatte, mit den Worten: »Es sind hie und da Äußerungen gefallen, die man sich aus Verhältnissen örtlicher Natur erklären kann, hinter denen aber die Gesamtheit der deutschen Katholiken nicht steht.« Er führte im Folgenden aus, dass die Zeit reif gewesen sei für das Abtreten der gekrönten Häupter. Georg Heim, der Führer des separatistischen Flügels der Bayerischen Volkspartei, rief: »Schmeißt den Kerl doch raus!«, und eine Eskalation der Situation konnte nur durch rasches Absingen des ›Te Deum‹ verhindert werden.

Faulhaber blieb unbelehrbar und rühmte sich noch 1936 bei einem Besuch Hitlers auf dem Obersalzberg seines damaligen Auftretens. In seiner Stellungnahme gegenüber Rom drängte Faulhaber vor allem darauf, dass von dort keine Billigung der Regierungskoalition erfolgte, die das katholische Zentrum mit der SPD eingegangen war. Außerdem erreichte Faulhaber, dass Adenauer den päpstlichen Orden, der einem Kirchentagspräsidenten normalerweise verliehen wurde, nicht erhielt.

Gründung der NSDAP

In diesem weiten Feld paramilitärischer Organisationen, völkischer Verbände, geheimer Zirkel und Bünde, antidemokratischer Eliten und umstürzlerischer Bestrebungen waren die ersten Nationalsozialisten zunächst kaum wahrzunehmen. Schon während des Krieges hatte der Werkzeugmacher Anton Drexler (1884–1942) mit Kollegen von der Königlich-Bayerischen Staatsbahn-Centralwerkstätte einen politischen Arbeitszirkel gegründet. Bei der ersten öffentlichen Versammlung am 2. Oktober 1918 kam der Sportreporter Karl Harrer (1890–1926) dazu, der Mitglied der rechtsradikalen Thule-Gesellschaft war. Die nach der sagenhaften Insel Thule benannte Gesellschaft war die Tarnorganisation des 1913 entstandenen Germanenordens. In der Bruderschaft, die großen Wert auf okkulte Riten legte, konnte

Emblem der Thule-Gesellschaft, 1919.

nur Mitglied werden, wer seine arische Abstammung über drei Generationen nachweisen konnte. Ein wichtiger Förderer der Thule-Gesellschaft war der Verleger Lehmann, weitere Mitglieder der Landtagsbibliothekar Rudolf Buttmann, der spätere Fraktionsvorsitzende der NSDAP im Bayerischen Landtag sowie Ernst Pöhner, Karl Fiehler, Alfred Rosenberg und Dietrich Eckart.

Die Männer um Drexler fassten bald den Beschluss, eine Partei zu gründen. Aus dem von Drexler vorgeschlagenen Namen »Deutsche Sozialistische Arbeiterpartei« wurde auf Harrers Einspruch hin das Wort »sozialistisch« gestrichen, und so wurde am 5. Januar 1919 die Deutsche Arbeiterpartei (DAP) aus der Taufe gehoben. Harrer wurde »Reichsvorsitzender«, Drexler Vorsitzender der ersten und einzigen Ortsgruppe in München. An weitere Versammlungen war in der Zeit der Münchner Räterepublik nicht zu denken. Erst nach ihrer Zerschlagung kam man am 17. Mai wieder zusammen; es erschienen zehn Mitglieder. Am 12. September 1919 versammelten sich immerhin 41 Personen, unter ihnen war erstmals auch Hitler.

Adolf Hitler

Adolf Hitler war seit Mai 1919 wieder in München. Er stellte sich der nach der Niederlage aus den deutschen Streitkräften neu gebildeten Reichswehr zur Verfügung. Bei den propagandistischen Aufklärungskursen fiel sein Rednertalent rasch auf, ebenso seine »nationale Zuverlässigkeit«. Zunächst wurde er als

Spitzel gegen revolutionäre Soldaten eingesetzt und erhielt eine Ausbildung als V-Mann. Hitlers Führungsoffizier war Hauptmann Karl Mayr, der Leiter der Nachrichten- und Aufklärungsabteilung des Münchner Gruppenkommandos der Reichswehr. Am 12. September 1919 erteilte Mayr Hitler den Auftrag, eine Versammlung der DAP zu observieren, die im Sterneckerbräu stattfand, dem Versammlungslokal der Partei. Vier Tage später besuchte Hitler erneut eine Versammlung und schloss sich der DAP an, die damals noch keine hundert Mitglieder hatte. Er erhielt die Mitgliedsnummer 555 (die Hunderter wurden bei der Nummerierung vorangestellt, damit es eindrucksvoller wirkte) und trat als siebtes Mitglied in den Arbeitsausschuss ein, wo er für Propaganda zuständig war. Dies war der Ausgangspunkt für die auch von Hitler selbst gepflegte Legende, er sei das siebte Mitglied der Partei gewesen.

Hitlers Tätigkeit als V-Mann der Reichswehr brachte es mit sich, dass er Veranstaltungen verschiedener Organisationen besuchte. So kam er am 7. Januar 1920 zum Deutschvölkischen Schutz- und Trutzbund, der mehr als 6000 Menschen zu einer Kundgebung im Münchner Kindlkeller mobilisiert hatte. Der Bund war im Jahr zuvor von den Alldeutschen gegründet worden. Mit bald 200 000 Mitgliedern war er die größte und aggressivste Vertretung des organisierten Antisemitismus. Die Großkundgebung demonstrierte dem Zuhörer Hitler, dass in der aufgeheizten Stimmung der Nachkriegsjahre das antisemitische Programm große Resonanz versprach.

Wenig später organisierte er selbst seine erste Massenversammlung. Am 24. Februar 1920 verkündete er im voll besetzten Festsaal des Hofbräuhauses das von ihm ausgearbeitete Programm der DAP, die sich wenige Tage später in NSDAP umbenannte. Das Parteiprogramm war ein Konglomerat bekannter Postulate des völkisch-antisemitischen Spektrums, geschickt vermischt mit Kampfparolen der Arbeiterbewegung. Zentral war Punkt 4: »Staatsbürger kann nur sein, wer Volksgenosse ist. Volksgenosse kann nur sein, wer deutschen Blutes ist, ohne Rücksicht auf Konfession. Kein Jude kann daher Volksgenosse sein.«

In jener Zeit entwickelte sich das endgültige Erscheinungsbild der Nazipartei. Hitler kopierte bewusst die kommunistische Propaganda mit leuchtend roten Plakaten und schwarzer Schrift. Auch die Fahne wurde rot wie die kommunistische, mit einem schwarz-weißen Innenfeld, sodass sich die alten deutschen Farben ergaben. Das Hakenkreuz, das völkische und antisemitische Ideologen als »nordisches Heilszeichen« propagierten und das damals viele rechtsradikale Organisationen verwendeten, wurde als offizielles Parteizeichen eingeführt. Hitler trat als Redner immer mehr in den Vordergrund, da er mit seinen ebenso platten wie fanatisch vorgetragenen Tiraden viele Menschen in seinen Bann zu ziehen vermochte. Anfang März wurde sein Name erstmals plakatiert.

In den Anfängen hatten sich die wenigen Mitglieder der DAP im Sterneckerbräu im Tal 54 (heute Nr. 38), nahe dem Isartor, getroffen. Im Dritten Reich wurde das Gastzimmer, das der Partei als erste Geschäftsstelle gedient hatte, zum Wallfahrtsort, den man gegen 20 Pfennig Eintritt besichtigen konnte. 1920 wurden die Räumlichkeiten zu klein, und die Nationalsozialisten zogen in das Gasthaus Cornelius in der Corneliusstr. 12 um.

Der Antisemitismus durchdrang die Gesellschaft mehr und mehr, besonders rasch die studentischen Kreise. Viele Vereinigungen schlossen jüdische Kommilitonen aus. Tragisch war der Fall von Maximilian Spaeth, der im Ersten Weltkrieg als Freiwilliger gekämpft und hohe militärische Auszeichnungen errungen hatte und wegen seiner nicht arischen Abstammung aus der studentischen Verbindung, deren Vorstand er angehörte, ausgestoßen wurde. Diese Schmähung traf ihn so tief, dass er in ein Nebenzimmer des Vereinslokals ging und sich erschoss. Der Vorfall erregte einiges Aufsehen, führte aber nicht zu einem entschlosseneren Vorgehen gegen den grassierenden Antisemitismus. So war z. B. die Mehrheit des Stadtrates aus Kostengründen nicht bereit, die damals verbreiteten Hakenkreuzschmiereien von den öffentlichen Gebäuden entfernen zu lassen.

In seinen immer zahlreicheren Veranstaltungen erklärte Hitler den Zuhörern, dass nicht die Sieger des Ersten Weltkrieges, sondern die Juden ihre Hauptfeinde seien, die »allein die Geschäfte machen und zum Bruderkrieg hetzen«. In Wahrheit schürten die Nazis den Bruderkrieg, vor allem auch durch Angriffe auf ihre jüdischen Mitbürger. Die Synagoge in der Herzog-Rudolf-Straße wurde besudelt. Schlägertrupps störten Veranstaltungen des Jüdischen Kulturbundes und randalierten in koscheren Restaurants; jüdische Bürger wurden auf offener Straße überfallen. Allein im Sommer 1922 wurde in 62 Fällen gegen Nationalsozialisten Anzeige wegen Ausschreitungen erstattet, diese Anzeigen verliefen jedoch schon damals zumeist im Sande.

›Völkischer Beobachter‹

Bereits seit 1887 erschien im Verlag Franz Eher das Wochenblatt ›Münchner Beobachter‹. Nach dem Tod von Eher kam die Zeitung 1918 in die Hände von Rudolf von Sebottendorf, dem Gründer der Thule-Gesellschaft, ab 1919 hieß sie ›Völkischer Beobachter‹ und wurde 1920 von der NSDAP übernommen, unter deren Regie das Blatt zunächst zweimal wöchentlich und ab 1923 täglich erschien. Hauptkreditgeber beim Kauf der Zeitung war Ritter von Epp. Die Schriftleitung übernahm zunächst Dietrich Eckart, später dann Alfred Rosenberg. Als Geschäftsführer des »Völkischen Beobachters« fungierte Max Amann, der während des Krieges Feldwebel in Hitlers Regiment gewesen war. Amann (1891–1957) wurde so Chef eines Verlages, der für eine Reihe von Jahren mit großen finanziellen Schwierigkeiten zu kämpfen hatte, doch später als »Zentralverlag der NSDAP Frz. Eher Nachf.« zu einem bedeutenden Konzern heranwuchs. Die Redaktion des ›Völkischen

Anzeige des Deutschvölkischen Schutz- und Trutz-Bundes im »Völkischen Beobachter«, 1920.

Beobachters‹ war anfänglich in den Räumen des Eher-Verlags in der Thierschstraße 15 untergebracht. 1922 war der Raumbedarf so gewachsen, dass die Redaktion in das Münchner Buchgewerbehaus in der Schellingstraße 39–41 umzog, wo die Zeitung auch gedruckt wurde. Gegenüber hatte der spätere »Reichsbildberichterstatter« Heinrich Hoffmann sein Fotoatelier. Seine Sekretärin Eva Braun wurde später Hitlers Freundin. Im Rückgebäude war von 1925 bis 1930 die Geschäftsstelle der NSDAP. Zwei Straßenecken weiter befand sich Hitlers Stammlokal »Osteria Bavaria« (heute: Osteria Italiana).

Sehr bald lief Adolf Hitler allen anderen Rednern der Partei den Rang ab. Er trat fast jede Woche auf. Seine demagogische Fähigkeit, die Menschen auf seine Parolen einzuschwören, trug erheblich zu dem sich bald entwickelnden Führerkult bei. Seine Hetzreden bedienten sich eingängiger Formeln und boten immer eindeutige Schuldzuweisungen an die »Novemberverbrecher«, das »Weltjudentum« usw. Hitler erfüllte so das verbreitete Bedürfnis, die Verantwortung für die gegenwärtige Misere bei anderen zu suchen. Diese Massenagitation führte der Partei viele neue Mitglieder zu, 50 000 waren es Ende 1923. Der propagandistische Erfolg schlug sich auch in steigenden Zuwendungen der Industrie nieder. Nicht nur der Verleger Hugo Bruckmann und der Klavierfabrikant Carl Bechstein, beide frühe Hitler-Verehrer, spendeten Geld, auch der Lokomotivproduzent Ernst Borsig, der Großindustrielle Fritz Thyssen und etliche andere. Im Oktober 1923 kam Thyssen sogar nach München, um sich von Hitler über seine Putsch-Pläne unterrichten zu lassen, und stellte, ohne zu zögern, dafür 100 000 Goldmark bereit.

1923 war das große Krisenjahr der Weimarer Republik. Am 11. Januar waren französische und belgische Truppen als Reaktion auf relativ geringfügige Lieferrückstände Deutschlands aufgrund der Reparationsverpflichtungen ins Ruhrgebiet einmarschiert. Die Reichsregierung hatte zum »passiven Widerstand« aufgerufen, was angesichts der galoppierenden Inflation und der schwierigen Wirtschaftslage ein aussichtsloses Unterfangen war.

Erster Reichsparteitag der NSDAP

In dieser Situation fand vom 27. bis 29. Januar 1923 in München der erste Reichsparteitag der NSDAP statt. Er geriet zu der bis dahin spektakulärsten Machtdemonstration der jungen Bewegung. Am Vorabend trat Hitler auf zwölf parallelen Massenversammlungen auf. Der mit den Nationalsozialisten sympathisierende Historiker Karl-Alexander von Müller erlebte das Schauspiel im Löwenbräu-Keller: »Eigne Kampflieder, eigne Fahnen, eigne Symbole, ein eigner Gruß, militärähnliche Ordner, ein Wald grellroter Fahnen mit einem schwarzen Hakenkreuz auf weißem Grund, die seltsamste Mischung von Soldatischem und Revolutionärem, von Nationalistischem und Sozialem. Stundenlang ununterbrochen dröhnende Marschmusik, stundenlang kurze Reden von Unterführern, wann würde er kommen? War doch noch ein Unerwartetes dazwischengetreten? Niemand beschreibt das Fieber, das in dieser Atmosphäre um sich griff. Plötzlich, am Eingang hinten, Bewegung, Kommandorufe. Der Sprecher auf dem Podium bricht mitten im Satz ab. Alles springt mit Heilrufen auf. Und mitten durch die schreienden Massen und die schreienden Fahnen kommt der Erwartete mit seinem Gefolge, raschen Schritts, mit starr erhobener Rechten zur Estrade.«

Den Höhepunkt der Kundgebungen des eigentlichen Parteitags bildete eine »feierliche Fahnenweihe«, bei der der SA ihre ersten Standarten verliehen wurden. Zugleich legten die Männer einen Treueid auf den »Führer« ab. Der Parteitag festigte das Bild der NSDAP als der am besten organisierten und entschlossensten Kraft innerhalb der politischen Rechten. Anfang Februar konstituierte sich auf Betreiben Röhms die »Arbeitsgemeinschaft der Vaterländischen Kampfverbände«, der mit der SA, der »Reichsflagge«, dem Bund Oberland und dem Münchner Teil der ehemaligen Einwohnerwehr die aggressivsten antidemokratischen Organisationen angehörten. Die Eingliederung der SA in diese Arbeitsgemeinschaft förderte erheblich ihren Ausbau zum paramilitärischen Wehrverband.

Putschpläne

Der Widerstand gegen die Besetzung des Ruhrgebietes brachte das Deutsche Reich unterdessen in immer größere wirtschaftliche Schwierigkeiten. Die Inflation erreichte astronomische Ausmaße. Am 26. September 1923 musste der neue Reichskanzler und Außenminister Gustav Stresemann das Ende des »passiven Widerstandes« verkünden. Noch am selben Tag ernannte die bayerische Landesregierung den früheren Ministerpräsidenten Gustav Ritter von Kahr zum Generalstaatskommissar, und der verhängte den Ausnahmezustand. Damit übernahm der republikfeindlich eingestellte Kahr die gesamte vollziehende Gewalt; er war nun gewissermaßen ein bayerischer Diktator. Er verbot zahlreiche links gerichtete Zeitungen, brach die diplomatischen Beziehungen zur sozialistisch geführten Regierung von Sachsen ab und hob die bayerische Durchführungsverordnung für das nach der Ermordung Walther Rathenaus erlassene Republikschutzgesetz auf. Auf der anderen Seite weigerte sich Kahr, dafür Sorge zu tragen, dass das von Reichswehrminister Otto Geßler verfügte Verbot des ›Völkischen Beobachters‹, der den Reichskanzler in maßloser Weise angegriffen hatte, durchgeführt wurde. Als Geßler den bayerischen Wehrkreiskommandeur Otto von Lossow deshalb seines Postens enthob, setzte Kahr ihn wieder ein. Zugleich wurde der bayerische Teil der Reichswehr bis zur Wiederherstellung des Einvernehmens zwischen Bayern und Reich von Kahr feierlich in die Pflicht genommen. Bei all diesen Unternehmungen unterstützte ihn der Chef der bayerischen Landespolizei Hans von Seißer.

Gleichzeitig gab es intensive Kontakte zwischen den Kräften um das bayerische Triumvirat Kahr, Lossow und Seißer, den norddeutschen antidemokratischen Kräften und den Radikalen Hitler und Ludendorff und der Schwerindustrie. Die Ersteren bevorzugten einen »kalten Staatsstreich«, der erfolgen sollte, nachdem Industrie und Landwirtschaft die Reichsregierung durch ökonomische Pressionen zur Strecke gebracht hatten, Hitler war dabei lediglich die Rolle eines Propagandisten zugedacht. Doch der sah sich nicht mehr als Trommler, sondern mehr und mehr als Führer der Bewegung zur Restitution nationaler Größe und Einheit.

Hitler-Putsch

Hitlers Ungeduld wuchs, doch es war ihm klar, dass er ohne Kahr, Lossow und Seißer keine Chance hatte. Als Kahr für den Abend des 8. November 1923 im Bürgerbräukeller eine Kundgebung ansetzte, bot sich endlich die ersehnte Gelegenheit. Kahr hatte gerade erst mit seiner Rede zur politischen Lage begonnen, als bewaffnete Nationalsozialisten den völlig überfüllten Saal abriegelten. Hitler drang bis zur Rednertribüne vor und nötigte Kahr, Lossow und Seißer in einen Nebenraum. Die drei widersetzten sich anfangs dem Putschplan, und Hitler kehrte allein in den Saal zurück, wo er zunächst nur einen kleinen Teil des Publikums auf seiner Seite hatte.

Karl-Alexander von Müller hat die Situation geschildert: »Eine gefährliche Welle der Erregung brandete zu ihm auf, als er wieder das Podium bestieg. Sie schwoll nicht ab, als er ansetzte zu reden. Ich sehe noch deutlich seine Bewegung, wie er den Browning hinten aus der Tasche zog und einen Schuss gegen die Decke abfeuerte. Wenn nicht Ruhe wird, rief er zornig, lasse ich ein Maschinengewehr auf der Galerie aufstellen. Was dann folgte, war ein rednerisches Meisterstück. Ich kann mich nicht erinnern, je in meinem Leben einen solchen Umschwung der Massenstimmung in wenigen Minuten, fast Sekunden erlebt zu haben.« Wenig später kehrten Kahr und die anderen Seite an Seite mit Hitler auf die Rednertribüne zurück. Die Leitung der Reichspolitik beanspruchte Hitler für sich selbst, Ludendorff wurde zum Führer einer »Nationalarmee« ausgerufen, Lossow zum »militärischen Diktator«, Seißer zum »Reichspolizeiminister«. Kahr wurde zum Verweser der bayerischen Monarchie erklärt, der Münchner Polizeipräsident Pöhner zum Ministerpräsidenten.

Die anwesenden Vertreter der Landesregierung wurden verhaftet. Kahr, Lossow und Seißer begaben sich zur Kaserne des

Angehörige der »Reichskriegsflagge« am Morgen des 9. November 1923 vor dem besetzten bayerischen Wehrkreiskommando, in der Mitte mit Fahne Heinrich Himmler.

Infanterieregiments 19 und widerriefen sofort ihre Teilnahme an dem Putsch, sodass der Marsch auf Berlin, der am nächsten Morgen am Bürgerbräukeller begann, an der Feldherrnhalle, wo die Landpolizei wartete, schon wieder zu Ende war. An der Spitze der bunt zusammengewürfelten Schar, die aus einigen tausend Mann verschiedener paramilitärischer Verbände und nur wenigen Reichswehroffizieren bestand, marschierten Hitler und Ludendorff, begleitet von Hermann Göring, Heinrich Himmler und weiteren Nationalsozialisten.

Bei dem Schusswechsel an der Feldherrnhalle kamen vier Polizisten und 16 Putschisten ums Leben. Andere wurden verwundet, wie z. B. Hermann Göring, der einen Schuss ins Bein erhielt. Auch von Hitler selbst hieß es, er sei verwundet worden. Tatsächlich hatte ihn der tödlich getroffene Scheubner-Richter mit zu Boden gerissen und ihm dabei das Schultergelenk ausgerenkt. Hitler floh in die Villa seines späteren Pressechefs Ernst Hanfstaengl in Uffing am Staffelsee, wo er sich im Kleiderschrank versteckte, aber trotzdem bald verhaftet wurde. Auch Ludendorff und andere ereilte dasselbe Schicksal. Einige Putschisten flohen ins Ausland, die meisten über die grüne Grenze nach Österreich.

Im Nachhinein erschien der Putsch geradezu als Farce, doch die Wahrnehmung der Zeitgenossen war eine ganz andere. Hitler war für viele ein Held, der etwas gewagt hatte, Kahr galt ihnen als Verräter. Wiederholt kam es zu tätlichen Angriffen auf Polizeikräfte und zu Zusammenrottungen von Enttäuschten. Die Anhänger der Nazibewegung schworen mehr als je zuvor auf ihren »Führer«. Die Reichsregierung hatte sich gegen die eigenwilligen Bayern, die mit dem Prinzip der Reichstreue große Mühe hatten, behauptet. Der bayerische Reichswehr-Kommandeur Lossow wurde unehrenhaft entlassen. Kahr musste sich aus der Politik zurückziehen und wurde Präsident des bayerischen Verwaltungsgerichtshofes. 1934 ließ ihn Hitler, der ihm den Verrat nicht verziehen hatte, im Zuge des sogenannten Röhm-Putsches umbringen.

Das Ende der Inflation

Inzwischen trieb die Inflation ihrem Höhepunkt entgegen. Für eine Semmel, die im Mai 1923 noch 100 Reichsmark gekostet hatte, waren im November zehn Milliarden zu entrichten. Am 15. November wurde der Inflation dann mit der Ausgabe der neuen Rentenmark ein Ende gemacht. Jetzt kostete die Semmel nur noch zwei Pfennige. Die Geldentwertung hatte alle Ersparnisse aufgezehrt und viele Angehörige des Mittelstandes der Verelendung preisgegeben. Die Zahl der Arbeitslosen hatte sich binnen weniger Monate verdreifacht. Ende 1923 wurden 140 000 Menschen durch die öffent-

Notunterkunft einer Arbeiterfamilie im Münchner Norden. Foto 1929.

liche Wohlfahrt unterstützt, mehr als ein Fünftel der Stadtbevölkerung. Auch die, die Arbeit hatten, waren vor Armut nicht geschützt, denn erst im August hatten die Münchner Arbeitnehmer die Anpassung ihrer Löhne an den Inflationsindex durchsetzen können, und die Inflation galoppierte so schnell, dass am Samstag ausgezahlte Löhne spätestens am folgenden Dienstag aufgebraucht oder wertlos geworden waren. Das Papiergeld verlor seine Funktion als Tauschmittel, und die Bauern hielten deshalb ihre Waren zurück. Manche Einzelhändler öffneten ihre Geschäfte überhaupt nicht. An der städtischen Freibank kam es vor, dass Frauen oder Kinder sich am Freitagmorgen anstellten, um 24 Stunden später preisgünstiges Fleisch zu bekommen. Erst die Einführung der Rentenmark machte die Überwindung dieser Zustände möglich.

Hitler vor Gericht

Die Angeklagten im Prozess nach dem Putschversuch vom 9. November 1923 vor der Kriegsschule in der Blutenburgstraße, wo die Verhandlungen stattfanden, Frühjahr 1924.

Am 26. Februar 1924 begann der Prozess gegen Adolf Hitler, Erich Ludendorff und acht weitere Angeklagte vor dem bayeri-

schen Volksgericht, nicht vor dem eigentlich zuständigen Staats-
schutzsenat des Reichsgerichts in Leipzig, da die bayerische
Regierung den gegen Hitler erlassenen Haftbefehl einfach igno-
riert hatte. Hitler nutzte den Prozess außerordentlich geschickt
als Agitationsbühne. Sein rhetorisches Talent machte sich auch
hier bemerkbar. Der Prozess steigerte Hitlers Popularität enorm.
Typisch war ein Lied, das der populäre Humorist Weiß Ferdl
damals Abend für Abend unter donnerndem Applaus zum Besten gab und in dem es hieß:

> Deutsche Männer stehen heute
> vor den Schranken des Gerichts,
> mutig sie die Tat bekennen,
> zu verschweigen gibt's da nichts!
> Sagt, was haben die verbrochen?
> Soll es sein gar eine Schand',
> wenn aus Schmach und Not will retten
> man sein deutsches Vaterland!

Weiß Ferdl (1883–1949, eigentlich Ferdinand Weisheitinger)
war während des Ersten Weltkrieges mit seiner Singspieltruppe
an verschiedenen Fronttheatern aufgetreten. Seit 1921 war er
Direktor der Gast- und Vergnügungsstätte »Platzl«, außerdem
ein früher Sympathisant der NSDAP, der er 1940 dann beitrat.

In dieser Atmosphäre war eine entschiedene, die Verbrechen
in ihrer Schwere ergründende Verhandlungsführung kaum
denkbar, sie lag wohl auch gar nicht in der Absicht des Gerichts.
Am 1. April 1924 erging das Urteil gegen Hitler und die Mitan-
geklagten, die Karikatur einer Entscheidung nach einem rechts-
staatlichen Verfahren. Hitler, Weber, Kriebel und Pöhner wurden als Haupttäter eingestuft und erhielten eine fünfjährige
Haftstrafe, nicht Gefängnis, sondern die als ehrenvoll angesehene Festungshaft. Brückner, Röhm, Pernet, Wagner und Frick erhielten je ein Jahr und drei Monate Festungshaft. Ludendorff
wurde freigesprochen und verließ unter Ovationen das Ge-
richtsgebäude. Mit den verhängten Strafen ging das Gericht an

die unterste Grenze des Strafrahmens. Zusätzlich billigte es ihnen aus »all den zugunsten der Verurteilten sprechenden Gründen« Bewährungsfristen zu, sodass Brückner, Röhm und Frick als freie Männer aus dem Gerichtssaal gingen. Schließlich sah der Gerichtshof von der zwingend vorgeschriebenen Ausweisung des Ausländers Hitler ab, denn: »Auf einen Mann, der so deutsch denkt und fühlt wie Hitler kann nach Auffassung des Gerichts die Vorschrift des Republikschutzgesetzes ihrem Sinne und ihrer Zweckbestimmung nach keine Anwendung finden.«

Fünf Tage nach der Urteilsverkündung, am 6. April 1924, fanden Landtagswahlen statt, die schlagartig zeigten, wie fragil das Fundament der Weimarer Demokratie war. Alle demokratischen Parteien verloren an Stimmen, während die KPD ihr Ergebnis auf 15,9 Prozent mehr als verdoppelte und der »Völkische Block«, der an die Stelle der verbotenen NSDAP getreten war, sensationelle 34,9 Prozent erreichte, in München sogar 50 Prozent. Als am 7. Dezember 1924 der Münchner Stadtrat gewählt wurde, hatten sich die Verhältnisse schon wieder normalisiert. Der Völkische Block kam nur noch auf 11,6 Prozent, die SPD auf 25,4 Prozent und die KPD auf 10,1 Prozent. Großer Gewinner war die BVP, die 41,3 Prozent erzielte und nun die dominierende Kraft war. Als Ergebnis der Wahlen stellte die BVP mit Heinrich Held den bayerischen Ministerpräsidenten und mit Karl Scharnagl den Münchner Bürgermeister.

Bürgermeister Scharnagl

Karl Scharnagl (1881–1963), der eigentlich die väterliche Bäckerei in Haidhausen hatte übernehmen sollen, ging frühzeitig in die Politik und vertrat seit 1911 das Zentrum im Bayerischen Landtag. Er war ein Vertreter des Mittelstands und hegte als entschiedener Föderalist starke Sympathien für das bayerische Königshaus. Als eine seiner ersten Amtshandlungen ließ er die Bilder des verflossenen Monarchen in den städtischen Dienstzimmern wieder anbringen. Sein Bruder Anton Scharnagl war Professor für Kirchenrecht und wurde 1941 Münchner Weihbischof. Dem

1924 gewählten Stadtrat gehörte erstmals auch der Sozialdemokrat Thomas Wimmer (1887–1964) an, der beim städtischen Arbeitsamt beschäftigt war. Der gelernte Schreiner war seit 1919 Vorsitzender der Münchner SPD und sollte nach dem Krieg Scharnagls Amtszeit an der Spitze der Stadt noch übertreffen. Scharnagl leitete die Geschäfte der Stadt mit einigem Geschick. Seine Haltung zur Weimarer Demokratie blieb, wie die so vieler Bürger, ambivalent, was sich symbolkräftig darin ausdrückte, dass er, als Reichspräsident Hindenburg den Eid auf die Verfassung ablegte, die städtischen Gebäude gar nicht beflaggen, bei anderen Gelegenheiten dagegen sowohl die schwarz-rot-goldene Fahne wie auch die schwarz-weiß-rote des Kaiserreiches aufziehen ließ. Es war ihm immer wichtig, Bayerns historische Größe herauszustellen; so sorgte er für die Anbringung von Gedenktafeln für die militärischen Führer der letzten Kriege in der Feldherrnhalle, und er betrieb auch erfolgreich Hindenburgs Ernennung zum Ehrenbürger.

Ein zentrales Anliegen des kommunalpolitischen Programms der BVP war die Förderung der Wirtschaft, vor allem der mittelständischen, die wie die städtischen Betriebe nach der Einführung der Rentenmark an einer empfindlichen Kapitalnot litt. Die Stadt konnte kaum ihre dringendsten Aufgaben erfüllen. Die Bautätigkeit ruhte fast völlig. Der Tierpark hatte aus nackter Not seine Tiere verkaufen müssen und schloss für fünf Jahre seine Tore. Selbst elementare Dinge wie die Elektrizitätsversorgung waren mittelfristig nicht mehr gesichert. Scharnagl scheute in dieser Situa-

Das Technische Rathaus an der Blumenstraße, um 1930.

tion auch vor unkonventionellen Mitteln nicht zurück und fuhr Anfang 1926, zusammen mit einer Stadtratsdelegation, für eine Woche nach New York, wo er eine Anleihe von 8,9 Millionen Dollar aufnehmen konnte. Im Jahr darauf folgte eine zweite, diesmal englische Auslandsanleihe. Die Stadtspitze war bereit, auf viele Jahre hinaus eine erhebliche Verschuldung in Kauf zu nehmen, um die privatwirtschaftliche und öffentliche Infrastruktur vor einem weiteren Verfall zu bewahren. 1927 gründete die Stadt die »Gemeinnützige Wohnungsfürsorge A. G.«, was dazu beitrug, den seit Langem darnieder liegenden Wohnungsbau wieder in Gang zu bringen. Zunächst wurden 3000 Wohnungen durch ein Sonderprogramm finanziert. 1925/29 entstand an der Blumenstraße Münchens erstes Hochhaus, dessen Architekt Hermann Leitensdorfer war. In den Jahren 1924 bis 1929 wurde von dem Baumeister und Architekten Bernhard Borst (1883–1963) die Wohnsiedlung Borstei errichtet. Sie versuchte, die Vorteile des Einfamilienhauses mit denen der Mietwohnung zu vereinen. Auf dem fast 64 000 m² großen Grund entstanden 772 Wohneinheiten. Die Wohnsiedlung schloss den Autoverkehr weitgehend aus, hatte ein eigenes Fernheizwerk, 14 Geschäfte, eine Apotheke, ein Postamt und zwei Kindergärten. Die Wohnblöcke umfassten große gartenartige Höfe. Es wurde darauf geachtet, dass jedes Gebäude etwas anders aussah. Die Borstei erhob den Anspruch, die »anerkannt schönste Wohnsiedlung Deutschlands« zu sein.

Neugründung der NSDAP
Adolf Hitler war, nachdem er kaum ein Jahr seiner ohnehin geringen Haftstrafe abgesessen hatte, am 20. Dezember 1924 entlassen worden. Nachdem das formelle Verbot der Partei gefallen war, rief er am 27. Februar 1925 zur Neugründung der NSDAP in den Bürgerbräukeller. Vor 4000 Zuhörern machte er seinen Führungsanspruch deutlich: »Ich führe die Bewegung allein.« Doch Hitler wurde im Laufe des Abends so ausfallend, dass ihn die bayerische Staatsregierung mit einem längeren Redeverbot

belegte. Daraufhin konnte er in der Öffentlichkeit nicht mehr auftreten, sondern nur noch bei geschlossenen Parteiversammlungen oder in privatem Rahmen. Jetzt gewannen die gesellschaftlichen Verbindungen an Bedeutung, die er mithilfe des väterlichen Freundes und Schriftstellers Dietrich Eckart hatte knüpfen können.

So waren der Verleger Hugo Bruckmann (1863–1941) und seine Frau Elsa Hitler sehr zugetan und luden ihn regelmäßig in ihren Salon ein, wo er zu geladenen Gästen sprechen konnte. Bruckmann war bei den Alldeutschen gewesen und hatte sich nach ihrem ersten Auftreten rasch der NSDAP angeschlossen. Er verlegte unter anderem den rassistischen Schriftsteller Houston Stuart Chamberlain, der der Schwiegersohn von Richard Wagner war, und hatte auch Hitler in Bayreuth im Haus Wahnfried eingeführt. Nach 1933 bekleidete Bruckmann zahlreiche Ehrenämter. Als er starb, ordnete Hitler ein Staatsbegräbnis an. Bruckmanns Frau Elsa stammte aus einem verarmten rumänischen Fürstengeschlecht. Der Soldatentod ihres Neffen im Ersten Weltkrieg hatte sie sehr deprimiert; selbst war sie kinderlos und empfand von Anfang an eine starke, schwärmerische Verehrung für Adolf Hitler. Sie kümmerte sich auch um seine Garderobe. Die Bruckmanns wohnten am Karolinenplatz 5 in einer fürstlichen Kaufmannsresidenz, ihr Haus war für München jahrzehntelang ein einzigartiger geistiger Mittelpunkt. Hier verkehrten die bedeutendsten Künstler, Musiker, Schriftsteller und Wissenschaftler, aber auch Politiker und Vertreter der Wirtschaft. Man konnte Furtwängler, Wölfflin, Hofmannsthal, George oder Rilke hier treffen, aber eben auch Chamberlain, Schuler, Heß und Rosenberg. Hier wurde der sich zur politischen Bewegung formierende Rassenwahn im wahrsten Sinne des Wortes salonfähig.

Eine andere leidenschaftliche Verehrerin Hitlers war die Frau des Berliner Klavierfabrikanten Bechstein. Edwin und Helene Bechstein residierten im Winter regelmäßig in einer Suite des Hotels Bayerischer Hof. Frau Bechstein machte sich Hoffnungen, Hitler werde ihre Tochter heiraten. Die Bechsteins waren

Antisemiten mit alldeutschem Hintergrund. Sie stellten ihm ihren Salon zur Verfügung, wenn er in Berlin war, luden ihn zu sich ein, wenn sie in München waren, und unterstützten ihn finanziell in erheblichem Umfang. Auch die Verleger- und Kunsthändlertochter Erna Hanfstaengl gehörte zu den Damen der Gesellschaft, die sich für Hitler begeisterten und ihm Zutritt zu vielen Häusern des alteingesessenen Bürgertums verschafften. Als wertvoll erwies sich vor allem auch die Verbindung zu ihrem Bruder Ernst, der für die Öffentlichkeitsarbeit der NSDAP verantwortlich war und maßgeblich dazu beitrug, dass es der Partei finanziell zunehmend besser ging, indem er sich um Spenden aus Kreisen der Wirtschaft kümmerte. Hitler wohnte nun nicht mehr zur Untermiete, sondern residierte in einer Neunzimmerwohnung am Prinzregentenplatz 16.

Die NSDAP hatte damals in München etwa 1600 Mitglieder, davon ein gutes Drittel in Schwabing. In den Jahren von 1924 bis 1929 stabilisierte sich die Weimarer Republik, und der Wählerzuspruch, den die NSDAP fand, schwand stetig. Gleichzeitig gewann die Partei an innerer Stabilität und organisatorischer Geschlossenheit, wobei sich München als unumstrittenes Parteizentrum durchgesetzt hatte. Schließlich wurde die Geschäftsstelle in der Schellingstraße zu klein. Anfang 1930 gelang es mithilfe von Spenden, das Palais Barlow in der damaligen Briennerstraße 45, zwischen Königs- und Karolinenplatz, zu erwerben. Der Architekt Paul Ludwig Troost baute das Palais zum »Braunen Haus« um; 1944 fiel es einem Bombenangriff zum Opfer. An dieser Stelle soll nun ein NS-Dokumentationszentrum entstehen.

Kommunalwahlen 1929

Die Kommunalwahlen vom 8. Dezember 1929 bescherten der SPD ihren bisher größten Erfolg. Sie gewann 17 von 50 Stadtratssitzen und wurde damit die mit Abstand stärkste Fraktion, während die BVP wiederum Stimmen verlor und nur noch zwölf Stadträte stellte. Doch die Sozialdemokraten konnten ihren

Wahlerfolg nicht in politischen Einfluss ummünzen. Die BVP verfügte zusammen mit anderen Rechtsparteien über eine relative Mehrheit von 22 Stimmen; die drei Kommunisten und die acht Stadträte der NSDAP kamen für eine Zusammenarbeit nicht infrage.

Diese relative Mehrheit kam gleich bei der Wahl des Ersten Bürgermeisters zum Tragen, als Karl Scharnagl gegen Eduard Schmid, bei Stimmenthaltung der Kommunisten und der NSDAP, wiedergewählt wurde. Da diese beiden Gruppierungen jede konstruktive Mitarbeit im Stadtrat ablehnten, entstand in den folgenden Jahren, der dritten und letzten demokratischen Stadtratsperiode, mehr und mehr eine eher erzwungene als erwünschte Kooperation zwischen BVP und SPD, die aufeinander angewiesen waren, wenn sie etwas erreichen wollten. Scharnagl hatte es zunächst mit einer rechten »Ausschussgemeinschaft der 22« versucht, doch hatte diese Gruppe eben keine Mehrheit, zudem driftete die DNVP immer mehr ins braune Fahrwasser ab. Die SPD andererseits, die in der zweiten Stadtratsperiode den Haushalt regelmäßig abgelehnt hatte, setzte nunmehr auf eine Zusammenarbeit mit der BVP, wovon sie sich mehr versprach als von einer mit Links- und Rechtsextremen rechnerisch möglichen Obstruktionsmehrheit.

Am 24. Oktober 1929 war der Dow-Jones-Index, der Wochen zuvor mit 381 Punkten ein Allzeithoch erreicht hatte, erstmals unter die Marke von 300 gefallen. Bis zum Jahresende verlor er mehr als die Hälfte seines Wertes. Das war der spektakuläre Auftakt zu einer weltweiten Wirtschaftskrise, die 1932 ihren Höhepunkt erreichen sollte. Auch in München verschlimmerte sich die Not weiter Bevölkerungsteile erneut. 1930 gab es bereits über 46 000, im Jahr darauf sogar mehr als 72 000 Arbeitslose. Die 30 städtischen Suppenküchen gaben mehr als acht Millionen Essen im Jahr aus, dennoch litten viele Menschen Hunger, und es kam immer wieder zu Demonstrationen. Die städtische Wohlfahrt verschlang schließlich ein Drittel des Stadthaushalts, während gleichzeitig die Einnahmen rückläufig waren. Die Stadt konnte ihre Zahlungsfähigkeit nur durch Zuschüsse der Reichsregierung und des bayerischen Staates aufrechterhalten.

Eine wichtige Arbeitsbeschaffungsmaßnahme waren die sogenannten Reichskleinsiedlungen, die auf eine Initiative des Reichskanzlers Heinrich Brüning zurückgingen. Diese Siedlungen lagen in der Peripherie, wo der Grund billig und Gartenbau und Kleintierhaltung zur eigenen Versorgung möglich waren. Die künftigen Siedler hatten durch die Errichtung des eigenen Heimes Arbeit und erwarben sich zugleich Wohnraum. 1932 entstanden die Siedlungen Freimann, Am Perlacher Forst und Zamdorfer Straße, in den folgenden Jahren Am Hart, Ramersdorf, Neuherberg und Kaltherberg.

FC Bayern erstmals Deutscher Meister

Am 12. Juni 1932 wurde der FC Bayern durch ein 2:0 gegen den FC Eintracht Frankfurt erstmals Deutscher Meister. Das gelang dem Lokalrivalen TSV 1860, aus dem die Bayern einst hervorgegangen waren, erst 1966. Der FC Bayern wurde damals von manchen als »Judenclub« geschmäht, weil sowohl der Präsident Kurt Landauer als auch der Trainer Richard Kohn Juden waren. Die siegreichen Spieler wurden am nächsten Tag von Vertretern der Münchner Sportverbände im Königssalon des Hauptbahnhofs willkommen geheißen, in festlich geschmückten Kutschen durch die Stadt gefahren und anschließend von Oberbürgermeister Scharnagl mit einem Empfang im Großen Sitzungssaal des Rathauses geehrt.

Literarisches Leben

In gewisser Weise parallel zur politischen Entwicklung wandelte sich auch das literarische Leben in München. Die Schwabinger Boheme hörte mit dem »weißen Terror« der Konterrevolutionäre nach dem Ende der Räterepublik weitgehend zu existieren auf. Ernst Toller und Erich Mühsam saßen im Gefängnis, Klabund und Johannes R. Becher flüchteten ins tole rantere Berlin. Rainer Maria Rilke betrat München, nachdem man ihn mit einer martialischen Hausdurchsuchung drangsaliert hatte, nie mehr. Schon vor dem Krieg waren Otto Erich Hartleben, Otto Julius Bierbaum und Paul Heyse gestorben, 1915 Josef Ruederer. Nun häuften sich die Todesfälle. Zwischen 1918 und 1920 starben Lena Christ, Max Dauthendey, Ludwig Ganghofer, Heinrich Lautensack, Georg Queri, Franziska von Reventlow und Frank Wedekind, 1921 Oskar Panizza und Ludwig Thoma. Die großen Vertreter einer Literatur, die Heimatbezogenheit mit Sozialkritik zu verbinden wusste, waren damit, bis auf Oskar Maria Graf, alle tot.

An ihre Stelle traten mehr und mehr Autoren wie Paul Alverdes, Hans Brandenburg, Georg Britting, Richard Billinger, Edwin Erich Dwinger, Dietrich Eckart, Hanns Johst, Erwin Guido Kolbenheyer, Ruth Schaumann oder Josef Magnus Wehner, die die Natur und das bäuerliche Leben mystifizierten, die Vergangenheit romantisch verklärten und Ideen wie die eines neuen Reiches, des Führerkultes, der Unterordnung des Einzelnen unter Art und Volk und Ähnliches propagierten. Einige von ihnen waren dem Nationalsozialismus direkt verbunden wie Edwin Erich Dwinger, der 1921 als Erbhofbauer ins Allgäu ging und nach 1933 Reichskultursenator wurde. Dietrich Eckart wurde der erste Chefredakteur des ›Völkischen Beobachters‹, Paul Alverdes Herausgeber der Zeitschrift ›Das innere Reich‹ und Hanns Johst, der mit Heinrich Himmler eng befreundet war, wurde der nationalsozialistische Paradeschriftsteller schlechthin.

Doch zunächst prägten noch andere Autoren das literarische Leben der Stadt und verliehen ihr Ansehen im In- und Ausland. Vor allem sind hier Bert Brecht, Ödön von Horváth, Lion Feuchtwanger, Heinrich und Thomas Mann zu nennen. Brecht, 1898 in Augsburg geboren, kam 1917 nach München, wo einige seiner berühmtesten Stücke uraufgeführt wurden. Es begann 1922 mit der Komödie ›Trommeln in der Nacht‹, die die Münchner Umsturzzeit zum Hintergrund hat und zuerst ›Spartakus‹ heißen sollte, an den Kammerspielen. Im Jahr darauf folgte ›Im Dickicht der Städte‹ am Residenztheater und 1924 ›Leben Edu-

Bert Brecht, Karl Valentin und Liesl Karlstadt auf dem Oktoberfest.
Foto um 1920.

ards II. von England‹. In diese Zeit fällt auch Brechts Zusammenarbeit mit Karl Valentin, dessen Stück ›Die Raubritter vor München‹ ebenfalls 1924 an den Kammerspielen seine Uraufführung erlebte. Die 1911 gegründeten Kammerspiele residierten damals noch in der Augustenstraße, die Übersiedlung ins Schauspielhaus in der Maximilianstraße erfolgte erst 1926. Der 1901 von Richard Riemerschmid errichtete Jugendstilbau, der vor einigen Jahren aufwendig renoviert wurde, bot mit seinen 720 Plätzen einen intimen Zuschauerraum, der eine große Nähe zwischen Schauspielern und Publikum möglich machte. Unter Otto Falckenbergs Leitung galten die Kammerspiele als die bedeutendste deutsche Sprechbühne außerhalb Berlins. Sie verfügte mit Bertha Drews, Therese Giehse, Elisabeth Flickenschildt, Marianne Hoppe, Kurt Horwitz, Heinz Rühmann, Hans Schweikart u.a. über eine Fülle hervorragender Schauspieler. Einer der großen Erfolge wurde die Aufführung der ›Dreigroschenoper‹ 1929, mit der Musik von Kurt Weill, in der Inszenierung von Hans Schweikart.

Wie Brecht hatten auch die Dramatiker Marieluise Fleißer

und Ödön von Horváth an der Münchner Universität studiert und anschließend hier gearbeitet. Alle drei verließen aber 1924/ 25 ebenso wie Heinrich Mann das für moderne, weltoffene Geister immer ungastlicher werdende München und zogen nach Berlin. Wenig später folgte ihnen auch Feuchtwanger dorthin. Lion Feuchtwanger (1884–1958) hatte sich vor allem mit historischen Romanen einen Namen gemacht, deren erfolgreichster ›Jud Süß‹ war, den die Nazis später in einem antisemitischen Hetzfilm pervertierten. Mit der Münchner Gesellschaft beschäftigte sich Feuchtwangers Roman ›Erfolg. Drei Jahre Geschichte einer Provinz‹ (1930), ein eindrucksvolles Porträt des schwarzbraunen Sumpfes jener Zeit. In dem Schlüsselroman treten Hitler, Kahr, Thoma, Ganghofer, Valentin, Brecht, Feuchtwanger selbst, seine Frau und viele andere Zeitgenossen auf. Gleich zu Beginn fragte sich der Keramikfabrikant Paul Hessreiter: »Früher hatte die schöne, behagliche Stadt die besten Köpfe des Reiches angezogen. Wie kam es, dass die jetzt fort waren, dass an ihrer Stelle alles, was faul und schlecht war im Reich und sich anderswo nicht halten konnte, magisch angezogen nach München flüchtete!«

Heinrich und Thomas Mann

Die bedeutendsten Autoren, die in den 20er-Jahren in München lebten und sich unermüdlich für die Demokratie engagierten, waren die Brüder Heinrich und Thomas Mann. Heinrich Mann (1871–1950) lebte von 1898 bis 1925 in München, meist in der Schwabinger Leopoldstraße. Er sah sich, seiner bürgerlichen Herkunft zum Trotz, als dezidiert sozialistischer Schriftsteller, was ihn dem Bruder zeitweise entfremdete. Thomas Mann (1875–1955) kam erstmals 1893 zum Studium nach München, wo er sich nach längeren Auslandsaufenthalten 1898 endgültig niederließ. Durch Vermittlung seines Lübecker Mitschülers Korfiz Holm wurde er für einige Jahre Redakteur des ›Simplicissimus‹. In diesen Jahren schrieb er an seinem großen Roman ›Buddenbrooks‹, der 1901 erschien und ihn auf einen Schlag berühmt

Heinrich und Thomas Mann im Atelier Elvira, 1902.

machte. 1905 heiratete er Katia Pringsheim, die aus einer reichen jüdischen Unternehmerfamilie stammte. Aus der Ehe gingen sechs Kinder hervor, unter ihnen Klaus und Erika, die gemeinsam mit Wedekinds Tochter Pamela Kabarettaufführungen veranstalteten. 1914 bezog die Familie das neue Haus in Bogenhausen am Herzogpark, den Mann später in ›Herr und Hund‹ beschrieb. 1929 erhielt Thomas Mann als einziger deutscher Schriftsteller zwischen den Weltkriegen den Literaturnobelpreis, was bodenständige Münchner in ihrer Skepsis gegenüber dem weltgewandten Bildungsbürger bestärkte. Diese Vorbehalte entluden sich im April 1933 im »Protest der Richard-Wagner-Stadt München«, der gegen »Herrn Mann, der das Unglück erlitten hat, seine früher nationale Gesinnung bei der Errichtung der Republik einzubüßen und mit einer kosmopolitisch-demokratischen Auffassung zu vertauschen« geiferte. Unterzeichnet war das Machwerk von zahlreichen Honoratioren, den Akademiepräsidenten, Generalintendanten, vielen Professoren sowie den Komponisten Hans Pfitzner und Richard Strauss. Wenig später verfügte der Chef der Bayerischen Politischen Polizei, Reinhard Heydrich: »Diese undeutsche, der nationalen Bewegung feindliche, marxistische und judenfreundliche Einstellung gab Veranlassung, gegen Thomas Mann Schutzhaftbefehl zu erlassen, der aber durch die Abwesenheit desselben nicht vollzogen werden kann. Nach den Weisungen der Ministerien wurden jedoch sämtliche Vermögenswerte beschlagnahmt.« Immerhin konnte sein Sohn Golo noch Manns Tagebücher aus dem Haus schaffen und in die Schweiz bringen.

Glücklicherweise hatte sich Thomas Mann, ähnlich wie

Oskar Maria Graf und andere, zum Zeitpunkt der »Machtergreifung« auf einer Auslandsreise befunden und entging so
der Verhaftung. 1926 hatte er sich in den ›Münchner Neuesten
Nachrichten‹ gegen Hanns Johst zur Wehr gesetzt: »Noch wohnen in dieser von Gnaden der Natur so reich begabten Stadt ein
paar Gäste, die aufgrund ihrer Lebensleistung und einer Gesinnung, welche mit den dringlichsten realen und ideellen Bedürfnissen der Zeit zusammenklingt, überall sonst in der Welt wohl-
gelitten sind, aber durch Jahre der Verdüsterung und eines nicht
mehr geleugneten Niederganges hindurch München Treue bewahrt haben.« Das war nun nicht länger möglich, und Thomas
Mann emigrierte in die USA.

Eine Gesellschaft immerhin gab es, die sich in den 20er-Jahren
der Gegenwartsliteratur verpflichtet fühlte. Das waren die 1924
gegründeten »Argonauten«. Ihnen gelang es, ein breites Spek-
trum unterschiedlicher Tendenzen zu integrieren. Zu den Grün-
dungsmitgliedern der Argonauten gehörten Paul Alverdes,
Hans Carossa, Josef Magnus Wehner, der Verleger Ernst Heimeran, sein Freund Ernst Penzoldt, Thomas Mann und Eugen
Roth. Bei den Veranstaltungen traten so unterschiedliche Autoren wie André Gide, Hermann Hesse, Hanns Johst und Thomas
Mann auf.

Schwabing

Das Phänomen Schwabing hatte damals eine Nachblüte. Noch
lebten Halbe, Ringelnatz und Roda Roda in München. Dann
gab es einige interessante jüngere Autoren wie Ernst Kreuder
und Stefan Andres, die ebenso wie Willy Seidel, Georg Schwarz,
Rolf Hoerschelmann, Werner Bergengruen und Georg Britting
zum Künstlerstammtisch in der »Brennessel« am Nikolaiplatz
gehörten. Diese und andere Schwabinger trafen sich im »Simplicissimus« in der Türkenstraße, wo Ringelnatz seine Gedichte
vortrug, oder auch im »Zwiebelfisch« in der Barerstraße. In der
Adalbertstraße war der Steinicke-Saal ein Zentrum für literarische Aktivitäten. Georg Steinicke hatte zunächst 1904, gemein-

sam mit Fritz Lehmkuhl, eine Buchhandlung in der Leopoldstraße gegründet und sich dann selbstständig gemacht. Er war auch Mitbegründer des Bayerischen Volksbildungsverbandes und vertrat 1932/33, als seine Buchhandlung schon ein Opfer der Weltwirtschaftskrise geworden war, die Deutsche Demokratische Partei im Stadtrat. 1930 wurde im Haus von Fritz Reck-Malleczewen, der später im Konzentrationslager Dachau umkam, der Tukan-Verlag gegründet, der vor allem wegen des noch heute bestehenden Tukankreises Bedeutung hat, den lange Jahre Rudolf Schmitt-Sulzthal leitete.

Bibliophilie

Nicht unerwähnt bleiben soll schließlich, dass München eine Hochburg des schönen Buches war. Mit Paul Renner, Jan Tschichold, Georg Trump und Fritz Helmuth Ehmcke waren führende Typografen hier tätig. Mehrere bedeutende bibliophile Pressen wie die Bremer Presse und die Rupprecht-Presse hatten in München ihren Sitz, zudem eine Reihe wichtiger Verlage für bildende Kunst wie z. B. Piper, wo seit 1918 die Drucke der Marées-Gesellschaft erschienen.

Bildende Kunst

Die bildende Kunst selbst hatte allerdings nach der Auflösung des Blauen Reiter massiv an Bedeutung verloren. Bürgermeister Scharnagl vertrat die Auffassung, Hauptaufgabe der städtischen Kunstpolitik sei die Erhaltung der »Münchner Atmosphäre«, die auf dem Gleichklang von Thron und Altar beruhe. Immerhin gelang 1924 der Ankauf der von der Witwe des Malerfürsten angebotenen Lenbach-Villa, einschließlich der zugehörigen Gemäldesammlung. Hier war der Grundstock gelegt für eine städtische Kunstsammlung, zu deren Leiter der Stadtrat Eberhard Hanfstaengl berief. Dessen Hauptaugenmerk war, den Wünschen der Stadt entsprechend, auf die Münchner Schule gerichtet, deren Hervorbringungen derart belanglos waren, dass in den

Jahren des nationalsozialistischen Ikonoklasmus so gut wie nichts aus der Sammlung entfernt wurde. Wenn es in München moderne Kunst von Rang zu sehen gab, war das vor allem das Verdienst des Kunsthändlers Hans Goltz, der 1912 eine Galerie eröffnet hatte und noch im selben Jahr die Gruppe des Blauen Reiter ausstellte. Aber auch die Maler der Brücke waren dort zu sehen oder de Chirico, der bis 1910 in München studiert hatte, und 1919 hatte George Grosz bei Goltz seine erste Einzelausstellung. Der Dank für diese bedeutenden Initiativen waren hämische Angriffe in der Münchner Presse und anonyme Morddrohungen.

Auch die Akademie der Bildenden Künste war fest in der Hand der Traditionalisten. Die Berufung von Karl Caspar, dem einzigen gemäßigt modernen Maler, hatte so viel Opposition hervorgerufen, dass man künftig frei werdende Professuren lieber unbesetzt ließ, als erneut solche Auseinandersetzungen zu gewärtigen. 1924 wurde der Architekt German Bestelmeyer Präsident der Akademie, der dann im nationalsozialistischen »Kampfbund für deutsche Kultur« aktiv wurde und dort den »Kampfbund der Deutschen Architekten und Ingenieure« mitbegründete. 1928 starb Franz von Stuck, der 34 Jahre lang an der Akademie unterrichtet hatte und zu ihren profiliertesten Vertretern gehört hatte. Er hatte eine Fülle bedeutender Schüler um sich geschart, von Hans Purrmann bis Wassily Kandinsky. Stucks Nachfolger wurde der Karikaturist Olaf Gulbransson, dessen pädagogische Fähigkeiten so bescheiden waren, dass er eine frühere Professur an der Kunstgewerbeschule verloren hatte. 1933 unterstützte er den »Protest der Richard-Wagner-Stadt München«.

Ein besonders bestürzendes Ereignis für die Kunstwelt, das weit über München hinaus nicht wiedergutzumachende Folgen hatte, fiel ins Jahr 1931. Am 6. Juni wurde der Glaspalast Opfer eines Großfeuers. Das Gebäude brannte restlos aus und wurde so schwer beschädigt, dass es abgerissen werden musste. 110 Gemälde der deutschen Romantik wurden durch den Brand vernichtet. Für die Münchner Künstlerschaft, die im Glaspalast regelmäßig große Verkaufsausstellungen durchgeführt hatte, war die Brandkatastrophe ein schwerer wirtschaftlicher Schlag.

Kampf um München als Kulturzentrum

Der Niedergang Münchens als Kunst- und Kulturzentrum blieb nicht unbemerkt. Eine Reihe von kleingeistigen Entscheidungen wie z. B. das Auftrittsverbot für Josephine Baker wegen Gefährdung des öffentlichen Anstands machten das Schlagwort von der »dümmsten Stadt Deutschlands« populär. Ihren Höhepunkt erreichte die Diskussion darüber im Jahre 1926. Steinicke rief sogar eine »Münchner Gesellschaft von 1926« ins Leben, zu deren Gründung Thomas Mann eine Rede hielt. Das wichtigste Ereignis dieses bewegten Jahres war indes eine Versammlung, zu der die Deutsche Demokratische Partei am 30. November aufrief. »Kampf um München als Kulturzentrum«, hieß das Thema der Reden, die Thomas und Heinrich Mann, Leo Weismantel, Willi Geiger, Walter Courvoisier und Paul Renner in der rettungslos überfüllten Tonhalle hielten. Nach der Eröffnung durch Thomas Mann sprachen die anderen über Theater, Bildungswesen, Musik, bildende Kunst und Kulturpolitik. Thomas Mann führte in seiner Eröffnungsrede aus: »Wir haben uns des renitenten Pessimismus geschämt, der von München aus der politischen Einsicht Berlins, der politischen Sehnsucht einer ganzen Welt entgegengesetzt wurde; wir haben mit Kummer sein gesundes und heiteres Blut vergiftet gesehen durch antisemitischen Nationalismus und Gott weiß welche finsteren Torheiten. Wir mussten es erleben, dass München in Deutschland und darüber hinaus als Hort der Reaktion, als Sitz aller Verstocktheit und Widerspenstigkeit gegen den Willen der Zeit verschrien war.« Die Versammlung sollte, so Manns Wunsch, ein »starkes Zeichen« für eine liberale, weltoffene Stadt setzen.

Universität

In den November 1926 fiel auch die Hundertjahrfeier der Münchner Universität. Der neu gewählte Rektor Karl Vossler (1872–1949) warnte in seiner Jubiläumsansprache vor »Provinzialismus als einer geistigen Gefahr«. Zum ersten Mal wurde, auf Vosslers Geheiß, an der Universität die schwarz-rot-goldene

Reichsfahne aufgezogen. Wenig später kam es zum Konflikt mit der stark nationalistischen Studentenschaft. Vossler forderte den Korporationsausschuss auf, die ausgeschlossenen jüdischen Verbindungen wieder aufzunehmen. Andernfalls wollte er den studentischen Korporationen das Farbentragen verbieten, doch das nahmen die Verbindungsstudenten eher in Kauf, als jüdische Kommilitonen in ihren Reihen zu dulden. Die Studentenschaft war derjenige Teil der deutschen Gesellschaft, den die National-sozialisten am schnellsten eroberten, und München hatte hier eine Vorreiterrolle. 1920 hatte ein Vortrag Albert Einsteins wegen angedrohter »judengegnerischer Auftritte« abgesagt werden müssen. Als Max Weber im selben Jahr die Begnadigung des Eisner-Mörders Arco kritisierte, wurde seine Vorlesung gesprengt. Richard Willstätter, der 1915 den Nobelpreis für Chemie bekommen hatte, legte 1924 seine Professur wegen des »triebhaften Antisemitismus« der Studenten nieder und zog sich aus dem Universitätsleben zurück.

München, dem einst »Nordlichter« zu nationaler Ausstrahlung verholfen hatten und das in der Kaiserzeit eine Hochburg des süddeutschen Liberalismus gewesen war, war zu einer Stadt geworden, in der nationalistische Studenten die Hörsäle, SA-Schlägertrupps die Straße, antisemitische Radaubrüder die Bierkeller und reaktionäre Geister die Presse dominierten. Aggressive Weltabgewandtheit, klerikale Aufklärungsgegnerschaft, bürgerlicher Opportunismus und die Mobilisierung antimoderner Ressentiments hatten sich zu einer explosiven Mischung verbunden. Der Nationalsozialist Adolf Drexler formulierte es 1937 so: »Das Volksleben Münchens wird nicht vom Verstand, sondern vom Gemüt beherrscht, und so konnte München am besten den Nährboden für eine Bewegung abgeben, die sich in erster Linie an das Gemüt und an den Glauben wendet.«

DRITTES REICH

Machtergreifung

Von München war die nationalsozialistische Bewegung ausgegangen, und Adolf Hitler blieb der Stadt, dem »am meisten geliebten Fleck der Erde«, wie er in ›Mein Kampf‹ geschrieben hatte, auch nach der »Machtergreifung« eng verbunden. An ihrer Entwicklung nahm er weiterhin bis in Details lebhaften Anteil. München war unter allen deutschen Städten die einzige, die gleich zwei nationalsozialistische Ehrentitel erhielt: 1933 wurde sie »Hauptstadt der deutschen Kunst«, zwei Jahre später »Hauptstadt der Bewegung«. Wenn das Dritte Reich ein »Doppelstaat« war, ein Normenstaat einerseits, der auf gesetzlicher Grundlage agierte und auf staatlicher Verwaltung basierte, und ein terroristischer Maßnahmenstaat andererseits, der sich auf eine staatlicher Kontrolle entzogene Einparteienherrschaft stützte, dann spiegelte sich dieser Dualismus im Gegensatz zwischen Berlin und München. Hier die deutsche Hauptstadt mit der Reichsregierung, dort die »Hauptstadt der Bewegung« mit dem »Braunen Haus«, von dem ausgehend ein gewaltiges Parteiregierungsviertel in München entstand.

Am 9. März 1933, vier Tage nach den letzten relativ freien Reichstagswahlen, wurde der Münchner Stadtrat gewählt. Die NSDAP kam auf 37,8 Prozent der Stimmen, was ihr 20 von 50 Sitzen einbrachte. Weitere drei Sitze entfielen auf die nationalistische »Kampffront Schwarz-Weiß-Rot«. Die SPD fiel von 17 auf 10 Mandate zurück, die BVP von 12 auf 11. Die KPD steigerte sich von drei auf sechs Mandate, die sie faktisch aber nicht mehr wahrnehmen konnte. Dennoch hatten die Nazis zunächst keine sichere Mehrheit im Stadtrat, was aber kaum noch eine Rolle spielte. Rollkommandos der SA verwüsteten am 9. März die Redaktionsräume der ›Münchner Post‹ (SPD), des ›Bayerischen Kuriers‹ (BVP) sowie der katholischen Wochenzeitung ›Der gerade Weg‹, deren Leiter Fritz Gerlich von SA-Männern zusammengeschlagen, nach Dachau verschleppt und dort trotz internationaler Proteste gegen seine Behandlung am 1. Juli 1934 ermordet wurde.

Den bayerischen Ministerpräsidenten Held hatte Hitler schon am 1. März nach Berlin befohlen und ihm mit dem Einmarsch der Reichswehr gedroht, wenn er sich dem Gang der Dinge in den Weg stelle. Als Held acht Tage später noch immer nicht zurücktreten wollte, schritten die Nazis zur Selbsthilfe. Die Stadträte Amann und Weber entrollten die Hakenkreuzfahne vom Rathausbalkon und gaben der erwartungsvollen Volksmenge die Machtübernahme durch Franz Ritter von Epp bekannt. Am späten Abend kam das lang erwartete, aus Vorsicht erst nach Dienstschluss aufgegebene Telegramm vom neuen Reichsinnenminister Frick, der Epp unter dem Vorwand der Erhaltung von Sicherheit und Ordnung zum Reichskommissar ernannte. Vier Wochen später, Held war inzwischen zurückgetreten, wurde Epp zum Reichsstatthalter für Bayern ernannt, was er bis zum Ende des Dritten Reiches blieb.

Die neuen Herren

Adolf Wagner (1890–1944) stand seit 1930 an der Spitze des auf Anordnung Hitlers geschaffenen »Traditionsgaus München-Oberbayern«. 1933 wurde er zusätzlich bayerischer Innenminister. Der fanatische Antisemit galt als einer der mächtigsten Gauleiter im Dritten Reich. Häufig völlig betrunken, übte er ein willkürliches und brutales, durch und durch autokratisches Regiment aus. Gleich 1933 ließ er über 100 Lebensmittelhändler wegen überhöhter Butterpreise verhaften und nach Dachau bringen. Nach dem Tod von Hans Schemm übernahm Wagner 1936 zusätzlich den Posten des Kultusministers, außerdem war er Staatskommissar für das Haus der Deutschen Kunst. Wagner residierte zunächst im Prinz-Karl-Palais, ab 1936 in der vom Büro Troost restaurierten Kaulbach-Villa, wo er Hof hielt. Viele

Nazi-Größen suchten ihn dort auf, auch Hitler selbst wurde häufiger gesehen. Das Verwaltungsamt der Gauleitung wurde nach der »Machtergreifung« im ehemaligen Landtagsgebäude in der Prannerstr. 20 untergebracht, das nun »Haus der Nationalsozialisten« hieß.

Am 20. März 1933 ernannte Wagner Karl Fiehler (1895–1969) zum kommissarischen neuen Münchner Bürgermeister. Scharnagl hatten die Nazis zuvor zum Rücktritt gezwungen. Fiehler kassierte die Mandate der KPD, sodass die Stimmenmehrheit für seine Wahl gesichert war. Außerdem befanden sich zwei der sozialdemokratischen Stadträte bereits in »Schutzhaft«. Karl Fiehler war früh der NSDAP beigetreten, hatte am Marsch auf die Feldherrnhalle teilgenommen und mit Hitler in Landsberg eingesessen. Er wurde aber am 29. November 1924 rechtzeitig aus der Haft entlassen, um zehn Tage später zu einem der ersten drei nationalsozialistischen Stadträte gewählt zu werden. Vier Jahre später stieg er in die Reichsleitung der Partei auf und wurde Leiter des »Amtes für Kommunalpolitik«, hatte aber keinen besonders großen Einfluss innerhalb der Partei, für die er zu sehr akademisch-distanzierter Verwaltungsfachmann war. Dafür war ihm eine gewisse kommunalpolitische Sachkunde nicht abzusprechen, sodass München mit ihm noch besser dran war als manche andere Stadt.

Fiehlers zurückhaltend-zögerndem Temperament genau entgegengesetzt war das Gemüt von Christian Weber (1883–1945). Weber war im Krieg Trossknecht gewesen, danach Schwarzhändler und Rausschmeißer in Bierkellern. Er trat häufig als Anführer von Schlägertrupps der SA auf und war allein in den Jahren bis 1925 in über 150 Gerichtsverfahren verwickelt. Als Stadtrat versuchte er gerne, fehlende Mehrheiten durch Handgreiflichkeiten zu kompensieren und hatte auch eine Schlüsselrolle bei der Machtübernahme im Rathaus. Weber war berühmt für seine Saufgelage und ausschweifenden Festlichkeiten und hatte den Ruf eines »Bier-Göring für Bayern«. Aber er konnte auch sehr ungemütlich werden, wenn man ihm widersprach, und war dafür bekannt, dass er einen »nach Dachau bringen« könne.

Ganz besonders liebte er den Reitsport. Er war Präsident des von ihm gegründeten Deutschen Jagdmuseums (heute in der Fußgängerzone) sowie des Rennvereins München-Riem und des Kuratoriums »Das Braune Band von Deutschland«. 1934 erstmals durchgeführt, war »Das Braune Band« das höchst dotierte Pferderennen Deutschlands. Bis zum Kriegsausbruch gehörte die »Nacht der Amazonen« zum Begleitprogramm des Rennens. Dabei fanden sich spärlich bekleidete junge Damen im Nymphenburger Schlosspark zu lebenden Bildern zusammen. Weber verfügte über eine fast unerschöpfliche Sammlung von Ehrentiteln und trat, zu Hitlers Missfallen, selbst bei offiziellen Anlässen lieber im Frack auf als in seiner SS-Uniform. Kurz nach seiner Verhaftung durch die Amerikaner starb er im Mai 1945 bei einem Verkehrsunfall und hinterließ ein Millionenvermögen sowie gewaltige Steuerschulden.

Gleichschaltung

Nachdem die Nationalsozialisten einmal an der Macht waren, vollzog sich die Umorientierung sehr rasch. Schon am 10. März wurden etwa 50 Redakteure und Angestellte der ›Münchner Neuesten Nachrichten‹, der ›Münchner Illustrierten‹ und der ›Süddeutschen Sonntagspost‹, die alle im Verlag Knorr & Hirth erschienen, entlassen. Unter ihnen waren Eugen Roth, Ernst Heimeran, Paul Nikolaus Cossmann und Werner Friedmann. Wenig später begann die nationalsozialistische »Neuordnung des Stadtrats«. Nachdem SPD und BVP bald verboten wurden, reduzierte sich das Gremium auf eine Akklamationsmaschine ohne eigenständige Willensbildung. Drei der berufsmäßigen Stadträte wurden zwangsweise in den Vorruhestand geschickt, die anderen acht amtierten zunächst weiter, darunter nicht weniger als sechs, die ihr Amt schon in der Kaiserzeit angetreten hatten. In der Stadtverwaltung wurden mehrere Hundert Mitarbeiter entlassen, vor allem Kommunisten, aber auch Sozialdemokraten und andere, die als »national unzuverlässig« galten. Heinrich Himmler (1900–1945), dessen Vater Oberstudiendirektor am Wittelsbacher Gymnasium gewesen war, übernahm zunächst den unscheinbaren Posten des Münchner Polizeipräsidenten, doch das war nur der Ausgangspunkt für eine steile Karriere, die ihn schließlich zum zweitmächtigsten Mann des Dritten Reiches machte. Am 15. März 1933 wurde Himmler »Politischer Polizeikommandeur Bayerns« und übernahm nach und nach alle Landespolizeien, für die er eine zentrale Organisation schuf. Sein wichtigster Mitarbeiter Reinhard Heydrich wurde 1933 Leiter der »Bayerischen Politischen Polizei«, der späteren Geheimen Staatspolizei (Gestapo), die ihren Sitz in dem von Gärtner erbauten Wittelsbacher Palais in der Brienner Straße hatte. Der Gebäudekomplex erhielt an der Nordseite einen Anbau, das »Gefangenenhaus«. Hier verhörte und folterte die Gestapo Regimegegner oder solche, die sie dafür hielt. Das Wittelsbacher Palais wurde im Krieg stark beschädigt. Nach dem Krieg erwarb die Bayerische Landesbank das Gelände und errichtete hier ihre Zentrale.

KZ Dachau

Am 21. März 1933 gab Himmler die Errichtung eines Konzentrationslagers vor den Toren der Stadt in der Nähe von Dachau bekannt. Das Lager wurde in einer ehemaligen Munitionsfabrik errichtet und diente zunächst zur Aufnahme von 5000 politischen Schutzhäftlingen. Vom Instrument der »Schutzhaft« machten die Nationalsozialisten massenhaft und völlig willkürlich Gebrauch. Angeblich wurde es eingesetzt, um Menschen vor dem »Volkszorn« zu schützen, in Wahrheit diente es dazu, Missliebige zu verhaften, die sich nichts hatten zuschulden kommen lassen, sodass es keine juristische Handhabe gegen sie gab. Das Konzentrationslager Dachau stand zunächst unter Aufsicht der Bayerischen Landpolizei, wurde aber schon nach wenigen Wochen von der SS übernommen.

Dachau war ein nationalsozialistisches Musterlager mit einem strengen Organisationsschema für das Lagerleben. Das Lagerpersonal und auch die Kommandanten der anderen Lager wurden hier ausgebildet. Dachau wurde zur Mörderschule der SS, die neben vielen anderen Vernichtungsbürokraten auch Adolf Eichmann durchlief. Insgesamt wurden in den zwölf Jahren des Naziterrors etwa 206 000 Menschen in das Konzentrationslager eingeliefert, von denen 32 000 ums Leben kamen. Mit den Jahren entwickelte sich ein Netzwerk mit 125 Außenlagern, das die Münchner und die oberbayerische Rüstungsindustrie mit Sklavenarbeitern versorgte.

Das Parteiviertel
Ausgehend vom »Braunen Haus« entstand ein die Maxvorstadt mehr und mehr dominierendes Parteiviertel, das insgesamt mehr als 50 Gebäude umfasste, die vor allem in der Arcis-, Brienner-, Karl- und Barer Straße standen. Größter Arbeitgeber war der Reichsschatzmeister Franz Xaver Schwarz, der allein mehr als 3200 Angestellte beschäftigte. Dem »Braunen Haus« gegenüber lag das Palais Degenfeld, wo der päpstliche Nuntius residierte. 1934 erklärten die Nationalsozialisten die päpstliche Gesandtschaft für beendet und übernahmen das Palais, in dem nun der »Stellvertreter des Führers« Rudolf Heß sein Quartier bezog. Nach dessen Flug nach England 1941 wurde die Dienststelle in »Leiter der Partei-Kanzlei« umbenannt und von seinem bisherigen Stellvertreter Martin Bormann geführt. Zwei große repräsentative Neubauten waren der »Führerbau« in der Arcisstraße nördlich der Brienner Straße, der heute die Hochschule für Musik und Theater beherbergt, sowie der »Verwaltungsbau der NSDAP« südlich der Brienner Straße (damals Arcis-, jetzt Meiserstraße), wo heute das Zentralinstitut für Kunstgeschichte seinen Sitz hat. Die beiden neoklassizistischen Monumentalbauten sind gewissermaßen die nationalsozialistische Antwort auf Glyptothek und Staatsgalerie, denen sie direkt gegenüberstehen. Zwischen diesen beiden Neubauten, direkt an der Brienner Straße, waren die beiden »Ehrentempel«, die 1935 nach einer pompös inszenierten Umbettung die 16 »Blutzeugen« aufnahmen, die beim Hitler-Putsch ums Leben gekommen waren.

Haus Pringsheim in der Arcisstraße 12, 1890 erbaut, musste es 1933 dem Verwaltungsbau der NSDAP weichen.

Um die Neubauten in der Arcisstraße errichten zu können, musste die vorhandene Bebauung abgerissen werden. Darunter befanden sich architekturgeschichtlich bedeutsame Gebäude, so ein 1832 von dem Maler Julius Schnorr von Carolsfeld errichtetes Wohngebäude, das dem »Führerbau« weichen musste. Ein architektonisches Juwel und zugleich ein Mittelpunkt des gesellschaftlichen und kulturellen Lebens war das Wohnhaus der Pringsheims, deren Tochter Katia 1905 die Frau von Thomas Mann wurde. Alfred Pringsheim war ein bedeutender Mathematiker, der sehr kunstinteressiert war und unter anderem über die größte damals bekannte Majolika-Sammlung verfügte. Ein besonders wertvolles Objekt in dem überaus reich ausgestatteten Haus war ein großer Wandfries von Hans Thoma, den Pringsheim in Auftrag gegeben hatte. 1933 wurde Pringsheim gezwungen, sein Anwesen und die Sammlungen für einen Bruchteil ihres eigentlichen Wertes zu verkaufen, um Platz für den Verwaltungsbau der NSDAP zu machen.

Veränderung der Stadtgestalt

Mit diesem brutalen Eingriff in die Bausubstanz zerriss der urbanistische Zusammenhang zwischen der Bürgerstadt und dem Platz Ludwigs I. Auch der Platz selbst blieb nicht verschont. Die Bäume, die ihn östlich begrenzten, wurden entfernt, was die disproportionale Monumentalität der neuen Bauten noch mehr zur Geltung brachte. Die Gestaltung des Platzes mit Durchfahrtsstraßen und großen Grünflächen wurde 1935 durch einen einheitlichen Plattenbelag ersetzt. Die Nationalsozialisten verwandelten die Agora in einen Appellplatz, der bei zahllosen Gelegenheiten für Aufmärsche und Versammlungen genutzt wurde. Unter anderem endete hier der jährliche Gedenkmarsch am 9. November, der an den Hitler-Putsch erinnern sollte. Im Zuge der Vereinnahmung bekam der Platz auch einen neuen Namen. Den Nazis war die traditionsreiche und volkstümliche bayerische Monarchie immer unheimlich gewesen, weshalb der Königsplatz nun »Königlicher Platz« hieß.

Der größte Teil der nationalsozialistischen Planungen für München wurde glücklicherweise nie Realität, aber es gab eine Reihe von spürbaren Eingriffen in die Stadtsubstanz. Die Vonder-Tann-Straße wurde stark verbreitert, um eine Sichtachse auf das Haus der Kunst zu schaffen. Das von Leo von Klenze geschaffene Herzog-Max-Palais in der Ludwigstraße fiel dem Neubau der Reichsbank-Repräsentanz zum Opfer. In diesem Palais waren die Kinder von König Maximilian I. aufgewachsen, unter ihnen die zweite Tochter Elisabeth, genannt Sisi, die später Kaiserin von Österreich wurde. Eine ganze Reihe von Häusern wurde in der Ludwigstraße abgerissen, um Platz zu schaffen für ein »Zentralministerium«, das die dem Land im zentralistischen Dritten Reich noch verbliebenen Befugnisse zusammenfasste. Die älteste evangelische Kirche, die Matthäuskirche in der Sonnenstraße, ließ Gauleiter Wagner 1938 ebenso abreißen wie die Hauptsynagoge in der Herzog-Max-Straße. Es war dies die erste Zerstörung eines jüdischen Gotteshauses im Deutschen Reich.

Als Ersatz für den abgebrannten Glaspalast sollte am südlichen Ende des Englischen Gartens ein neues Ausstellungsgebäude errichtet werden. Adolf Hitler warf die vorherigen Planungen über den Haufen und bestimmte Paul Ludwig Troost (1878–1934) zum Architekten. Der war nach dem Studium bei Karl Hofmann in Darmstadt nach München gekommen und hatte zunächst die Leitung des Büros von Martin Dülfer übernommen. Troost war damals Hitlers Lieblingsarchitekt und wurde daher mit dem Umbau des »Braunen Hauses« ebenso be-

auftragt wie mit der »Führerwohnung« in der Berliner Reichs-
kanzlei. Nach seinem Tod übernahm die Witwe Gerdy Troost
(1904–2003), die ebenfalls Architektin war, die Leitung der Arbeiten. Sie war auch für die Umgestaltung des Königsplatzes und
die angrenzenden Bauten verantwortlich. Neben Leni Riefen-
stahl und Winifred Wagner gehörte auch Gerdy Troost zu den
Frauen, die auf Hitler große Anziehungskraft ausübten.

Das Haus der Deutschen Kunst

»Kunst ist eine erhabene und zum Fanatismus verpflichten-
de Mission.« So stand es auf dem Grundstein, den Hitler am
15. Oktober 1933 für das »Haus der Deutschen Kunst« legte. Es
war der einzige repräsentative Museumsbau, der in der Nazizeit
entstand, und es war kein Zufall, dass er in München errichtet
wurde. Adolf Wagner schrieb im ›Völkischen Beobachter‹:
»Wenn dieses Haus der deutschen Seele in München durch die
Hammerschläge des Baumeisters des Dritten Reiches, Adolf Hitler, seine Grundsteinlegung erlebt, dann deswegen, weil deutsches Künstlertum in München stets den besten Ausdruck der
deutschen Seele fand, und weil wohl deswegen München des
deutschen Volkes Seele sein muss.« Dass Hitler bei der Grundsteinlegung der Hammer zersprungen war, fand keinen Eingang
in die Berichterstattung. Zur Finanzierung wurde ein Träger-
verein geschaffen, dessen Vorsitz der Bankier August von Finck,
der reichste Bewohner Bayerns, übernahm, der Hitler sehr zugetan war. Am 18. Juli 1937 wurde der »erste schöne Bau des
neuen Reiches« schließlich mit der von da an jährlich wiederhol-
ten »Großen Deutschen Kunstausstellung« eingeweiht.

Die damit verbundenen Zeremonien brachten fast die gesamte Parteiprominenz nach München. Hitler, Göring, Goebbels,
Gerdy Troost und August von Finck führten den Rundgang an.
»Zweitausend Jahre deutsche Kultur« hieß ein großer Festzug,
der in historischen Kostümen durch die Stadt zog. Am Tag darauf wurde in den nahen Hofgartenarkaden die zur Abschreckung gedachte Ausstellung ›Entartete Kunst‹ eröffnet. In ei-

nem Bildersturm ohnegleichen war der Fundus der öffentlichen Sammlungen um etwa 17 000 Werke der »Verfallskunst« geschädigt worden, ein Verlust, der bis heute nachwirkt. Eine Auswahl aus diesem Raubzug hatte man zu einer Art Horrorschau zusammengestellt, die von München aus ihren Weg durch das Deutsche Reich antrat und insgesamt von mehr als zwei Millionen Menschen besucht wurde. Der Kommission, die die Bestände der Museen nach »entarteter« Kunst durchforstet hatte, gehörten unter dem Vorsitz des Präsidenten der Reichskammer der bildenden Künste, des Malers Adolf Ziegler, sowohl Museumsleute als auch nationalsozialistische Kunstschriftsteller an, unter ihnen Franz Hofmann. Er war seit 1931 hauptamtlich Kunstkritiker beim ›Völkischen Beobachter‹ gewesen und war im Juni 1934 zum neuen Leiter der Städtischen Galerie im Lenbachhaus berufen worden. Wie so viele der neuen Amtsinhaber war er fachlich nur schwach qualifiziert, dafür war er Mitglied des Freikorps Epp gewesen und hatte auch am Marsch auf die Feldherrnhalle teilgenommen.

Städtische Kulturpolitik
Nachdem der Zweite Bürgermeister und der Kulturreferent 1934 in den Ruhestand gegangen waren, wurde ein selbstständiges, dem Oberbürgermeister direkt unterstelltes städtisches Kulturamt geschaffen. Dieses Amt sollte bei der Nationalsozialisierung des Kulturbetriebs helfen. Fiehler erklärte in aller Offenheit: »Es ist mir im gegenwärtigen Augenblick viel wichtiger, absolut innerlich überzeugte Nationalsozialisten an diesen Stellen zu haben als irgendwelche Koryphäen, die vielleicht einen großen Namen als Künstler haben.« Leiter des Kulturamts wurde Hans Zöberlein, Freikorpskämpfer, Blutordensträger und SA-Standartenführer. Als Schriftsteller hatte er vor allem zur Dolchstoßlegende einen Beitrag geleistet. Für sein Buch ›Ein Glaube an Deutschland‹ hatte er 1933 den Literaturpreis der Stadt München erhalten. Leiter der Abteilungen für Literatur, Kunst und Musik wurden ein pensionierter Offizier, ein drittklassiger Ma-

ler und ein arbeitsloser Kapellmeister. Dem Amt war in Hitlers Augen kein Erfolg beschieden, und Zöberlein musste 1935 seinen Hut nehmen. Das Kulturamt bestand weiter, beschränkte sich aber zunehmend auf administrative Angelegenheiten.

Die Münchner Kammerspiele unter dem charismatischen Otto Falckenberg (1873–1947), der das Haus von 1917 bis 1944 leitete, waren bis zu einem gewissen Grad geschützt vor politischen Einwirkungen, denn die Nationalsozialisten wussten, dass diese Bühne für das Ansehen der »Hauptstadt der deutschen Kunst« unentbehrlich war. Das Jahr 1933 war ein gravierender Einschnitt gewesen, einige der bedeutendsten Mitglieder, vor allem die jüdischen wie z. B. Julius Gellner, Therese Giehse, Kurt Horwitz, emigrierten sofort. Auch konnte man sich der Forderung, keine Juden mehr zu beschäftigen, auf die Dauer kaum entziehen. Aber es war möglich, gewisse Freiräume zu erhalten. Man rettete sich bei der Spielplangestaltung zunehmend in die unpolitische Unterhaltung. Selbst der Forderung, zum 70. Geburtstag von Dietrich Eckart ein Stück von ihm auf den Spielplan zu setzen, entzog man sich halbwegs, indem man lediglich seine ›Peer Gynt‹-Bearbeitung inszenierte. Weitaus stärker in den Dienst des Regimes stellte sich das Bayerische Staatsschauspiel, dessen Intendant ab 1938, Alexander Golling, sich schon früh zum Nationalsozialismus bekannt hatte.

Gefährdet wurde die relativ ruhige Position der Kammerspiele erst 1938, als auf Druck Fiehlers Christian Weber Präsident des Verwaltungsrates wurde und den SS-Sturmbannführer Paul Wolfrum zum Geschäftsführer machte. Das Wirken der neuen Herren war aber derart dilettantisch, dass sie schon bald auf Initiative Hitlers wieder abgelöst wurden. Die Kammerspiel-GmbH wurde überhaupt aufgelöst und das Theater im Januar 1939 den »Bühnen der Hauptstadt der Bewegung« eingegliedert. Der auch von Goebbels für Berlin umworbene Falckenberg hatte weiterhin einen gewissen Handlungsspielraum, zu Hitlers 50. Geburtstag wurde er zum Staatsschauspieldirektor ernannt. Trotz dieser Anerkennung blieben die Kammerspiele nationalsozialistischer Programmatik vergleichsweise fern, Dramatiker, die nach 1933 für ihre nationalsozialistische Gesinnung mit Direktionsposten, Aufführungen und nationalen Buchpreisen belohnt wurden, traten im Spielplan der Kammerspiele so gut wie gar nicht in Erscheinung. Generalintendant der Staatsoper wurde im September 1934 der nationalsozialistische Funktionär und SS-Standartenführer Oskar Walleck. Im Frühjahr 1936 wurde Clemens Krauss als Nachfolger von Hans Knappertsbusch zum Staatsoperndirektor berufen. Krauss (1893–1954) machte unter den Nazis, für die er unverhohlene Sympathien hegte, eine große Karriere; unter anderem spielte er eine führende Rolle bei der »Entjudung der Musik«. Der Intendant Walleck erwies sich als allzu unbedarft, und nach relativ kurzer Zeit übernahm der ehrgeizige Krauss seine Aufgabe noch zusätzlich. Hitler veranlasste die Hochstufung des Staatsopernorchesters in die »Sonderklasse der deutschen Kulturorchester«.

Der Kartenverkauf lag nun fast völlig in der Hand der NS-Kulturgemeinde und der Organisation »Kraft durch Freude« (KdF). 1935 beanspruchte KdF für seine Mitglieder im Nationaltheater etwa 72 000 Plätze, im Residenztheater 12 000 Plätze und im Gärtnerplatztheater über 90 000 Plätze. Hauptziel der KdF-Aktivitäten aber war das Prinzregententheater. In der Spielzeit 1935/36 entfielen 286 720 Plätze auf KdF, 37 800 Plätze auf die NS-Kulturgemeinde, und ganze 11 280 Karten wurden frei verkauft. Über der Kasse musste ein Schild hängen: »Zu Schauspielvorführungen im Prinzregententheater, die von der Organisation ›Kraft durch Freude‹ und der NS-Kulturgemeinde beschickt werden, haben Juden keinen Zutritt.«

Hochschulen

Auch in der Münchner Universität machte sich der Ungeist der »Machtergreifung« bald bemerkbar. Bereits im April 1933 bestimmte ein neues Gesetz, dass nur 1,5 Prozent der Studenten »Nichtarier« sein dürften, und das »Gesetz zur Wiederherstellung des deutschen Berufsbeamtentums« zwang zur Kündigung aller jüdischen Beamten. Davon waren in München sechs aktive und zwei emeritierte Professoren betroffen. Der Jurist Karl Neumeyer nahm sich 1941 gemeinsam mit seiner Frau das Leben, alle anderen gingen in die Emigration. 1937 war auch der »jüdisch versippte« Pädagoge Aloys Fischer entlassen worden. Er starb im Jahr darauf, seine Familie wurde im KZ ermordet. Der Versuch, Werner Heisenberg (1901–1976) als Nachfolger von Arnold Sommerfeld 1935 nach München zu berufen, scheiterte an einer massiven nationalsozialistischen Hetzkampagne. Der Mathematiker und Physiker Arnold Sommerfeld (1868–1951) hatte seit 1906 in München gelehrt. Er war ein außerordentlich angesehener Lehrer und hat eine ganze Generation von Physikern ausgebildet, unter ihnen mehrere Nobelpreisträger. Auch Heisenberg war Schüler von Sommerfeld und vertrat wie dieser die theoretische Physik, die von den Vertretern der »Deutschen Physik« heftig abgelehnt wurde. Sie verleumdeten Heisenberg als »Statthalter des Einstein'schen Geistes im neuen Deutschland«.

Die Nationalsozialisten waren ständig bestrebt, den Einfluss der Kirchen zurückzudrängen. Ein Teil dieses Kampfes war der Abbau theologischer Lehrstühle. 1939 gab es an der Münchner Universität eine massive Auseinandersetzung um die Neubesetzung eines frei gewordenen Lehrstuhls, die Gauleiter Wagner zum Anlass nahm, die theologische Fakultät kurzerhand aufzulösen. Die dadurch verfügbar gewordenen Kapazitäten wurden gegen den Widerstand des Rektors umgewidmet und ein »Institut zur Erforschung der arischen Geistesgeschichte« gegründet, zu dessen Leiter der Altphilologe Richard Harder berufen wurde. 1941 übernahm der Indogermanist Walther Wüst (1901–1993) das Amt des Rektors. Er war ein typischer Nazikarrierist, der 1933 der NSDAP beigetreten war und 1935 eine Professur für Arische Kultur- und Sprachwissenschaft erhalten hatte. Er war SS-Standartenführer, Altphilologe und Präsident der von Himmler ins Leben gerufenen »Studiengesellschaft ›Deutsches Ahnenerbe‹«. Nach Kriegsende wurde Wüst zwangsemeritiert und drei Jahre im Lager Dachau in Haft gehalten.

Gerade auch im Bereich der Architektur, für die Hitler eine besondere Leidenschaft hatte, galten nach der »Machtergreifung« neue Maßstäbe. Einer der bedeutendsten modernen Architekten war Robert Vorhoelzer gewesen, der zunächst für die Reichsbahn und ab 1920 für die Post tätig gewesen war. 1930 wurde er Professor an der Technischen Hochschule München. Die von ihm erbauten Postämter und das Paketzustellamt, den markanten Rundbau am Marsfeld, erklärten die Nazis kurzerhand zu »kommunistischen Postbauten« und vertrieben Vorhoelzer nach einer intensiven Hetzkampagne im Oktober 1933 aus seiner Professur, da seine Kunstgesinnung, wie das Bayerische Kultusministerium verlauten ließ, »im Widerspruch zu den Grundsätzen, die im neuen Deutschland allein Geltung haben können und die bekanntlich durch den Mund des Führers selbst festgelegt worden sind, steht«. Im gleichen Jahr sah sich das Ministerium veranlasst, den Bildhauer Karl Knappe, der einen Lehrauftrag für Plastik an der TH hatte, »auszumerzen«. Im Gegenzug wurden Gegner des »neuen Bauens« wie Roderich Fick, Friedrich Gablonsky, Alexander von Senger und Julius Schulte-Frolinde, zum Teil ohne ordentliches Verfahren, zu Professoren gemacht.

Pläne für die »Hauptstadt der Bewegung«
Am 4. Oktober 1937 wurde das »Gesetz zur Neugestaltung deutscher Städte« erlassen, das auch für die gewaltigen Umbaupläne in München die Grundlage bildete. Diese Planungen hätten München in seiner uns bekannten Gestalt mehr oder weniger zerstört. Eine zentrale Idee waren drei axiale Stadterweiterungen:

1. Ausgehend vom »Denkmal der Bewegung« an der Stelle des alten Hauptbahnhofs, mit der »Blutfahne« in einer Gruft, sollte sich eine von monumentalen Bauten gesäumte Achse nach Westen erstrecken. Ein Zwischengelenk sollte der gewaltige, über 250 Meter hohe Kuppelbau des neuen Hauptbahnhofs auf der Höhe der Friedenheimer Brücke bilden, den westlichen Abschluss ein Forum der SA, an das sich die Auf-

fahrten zu den Autobahnen Stuttgart und Lindau angeschlossen hätten.

2. Von der Feldherrnhalle über Siegestor, Danziger Freiheit (heute: Münchner Freiheit) und eine »Nordstadt« der SS sollte die zweite Achse in die Autobahn Berlin münden.

3. Nach Osten sollte die dritte Achse gehen, beginnend mit dem Parteiforum an der Stelle des Bürgerbräukellers über die der HJ gewidmete »Südstadt« bis zum Auftaktportal der Autobahn Salzburg.

Im Dezember 1938 ernannte Hitler den fanatischen Nationalsozialisten Hermann Giesler (1898–1987) zum »Generalbaurat für die Hauptstadt der Bewegung«. Sein Bruder Paul Giesler wurde 1944 als Nachfolger von Adolf Wagner Gauleiter. Zur Realisierung der Planungen erhielt Hermann Giesler außerordentliche Vollmachten. Er wurde immer mehr zum Rivalen von Albert Speer und erhielt viele Aufträge in Zusammenhang mit Hitlers persönlichen Anliegen, auch den für das Hitler-Mausoleum, das direkt hinter der Gestapo-Zentrale in der Gabelsberger Straße stehen sollte. Doch schon bald verhinderte der Krieg die Realisierung weiterer Pläne. Hermann Giesler wurde Einsatzgruppenleiter bei der »Organisation Todt«, wo er den Tod von Zehntausenden von Zwangsarbeitern zu verantworten hatte. 1947 wurde er deshalb zu lebenslanger Haft verurteilt, aber bereits nach fünf Jahren begnadigt.

Adolf Wagner wollte die Stadt zu einem »Reichsgau München« ausbauen. Ein Autobahnring mit einem Durchmesser von 20 bis 25 Kilometern sollte die fünf Reichsautobahnen, die von hier ausgingen, miteinander verbinden und zugleich den Rahmen für die geplante Expansion abgeben. Diese Projektion erwies sich wie so viele Planungen der damaligen Zeit als hypertroph, aber immerhin wuchs das Stadtgebiet zwischen 1938 und 1942 durch Eingemeindungen um etwa die Hälfte. Nach längeren Auseinandersetzungen verloren am 1. April 1938 die Stadt Pasing sowie die Gemeinden Feldmoching und Großhadern ihre Selbstständigkeit, im Herbst dann auch Ludwigsfeld, Allach,

Unter- und Obermenzing sowie Solln. Vier Jahre später kamen noch die westlichen Vororte Langwied, Lochhausen und Aubing hinzu.

Münchner Abkommen

Für Hitler blieb München auch nach seiner Ernennung zum Reichskanzler der zentrale Fixpunkt bei seinen zahllosen Reisen, die ihn von der Reichshauptstadt Berlin bis zu seinem geliebten Berghof auf dem Obersalzberg führten. In München war auch seine repräsentative Privatwohnung am Prinzregentenplatz, in der er 1937 den faschistischen Waffenbruder Mussolini empfing. Mussolini war insgesamt viermal in München, zuletzt 1943, nach seiner Befreiung durch deutsche Truppen. Um ihm ein standesgemäßes Quartier zu bieten, wurde das Prinz-Carl-Palais für ihn hergerichtet und von dort vorhandenen Dienststellen, darunter immerhin der des Gauleiters, frei gemacht. Mussolini war auch der Architekt des »Münchner Abkommens«. Die entscheidenden Verhandlungen, die den Frieden in Europa noch einmal für ein Jahr retteten, fanden im »Führerbau« am Königsplatz statt. Der französische Ministerpräsident Edouard Daladier und der britische Premierminister Arthur Neville Chamberlain kamen am 29./30. September 1938 nach München. Sie waren beide Anhänger einer Appeasementpolitik, die durch Konzessionen einen Krieg vermeiden wollte. Ihre Gegenspieler waren Mussolini und Hitler. Die ČSR, über deren Schicksal verhandelt wurde, war am Konferenztisch gar nicht vertreten. Hitler wollte den Krieg und riskierte damit einen Konflikt mit der eigenen Wehrmacht, die den Zeitpunkt für verfrüht hielt. Doch durch Mussolinis Vermittlung kamen Frankreich und Großbritannien Hitler derart weit entgegen, dass sich kein Vorwand fand, um einen Krieg vom Zaun zu brechen. Durch das »Münchner Abkommen« wurde das gesamte Sudetenland dem Deutschen Reich zugesprochen und bereits am folgenden Tag von deutschen Truppen besetzt.

Judenverfolgung

Zentrales programmatisches Element des Nationalsozialismus war der Antisemitismus. Sofort nach der »Machtergreifung« begannen die judenfeindlichen Maßnahmen. Ein erster Höhepunkt war der Boykott jüdischer Geschäfte am 1. April 1933. Der ›Völkische Beobachter‹ berichtete über die Durchführung dieser Aktion in München: »Heute Mittag punkt 12 Uhr zogen vor allen größeren jüdischen Geschäften und Kaufhäusern, vor allem in der Innenstadt, SA-Posten auf. Wie das Zentralkomitee zur Abwehr jüdischer Gräuel- und Boykotthetze für München mitteilt, wurde der vorzeitige Beginn durch die Unvernunft eines Teiles des Publikums notwendig, das sein sauer verdientes Geld den Volksfeinden und hinterlistigen Verleumdern geradezu aufdrängte. Vor den Geschäften, an denen SA-Posten mit Karabinern standen, kam es zu Ansammlungen des Publikums, das jedoch der Aufforderung der SS zum Weitergehen sofort Folge leistete. Fast ausnahmslos verzichteten die Volksgenossen, nachdem sie von den SA-Posten in höflichster Weise über die

Boykott jüdischer Geschäfte am 1. April 1933, hier Bamberger & Hertz in der Kaufinger Straße 22, heute Hirmer.

Gefährlichkeit und Niedertracht des Juden aufgeklärt wurden, auf einen Einkauf in diesen Warenhäusern.«

Der Boykottaktion war, das ist auch bei diesem Bericht erkennbar, kein rechter Erfolg beschieden. Doch sie war nur der Auftakt zu einem jüdischen Alltag im nationalsozialistischen Deutschland, der durch willkürliche Verhaftungen, tätliche Angriffe, gesetzliche Einschränkungen, Verleumdungen, Schmierereien an Geschäften und Cafés und Drangsalierungen jedweder Art gekennzeichnet war. Die »Hauptstadt der Bewegung« marschierte dabei oftmals vorneweg und erließ Verbote, bevor sie reichsweit eingeführt wurden. Am 27. Juli 1938 bestimmte eine Verfügung, dass »sämtliche nach Juden und jüdischen Mischlingen 1. Grades benannten Straßen oder Straßenteile unverzüglich umzubenennen« seien. So wurde aus der Hermann-Levi-Straße die Brangänestraße und aus der Hofmannsthalstraße die Meier-Helmbrecht-Straße, während Paul Heyse geschont wurde. Er war zwar Halbjude, doch das wurde durch den Literatur-Nobelpreis offenbar aufgewogen.

In der Nacht vom 9. auf den 10. November 1938 erreichte die Verfolgung der Juden einen neuen dramatischen Höhepunkt. Ein verzweifelter Jugendlicher hatte auf den Gesandtschaftsrat in der deutschen Botschaft in Paris ein Attentat verübt, an dessen Folgen dieser am Nachmittag des 9. November verstorben war. Am Abend desselben Tages versammelte Hitler wie jedes Jahr seine »alten Kämpfer« im Alten Rathaussaal in München, um des Marsches auf die Feldherrnhalle zu gedenken. Nachdem Hitler gesprochen hatte, ging Goebbels ans Mikrofon, gab den Tod des Gesandtschaftsrates bekannt und hielt eine selbst für seine Verhältnisse extreme antisemitische Hetzrede. Er berichtete davon, dass es an verschiedenen Orten bereits zu »spontanen Vergeltungsaktionen« gekommen sei. Goebbels schilderte das Geschehen so, dass kein Zweifel bleiben konnte, was von den Anwesenden erwartet wurde. Als er geendet hatte, stürzten die Gauleiter und anderen Parteifunktionäre zu den Telefonen und erteilten Weisungen an die heimischen Dienststellen, von wo sie unverzüglich an die lokalen Einheiten weitergegeben wur-

Ein Schandfleck verschwindet
Aus verkehrstechnischen Gründen
muß die Synagoge in München abgebrochen werden

Abbruch der Hauptsynagoge in
der Herzog-Max-Straße,
›Der Stürmer‹ im Juni 1938.

den. Das Attentat wurde zum Vorwand für einen beispiellosen Vandalismus, der zur Zerstörung von fast 8000 jüdischen Geschäften und 171 Synagogen führte, weswegen der Volksmund von der »Reichskristallnacht« sprach. Etwa 30 000 Juden wurden inhaftiert und mindestens 100 ermordet, wobei in den Monaten danach in den Konzentrationslagern noch mehrere Hundert Inhaftierte ums Leben kamen.

Auch in München wütete der organisierte Mob. Die Hauptsynagoge in der Herzog-Max-Straße war bereits im Juni zerstört worden. Jetzt wurde die orthodoxe Synagoge »Ohel Jakob« in der Herzog-Rudolf-Straße niedergebrannt, wodurch auch das benachbarte Gebäude der jüdischen Volksschule schwere Schäden erlitt. An die ostjüdische Synagoge im Hinterhof der Reichenbachstraße 27 legten die marodierenden SA-Männer ebenfalls Feuer, das aber von der Feuerwehr wieder gelöscht wurde, weil man Angst hatte, es könnte auf die angrenzenden Gebäude übergreifen, sodass die Schäden sich hier in Grenzen hielten. Ein Hauptziel des gelenkten Volkszorns waren die jüdischen Kaufhäuser. Am Morgen nach der »Kristallnacht« bot sich den Münchnern überall der gleiche Anblick: eingeschlagene Schaufenster und geplünderte Auslagen.

Arisierung

In den Tagen und Wochen nach dem Pogrom hagelte es Erlasse, die die soziale Diskriminierung der Juden weiter vorantrieben und ihr Weiterleben in Deutschland mehr und mehr zu einer Unmöglichkeit machten. Der Besuch kultureller Veranstaltungen wurde ihnen verboten, ihre Kinder durften keine öffentlichen Schulen mehr besuchen, es wurde ihnen die Benutzung von öffentlichen Verkehrsmitteln, Grünanlagen, Parkbänken, aber auch das Halten von Brieftauben, der Besitz von Radios, das Fahren von Kraftfahrzeugen und vieles andere verboten. In München ging man dabei oft über das von den neuen Vorschriften Gebotene noch hinaus. Erlaubte das Reichsgesetz Juden die Benutzung der Straßenbahn immerhin, wenn Wohnung und Arbeitsstätte mehr als sieben Kilometer voneinander entfernt waren, war sie ihnen in München durch Gauleiter Wagner grundsätzlich untersagt. In München durften Juden auch seit dem 5. November ihre mit dem Aufdruck »Jude« gekennzeichneten Lebensmittelmarken nur noch in einem ganz bestimmten, oft weit entfernten Geschäft einlösen.

Massiv wurde nun die Enteignung des jüdischen Bevölkerungsteils vorangetrieben durch scheinlegale Verkäufe, erzwungene Schenkungen, Zwangsliquidierungen und die Verhängung konfiskatorischer Steuern und Abgaben. Das Führen von Einzelhandelsgeschäften oder Handwerksbetrieben war Juden seit dem 12. November 1938 untersagt. Organisiert wurde die »Arisierung« der jüdischen Unternehmen von der »Vermögensverwaltung München GmbH« in der Widenmayerstraße 27. Hier wurde systematisch fortgesetzt, was 1933 schleichend begonnen hatte. So übernahm schon im Dezember 1933 Georg Eidenschinck die Aktienmehrheit an der Münchner Export-Malzfabrik von der Familie Weißenfeld und verkaufte sie mit erheblichem Gewinn an die Firma Maizena weiter. Eidenschinck, der ein wirtschaftlich völlig unbedeutendes Bankgeschäft führte, trat in einer großen Zahl von Fällen als Arisierungsprofiteur auf. Dass sein Vetter Hans Rattenhuber Adjutant von Heinrich Himmler war, war für seine geschäftlichen Interessen gewiss nicht von Nachteil.

1935 begannen offizielle Stellen, Druck auf den Verlag Piper auszuüben, weil in der Firma »nicht arisches Kapital« arbeite. Der jüdische Teilhaber Robert Freund musste schließlich ausscheiden und emigrierte 1937. Schon im Vorjahr war das Bankhaus Feuchtwanger geschlossen worden. Insgesamt gab es damals etwa ein Dutzend jüdische Banken in München, von denen heute nur noch das Bankhaus Aufhäuser existiert. Martin Aufhäuser gehörte zu den 1000 Juden, die nach der »Kristallnacht« verhaftet und nach Dachau transportiert wurden. Er wurde fast seines gesamten Vermögens beraubt, konnte aber emigrieren, während die Nazis dem persönlich haftenden Gesellschafter Emil Kraener so zusetzten, dass er sich das Leben nahm.

Am 10. November 1938 waren 196 jüdische Geschäfte von den Behörden geschlossen worden, einen Tag später wurden alle Bankkonten von Juden gesperrt. Am 15. November wurden auf Weisung des Oberbürgermeisters Juden von der Betreuung durch die öffentliche Fürsorge ausgeschlossen. Die Angehörigen der jüdischen Gemeinde wurden immer mehr marginalisiert. Die »Hauptstadt der Bewegung« übernahm auf dem Weg zur »Endlösung der Judenfrage« eine Vorbildfunktion für andere Kommunen. Unter den arisierten Betrieben waren viele Geschäfte des normalen und gehobenen Bedarfs wie Eichengrün und Cohen (Stoffe), Levinger (Zigarren), Mayersohn (Schirme), Troplonik (Optik), Silbermann (Kaffee), Wallach (Kunsthandel) oder Guggenheim (Immobilien), aber auch die traditionsreichen Kaufhäuser Bamberger & Hertz und Uhlfelder, die von der Treuhand liquidiert wurden, oder das Einrichtungshaus Bernheimer, das der Verein der Kameradschaft der Künstler übernahm, dessen Präsident Gauleiter Wagner war. Bei der Maschinenfabrik Michaelis verfuhr man so, dass man den Besitzer verhaftete und ins KZ Dachau einlieferte, wo man ihn zwang, einen der mit der Arisierung beauftragten Nazirechtsanwälte zu bevollmächtigen.

Ganz besonders lukrativ für den Staat war die Arisierung des Immobilienbesitzes, denn für die zu entrichtenden Abgaben wurde der Verkehrswert der Grundstücke zugrunde gelegt, für den Verkaufspreis dagegen der viel niedrigere Einheitswert. Waren die Grundstücke belastet, stand der Verkäufer auf diese Weise hinterher oft als Schuldner da. Selbst wenn vom Verkaufserlös etwas übrig blieb, kam das Geld auf ein Sperrkonto, über das der

Verkäufer nicht verfügen konnte. Anfang 1938 waren in München noch über 500 Grundstücke in jüdischem Besitz gewesen. Durch die zwangsweise Arisierung kassierte das Regime viele Millionen Reichsmark.

Viele Juden entschlossen sich in dieser Situation schweren Herzens zur Emigration. Alle Emigranten mussten auf das ihnen noch verbliebene Vermögen 25 Prozent »Reichsfluchtsteuer« bezahlen, die Brüning 1931 zur Verhinderung von Kapitalflucht eingeführt hatte. Jüdische Auswanderer mussten zusätzlich noch 25 Prozent »Judensteuer« entrichten. Hinzu kamen noch diverse Gebühren sowie die Reisekosten, sodass vom ursprünglichen Vermögen am Ende häufig so gut wie nichts übrig blieb.

Am 19. September 1941 wurden alle Juden, die älter als sechs Jahre waren, verpflichtet, auf ihrer Kleidung einen gut sichtbaren gelben Stern zu tragen, am 23. Oktober folgte das Auswanderungsverbot. Bereits im Frühjahr hatte in München die Räumung der etwa 1400 »Judenwohnungen« begonnen. Die Bewohner wurden gezwungen, in der Knorrstraße in Milbertshofen ein Barackenlager zu errichten. Dieses Lager diente zu-

Erste Deportation am 20. November 1941 am Bahnhof Milbertshofen.

Errichtung des Barackenlagers an der Knorrstraße 148, Frühjahr 1941.

gleich als Sammellager für die Deportationen, die am 20. November 1941 einsetzten. 1000 Männer, Frauen und Kinder wurden nach Kaunas in Litauen transportiert und dort unmittelbar nach ihrer Ankunft ermordet. Insgesamt verließen 39 Transporte München, der letzte am 23. Februar 1945. Von der einst blühenden jüdischen Gemeinde waren weniger als hundert Mitglieder übrig geblieben, als im April 1945 die ersten amerikanischen Panzer durch die Stadt rollten.

Rüstungsindustrie und Zwangsarbeit

Mehr noch als der Erste brachte der Zweite Weltkrieg der Stadt einen Industrialisierungsschub, der insbesondere zu Ansiedlungen in Freimann, Milbertshofen, Moosach und Allach führte. In und um München entwickelte sich ein großes Rüstungszentrum, dessen wichtigste Betriebe BMW, Siemens, Krauss-Maffei, Messerschmidt, Junkers, Dornier und die Reichsbahn waren. In der Fliegerschule in Schleißheim wurden Angehörige der »Legion Condor« ausgebildet, die am 26. April 1937 mit drei Junkers-Staffeln die baskische Stadt Gernika (span. Guernica) zerstörten. Göring nutzte die faschistische Waffenhilfe im Spanischen Bürgerkrieg zur Erprobung der jungen deutschen Luftwaffe. In der Umgebung der verschiedenen Rüstungsbetriebe entstand eine ganze Reihe von Militärflughäfen, z. B. in Erding und Fürstenfeldbruck. Gelenkt wurden all diese Aktivitäten vom Luftgaukommando VII, das in einem martialischen Neubau des Architekten German Bestelmeyer in der Prinzregentenstraße 24–28 residierte, heute Sitz des Staatsministeriums für Wirtschaft, Infrastruktur, Verkehr und Technologie.

Ganz besonders profitierten die Bayerischen Motorenwerke (BMW) von der nach 1933 forcierten Aufrüstung. Sie wurden zum größten Arbeitgeber in München, innerhalb von zehn Jahren stieg der Umsatz des Unternehmens von etwa 25 auf 600 Millionen Reichsmark. Die BMW-Flugmotorenwerke in Allach und Milbertshofen waren mit jeweils über 10 000 Beschäftigten die größten Rüstungsbetriebe der Stadt. Zugleich war BMW der größte Nutznießer des Einsatzes von Zwangsarbeitern, wobei das sowohl Kriegsgefangene als auch KZ-Häftlinge sein konnten. Ein Viertel der fast 100 000 Zwangsarbeiter, die in München eingesetzt wurden, arbeiteten für BMW, sie machten im letzten Kriegsjahr dort mehr als die Hälfte der Belegschaft aus. Diese Sklavenarbeiter mussten die zum Kriegsdienst eingezogenen deutschen Arbeiter ersetzen und darüber hinaus die durch die Expansion entstehende Nachfrage nach Arbeitskraft abdecken. Sie mussten in hoher Stundenzahl gefährliche und anstrengende Arbeiten verrichten, wurden minimal ernährt, hatten primitive Massenunterkünfte und keinerlei medizinische Versorgung. Die Kriegsgefangenen waren in etwa 140 verschiedenen Sammellagern über das Stadtgebiet verteilt. Für die KZ-Häftlinge wurden eigene Lager bei den Unternehmen errichtet, so z. B. das Hauptaußenlager Allach BMW (bei der heutigen Siedlung Ludwigsfeld), das dem Konzentrationslager Dachau unterstand. Für 3000 Häftlinge geplant, war das Lager gegen Kriegsende mit der dreifachen Anzahl belegt.

Die Junkerswerke in der Allacher Schöllstraße hatten ein eigenes Häftlingslager. Über 7000 Häftlinge aus dem KZ Buchenwald kamen hier zum Einsatz. Bei der benachbarten Fabrik von Krauss-Maffei machten die Zwangsarbeiter mehr als 60 Prozent der Belegschaft aus. Hier wurden vor allem Lokomotiven und Panzer hergestellt. Insgesamt beschäftigte die Rüstungsindustrie in den Kriegsjahren etwa 200 000 Menschen, wobei der Anteil der Zwangsarbeiter zuletzt fast 40 Prozent betrug. Die Arbeitssklaven wurden nicht nur in der Rüstung, sondern auch in vielen anderen Arbeitsbereichen, nicht zuletzt der Stadtverwaltung eingesetzt. Man ließ sie für Deutschlands Sieg in der zunehmend durch Luftangriffe gefährdeten Stadt schuften und evakuierte gleichzeitig 400 000 Münchner ins Umland.

Luftkrieg

Ingesamt gab es 38 Luft- und 30 Stör- und Tieffliegerangriffe. Zunächst war München durch seine geografische Lage tief im Süden des Deutschen Reiches relativ gut geschützt, Hamburg oder auch das Ruhrgebiet waren von England aus viel leichter zu erreichen. Die ersten Bomben, die im Juni 1940 auf die Stadt fielen, hatten nur geringe Wirkung; die durch sie verursachten Schäden und die Bombenkrater waren zunächst vor allem Objekte der Neugier. Die schweren Angriffe begannen im September 1942. Nun zeigte sich, dass die Stadt nur ungenügend darauf vorbereitet war. Die Nazis hatten zwar seit 1933 Luftschutzwerbetage durchgeführt mit Kundgebungen, Sammlungen, Ausstellungen und simulierten Bombenabwürfen, bei denen mit Sandsäcken beschwerte Papierbomben abgeworfen wurden. Aber es waren nur wenige Schutzräume gebaut worden, sodass es kaum möglich war, die Stadtbevölkerung zu schützen, als die Angriffe an Intensität zunahmen.

Zunächst kamen die Bomber nachts, ab dem Frühjahr 1943 auch am Tage, wobei die Briten gewöhnlich in der Nacht flogen, während die Amerikaner tagsüber angriffen. Die Bilanz der Angriffe waren 6632 Tote und 15 801 Verletzte. 12 507 Häuser wurden zerstört, 10 610 schwer beschädigt und mehr als 53 000 weitere Gebäude in Mitleidenschaft gezogen. Insgesamt war die Stadt am Ende zu 45 Prozent zerstört. 300 000 Menschen waren obdachlos, etwa 20 000 Münchner waren im Krieg umgekommen. Sehr viel historische Bausubstanz ging verloren. Die Frauenkirche wurde nahezu vollständig zerstört, viele Museumsbauten stark beschädigt, in der Bayerischen Staatsbibliothek verbrannten 400 000 Bücher. Auch das Wittelsbacher Palais, wo die Gestapo ihre Zentrale hatte, und das »Braune Haus« wurden vollständig zerstört.

Widerstand

Am 19. März 1945 erließ Adolf Hitler den »Nero-Befehl«, der die Zerstörung der gesamten Infrastruktur vorsah, um den Vormarsch des Feindes aufzuhalten. Glücklicherweise wurde dieser Befehl weitgehend missachtet. Auch in München fanden sich unter der Leitung des Hauptmanns Rupprecht Gerngroß (1915– 1996) beherzte Männer zur »Freiheitsaktion Bayern« zusammen und verhinderten unter anderem die Sprengung der Isarbrücken. Die Gruppe besetzte am 28. April Rundfunkstationen in Erding und Freimann und rief zur Kapitulation auf, was eine Reihe von lokalen Erhebungen auslöste, die niedergeschlagen wurden. Etwa 50 Aufständische wurden ermordet. Zum Andenken an diese Widerstandsgruppe heißt der zentrale Platz in Schwabing, der frühere Feilitzsch-Platz, den die Nazis 1934 in »Danziger Freiheit« umbenannt hatten, heute »Münchner Freiheit«.

Eine Symbolfigur des kirchlichen Widerstands war Pater Rupert Mayer SJ (1876–1945), der wegen seines sozialen Engagements angesehen war und den Nationalsozialismus von Anfang an scharf kritisiert hatte. Die Nazis verurteilten ihn mehrfach wegen »Kanzelmissbrauchs«, einem Straftatbestand aus den Tagen von Bismarcks »Kulturkampf« gegen die Katholiken. Als Mayers Gesundheitszustand sich immer mehr verschlechterte, wurde er 1940 aus dem Konzentrationslager Sachsenhausen entlassen. Er starb im November 1945 an einem Schlaganfall, 1987 wurde er von Papst Johannes Paul II. seliggesprochen. Mayers Entlassung war ein Ergebnis der furchtlosen Bemühungen von Johannes Neuhäusler (1888–1973), dem kirchenpolitischen Referenten von Kardinal Faulhaber. 1941 wurde Neuhäusler selbst verhaftet und nach kurzem Aufenthalt in Sachsenhausen vier Jahre lang in Dachau interniert, wo mehr als 2000 Geistliche unter den Häftlingen waren. Unmittelbar nach seiner Befreiung begann Neuhäusler mit der Niederschrift seiner großen Dokumentation ›Kreuz und Hakenkreuz‹, die 1946 erschien. Im Jahr darauf wurde er Weihbischof im Erzbistum München-Freising. 1960 organisierte Neuhäusler den 37. Eucharistischen Weltkongress in München, als dessen Höhepunkt auf dem Gelände des ehemaligen Konzentrationslagers Dachau die Todesangst-Christi-Kapelle eingeweiht wurde.

Es gab auch politisch motivierte Widerstandsgruppen, so z. B. die Gruppe »Neu Beginnen«, der eine Reihe linker Sozialdemokraten angehörte. Es gelang aber der Gestapo, Spitzel einzuschleusen, und 1943 wurden zehn Angehörige der Gruppe hingerichtet, unter ihnen Hermann Frieb (1909–1943) und Bebo Wager (1905–1943). Während »Neu Beginnen« sich erst 1933 gebildet hatte, gab es den Internationalen Sozialistischen Kampfbund (ISK) schon seit 1925. Er war eine linkssozialistische Abspaltung von der SPD, die stark am Neukantianismus orientiert war. 1933 wurde der ISK verboten, arbeitete aber im Untergrund weiter. Wichtige Mitglieder der Münchner Gruppe waren Ludwig Linsert (1907–1981) und Ludwig Koch (1909–2002), die sich wie die meisten ISK-Mitglieder nach dem Krieg der SPD anschlossen. Koch wurde 1938 zu einer langjährigen Zuchthausstrafe verurteilt und erst von den Amerikanern aus dem Konzentrationslager Bayreuth-Creussen befreit. Von 1953 bis 1973 war er Kreisvorsitzender des Münchner DGB, er prägte die Gewerkschaftsarbeit über Jahrzehnte.

Im Frühjahr 1942 bildete sich an der Universität die Widerstandsgruppe »Die Weiße Rose«. Die wichtigsten Mitglieder waren die Geschwister Hans Scholl (1918–1943) und Sophie Scholl (1921–1943), ihre Kommilitonen Alexander Schmorell (1917–1943), Christoph Probst (1919–1943) und Willi Graf (1918–1943) sowie der Professor der Philosophie Kurt Huber (1893–1943). Sie verfassten unter hohem persönlichem Risiko Flugblätter, die sie heimlich vervielfältigten und mit der Post verschickten. Mit dem sechsten Flugblatt reagierte die Gruppe auf die deutsche Niederlage bei Stalingrad. Am Morgen des 18. Februar 1943 fuhren die Geschwister Scholl mit einem Koffer voller Flugblätter in die Universität, verteilten sie in den Gängen und warfen des Rest vom obersten Stock in die Eingangshalle. Dabei wurden sie vom Hausmeister beobachtet, der sofort alle Türen verriegeln ließ und die Gestapo alarmierte. Schon vier Tage später wurde vor dem Volksgerichtshof unter Roland Freisler, der dafür nach München gekommen war, Anklage erhoben, das Urteil gesprochen und die ersten Hinrichtungen vollzogen. Noch jünger als die Studenten der Weißen Rose waren die Mitglieder des Klingenbeck-Kreises. Walter Klingenbeck (1924–1943) war ein engagierter Katholik, der wie sein Vater das Naziregime ablehnte. Gemeinsam hörten sie Sendungen des Radio Vatikan. 1939 wurde das Hören von »Feindsendern« verboten. Der Schalttechnik-Lehrling Klingenbeck freundete sich mit dem Praktikanten Daniel von Recklinghausen, dem Hochfrequenztechniker Hans Haberl und dem Flugmotorenschlosser-Lehrling Erwin Eidel an. Die vier hörten trotz Verbots viele ausländische Sendungen in deutscher Sprache, vor allem der BBC, verbreiteten Flugblätter und versuchten sogar, einen Schwarzsender aufzubauen. Als sie, angeregt durch eine Sendung der BBC, mit Altöl an etwa 40 Gebäude in der Stadt groß das Victory-Zeichen malten, wurde ihnen diese Aktion zum Verhängnis. Sie wurden entdeckt, verhaftet und vom Volksgerichtshof zum Tod verurteilt. Klingenbeck wurde im August 1943 im Gefängnis Stadelheim hingerichtet, die anderen zu langjährigen Haftstrafen begnadigt, sodass die Amerikaner sie zwei Jahre später befreien konnten.

Georg Elser
Am 8. November 1939 detonierte um 21 Uhr 20 eine Bombe im Bürgerbräukeller in der Rosenheimer Straße. Die Explosion war so stark, dass sie acht Menschen in den Tod riss, sieben »Alte Kämpfer« der NSDAP und eine Kellnerin. Nur Adolf Hitler war leider nicht unter den Toten, er hatte den Saal 13 Minuten zuvor verlassen. Nebel hatte sich über die bayerische Landeshauptstadt gelegt, der Flughafen stellte seinen Betrieb ein, und der »Führer« musste den Zug nach Berlin nehmen. Deshalb

kürzte er seine traditionelle Rede zum Jahrestag des Putschs von 1923 ab und verließ die traditionsreiche Versammlungsstätte vorzeitig. Nie waren die Chancen größer gewesen, den Diktator zu beseitigen. Von allen 42 Attentatsversuchen auf Hitler war dies derjenige, der dem Erfolg am nächsten kam. In monatelanger Kleinarbeit hatte der Schreiner Georg Elser (1903–1945) die Bombe gebaut. Er zog für das Attentat eigens nach München, ließ sich mehr als 30 Mal nachts im Bürgerbräukeller einschließen, um die Platzierung der Bombe in einer Säule vorzubereiten. Elser wurde bei dem Versuch, in die Schweiz zu fliehen, verhaftet, ohne Prozess jahrelang im KZ festgehalten und am 9. April 1945 in Dachau ermordet.

Georg Elser war ein einsamer Held, ein schwäbischer Pietist, der mit bewundernswerter Energie auf sein Ziel hinarbeitete. Sein Motiv hat er klar benannt: »Ich wollte ja auch durch meine Tat ein noch größeres Blutvergießen verhindern.« Beinahe wäre es ihm gelungen.

Entnazifizierung

Am 8. Mai 1945 kapitulierte die deutsche Wehrmacht, der Krieg war zu Ende. In München war es mit der Naziherrschaft schon zehn Tage vorher vorbei. Am 29. April befreiten die Amerikaner das Konzentrationslager Dachau, wo damals noch 32 000 Häftlinge waren. Am Tag darauf rollten die Panzer durch die gespenstische Trümmerlandschaft, die einst das »liebe alte München« gewesen war. Auf Widerstand stießen sie kaum, die allermeisten Menschen waren froh, dass der Krieg vorbei war. Im weitgehend intakt gebliebenen Rathaus richteten die amerikanischen Besatzer ihr Hauptquartier ein und bauten von hier aus neue Strukturen in München und Bayern auf. Das Deutsche Reich wurde von den Siegermächten in vier Besatzungszonen aufgeteilt, Bayern gehörte zur amerikanischen Zone.

Zum Leiter der Stadtverwaltung wurde zunächst der ehemalige Würzburger Oberbürgermeister Franz Stadelmayer bestellt, bevor am 4. Mai der letzte demokratisch gewählte Oberbürgermeister Karl Scharnagl (BVP) wieder im Rathaus Einzug hielt. Stadelmayer wurde 2. Bürgermeister. In das neu geschaffene Amt des 3. Bürgermeisters wurde auf Drängen des Stadtkommandanten Eugene Keller am 16. August der frühere Vorsitzende der SPD-Fraktion Thomas Wimmer berufen, der sich besonders um

Die Frauenkirche. Foto 1946.

den Wiederaufbau kümmern sollte. Als Stadelmayers frühere NSDAP-Mitgliedschaft bekannt wurde, musste er zurücktreten, und Wimmer rückte am 1. Dezember zum 2. Bürgermeister auf.

Eine der ersten Amtshandlungen war die Umbenennung von Straßen und Plätzen, die Namen aus der Nazizeit trugen. So wurde aus dem *Ritter-v.-Epp-Platz* wieder der alte *Promenadeplatz*. Vielfach ging man auf Nummer sicher und benannte die Straßen nach Vögeln, Blumen oder bayerischen Dörfern. So wurde aus der *Hermann-Göring-Straße* die *Azaleenstraße*, die *Adolf-Wagner-Straße* war nun die *Dahlienstraße* und die *Horst-Wessel-Straße* die *Salbeistraße*.

Die Siegermächte wollten nicht nur Kriegsverbrecher zur Rechenschaft ziehen, von denen viele vor Gericht gestellt und etliche auch zum Tode verurteilt wurden. Sie wollten auch die deutsche Gesellschaft von Grund auf umgestalten, um »alle nazistischen und militaristischen Einflüsse aus öffentlichen Einrichtungen und dem Kultur- und Wirtschaftsleben des deutschen Volkes zu entfernen«. Die Amerikaner nannten diesen Prozess der Umerziehung »Reeducation«. Sie legten für die Entnazifizierung eine Vielzahl von Kategorien fest. Alle, die davon betroffen waren, sollten ohne Ansehen der Person aus ihren beruflichen Positionen entlassen werden. In München führte dies dazu, dass über 3000 Mitarbeiter der Stadtverwaltung allein wegen ihrer NSDAP-Mitgliedschaft entlassen werden mussten. Bürgermeister Scharnagl klagte darüber, dass er so kaum eine funktionierende Verwaltung aufrechterhalten könne.

Schon bald wurde deutlich, dass Wirtschaft und Verwaltung so nicht wieder aufgebaut werden konnten, und man beschritt einen anderen Weg. Am 5. März 1946 erließ die Militärregierung das im Großen Sitzungssaal des Rathauses in München unterzeichnete »Gesetz zur Befreiung vom Nationalsozialismus und Militarismus«. Danach musste jeder Deutsche über 18 Jahre einen Fragebogen mit 131 Einzelfragen beantworten, nach dessen Inhalt er von den zuständigen Spruchkammern in vier Täterkategorien von »Hauptschuldiger« bis »Mitläufer« eingestuft oder ganz entlastet wurde. Millionen von Fragebögen wurden ausgefüllt, aber am Ende gab es kaum Hauptschuldige, und mancher Besatzungsoffizier bemerkte sarkastisch, er habe noch nie einen überzeugten Nationalsozialisten zu Gesicht bekommen. Die Urteile der Spruchkammern waren oftmals fragwürdig. Ein prominenter Mann war Hitlers Leibfotograf, der Münchner Altnazi Heinrich Hoffmann. Als »Reichsbildberichterstatter« hatte er ein Millionenvermögen erworben. Nun stilisierte er sich zum »Diener der Kunst« und wollte mit Hitler nur eine private Freundschaft gepflegt haben. 1947 wurde er zu Recht als »Hauptschuldiger« eingestuft und zu zehn Jahren Arbeitslager, der Einziehung seines gesamten Vermögens und Berufsverbot verurteilt. 1949 erreichte er die Aufhebung des Urteils und wurde im Jahr darauf zum »Belasteten« zurückgestuft. Die Haftstrafe reduzierte das Gericht auf vier Jahre, den Vermögenseinzug auf 80 Prozent. 1953 erreichte Hoffmann, dass das Berufsverbot aufgehoben wurde, und drei Jahre später wurde der Teil seines Vermögens, den er behalten durfte, auf DM 350 000,– festgesetzt, was damals eine enorme Summe war. Noch besser davon kam Karl Fiehler, der immerhin zwölf Jahre lang nationalsozialistischer Oberbürgermeister gewesen war. Scharnagl bescheinigte ihm, dass er ein fähiger Kommunalbeamter gewesen war, und seine Verteidiger wollten in ihm gar nur einen Mitläufer sehen. Die Spruchkammer stufte ihn immerhin in die zweitniedrigste Kategorie der »Aktivisten« ein. Er erhielt zwei Jahre Arbeitslager, die zum Zeitpunkt der Urteilsverkündung bereits verbüßt waren. Ein Fünftel von Fiehlers Vermögen wurde eingezogen und für zwölf Jahre verlor er das aktive und passive Wahlrecht. Begründet wurde dieses unverhältnismäßig milde Urteil mit seiner geistigen Beschränktheit. Mit genau der gleichen Begründung hatte man auch 1924 von einer angemessenen Bestrafung von Fiehlers Teilnahme am Hitler-Putsch abgesehen.

Der gut gemeinte, aber dilettantische Versuch, ein ganzes Volk einer Gesinnungsprüfung zu unterziehen, erwies sich im Großen und Ganzen als untauglich. Selbst Hauptschuldige erreichten in immer neuen Revisionsverfahren oftmals ihre weitgehende oder völlige Entlastung. Als die USA schließlich im Zuge des Kalten Krieges die Entnazifizierung in ihrer Zone zum 31. März 1948 einstellten, waren häufig selbst Verfahren gegen schwerer Belastete noch nicht abgeschlossen. Viele Schuldige entgingen so ihrer gerechten Strafe.

Stadtregierung

Der Stadtrat konstituierte sich am 1. August 1945 im Rathaus. Die Verwaltung wurde in 15 Referate aufgeteilt. Von den berufsmäßigen Stadträten der ersten Stunde wirkten Dr. Erwin Hamm (Wohlfahrts- und Stiftungsreferat) und Dr. Anton Fingerle (Schul- und Kultusreferat) lange prägend in der Stadt. Die erste Stadtratswahl nach der Nazi-Herrschaft fand am 6. Juni 1946 statt. Die CSU wurde stärkste Partei und erhielt 20 von 44 Sitzen, die SPD 17, die KPD zwei und die wirtschaftliche Aufbauvereinigung (WAV) einen Sitz. Scharnagl und Wimmer wurden vom Stadtrat in ihren Ämtern als 1. bzw. 2. Bürgermeister bestätigt.

Bereits am 30. Mai 1948 stand der Stadtrat erneut zur Wahl.

Blick über die Bayerstraße zur Elisenstraße. Foto 1946.

Diesmal wurde die SPD mit 15 Sitzen die stärkste Fraktion, denn die Stimmen des konservativen Lagers hatten sich geteilt: Die separatistische Bayernpartei, der die CSU nicht bayerisch genug war, erreichte 13 Sitze, die mit ihr rivalisierende CSU zehn. Die KPD bekam sechs Mandate, daneben gab es noch kleinere Parteien. So zog für die FDP die Chemikerin und Journalistin Hildegard Brücher ins Rathaus ein, die später den Stadtrat Erwin Hamm (CSU) heiratete. Mit 27 Jahren war sie damals das jüngste Mitglied des Stadtrats, der den populären Thomas Wimmer mit 33 Stimmen zum 1. Bürgermeister wählte. 2. Bürgermeister wurde Dr. Walther von Miller (CSU), 3. Bürgermeister der Musikalienhändler Adolf Hieber (Bayernpartei). Thomas Wimmer, genannt »Wimmer Dammerl«, wurde 1952 erstmals von der Bevölkerung mit 60,9 Prozent der Stimmen direkt gewählt. 1956 gelang ihm mit annähernd gleichem Ergebnis die Wiederwahl, seine Partei wurde jeweils die stärkste Fraktion im Stadtrat.

Wimmer war ein Mann aus dem Volk. Der gelernte Schreiner, ein »Holzwurm«, wie er sich scherzhaft nannte, hatte unter den Nazis gelitten. Er war immer wieder inhaftiert worden, zuletzt im KZ Dachau, wo er auch Scharnagl begegnete. Als er das Amt des Oberbürgermeisters übernahm, war er bereits 61 Jahre alt. Er konnte praktische Dinge gut organisieren, aber Planungen und Theorien stand er skeptisch gegenüber, und seine Taktik war das Abwarten und Verzögern. Akademikern, besonders Juristen, misstraute er grundsätzlich. Wimmer war leutselig, und am Ende seiner Amtszeit konnte er darauf verweisen, 61 800 Personen persönlich geholfen und »342 600 Ausläufe ohne Anwendung eines Faksimiles – bewältigt« zu haben. Sein Humor, der sich in kernigen Aussprüchen entlud, und seine Schlitzohrigkeit brachten ihm viel Sympathie ein. Er führte 1950 den Brauch ein, dass der Münchner Oberbürgermeister beim Oktoberfest das erste Fass anzapft und »Ozapft is!« ausruft. Thomas Wimmer, der zugleich noch Landtagsabgeordneter war, erlitt 1954 einen Herzinfarkt und musste sich danach schrittweise aus der politischen Verantwortung zurückziehen. Er starb am 18. Januar 1964. Er war eine markante Erscheinung, der die Stadt München ihren Charakter, wie er in der Nachkriegszeit entstand, wesentlich verdankt. Er sorgte dafür, dass München nicht zur Allerweltsstadt wurde, sondern sein »altes, liebes Gesicht« erstaunlich schnell zurückerhielt.

Staatsregierung und Parteien

Am 15. Mai 1945 wurde in München das Regional Military Government installiert und am 28. Mai Fritz Schäffer, der von 1930 bis 1933 bayerischer Finanzminister gewesen war, zum vorläufigen Ministerpräsidenten ernannt. Die Amerikaner veranstalteten unter General Dwight D. Eisenhower, der der Oberbefehlshaber der alliierten Streitkräfte in Europa gewesen war und 1953 Präsident der USA wurde, eine Siegesparade über die Ludwigstraße und Brienner Straße zum Königsplatz. Als Militärgouverneur für Bayern setzte Eisenhower General Patton ein. Der bewies viel Verständnis für die Deutschen und wollte sich am liebsten mit ihnen gegen die Sowjetunion verbünden. Als er die NSDAP am 22. September 1945 als »normale Partei« bezeichnete, war das Maß voll, und Eisenhower löste ihn ab. Auch der erzkonservative Schäffer, der auf Vorschlag von Kardinal Faulhaber ins Amt gekommen war, verfolgte eine fragwürdige Politik. So wurde z. B. ausgerechnet der pensionierte Oberst Seißer, Putschist des Jahres 1923, erster Polizeipräsident im München der Nachkriegszeit. Schäffer wurde ebenfalls abgelöst. Am 28. September 1945 übernahm an seiner Stelle der aus dem Schweizer Exil zurückgekehrte Sozialdemokrat Wilhelm Hoegner (1887–1980) das Amt des Ministerpräsidenten. Hoegner hatte zunächst dem Bayerischen Landtag und zuletzt dem Deutschen Reichstag angehört und war ein entschiedener Gegner der Nazis gewesen. Neuer Wirtschaftsminister wurde der damals noch parteilose Ludwig Erhard aus Fürth, der 1949 Bundeswirtschaftsminister wurde und einer der Begründer der Idee der sozialen Marktwirtschaft ist.

Zur dominierenden politischen Kraft wurde in Bayern sehr

bald die Christlich Soziale Union (CSU), die aus verschiedenen regionalen Initiativen hervorging und als gesamtbayerische Partei am 8. Januar 1946 gegründet wurde. Die meisten Gründungsmitglieder kamen von der BVP, es gab aber auch Zentrums-Politiker, die sich der Partei anschlossen. Einer christlich-liberalen Gruppe um Scharnagl und Josef Müller, genannt »Ochsensepp«, der im kirchlichen Widerstand gewesen war, stand eine betont konservativ-katholische Gruppe um Fritz Schäffer und Alois Hundhammer gegenüber.

Als erste Partei war die Kommunistische Partei Deutschlands (KPD) am 1. November 1945 wieder zugelassen worden, die zehn Tage später im Prinzregententheater unter Beisein vieler Honoratioren unter musikalischer Umrahmung des Staatsorchesters ihre erste Kundgebung abhielt. Am 17. November erhielt auch die SPD eine Lizenz und feierte im gleichen Rahmen. Da die Alliierten am Anfang auch die Kommunisten in die Verantwortung mit einbezogen, stellte die KPD vier Mitglieder der Regierung Hoegner, den Sonderminister für Entnazifizierung Heinrich Schmitt sowie drei Staatssekretäre, von denen einer, Georg Fischer, wenig später zur SPD wechselte und sie viele Jahre im Münchner Stadtrat vertrat.

Nachdem die Bayern am 30. Juni 1946 eine verfassungsgebende Landesversammlung gewählt hatten, fanden am 1. Dezember erstmals Landtagswahlen statt. Die CSU verlor gegenüber dem Ergebnis im Juni etwas an Zuspruch, erhielt aber mit 52,3 Prozent die absolute Mehrheit der Stimmen. Die beiden Flügel der Partei waren aber so zerstritten, dass sie zwei Kandidaten für das Amt des Ministerpräsidenten aufstellten. Im zweiten Wahlgang wurde dann der zuerst zweitplatzierte Hans Ehard (1887–1980) gewählt, der in sein Kabinett zunächst auch Vertreter der SPD und der Wirtschaftlichen Aufbauvereinigung (WAV) aufnahm. Ehard berief für den 6./7. Juni 1947 eine Konferenz der Ministerpräsidenten aus allen Besatzungszonen nach München ein. Da es eine gesamtdeutsche Regierung nicht gab, kam den Repräsentanten der Länder große Bedeutung zu. Die Einladung war aber überschattet von den zunehmenden Ost-West-Spannungen. Tatsächlich konnte man sich über die Tagesordnung nicht einigen, und die Ministerpräsidenten aus der Sowjetischen Besatzungszone reisten bereits am Vorabend der Konferenz wieder ab. Die letzte Begegnung von west- und ostdeutschen Landespolitikern war so gescheitert, aber genau das war von vornherein Walter Ulbrichts Absicht gewesen.

Ruinenstadt
Die Altstadt war 1945 fast völlig zerstört, nur etwa zehn Prozent der Gebäude waren noch irgendwie benutzbar. Im gesamten Stadtgebiet hatte die Mehrheit der Häuser Kriegsschäden. Die Einwohnerzahl hatte sich auf rund 470 000 verringert. Es fehlten über 100 000 Wohnungen, da die Bevölkerung trotz Zuzugssperre schnell anwuchs und die Stadt Ende des Jahres schon wieder etwa 670 000 Einwohner hatte. Evakuierte konnten jahrelang nicht in ihre Heimat zurück, und Flüchtlinge aus den Ostgebieten strömten in die Stadt. Luftschutzbunker und Lager dienten als Wohnungen. Verschärft wurde die Situation noch

Löwe vor dem ehemaligen Wittelsbacher Palais. Foto Frühjahr 1945.

dadurch, dass die Amerikaner für die Angehörigen der Besatzungsverwaltung zahlreiche Häuser, z. B. in Harlaching, Laim und Freimann, beschlagnahmten.

Der Schriftsteller Walter Kolbenhoff aus Berlin, der 1946 in die Stadt kam, beschrieb seine Eindrücke in der Trümmerwüste: »Ich ging zögernd durch ein paar Pfade, die frei geschaufelt waren, in Richtung einer Kirche und eines großen gotischen Bauwerks, das wohl einmal das Rathaus gewesen sein mochte. Mal konnte man kilometerweit sehen, dann wieder ging man durch Schluchten, zu beiden Seiten ragten die Trümmerhaufen hoch.[...] Ich hatte nur die Stadt sehen wollen. Aber es gab keine Stadt. Es gab nur diese den Geist betäubende Wüste. Die Wesen in dieser Wüste glichen Gespenstern. Männer in zerschlissenen Uniformen, Frauen in abgetragenen Kleidern und Mänteln. Die Gesichter waren ohne Ausdruck, die Augen tief liegend und ohne jegliche Regung. Kinder sah ich nicht. Mich ergriff eine ungeheure Einsamkeit und Verzweiflung. Weg von dieser Stätte, nichts wie weg.«

Bereits während des Krieges hatte der Kunsthistoriker und spätere Diplomat Wilhelm Hausenstein über die Frage des Wiederaufbaus nachgedacht. Am 12. August 1944 schrieb er: »Allein schon das Aufräumen, das Abtragen! Wird man wesentliche Ruinen stehen lassen und anderwärts, außerhalb Neues bauen? Wird man? Und wann? Werden Generationen zwischen, neben Trümmern leben? Der Untergang der Stadt ist im großen Ganzen so radikal, dass ich mir eine Erneuerung nicht vorstellen kann, in technischer wie in wirtschaftlicher Hinsicht.« Kurz nach Kriegsende wurden tatsächlich ernsthafte Überlegungen, z. B. vom Architekten Bodo Ohly, angestellt, die Stadt als Ruine zu belassen, wie das Forum Romanum, und am Starnberger See ein neues München zu errichten. Dies wäre aber unwirtschaftlich gewesen, denn die Infrastruktur der Versorgungsleitungen und Straßen war noch weitgehend intakt. Man begann also, den Schutt beiseitezuschaffen und sich, soweit es möglich war, einzurichten.

Anfangs wohnten noch viele Menschen in Ruinen, und häufig

Hochseilakt über dem Alten Botanischen Garten. Rechts die Arcisstraße,
im Hintergrund der Königsplatz. Mit dem Wiederaufbau wird begonnen.
Foto Mai 1948.

gab es Tote durch einstürzende Mauern. Da auch die Ludwig-
Maximilians-Universität großenteils zerstört war, wurden die
Studenten verpflichtet, vor dem Studium 100 Stunden beim
Schutträumen mitzuhelfen. Als am 1. April 1946 der Lehrbetrieb

wieder aufgenommen werden konnte, standen den 6000 Studierenden nur 13 Hörsäle zur Verfügung. Bei der Technischen Hochschule waren 2376 Studenten eingeschrieben. Von den rund 10000 im Sommersemester 1947 in München Studierenden waren etwa ein Viertel Frauen.

Um den Wiederaufbauwillen der Münchner zu demonstrieren, wurde mit Unterstützung der Amerikaner am 29. Oktober 1949 vor dem Marienplatz ein großes »Rama dama« veranstaltet. Unter der tatkräftigen Anleitung von Bürgermeister Wimmer räumten an diesem Tag 7000 Menschen 15 000 Kubikmeter Trümmer beiseite. Angesichts von 7,5 Millionen Kubikmeter Kriegsschutt war das Ergebnis bescheiden, aber die Aktion war ein wichtiges Signal zur Stärkung von Gemeinschaftsgeist und Zuversicht. Insgesamt ging die Räumung wesentlich schneller vonstatten, als man ursprünglich erwartet hatte. Ein Kleinbahnnetz von rund 50 km in den Straßen der Stadt erleichterte dabei den Abtransport. Nur die Schuttberge auf dem Olympiagelände, am Scheidplatz und bei Neuhofen im Süden der Stadt sind heute noch sichtbare Zeugen der Leiden und Zerstörungen, die die Bomben angerichtet hatten. Bereits Ende der 50er-Jahre gab es kaum noch Lücken in den Straßenfronten.

Not

Auch nach dem Zusammenbruch des Nazi-Regimes gab es zunächst Lebensmittel nur auf Marken zu kaufen. Die Zuteilung betrug 1500 Kalorien pro Tag und erreichte bei Weitem nicht die von einem amerikanischen ärztlichen Gutachter als notwendig angesehenen 2600 Kalorien. Plünderungen, Diebstähle, Morde und Vergewaltigungen waren in der ersten Zeit, als es noch an staatlicher Ordnung fehlte, an der Tagesordnung. Befreite KZ-Häftlinge, Zwangsarbeiter, Kriegsgefangene, Flüchtlinge und andere durch den Krieg entwurzelte Menschen drängten in die Stadt. Bedingt durch die Mangelsituation und das Zusammenleben auf engstem Raum traten häufig ansteckende Krankheiten auf. Zudem gab es eine Rattenplage wegen

Kriegsversehrter bettelt in der Neuhauser Straße. Foto 1947.

der unzureichenden Müllbeseitigung.

Im Winter 1946/47, der wochenlang extrem kaltes Frostwetter brachte, herrschte großer Brennstoffmangel. Ein Hauptverdienst von Thomas Wimmer war die Organisation der Verteilung von Holz, Kohle und Torf. Der trockene und heiße Sommer 1947 brachte eine Missernte und verstärkte den Hunger. Zigaretten waren die stabilste Währung. Tauschhandel und Schwarzmarkt blühten. Viele Arbeiter fühlten sich hintergangen und mit ihrer Not alleingelassen. So versammelten sich am 23. Januar 1947 Zehntausende von Demonstranten auf dem Königsplatz. Die Gewerkschaften mit ihren Führern Lorenz Hagen, Gustav Schiefer und Max Wönner hatten zur Großkundgebung aufgerufen. Es wurden dabei u. a. eine gerechte Verteilung der Lebensmittel und eine »Schließung aller Schlemmer- und Luxusgaststätten und Maßnahmen gegen Schwarzhändler verlangt«.

Ein wie schon im Oktober 1945 im Frühsommer 1947 erlassenes Bierbrauverbot, mit dem man die Brotversorgung verbessern wollte, brachte die Gewerkschaften noch mehr auf, da das Volksgetränk als unentbehrlich angesehen wurde. Wegen des durch den Kalorienmangel bedingten Kräfteverfalls der Arbeiter sahen sich viele Betriebe gezwungen, statt 48 Stunden in der Woche nur 40 Stunden arbeiten zu lassen. Auch im Mai 1948 kam es zu Streiks und zu einer Hungerdemonstration von 10 000 Frauen vor der Feldherrnhalle.

Walter Kolbenhoff erinnerte sich: »Das war der Geruch dieser Jahre: Ganz München, oder das was von ihm übrig geblieben war, stank nach aufgewärmtem Sauerkraut. Ging man von der Briennerstraße kommend auf der rechten Seite der Türkenstraße – die linke war von Mauerresten, von Sand und Dreck ver-

286

schüttet, hier standen etwas weiter zurück auf dem löcherigen Gelände die Reste einer Kaserne – kam es einem wie eine Wolke entgegen. Die meisten Gaststätten hatten nur ein Stammgericht, wie es genannt wurde. Es bestand aus aufgewärmtem Sauerkraut, ein wenig fader Blutwurst und ein paar blauen Kartoffeln. Für diese Mahlzeit brauchte man keine Lebensmittelmarken abzugeben. Alles andere war markenpflichtig. [...] Wenn man Glück hatte, gab es das sogenannte Molkebier.«

Um für Marken und Geld wirklich etwas zu bekommen, musste man an Verkaufsstellen langes Warten in Schlangen in Kauf nehmen. Nur Schieber und Schwarzhändler, die Zugang zu Beständen der Amerikaner hatten, lebten im Überfluss und machten gute Geschäfte. Der Schwarzhandel konzentrierte sich auf einige Plätze und Straßen wie die Gegend um den Hauptbahnhof, den Pasinger Bahnhof und das Deutsche Museum oder die Möhlstraße in Bogenhausen. Es gab auch viele Stellen, wie z. B. am Rotkreuzplatz in Neuhausen, wo man Zettel

Bei einer Kundgebung der Gewerkschaft auf dem Königsplatz dient auch die Ruine der Glyptothek als Aussichtsplattform. Foto 25. August 1948.

287

anheftete, wenn man etwas anzubieten hatte oder etwas suchte. Die schlechte Versorgungslage und Arbeitsmarktsituation bewirkte teilweise auch eine Stimmung, die gegen Ausländer und »Preißn« gerichtet war. Gegen die Stimmen der Bayernpartei, die meinte, dass »die Ausländerei endlich in Ordnung gebracht werden« sollte, genehmigte der Stadtrat am 26. Juli 1948 die Eröffnung eines chinesischen Restaurants in der ehemaligen Gaststätte »Zum Schwanenhof« in der Nymphenburger Straße. Italienische Eisdielen gab es schon früher.

Die amerikanischen GIs erschienen der darbenden deutschen Bevölkerung, als würden sie im Überfluss schwelgen. Der Dramatiker Carl Zuckmayer, der schon vor dem Krieg in München gelebt hatte, beobachtete: »Immer lungerten Scharen von hungrigen Kindern, auch solchen, denen die Bomben ein Bein weggerissen hatten und die auf einem Stumpf hüpften, vor den amerikanischen Hotelquartieren herum, in der Hoffnung auf etwas Schokolade, Kaugummi oder Kekse, die ein mitleidiger Soldat ihnen zuwerfen mochte.« Um der chronischen Unterernährung von Kindern entgegenzuwirken, richteten die Amerikaner 1946 eine Schulspeisung ein. Hilfsorganisationen in den USA sandten »Care-Pakete«, die neben Nahrung auch Zigaretten und Seife enthielten und die ein wichtiger Bestandteil des Lebens wurden. Für viele Münchner sicherten aber nur Beziehungen zum Land und Hamsterfahrten das Überleben.

Gewerkschaften und Wirtschaft

Bereits am 8. September 1945 erteilte die Militärregierung die Erlaubnis zur Bildung von Gewerkschaften und Wahl von Betriebsräten. In einer durch gemeinsame Leiden beeinflussten Aufbruchsstimmung wurden nun Einheitsgewerkschaften gegründet. Am 28. September durfte dann die »Allgemeine Freie Münchener Gewerkschaft« ihre Tätigkeit aufnehmen. Gewerkschafter nahmen auch die Organisation des Versorgungs- und Sozialsystems in die Hand.

Die Amerikaner ließen zwar anfangs Industrielle verhaften

und ihre Verstrickungen im System überprüfen; diese kamen aber bald wieder frei, und in der Privatwirtschaft blieben die alten Strukturen erhalten. Die bewusst zur Schwächung der Wirtschaft geplanten Demontagen von Industriebetrieben wurden in München nur zum geringen Teil (z. B. bei BMW) durchgeführt. So konnten die meisten Unternehmen, behindert allerdings durch Rohstoffmangel und Transportprobleme, weiter produzieren. Der Mangelsituation wurde vielfach durch Improvisation begegnet. Von den 1947 bereits wieder 752 000 Einwohnern Münchens waren 472 000 erwerbstätig. Davon standen 90 000 im öffentlichen Dienst; rund ein Viertel der Münchner lebten von der öffentlichen Hand. Da 51 000 Pensionisten (ohne Rentner) in der Stadt wohnten, nannte man sie scherzhaft »Pensionopolis«.

Die Arbeiterbewegung zeigte hauptsächlich bei den Kundgebungen am 1. Mai ihre Stärke. So kamen im Jahr 1953 immerhin 80 000 Menschen zum Königsplatz. Anschließend wurden Demonstranten von der Polizei verfolgt und einer starb. Ein ausgedehnter Metallarbeiterstreik im Sommer 1954 brachte zwar Verbesserungen für die Arbeiter, hatte aber auch ungünstige Auswirkungen: »Die friedlichen Bürger, die seit Jahrzehnten keinen Streik mehr erlebt hatten, waren durch die Begleiterscheinungen erschreckt.« An der im November folgenden Landtagswahl nahmen viele Arbeitnehmer deswegen nicht teil. Doch konnte die SPD zusammen mit der Bayernpartei (BP), der FDP und dem BHE (Bund der Heimatlosen und Entrechteten) als »Viererkoalition« eine Regierung bilden. Wilhelm Hoegner wurde wieder Ministerpräsident. 1957 löste ihn aber die CSU, nachdem ihr es gelungen war, die Bayernpartei zu zerschlagen, mit Ministerpräsident Hanns Seidel ab. Diese Partei regiert seitdem in Bayern mit absoluter Mehrheit.

Währungsreform und Normalität
Eine entscheidende Besserung der Lage brachte die am 20. Juni 1948 durchgeführte Währungsreform. Pro Kopf wurden 40,–

DM ausgegeben, das übrige Altgeld und Guthaben wurden später im Verhältnis 1:10 umgetauscht. Die kleinen Leute büßten ihre Ersparnisse ein, Schulden waren überwiegend getilgt, Sachwerte hatten Bestand. Auf einen Schlag gab es die meisten Waren zu kaufen, die Zwangsbewirtschaftung konnte teilweise aufgehoben werden. Mit der Verbesserung der wirtschaftlichen Situation ging das Interesse an kulturellen Darbietungen zurück. Die Zahl der Arbeitslosen nahm dafür stark zu. Obwohl es Fleischwaren sowie andere Lebensmittel offiziell noch auf Marken gab und kein Vollbier ausgeschenkt werden durfte, wurde am 11. September 1949 auf der Theresienwiese ein Herbstfest eröffnet. Es gab wieder Hendl und Steckerlfisch, und die »illegale« Maß Bier kostete 1,20 DM. Im nächsten Jahr hieß die »Wiesn« dann auch wieder Oktoberfest.

Das öffentliche Verkehrssystem wurde schnell wieder aufgebaut. Bereits am 28. Mai 1945 verkehrte die erste elektrische Trambahn auf der Strecke Sendlinger-Tor-Platz – Stachus – Barerstraße – Hohenzollernstraße. Im Oktober wurden auf einem Streckennetz von 88 km 500 000 Fahrgäste befördert. Diese Zahl ging aber zurück, da viele Wägen durch den starken Gebrauch unbenutzbar wurden und kein Ersatz zu beschaffen war. Die Züge, die bald wieder in der ganzen Stadt fuhren, waren häufig so überfüllt, dass 1946, obwohl das »Mitfahren auf Trittbrettern, Pufferstangen und dergleichen« verboten war, 31 Trittbrettfahrer tödlich verunglückten. Ab Juli 1945 verkehrte die Bahn auch wieder regelmäßig zu den Vororten im weiteren Umkreis. Einen privaten Kfz-Verkehr gab es in der Stadt erst wieder ab 1946. Nur 10 000 private Kraftfahrzeuge waren 1948 in der Stadt zugelassen, 35 000 Genehmigungen wurden nicht erteilt. Es gab in diesen Jahren trotz der wenigen Autos jährlich aber an die 100 Verkehrstote und viele Schwerverletzte. Wichtige Straßen waren für den Fahrradverkehr gesperrt.

Architektur und Stadtgestalt

In den Trümmern machten sich Öffentlichkeit und Politiker kaum grundsätzliche Gedanken über die Stadtgestalt. Oberbürgermeister Scharnagl war schon in der Weimarer Zeit Neuerungen gegenüber wenig aufgeschlossen; so formulierte er jetzt die Devise: »München will stark am alten Stadtbild und seiner Behaglichkeit festhalten.« Es soll so wiedererstehen, wie es sich selbst und wie die Welt es gekannt hat. Man plante allerdings nicht systematisch, sondern »wurschtelte« sich von Fall zu Fall durch. Kahlschläge und Neubaukomplexe aus Beton blieben so der Innenstadt immerhin weitgehend erspart. Der Wiederaufbaureferent Münchens, Stadtrat Helmut Fischer, hielt 1947 den Wiederaufbau der Stadt für eine »Angelegenheit von 30 bis 50 Jahren«. Hauptanliegen von Stadtrat und Staatsregierung war »Die Wiederherstellung der kulturellen Wahrzeichen der Stadt«. Die vom Architekten Hans Döllgast vertretene Auffassung, Ruinenelemente einzuplanen, konnte nur bei einigen Bauten wie der Alten Pinakothek, realisiert werden. Die meisten öffentlichen Gebäude wurden mehr oder weniger originalgetreu

Blick durch die zerstörte Residenz auf die beschädigte Theatinerkirche. Foto 1946.

restauriert. Nur wenige, wie der Hauptbahnhof oder die Neue Pinakothek, wurden, da sie als künstlerisch weniger wertvoll eingestuft waren, abgetragen. Auch weitgehend zerstörte Kirchen, wie der »Alte Peter« – ein Wahrzeichen der Stadt –, wurden wiedererrichtet. Der Chor des einzigen teilweise erhaltenen romanischen Bauwerkes, der Kirche St. Jakob am Anger (Jakobsplatz), wurde aber von dem Orden der Armen Schulschwestern Mitte der 50er-Jahre abgerissen und durch einen öden Neubau ersetzt.

Die meisten Adelspaläste der Stadt, bzw. ihre Fassaden, die den Krieg überstanden hatten, wurden dagegen, um das auf den Grundstücken ruhende höhere Baurecht auszunützen, abgetragen und durch Betonklötze mit mehreren Stockwerken abgelöst. Dies war eine Verhöhnung des Mottos »München wird schöner«, das lange auf Bautafeln zu lesen war. Wegen des Umgangs mit Baudenkmälern in der Stadt prägte der Architekt Erwin Schleich in seinem gleichnamigen Buch den Begriff ›Die zweite Zerstörung Münchens‹. Damit ist gemeint, dass nach dem Beginn der »Verschönerungen« durch die Nazis und der Zerstörung durch die Bomben nach dem Krieg deren Werk mit Billigung der Behörden vollendet wurde. »Zerstörung durch Bedenkenlosigkeit, durch Vorsatz, durch Skrupellosigkeit ist Dauerzustand.« Andererseits hatten viele der von den Nazis errichteten Bauwerke, wie das Haus der (deutschen) Kunst, der »Führerbau«, der Verwaltungsbau der NSDAP, das Haus des deutschen Rechts oder das »Zentralministerium« den Bombenkrieg relativ gut überstanden und wurden weiter verwendet.

Am Karlstor, dessen Abbruch auch schon erwogen worden war, erinnert eine Gedenktafel an Professor Max Jensen, den Schöpfer des Jensen-Plans. Dieser Plan griff Ideen von Stadtbaurat Karl Meitinger, die bereits in der Nazizeit entwickelt worden waren, wieder auf und wurde 1963 vom Stadtrat verabschiedet. Er sah vor, die Altstadt von Umbauten und Straßenverkehr möglichst zu verschonen, Ringe für den Autoverkehr um den Stadtkern anzulegen und die Stadt sonst den Bedürfnissen von Verkehr und Wirtschaft freizugeben. Der Altstadtring wurde angelegt, und man schlug Breschen in die alte Bausubstanz; besonders an der Maximilianstraße wurde das Stadtbild empfindlich gestört. In den 60er Jahren begann man sich kritische Gedanken zu machen. Der Stolz, mit dem Stachus den verkehrsreichsten Platz Europas zu haben, wich der Bedrückung, von der Autolawine überrollt zu werden.

Kultur

Wichtigster Mann im Kulturgeschehen Münchens in der ersten Zeit nach dem Krieg war Hans Ludwig Held (1886–1954), der schon 1921–1933, zuletzt als Stadtbibliotheksdirektor, gewirkt hatte. Vom September 1945 bis zum August 1953 war er im Rathaus »Kulturbeauftragter«. Ab Juli 1945 gaben die Münchner Philharmoniker mit ihrem Generalmusikdirektor Eugen Jochum wieder Konzerte; man musste im Prinzregententheater, in der Aula der Universität oder ab 1953 im Herkulessaal der Residenz spielen. Auch Wilhelm Furtwängler und Hans Knappertsbusch wirkten hier als Dirigenten.

Die Münchner Oper hatte durch die Kriegszerstörungen das Cuvilliés-Theater in der Residenz und das Nationaltheater verloren. Im Prinzregententheater fanden seit Oktober 1945 unter Leitung des Komponisten Karl Amadeus Hartmann Sonntags-Matineen des Bayerischen Staatstheaters statt. Einen Skandal gab es 1948 um das Faust-Ballett ›Abraxas‹ von Werner Egk nach Texten von Heinrich Heine. Kultusminister Alois Hundhammer ließ das Werk über die »Erzbuhlin des Teufels«, da es Bereiche wie die menschlichen Triebe und Magie ansprach, absetzen. Als eines der ersten Theater in der Stadt wurde das Staatstheater am Gärtnerplatz am 19. Juni 1948 mit einer Aufführung der Operette von Johann Strauß, ›Eine Nacht in Venedig‹ feierlich wiedereröffnet. Man arbeitete seit 1952 auch am Wiederaufbau des Nationaltheaters, das aber erst am 21. November 1963 eröffnet werden konnte. Bildende Künstler aller Richtungen etablierten sich nun ebenfalls wieder frei in der Stadt. Internationales Aufsehen erregt die von Fritz Winter gegründete avantgardistische Künstlervereinigung ZEN 49, sie stieß in der Stadt selbst aber auf wenig Beachtung.

Unmittelbar nach Kriegsende hatten die Amerikaner im Verwaltungsbau der NSDAP den »Central Art Collecting Point« als Sammelstelle für nationalsozialistische Beutekunst eingerichtet, um möglichst viele der in Europa geraubten Kunstwerke an ihre rechtmäßigen Eigentümer zurückzugeben. An der Provenienzforschung wurden auch deutsche Kunsthistoriker beteiligt. Die Zusammenarbeit gestaltete sich so positiv, dass Craig Hugh Smyth, der Direktor des »Collecting Point«, die Gründung einer deutschen Forschungsstelle anregte. So wurde 1947 das Zentralinstitut für Kunstgeschichte ins Leben gerufen, das einzige außeruniversitäre kunsthistorische Forschungsinstitut in Deutschland.

In unmittelbarer Nachbarschaft wurde im »Führerbau« 1948 das »Amerika-Haus« eröffnet, eine Einrichtung, die der Idee der »Reeducation« entsprang. Zunächst war schon im Herbst 1945 als weltweit erste Bibliothek dieser Art der American Reading Room am Beethovenplatz eröffnet worden. 1957 zog das Amerika-Haus dann in das Gebäude am Karolinenplatz, wo es noch heute seinen Sitz hat. Nach dem Ende der Ost-West-Konfrontation gab die US-Regierung viele dieser Häuser auf, auch das in München. Seit 1997 wird es mit Unterstützung des Freistaats Bayern als Bayerisch-Amerikanisches Zentrum im Amerika-Haus e. V. weitergeführt. In den ersten Nachkriegsjahrzehnten übte das Amerika-Haus durch Veranstaltungen und seine Bibliothek eine starke Anziehungskraft, besonders auf die Jugend, aus.

Der Schriftsteller Erich Kästner (1899–1974), der fast 20 Jahre in Berlin gelebt hatte, kam 1945 nach München, wo er bis zu seinem Lebensende blieb. Von 1945 bis 1948 leitete er das Feuilleton der ›Neuen Zeitung‹. Bei dieser von den Amerikanern gegründeten Zeitung arbeiteten auch Alfred Andersch, Walter Kolbenhoff, Hans Habe, Hans Wallenberg und Hildegard Brücher mit. Die Redaktion hatte ihren Sitz im Buchgewerbehaus in der Schellingstraße 39, wo zuvor der ›Völkische Beobachter‹ erschienen war. Es herrschte eine Aufbruchsstimmung, in der die in der Nazizeit Unterdrückten glaubten, durch ihren Einsatz ein neues, besseres Deutschland schaffen zu können. Bald setzte eine gewisse Ernüchterung ein, weshalb das 1951 von Kästner gegründete Kabarett »Die kleine Freiheit« hieß. Für das intellektuelle Leben in Deutschland war die von Alfred Andersch und Hans Werner Richter herausgegebene Zeitschrift ›Der Ruf‹ bedeutungsvoll. Den Herausgebern wurde aber bereits nach 17 Ausgaben von den Amerikanern die Lizenz entzogen. Aus dem

Umfeld der Autoren bildete sich unter der Leitung des in München lebenden Richter dann die »Gruppe 47«, die für die deutsche Nachkriegsliteratur bestimmend war.

Einer der bedeutendsten Köpfe an der Münchner Universität war der Theologe und Philosoph Romano Guardini (1885–1968). Er charakterisierte am 20. November 1953 die politische Entwicklung resignierend in seinem Tagebuch: »Der Widerstand gegen die Restauration wird sich verlaufen und auch hierin werden die Dinge wieder werden, wie sie waren – d. h. eben deshalb schlimmer, als sie waren, denn die zwölf Jahre, der Krieg und der Nachkrieg liegen dazwischen. Man hat nichts gelernt und fühlt nicht die Kraft zum neuen Beginn.«

Die wichtigste überregionale Zeitung wurde die ›Süddeutsche Zeitung‹, die erstmals mit einer Probenummer am 24. August und dann regulär am 6. Oktober 1945 erschien, gegründet von sozial, liberal bzw. katholisch eingestellten Herausgebern. Sie entstand in den Räumen der ›Münchner Neuesten Nachrichten‹, und zum Bleisatz der ersten Ausgabe wurden die Druckplatten von Hitlers ›Mein Kampf‹ eingeschmolzen, der vorher von gleicher Stelle verbreitet worden war. Papiermangel ließ anfangs

Marienplatz vor Errichtung der Fußgängerzone. Foto um 1960.

nur einen Umfang zwischen acht und vier Seiten zu. Als Gegengewicht erschien ab 13. November 1946 der ›Münchener Mittag‹, seit 2. Januar 1948 ›Münchner Merkur‹, heute die zweitauflagenstärkste Tageszeitung der Stadt. Die ›Süddeutsche‹ wurde am Dienstag, Donnerstag und Samstag ausgeliefert, der ›Mittag‹ am Montag, Mittwoch und Freitag. Daneben entstanden in der Stadt seit 1948 illustrierte Zeitschriften wie die ›Quick‹, die offenbar das Zeitgefühl traf, da sie bald eine millionenstarke Auflage erreichte.

Bedeutend für das Leben in der Stadt, die das Fremdenverkehrszentrum für Deutschland, ja Europa wurde, waren auch Großveranstaltungen wie der Deutsche Evangelische Kirchentag 1959 und der Eucharistische Weltkongress im Jahr darauf.

Heimliche Hauptstadt oder Provinz?

Die Ära Vogel

Als Nachfolger von Thomas Wimmer nominierte die SPD den jungen Rechtsreferenten der Stadt Dr. Hans-Jochen Vogel (geb. 1926) als Oberbürgermeister. Vogel erreichte 1960 zur allgemeinen Überraschung auf Anhieb 64,2 Prozent, und auch seine Partei erhielt erstmals die absolute Mehrheit der Stimmen. Die CSU kam nur auf 23,9 Prozent, und ihr Spitzenkandidat Georg Brauchle wurde 2. Bürgermeister. Bei seiner Wiederwahl 1966 kam Vogel auf ein Traumergebnis von 78 Prozent. In den zwölf Jahren seiner Amtszeit wurde im Stadtrat keine einzige Entscheidung gegen seine Stimme gefällt. Sein hartnäckigster Widersacher im Rathaus war der konservative Dr. Ludwig Schmid vom Münchner Block. Die Ära Vogel war geprägt von einer durchgreifenden Modernisierung. Aus der beschaulichen Landstadt wurde eine moderne Großstadt mit Schnellstraßen, U-Bahn und einem modernen Sportstadion. Doch auch manche Bausünden wie die Untertunnelung des Prinz-Carl-Palais und der Durchbruch durch die Maximilianstraße zum Bau des Altstadtrings fallen in diese Zeit.

Die Isarmetropole galt damals als »heimliche Hauptstadt« Deutschlands. In einer Umfrage gaben mehr als zehn Millionen Deutsche an, dass sie am liebsten hier wohnen würden. Die Stadt selbst nannte sich auch gerne »Weltstadt mit Herz«. Die illustrierte Monatszeitschrift ›Bayerland‹ widmete 1968 ein Heft dem Thema »München – auf dem Weg zur Weltstadt«. Hans-Jochen Vogel erläuterte hier die Ziele seiner Stadtpolitik. Er sah die überragende Aufgabe der Stadtverwaltung darin, »durch Ordnung und Koordination der Kräfte« zu wirken: »Andernfalls müsste die fast ungestüme Lebenskraft Münchens an sich selbst zugrunde gehen.« Das Ziel sei keinesfalls eine »Aller-

»Der Schwarze Riese«, das Hertie-Hochhaus an der Münchner Freiheit, das 1964 errichtet und 1992 zurückgebaut wurde. Foto um 1980.

weltsstadt«, eine zwar technisch perfekte, aber seelenlose »Stadt- maschine«, sondern vielmehr eine sinnvolle Synthese, die die historisch gewachsene Stadt mit ihrem kulturellen Reichtum be- wahrte und sie mit dem modernen München in einem gut ge- gliederten Organismus zu einer neuen »Einheit verflicht und verwebt«.

Das Entstehen ganzer neuer Stadtviertel mit Gemeinschafts- einrichtungen führte dazu, dass mit dem Wohnungsbau der wachsende Stadtkörper klar gegliedert wurde. Der Plan, wesent- liche Teile der Altstadt in reine Fußgängerbereiche zu verwan- deln, bewies, dass gerade im Herzstück der Stadt der Mensch und nicht der Verkehr das »Maß der Dinge« sein sollte. Mün- chen sollte weder planlos noch nach einem vom kühl rechnen- den Verstand ausgeklügelten Konzept wachsen, sondern nach einer Idee. Das entspräche seinem althergebrachten Wesen, sei- ner »Stadtpersönlichkeit, die immer Intimität, Liberalität, Über- schaubarkeit, menschliches Maß und damit Spielraum für ein kräftiges, farbiges Leben zu wahren wusste«.

Trabantenstädte

Eine der größten Herausforderungen für die Stadtverwaltung war fast zu allen Zeiten die Wohnungsnot. Trotz aller Anstrengungen und beachtlicher Erfolge beim Wiederaufbau blieben in München auch am Ende der 50er-Jahre Wohnungen Mangelware; es fehlten über 60 000 Wohneinheiten, um eine ordnungsgemäße Unterbringung der Menschen zu sichern. Von 1960 bis 1972 nahm die Bevölkerung der Stadt außerdem um 300 000 Personen zu. Bereits 1955 wurde daher die Parkstadt Bogenhausen mit knapp 2000 Wohnungen errichtet, die durch Lage und Ausstattung einem gehobenen Interessentenkreis entsprach. Die durchschnittlichen Baukosten pro Wohneinheit im sozialen Wohnungsbau stiegen pro qm Wohnfläche von 1960 mit 602 DM bis 1972 auf 1485 DM und bis 1993 auf etwa 5000 DM. Hauptsächlich durch die Neue Heimat, die städtische Gemeinnützige Wohnungsbau Gesellschaft und andere Bauträger wurden am Beginn der 60er-Jahre große Neubauviertel mit Sozialwohnungen errichtet, so Fürstenried, die Siedlung am Hasenbergl, die Blumenau, die Siedlung am Lerchenauer See oder Neuaubing.

Diese Siedlungsmaßnahmen linderten die größte Wohnungsnot, hatten aber anfangs gravierende Mängel. Besonders wurde die fehlende Infrastruktur beklagt: Massenverkehrsmittel, Kindergärten, Schulen und Einkaufsmöglichkeiten. Für die teilweise aus der Innenstadt vertriebenen Neubewohner dieser Schlafstädte war anfangs der schnellste Weg in die Stadt das Wichtigste. Zunächst waren sie auch einfach froh, ein Dach über dem Kopf zu haben und auch eine Zentralheizung. Die Problematik solch monotoner Sozialgettos drang erst im Laufe der Jahre ins Bewusstsein einer breiteren Öffentlichkeit.

Blick auf die um 1965 errichtete Siedlung am Lerchenauer See. Foto 1990.

Besonders in die Schlagzeilen gerieten das Hasenbergl im Norden und Neuperlach im Osten. Durch den natürlichen Bevölkerungswandel, Infrastrukturverbesserungen und Grünanlagen haben aber auch diese Viertel an Wohnwert gewonnen. Ihre Bewohner haben im Lauf der Jahre ein starkes Heimatgefühl entwickelt. Es ist ein Geflecht von Nachbarschaften und Vereinen entstanden, das teilweise an dörfliche Strukturen erinnert.

Das Stadtgebiet Münchens, das seit dem Zweiten Weltkrieg – im Gegensatz zu dem der meisten anderen Großstädte – durch Eingemeindungen keinen Zuwachs mehr hatte, wurde Heimat für immer mehr Menschen. 1950 hatte München noch 755 000 Einwohner, 1957 wurde die Millionenmarke erreicht und 1972 der Höchststand von 1 338 924. Dann ging die Zahl der Menschen mit Erstwohnsitz in der Stadt langsam zurück, während die Bevölkerung in der Region stetig wuchs. Grund sind einerseits die hohen Kosten für Grundstücke, Wohnraum und Mieten, andererseits der höhere Lebens- und Freizeitwert im grünen Umland. Dazu kommt, dass der Pro-Kopf-Anspruch an Wohnraum im Durchschnitt jährlich um einen halben Quadratmeter wächst. Ein Ergebnis dieser Entwicklung ist, dass die Wohnungspreise in einem Umkreis von 50 km teilweise das Niveau der Landeshauptstadt erreicht haben oder sogar darüber liegen. Eine zunehmende Mobilität war durch die wachsende Bedeutung von München als Ausbildungs-, Dienstleistungs-, Beamten- und High-Tech-Industrie-Stadt festzustellen. So zog zwischen 1957 und 1967 in München eine Million Menschen zu, 750 000 zogen weg, und 100 000 wechselten innerhalb der Stadtgrenze ihren Wohnsitz. Der Anteil der Ausländer an der Stadtbevölkerung nahm dabei ständig zu.

Demonstrationen

In München haben Unruhen und Demonstrationen Tradition: Bis zum Anfang der 50er-Jahre gingen noch viele Menschen gegen Hunger und für höhere Löhne auf die Straße. In der Zeit des Wirtschaftswunders wurden solche Äußerungen der Bevölkerung unüblich. Aber im Sommer 1962 flammten in München die ersten Unruhen unter Jugendlichen seit Bestehen der Bundesrepublik auf. Sie sollten später als »Schwabinger Krawalle« in die Geschichte eingehen. Der auslösende Anlass war nichtig: In einer warmen Sommernacht am 20. Juni, vor Fronleichnam, fühlte sich ein Anlieger durch Straßenmusikanten am Wedekindplatz in Schwabing belästigt und rief die Polizei. Diese kam und nahm die drei jungen Männer im Streifenwagen mit. Daraufhin empörten sich die Umstehenden und wurden handgreiflich gegen die Polizei, die Verstärkung herbeirief, um die Straße für den Verkehr zu räumen. Schließlich kam es mehrere Abende zu Auseinandersetzungen, bei denen die hierin ungeübten Polizisten zu hart gegen Demonstranten vorgingen. Es gab zahlreiche Verletzte, aber keine Toten. Die Presse griff die Verantwortlichen wegen der Missgriffe scharf an. Der junge Chef der Kriminalpolizei, Manfred Schreiber, der im Jahr darauf zum Polizeipräsidenten ernannt wurde und es dann später bis zum Staatssekretär in Bonn brachte, konnte sich hier erste Sporen verdienen. Die damals noch städtische Polizei lernte aus den Krawallen und wurde psychologisch für Demonstrationseinsätze geschult. Die sogenannte »Münchner Linie« wurde entwickelt, die später Vorbild für andere Städte werden sollte und am Ende der 60er Jahre Schlimmeres verhüten half.

Da bei den Krawallen kaum politische Meinungen geäußert wurden, vermutete Oberbürgermeister Vogel im Rückblick auf seine Amtszeit als Grund für die Unruhen: »Wahrscheinlich war es aber – wenn man von den reinen Rowdies absieht – zumindest bei den Jüngeren doch schon ein unartikulierter Protest gegen die Wohlstandsgesellschaft und das Wirtschaftswunder: das Bedürfnis, gegen irgend etwas, das allzu glatt und problemlos zu laufen schien, Widerstand zu leisten. Überspitzt könnte man es einen Aufstand der Individualität gegen die Straßenverkehrsordnung nennen, einen ersten vehementen Hinweis darauf, dass eine Stadt nicht nur für den Verkehr, sondern auch zum Flanieren, zum Musizieren, zum Tanzen da ist. Ja, vielleicht wird man später einmal sagen, in Schwabing habe zum ersten Mal die humane Stadt gegen die ökonomische Stadt rebelliert.«

Neben den Demonstrationszügen der Gewerkschaften am 1. Mai gab es bis zur Mitte der 60er-Jahre noch die Ostermärsche. 1967 kam es zu einem Protestumzug der DGB-Jugend mit Studenten der Technischen Hochschule (TH) gegen Preiserhöhungen bei der Straßenbahn. Größere Probleme entstanden aber erst, als im gleichen Jahr der Schah von Persien nach Berlin auch München besuchte. Nur mit großer Mühe gelang es einem großen Polizeiaufgebot, den Gast zu schützen. Nun fanden häufiger relativ friedliche Demonstrationen statt, gegen den Vietnamkrieg, gegen die Diktaturen in Spanien und Griechenland, aber auch gegen die Missstände an den Universitäten. Als allerdings am 11. April 1968 in Berlin der Studentenführer Rudi Dutschke bei einem Attentat lebensgefährlich verletzt wurde (er starb einige Jahre später an den Folgen), belagerten junge Leute das Buchgewerbehaus zwischen Schelling-, Barer- und Theresienstraße, wo Redaktion und Druckerei der ›Bild‹-Zeitung ihren Sitz haben. Der Fotoreporter Klaus Frings und der Student Rüdiger Schreck starben dabei unter ungeklärten Umständen. Bei einer Kundgebung mit über 10 000 Menschen auf dem Königsplatz am 23. April, die friedlich verlief, sprachen Politiker und Studenten, woraufhin die Gewaltbereitschaft wieder sank. Doch anlässlich der Verabschiedung der Notstandsgesetze gab es erneut militante Proteste.

In den folgenden Jahren fanden über 50 Demonstrationen zu verschiedenen Anlässen statt. So gab es im Jahr 1970 Verletzte bei der Störung einer Feier zu Ehren der griechischen Militärjunta und bei einer Demonstration gegen den Einmarsch der Amerikaner in Kambodscha. 1971 gelang es Studenten, die Wahlversammlung für das Amt des Rektors der Ludwig-Maximilians-Universität München zweimal gewaltsam zu sprengen. Der dritte Wahlversuch, diesmal in der Residenz mit einem Aufgebot von 1200 Polizisten durchgeführt, war schließlich erfolgreich. »Teach-ins« und »Sit-ins« fanden hauptsächlich innerhalb der Universitäten statt, wo die Studenten gegen den »Muff von tausend Jahren unter den Talaren« vorgingen und dabei Teilerfolge erzielen konnten: Universität und Gesellschaft veränderten sich in diesen Jahren. München wurde mit über 100 000 Studierenden nach Berlin die größte Universitätsstadt Deutschlands. Auch als Arbeitgeber wurden die Münchner Hochschulen für den ganzen Großraum von Bedeutung.

Olympiastadt
Für die Entwicklung Münchens bedeutend waren die Olympischen Spiele 1972. Am 28. Oktober 1965 war der Vorsitzende des Nationalen Olympischen Komitees, Willi Daume, an den Oberbürgermeister mit dem Vorschlag herangetreten, München solle sich als Olympiastadt bewerben. Vogel gelang es nach Sondierungen der Verwaltung, sowohl die Bayerische Staatsregierung mit Ministerpräsident Alfons Goppel (CSU) als auch die Bundesregierung unter Bundeskanzler Ludwig Erhard (CDU) für das Vorhaben zu gewinnen, bevor er an die Öffentlichkeit trat. Mit Billigung des Nationalen Olympischen Komitees beschloss der Münchner Stadtrat einstimmig am 20. Dezember 1965, sich um die Ausrichtung der Spiele zu bemühen. Am 25. April 1966 fiel bei der Sitzung des IOC in Rom im zweiten Wahlgang die Entscheidung mit absoluter Mehrheit für München gegen die Konkurrenten Detroit, Madrid und Montreal. In Anbetracht der schwierigen politischen Verhältnisse (Erinnerung an die Spiele in Berlin und Garmisch 1936; Spannungen in den Ost-West-Beziehungen, besonders zur DDR) war dieses Ergebnis

Demonstration auf dem Marienplatz. Foto um 1985.

überraschend. Willy Brandt, 1965 noch Regierender Bürgermeister von Berlin, erhoffte sich dadurch einen positiven Einfluss auf die Normalisierung des innerdeutschen Verhältnisses. Oberbürgermeister Vogel kündigte an, seine Stadt »wolle Olympische Spiele der kurzen Wege, im Grünen und der Einheit von Körper und Geist bieten«. Nun waren gewaltige Aufgaben zu lösen. Neben der beschleunigten Durchführung von Baumaßnahmen im Verkehrsbereich, die gerade erst in der Planungsphase standen – U- und S-Bahn, Teile des Mittleren Rings, Altstadtring und Fußgängerzone –, mussten Sportstätten errichtet werden. Dies war die Chance, mithilfe von Bund, Land und anderen Geldgebern in sonst nicht möglicher Eile Infrastrukturmaßnahmen und Wohnungen zu erstellen. Man wählte als Standort der Olympiabauten das Oberwiesenfeld, ein etwa 300 ha großes Areal vier km nordwestlich vom Stadtmittelpunkt. Das ehemalige Truppenübungsgelände, auf dem sich vor dem Krieg der Flughafen der Stadt befand, war im Besitz von Stadt, Land und Bund. Am Rande des Geländes waren bereits Fernsehturm und Eissporthalle im Bau. Der damalige Bundesfinanzminister und CSU-Vorsitzende Franz Josef Strauß wurde Vorsitzender der neu gegründeten Olympia-Baugesellschaft. Über 60 Objekte mussten im Stadtgebiet errichtet werden, so das Stadion, eine Mehrzweckhalle, die Schwimmhalle, die Radrennbahn, das Pressezentrum, die Pressestadt und das Olympische Dorf. Außerhalb des Olympiageländes entstanden Basketball- und Ringerhalle, Reit- und Schießanlage (Riem bzw. Garching-Hochbrück) sowie die Ruderregattastrecke (Feldmoching-Oberschleißheim).

Für die Planung des zentralen Bereiches wurde 1967 bundesweit ein Wettbewerb ausgeschrieben, zu dem 101 Entwürfe eingereicht wurden. Nach langen Diskussionen fiel am 13. Oktober 1967 die Wahl der Jury auf das Zeltdachprojekt der Architektengruppe Günter Behnisch mit ihrer landschaftlichen Gesamtlösung. Oberbürgermeister Vogel, der sich für das Zeltdach besonders starkgemacht hatte, stand auch im Rückblick zu seiner Entscheidung. »Eine Gesellschaft muss auch einmal die Kraft aufbringen, einen großen Geldbetrag für ein im engen Sinn zweckfreies Vorhaben, für ein architektonisches Kunstwerk aufzuwenden. Es muss Freiräume geben, die von ökonomischen Prinzipien und den landläufigen Nützlichkeitserwägungen ausgenommen sind«. Außerdem wurden diese Anlagen im Wesentlichen vom Verkauf der 10-DM-Silber-Olympiamünzen an Sammler in aller Welt finanziert, der rund 700 Mio. DM erbrachte. Nach großen Steigerungen der gesamten Baukosten von ursprünglich veranschlagten 520 Mio. auf 760 Mio. DM erklärte sich 1969 die neue sozial-liberale Bundesregierung unter Willy Brandt bereit, 50 Prozent der Gesamtkosten zu übernehmen. Der Rest wurde zu gleichen Teilen auf Land und Stadt aufgeteilt. Die Stadt München hatte schließlich nur 170 Mio. DM zu zahlen und erhielt dafür unter anderem zwei U-Bahn-Linien, 6000 Wohnungen, 1800 Studentenwohnplätze, drei Schulen, viele Sportstätten und den Olympiapark.

Die 20. Olympischen Spiele, die vom 26. August bis 11. September 1972 in München stattfanden, brachten der Stadt das größte weltweite Aufsehen. Bei den »heiteren Spielen« waren deutsche Sportlerinnen und Sportler äußerst erfolgreich. Alles lief nach Plan – bis zum 5. September: Palästinensische Terroristen überfielen im Olympischen Dorf die Mannschaft aus Israel, töteten zwei Sportler und nahmen neun Personen als Geiseln. Der Versuch, die Israelis zu befreien, endete am 6. September auf dem Militärflughafen Fürstenfeldbruck mit dem Tod aller Geiseln, eines Polizisten und fünf der arabischen Terroristen. Nach einer Trauerfeier mit 80 000 Teilnehmern noch am selben Tag gingen die Spiele ohne weitere Störungen zu Ende.

Nach den Spielen übernahm die Olympiapark GmbH im Auftrag der Stadt die Verwaltung der Anlagen. Die meisten der für die Olympischen Spiele errichteten Bauten wurden anschließend intensiv weitergenutzt. Die Olympiahalle bot Platz für viele Konzerte, Tagungen und Sportereignisse, wie z. B. die Eishockey-Weltmeisterschaft 1993. Das Olympiagelände wurde zu einer der wichtigsten Freizeit- und Erholungsstätten Münchens. Hierzu trug unter anderem die modellhafte Einrichtung eines

»Gesundheitsparks« in den unteren Räumen des Olympiastadions bei. Beim benachbarten Theatron am künstlich geschaffenen Olympiasee können Tausende Freilichtaufführungen beiwohnen. Auch der Festplatz auf der anderen Seite des Olympiaberges ist ein beliebter Veranstaltungsort. Z. B. etablierte sich dort mit dem Tollwood-Festival für 14 Tage im Sommer eine alternative kulturelle Attraktion mit buntem Musikangebot, vielen Darbietungen und kulinarischen Spezialitäten. Auch das Olympiastadion wurde zum Schauplatz vieler wichtiger Veranstaltungen. Europa- und Weltmeisterschaften, Tagungen und Kundgebungen füllten ebenso wie große Fußballspiele das Rund. Im Gedächtnis blieb die Fußball-Weltmeisterschaft 1974. Sie endete am 7. Juli mit dem Titelgewinn der deutschen Mannschaft, in der unter anderem die »Münchner« Franz Beckenbauer, Paul Breitner, Uli Hoeneß, Sepp Maier, Gerd Müller und Georg Schwarzenbeck spielten. Im Endspiel wurde die niederländische Nationalmannschaft mit 2:1 Toren geschlagen. Das Olympiastadion war auch Schauplatz der Erfolge der beiden Fußballmannschaften »TSV 1860 München« und »FC Bayern München«. Die »Bayern« wurden hier deutscher Rekordmeister und mehrfacher Europapokalsieger. Der auch mitgliederstärkste und finanziell erfolgreichste deutsche Verein wurde ein Hauptwahrzeichen für München in der Welt.

Der Münchner Verkehrsverbund (MVV)
Bereits in der Nazizeit hatte man unter der Lindwurmstraße beim Sendlinger-Tor-Platz mit dem Bau einer U-Bahn begonnen. Und schon 1945 wurde die Errichtung von Massenverkehrsmitteln – unterirdische Straßenbahn, städtische U-Bahn oder S-Bahn – wieder öffentlich diskutiert. Rechtliche Probleme, die Finanznot und der noch nicht so große Umfang des Individualverkehrs verhinderten aber damals eine zukunftsweisende Lösung. Als man jedoch sah, dass die einst angestrebte »autogerechte Stadt« ein Chaos bedeuten würde und die Verkehrsprobleme sonst nicht zu lösen waren, richtete der Stadtrat auf

Der künstlerisch gestaltete U-Bahnhof Hasenbergl. Foto 2000.

Betreiben von Oberbürgermeister Vogel 1964 ein U-Bahn-Amt ein, und am 1. Februar 1965 wurde mit dem Bau der ersten Linie (U6 Schwabing-Freimann) begonnen. Durch die Entscheidung, die Olympischen Spiele 1972 in München zu veranstalten, konnte auch die Bundesbahn dazu gebracht werden, sich mit dem Ausbau des S-Bahn-Netzes an einem umfassenden öffentlichen Nahverkehrssystem zu beteiligen. Der Münchner Verkehrsverbund (MVV) konnte schließlich 1971, planmäßig vor den Olympischen Spielen, in Betrieb gehen.

Die Stadt baute seitdem die U-Bahn-Linien systematisch aus. Die Trambahn wurde zur Ergänzung beibehalten und wird weiterentwickelt. Auch die Buslinien wurden optimiert. Schwachstelle ist die störungsanfällige S-Bahn, für die der Freistaat Bayern zuständig ist. Insgesamt entwickelte sich der MVV zum dichtesten und leistungsstärksten Massenverkehrssystem in Deutschland, ohne das ein Leben in München nicht mehr denkbar wäre.

Kulturelle Impulse

In den 60er-Jahren wurde München zur »Verlagshauptstadt« der Bundesrepublik; nur in New York wurden weltweit mehr Bücher herausgegeben. Neben vorwiegend belletristischen Buchverlagen wie Desch, Droemer, Hanser oder Piper haben sich auch viele Unternehmen in der Stadt angesiedelt, die Sach-, Fach-, Schul-, Kunst- und Kinderbücher veröffentlichen. Mit dem Deutschen Taschenbuch Verlag, ursprünglich ein Zusammenschluss von Verlagen, die selbst keine Taschenbücher produzierten, wurde in der Stadt auch der heute größte Taschenbuchverlag Deutschlands gegründet.

Entscheidende Impulse für das kulturelle Leben der Stadt gingen von dem 1956 gewählten Kulturreferenten Dr. Herbert Hohenemser aus, der bis 1976 im Amt blieb. Er galt anfangs als »stürmischer Neuerer« und förderte Experimente wie die sogenannte Kunstzone am St.-Jakobs-Platz. Es wurden auch erste Ansätze einer Stadtteilkulturarbeit erkennbar, der Kulturetat war freilich bescheiden. Immerhin konnte ein flächendeckendes Netz von Stadtbüchereien, in denen kostenlos Medien ausgeliehen werden, aufgebaut werden. Ein weiterer Schwerpunkt der Arbeit war die Erwachsenenbildung.

Die städtischen Kammerspiele, das renommierteste Theater der Stadt, wurden bis 1963 von Hans Schweikart als Intendant geleitet. Ihm folgte August Everding. Regie führte hier unter anderem Fritz Kortner. Dass Ende der 60er-Jahre Stücke »linker« Autoren wie Edward Bond, Franz Xaver Kroetz oder Harald Mueller gespielt wurden, missfiel konservativen Kritikern. 1970 wurde der Schauspieler Hans-Reinhard Müller als Nachfolger August Everdings (1928–99) gewählt, der an die Oper in Hamburg wechselte und 1977 nach München zurückkehrte, wo er bis zum Staatsintendanten und führenden Theaterexperten Deutschlands aufstieg. Wirbel gab es um den 1970 an die Kammerspiele verpflichteten Chefdramaturgen Heinar Kipphardt. Weil er das Stück ›Der DRA-DRA‹ von Wolf Biermann aufführte und dazu im Programmheft missverständliche Ausführungen zur Gewalt gegen Politiker erschienen, wurde sein Vertrag im Jahr darauf nicht verlängert. Die künstlerische Qualität der Kammerspiele wurde durch den 1983 zum Intendanten ernannten Dieter Dorn weiterentwickelt, der dann 2001 Staatsintendant wurde. Im Münchner Volkstheater am Stiglmaierplatz pflegte man seit 1985 unter der Intendanz von Ruth Drexel neben bayerischem Repertoire auch eine kritische Münchner Tradition.

Markenzeichen Münchens war seit 1956 das Kabarett »Münchner Lach- und Schießgesellschaft« in Schwabing mit

Hans Jürgen Diedrich, Sammy Drechsel, Klaus Havenstein, Ursula Herking, Klaus Peter Schreiner und Dieter Hildebrandt. Letzterer wurde zum bekanntesten Mitglied der Gruppe, vor allem durch seine satirische Fernsehsendung ›Scheibenwischer‹. In den 60er-Jahren wurde die Isarmetropole auch Ausgangspunkt für den »Neuen deutschen Film«. Regisseure wie Werner Herzog, Alexander Kluge, Edgar Reitz oder Volker Schlöndorff kamen von hier aus zu weltweiter Beachtung. Von München wurde auch das Werk von Rainer Werner Fassbinder (1945–1982) geprägt, mit dem er in den 70er-Jahren Filmgeschichte machte. Trotz der Bedeutung, die Kino und Film in München spiel(t)en, blieb die Stadt nicht vom allgemeinen Kinosterben verschont, dem zahlreiche, vor allem die kleineren, nicht zu einer Gruppe gehörenden Lichtspieltheater zum Opfer fielen. In den 80er-Jahren entstanden in München Filme von Hanns-Christian Müller mit Gisela Schneeberger und dem Schauspieler und Kabarettisten Gerhard Polt. Das Team trat auch in mehreren Produktionen mit der Musikgruppe Biermösl-Blosn in den Kammerspielen und später im Residenztheater auf.

Geiselgasteig im Süden der Stadt mit dem Bavaria-Filmgelände wurde ein Zentrum der Filmindustrie in Deutschland. Neben Fernsehkrimis entstanden hier viele Spielfilme (z. B. ›Das Boot‹ oder ›Schtonk‹). Auch Fernsehserien hatten einen direkten inhaltlichen Bezug zu München; erinnert sei hier an Helmut Dietls ›Münchner Gschichten‹ und ›Kir Royal‹, an die ›Grandauers‹, die ›Löwengrube‹, die ›Wiesingers‹ oder schließlich an ›Die zweite Heimat‹ von Edgar Reitz. Die wöchentliche ›Lindenstraße‹ spielt zwar angeblich in München, wird aber nicht hier gedreht. Das als Abteilung des Münchner Stadtmuseums unter Leitung von Enno Patalas aufgebaute »Filmmuseum« ist eine wichtige Dokumentationsstelle für dieses Medium geworden.

In der Mitte der 70er-Jahre beschloss der Münchner Stadtrat, ein großes Kulturzentrum mit Volkshochschulzentrale, Stadtbibliothek und Konzertsaal am Gasteig beim ehemaligen Bürgerbräu-Keller zu errichten. Es gab kritische Stimmen und Widerstände gegen das »Mammut-Glashaus«. Der 1978 begonnene Bau wurde 1985 mit der Eröffnung des Carl-Orff-Saales und der Philharmonie vollendet. Die Kosten von 370 Mio. DM waren gegenüber dem Voranschlag um 350 Prozent gestiegen. 1979 hatte der Kulturausschuss des Stadtrates den renommierten 67-jährigen rumänischen Dirigenten Sergiu Celibidache zum Generalmusikdirektor der Landeshauptstadt und Leiter der Münchner Philharmoniker berufen. Dieses weltweit bekannte Orchester hatte nun einen würdigen Konzertsaal. 1986 wurde in München erstmals die »Biennale für neues Musiktheater« unter der Leitung des Komponisten Hans Werner Henze abgehalten. Dieses Festival ist auch international für die zeitgenössische Musik von Bedeutung.

Das Thema bildende Kunst fand besonders im Zusammenhang mit Geld öffentliches Interesse. Großen Wirbel gab es 1979 um den Ankauf der Installation ›Zeige Deine Wunde‹ von Joseph Beuys für die Städtische Galerie im Lenbachhaus. Der Sammler Christof Engelhorn hatte das Objekt für 270 000,– DM erworben und überließ es der Galerie für 135 000,– DM. Das Stück aus dem Spätwerk des Künstlers ist eines der zentralen Exponate des Museums. 1981 fand die (Wieder-)Eröffnung der, von Alexander von Branca im postmodernen Stil entworfenen, neu erbauten »Neuen Pinakothek« durch den Ministerpräsidenten Franz Josef Strauß statt. Das Gebäude enthält Malerei des 19. und 20. Jahrhunderts. Neben den staatlichen und städtischen Museen veranstalteten seit den 80er-Jahren auch private Träger wie die »Hypo-Kunsthalle« viel beachtete Ausstellungen. Viele kleine Galerien und die große Kunstakademie bieten heute einen Nährboden für die moderne Kunst in der Stadt. Es gibt jedoch auch »Defizite Münchens im internationalen Kontext«. Sie liegen an »einer höchst mangelhaften Infrastruktur; es fehlen in erster Linie akzeptable und erschwingliche Arbeitsräume für Künstler«. Daher wandern viele ab.

An Stätten der Hochkultur herrscht im Zentrum der Stadt kein Mangel. Zur Förderung einer bürgernahen Stadtteilkultur wurden am Ende der 80er-Jahre neue Konzepte in die Wege geleitet. In der Pasinger Fabrik oder der Seidlvilla in Schwabing entfaltete sich eine vielseitige Aktivität, weitere von der Stadt getragene Bürgerhäuser entstanden mit der Mohrvilla in Freimann, dem Pelkovenschlössl in Moosach sowie den neu erbauten Kulturhäusern in Trudering und Milbertshofen. Stadtteilkulturwochen mit vielfältigem Programm wurden jährlich in wechselnden Bezirken veranstaltet. Diese Kultur soll zum Mitmachen animieren und Kontakte zwischen den Bewohnern fördern.

Auseinandersetzungen in der SPD

Die SPD stellte in München seit 1948 – mit Ausnahme der Jahre von 1978 bis 1984 – den Oberbürgermeister und bestimmte in starkem Maße die Stadtpolitik. Mitte der 60er-Jahre war die Partei überaltert. Als Willy Brandt 1969 Bundeskanzler wurde und sein Amt unter dem Motto »Mehr Demokratie wagen« stand, strömten junge Leute, darunter auch viele Akademiker, in die SPD.

Ab 1970 gab es erste Konflikte, die kommunalpolitischen Vorstellungen der Partei und die Politik der gewählten Mandatsträger im Rathaus drifteten zunehmend auseinander. Das trug dazu bei, dass nach einigem Hin und Her Hans-Jochen Vogel 1972 beschloss, nicht mehr als Oberbürgermeister zu kandidieren. Er setzte durch, dass der Landtagsabgeordnete Georg Kronawitter (geb. 1928), ein gelernter Bäcker und Lehrer, als sein Nachfolger aufgestellt wurde. Es gelang ihm auch mit knapper Mehrheit, die Stadtratsliste der SPD in seinem Sinn zu prägen. Die SPD erreichte bei den Kommunalwahlen 1972 noch einmal die absolute Mehrheit, und Georg Kronawitter wurde mit 55,9 Prozent Oberbürgermeister. Aber es kam auch nach den Wahlen zu ständigen Auseinandersetzungen zwischen dem Parteivorstand und der Stadtratsfraktion. Diese offenen Konflikte wirkten sich nun auch bei Wahlen aus: 1974 verlor die SPD auf einen Schlag alle Landtags-Direktmandate an die CSU und 1976 ebenso die Bundestagsmandate. Teile der Stadtratsfraktion traten aus der SPD aus und bildeten eigene Gruppen oder schlossen sich anderen Parteien an.

Weltstadt mit provinziellen Zügen

Oberbürgermeister Kronawitter galt in der eigenen Partei als »nicht mehr vermittelbar«, und 1978 zog die SPD mit dem Kämmerer Max von Heckel als Oberbürgermeisterkandidaten in die Kommunalwahl. Die CSU errang mit 42 Sitzen im 80-köpfigen Stadtrat die absolute Mehrheit; der bisherige Staatssekretär im bayerischen Innenministerium, Erich Kiesl, wurde mit 51,4 Prozent Oberbürgermeister. Als 2. Bürgermeister wurde der Oberstudienrat Dr. Winfried Zehetmeier (CSU) gewählt, als 3. Bürgermeister Helmut Gittel. Der ehemalige Sozialdemokrat war auf einer eigenen Liste (Sozialer Rathaus-Block) wieder ins Rathaus gekommen und schloss sich dann der CSU an.

In der Zeit der absoluten CSU-Mehrheit herrschte eine gemäßigt konservative Grundstimmung vor. Das Wort Oberbürgermeister Kiesls machte die Runde, dass München nicht »Hinterpfuideifi« sei – das heißt, Repräsentation und der Stolz auf die Stadt hatten einen hohen Stellenwert. Skandale wie die Anschaffung eines teuren »Kronleuchters« für das Amtszimmer des OB, die Anstellung einer Mitarbeiterin für die OB-Gattin, das Scheitern des Plans von Internationalen Filmwochen, die enormen Kostensteigerungen für das 1982 wiedereröffnete »Deutsche Theater« an der Schwanthalerstraße als Stätte für die leichte Muse oder das umstrittene »Baulandgeschenk« an den Unternehmer Josef Schörghuber schadeten der Stadtspitze im Ansehen der Öffentlichkeit.

Am 26. September 1980 wurden auf dem Oktoberfest 13 Menschen bei einem Sprengstoffattentat getötet, darunter auch der rechtsextremistische Täter, 219 Personen wurden verletzt. Zu Beginn des Jahres war die neonazistische »Wehrsportgruppe Hoffmann« verboten worden, zu ihren Mitgliedern gehörte der Wiesn-Attentäter.

Um den ökologischen Problemen besser begegnen zu können, richtete die Stadt 1981 ein eigenes Umweltreferat ein. Die vom Stadtrat beschlossene Beteiligung der Landeshauptstadt München am Atomkraftwerk Ohu II nördlich von Landshut sollte die Energieversorgung gewährleisten. Als weitere Neuerung wurde die Stelle eines Volkskulturpflegers geschaffen und mit Volker D. Laturell besetzt.

Grün

In der ersten Amtszeit Georg Kronawitters hatte ein Schwerpunkt in der Planung von großen Grünanlagen gelegen, die auch von der CSU-Mehrheit fortgeführt wurde. Neben dem Ausbau der Drei-Seen-Platte (Lerchenauer-, Fasanerie- und Feldmochinger See im Nordwesten der Stadt) entstanden der Ostpark und schließlich auf dem Gelände der Internationalen Gartenschau 1983 der Westpark. Ein riesiger Nordpark zwischen der Panzerwiese beim Hasenbergl und Garching wurde in Angriff genommen. München hatte bereits seit 200 Jahren mit dem »Englischen Garten« weltweit eine der größten innerstädtischen Grünanlagen. Für viele Münchner ist es das Stück Natur, das die Stadt besonders lebenswert macht. Einige verbringen im Sommer jeden regenfreien Nachmittag im Biergarten unter dem Chinesischen Turm. Dort haben schon viele Kinder das Laufen gelernt – oder zumindest das Karussellfahren.

Auch ein Beispiel für den moralischen Wandel in der Stadt ist hier zu beobachten. Früher war es ein Park mit strengen Sitten.

Englischer Garten mit Monopteros. Foto 1980.

313

Mitte der 60er-Jahre wurde man noch von der Polizei angehalten und verwarnt, wenn man im Englischen Garten ein Fahrrad auf einem Gehweg schob (selbst das war durch die Anlagenverordnung verboten!). Seit den 70er-Jahren fahren die Pedalritter auf allen Wegen und Wiesen, ob erlaubt oder nicht, ohne dass dies Polizisten kümmern würde. Der Münchner Romancier Uwe Timm schildert eine Szene, wie Münchner Polizisten Ende der 70er-Jahre gegen »Nackerte« im Englischen Garten vorgingen: »Sie forderten alle auf, sich anzuziehen. Jemand habe sich beschwert. Die beiden blieben bei den Mädchen stehen und kontrollierten, ob sie auch alles gut verpackten. Bis jemand von der anderen Seite die Polizisten nass spritzte. Und da immer mehr Nackte aufstanden und auf sie zukamen und lachten, lachten sie schließlich zögernd mit und sagten, sie könnten zu zweit ja nicht alle zwingen, die Höschen anzuziehen. So zogen sie ab.« Da das Sonnenbaden ohne Kleidung immer mehr um sich griff und die Beschwerden sich häuften, regelte man die Sache durch Verordnung. Die Stadt wies »Toleranzzonen« aus. In diesen (und deren Nähe) braucht keine Kleidung getragen werden. Seitdem gibt es deswegen keinen Ärger mehr, und München ist, wenn die Sonne scheint, um eine Attraktion reicher.

Kronawitters Wiederkehr

Nach einigen Jahren aktiver Arbeit an der Basis seiner Partei trat Georg Kronawitter bei der Oberbürgermeisterwahl 1984 für die SPD gegen Erich Kiesl an und erreichte in der Stichwahl eine Mehrheit von 58,1 Prozent. Die CSU erhielt 35 Stadtratsmandate, ebenso die SPD, die Grünen sechs und die FDP vier. Dr. Winfried Zehetmeier von der CSU wurde wieder 2. und der bisherige Kreisverwaltungsreferent Dr. Klaus Hahnzog (SPD) 3. Bürgermeister. Man bemühte sich nun, gemeinsam eine Politik der Konsolidierung zu betreiben. 1990 wurde Georg Kronawitter schließlich mit 61,2 Prozent gegen den Pressesprecher der Bundesregierung Dr. Hans Klein (CSU) wieder zum Oberbürgermeister gewählt, und die SPD erhielt die meisten Stimmen bei der Stadtratswahl. Eine »Koalition« von SPD (36), Grünen (7) und dem Oberbürgermeister gestaltete nun die Stadtpolitik. Die CSU erhielt 26 Sitze, die Republikaner sechs und die FDP vier, einen Stadtrat stellte die Umweltschutzliste »David gegen Goliath«. 2. Bürgermeister wurde der Rechtsanwalt Christian Ude (SPD) und 3. Bürgermeisterin mit Sabine Csampai von den Grünen erstmals eine Frau. Wie schon in den Amtsperioden zuvor war der Münchner Stadtrat das Gremium einer deutschen Großstadt mit dem höchsten Anteil an weiblichen Mitgliedern. Mit Stadtbaurätin Christiane Thalgott wurde 1992 erstmals eine Frau auch auf die Referentenbank in München gewählt, der bald weitere folgten.

Die neue Mehrheit bemüht sich um andere Akzente im sozialen, ökologischen und kulturellen Bereich. Die Finanzmisere, die sich im Zuge von Einheit und Solidarpakt dramatisch verschärfte, ließ hier allerdings nur wenig Spielraum offen. Der Versuch einer Stärkung der Rechte der Bezirksausschüsse auf Stadtviertelebene, der eine Neueinteilung der Stadtbezirke vorausging, scheiterte 1992 am bayerischen Landtag. Die nach langen Verhandlungen erzielte Aufwertung wurde durch ein von der CSU-Mehrheit erlassenes Gesetz teilweise beseitigt.

Großbauten und Image
Bereits 1960 hatte ein Flugzeugabsturz am Bavariaring, bei dem 55 Menschen starben, die Bevölkerung aufgeschreckt. Man beschloss, den Flughafen von Riem (am östlichen Stadtrand) wegzuverlegen. Es begann eine lange Standortsuche, die nach vielen Gerichtsverfahren schließlich zum Bau des Großflughafens München »Franz Josef Strauß« zwischen Erding und Freising führte, 40 km vom Stadtzentrum in nordöstlicher Richtung entfernt. Erst 1992 konnte die neue Anlage in Betrieb gehen, die zwar große Teile der Stadt von Fluglärm und Gefahr entlastet, andere Gebiete aber zerstört. 1991 hatte die Bundesbahn gegen den Widerstand der Stadt ein weiteres Großprojekt in Betrieb genommen. Der bereits in der NS-Zeit geplante Rangierbahn-

hof München-Nord zwischen Allach und der Lerchenau wurde als »Schienenmonster« angesehen, das die Stadt zerschneidet. Er verbreitet zwar Lärm, jedoch kann nun der Güterverkehr der Bahn reibungsloser abgewickelt werden. Die vielen Änderungen und Auflagen, die erstritten werden konnten, machen das Areal ökologisch erträglich.

Der Freistaat Bayern war stets um eine sichtbare Repräsentation in seiner Landeshauptstadt München bemüht. Offizieller Sitz des Ministerpräsidenten war das kleine Prinz-Carl-Palais. Von 1984 bis zur Fertigstellung 1993 gab es Diskussionen um den Neubau der Bayerischen Staatskanzlei am Ostrand des Hofgartens. Den Kritikern erschien die Planung des »Straußoleums« um die Kuppel des 1905 errichteten, ehemaligen Armeemuseums herum zu wuchtig. Nach dem Tod von Ministerpräsident Franz Josef Strauß wurde der Umfang des Baus zwar reduziert, fand aber trotzdem keine allgemeine Zustimmung. Die ›Süddeutsche Zeitung‹ titelte zur Eröffnung: »Walhall der Gartenzwerge. Eine Architektur der falschen Gesten«. Ministerpräsident Max Streibl konnte das Gebäude zwar noch einweihen, musste aber wenige Tage darauf zurücktreten, um Edmund Stoiber als seinen Nachfolger einziehen zu lassen.

Im Sommer 1992 kam München mit dem berüchtigten »Münchner Kessel« auf die Bildschirme in aller Welt. Die Bundesregierung hatte die bayerische Metropole zum repräsentativen Tagungsort des Weltwirtschaftsgipfels der G7 (Regierungschefs und Finanzminister der wichtigsten Industriestaaten der Welt, heute G8) erkoren. Die Stadt glich über zwei Wochen einem Heerlager. Zigtausende von Polizisten durchkämmten die Straßen. Damals wurden Demonstranten und Globalisierungsgegner zusammengeschlagen und zu Hunderten eingekesselt und inhaftiert. Sie mussten allerdings am selben Tag noch freigelassen werden, da sie keine strafbaren Handlungen begangen hatten. Das vom Polizeipräsidenten und vom Innenminister Stoiber angeordnete rücksichtslose Vorgehen der Polizei wurde vom Ministerpräsidenten Max Streibl mit dem Hinweis auf die »bayerische Art« gerechtfertigt. Jedes Jahr findet in München

Das olympische Dorf, BMW-Hochhaus im Hintergrund. Foto Alois Schmitz

im Hotel Bayerischer Hof auch die »Internationale Konferenz für Sicherheitspolitik« statt, zu Zeiten des Kalten Krieges noch Wehrkundetagung, mit Regierungschefs, Ministern, Militärs, Parlamentariern und anderen Sicherheitsexperten aus aller Welt. Auch sie wird regelmäßig von Demonstrationen begleitet und mit einem großen Polizeiaufgebot abgeschirmt.

Ein weltweites positives Aufsehen erlangte München ebenfalls im Jahr 1992. Geschockt durch ausländerfeindliche Ausschreitungen in Deutschland organisierten drei junge Leute am 6. Dezember 1992 mit vielen freiwilligen Helfern eine Lichterkette. Unter dem Motto »München – eine Stadt sagt Nein« gingen schätzungsweise 400 000 Menschen mit Lichtern auf die Straße, um ihre Solidarität zu zeigen. Andere Städte in Europa folgten in den nächsten Wochen diesem Beispiel. Das politische Klima verbesserte sich durch diese Geste zusehends.

»STADT DER ZUKUNFT«

***

Bürgerkönig Ude

Nach dem Rücktritt von Georg Kronawitter wurde Christian Ude (SPD), der bereits seit 1990 2. Bürgermeister war, 1993 mit einer relativ knappen Mehrheit von 52,1 Prozent der Stimmen gegen Peter Gauweiler (CSU) zum neuen Oberbürgermeister gewählt. Ude war 1947 als Sohn des Kulturjournalisten und Schriftstellers Karl Ude in Schwabing zur Welt gekommen. Er hat sich bereits früh politisch engagiert und war journalistisch tätig, u. a. als Schülerzeitungsredakteur und bei der ›Süddeutschen Zeitung‹. Von 1978 bis 1990 war er als Rechtsanwalt tätig und erwarb sich bald den Ruf eines sehr erfolgreichen Streiters für die Interessen der Mieter.

1999 wurde Ude mit 61,2 Prozent und 2002 mit 64,5 Prozent der Stimmen im Amt als Oberbürgermeister bestätigt. Seit Juni 2005 ist er auch Präsident des Deutschen Städtetags und vertritt mit bemerkenswertem Erfolg die Interessen der deutschen Kommunen auf der bundespolitischen Bühne. 2. Bürgermeisterin war von 1993 bis 2005 Gertraud Burkert, ihre Nachfolgerin ist Christine Strobl (beide SPD). 3. Bürgermeister ist seit 1996 Hep Monatzeder (Bündnis 90/Die Grünen). München hat damit die am längsten währende rot-grüne Koalition in Deutschland.

Nach einem erfolgreichen Volksbegehren auf Landesebene und einer Neueinteilung der nun 25 Münchner Stadtbezirke konnten die Bezirksausschüsse 1996 erstmals direkt gewählt werden. Diesen Stadtteilparlamenten wurden verstärkt Aufgaben übertragen, was das Lokalbewusstsein stärkte und der Tatsache Rechnung trug, dass die Stadt einst aus vielen selbstständigen Ortschaften zusammengewachsen ist.

Großinvestitionen

Seit 1939 hatte die Stadt einen Flughafen in Riem, der nach dem Krieg auch für die zivile Luftfahrt genutzt wurde, sich jedoch bald als zu klein und vor allem als zu nah an der weiter kräftig wachsenden Stadt gelegen erwies. Als 1960 ein Flugzeug in der Münchner Innenstadt auf eine voll besetzte Straßenbahn stürzte und 55 Tote zu beklagen waren, wurden die Rufe nach einem neuen, weiter draußen angesiedelten Flughafen immer lauter, doch die bei solchen Großprojekten fast unvermeidlichen Anwohnerproteste verzögerten seine Fertigstellung um zwei Jahrzehnte. 1992 wurde der Flughafen Franz Josef Strauß eingeweiht. Die Benennung nach dem früheren Bayerischen Ministerpräsidenten geht unter anderem darauf zurück, dass Strauß maßgeblich an der Gründung des europäischen Luft- und Raumfahrtkonzerns Airbus beteiligt war. Die Anbindung des 28 Kilometer von der Stadtgrenze entfernten Flughafens an das öffentliche Verkehrssystem war von Anfang an mangelhaft. Da auch die erweiterten S-Bahn-Anschlüsse nicht ausreichen, verfolgte die Bayerische Staatsregierung gegen den Willen der Stadt den Plan, eine schnelle Verbindung vom Hauptbahnhof mit einer Magnetschwebebahn, dem Transrapid, zu erreichen. Der Transrapid, das schnellste spurgebundene Fahrzeug der Welt, ist in Deutschland noch nie zum Einsatz gekommen. In München gibt es starken Widerstand, weil die hohen Kosten von etwa zwei Milliarden Euro in keinem Verhältnis zu dem möglichen Zeitgewinn gegenüber einer Express-S-Bahn stehen.

Um München als Messeplatz attraktiv zu halten, wurde 1998 eine neue Messe auf dem Areal des ehemaligen Flughafens Riem eröffnet, die bald Rekordzahlen an Ausstellern und Besuchern erreichte. Besonders jährliche Fachmessen wie z. B. ELECTRONICA, HEIM + HANDWERK, INHORGENTA, INTERSOLAR, ISPO, MODE-WOCHE oder SYSTEMS ziehen Millionen Besucher an. Auf dem Gelände neben den Messehallen wurde 2005 eine groß angelegte Bundesgartenschau veranstaltet, die wegen ihres modernen Designs auch Kritik hervorrief. Weiter entstand hier ein großes Neubauviertel. Auf dem alten, seit 1904 bestehenden Ausstellungsgelände oberhalb der Theresienwiese konnte 2003 ein Verkehrsmuseum als Teil des Deutschen Museums errichtet werden. Andere Bereiche dieses Areals wurden zum Neubau von attraktiven Wohnungen genutzt. Die aus dem Jahr 1953 stammende Kongresshalle wurde vorbildlich restauriert. Der große Veranstaltungssaal mit seinem spatenförmigen Grundriss verfügt heute über modernste Technik und hat zugleich die Aura der 50er-Jahre bewahrt.

1996 erlebte München einen ersten Bürgerentscheid auf einer neu geschaffenen gesetzlichen Grundlage. Eine Mehrheit von 50,3 Prozent forderte den kreuzungsfreien Ausbau des Mittleren Rings. Ein erstes Ergebnis dieser Entscheidung war der 2002 eröffnete Petueltunnel, der mit einer Länge von 1,5 Kilometern Münchens längster Straßentunnel ist. Über dem Tunnel liegt der Petuelpark, der die natürliche Verbindung zwischen den Stadtteilen Schwabing und Milbertshofen wiederherstellt. An seiner Südseite verläuft der Nymphenburg-Biedersteiner-Kanal, der den Olympiasee mit der Isar verbindet. »Themengärten« laden die Anwohner zur Begegnung ein. Ein Kubus der Städtischen Galerie im Lenbachhaus zeigt Wechselausstellungen zeitgenössischer Künstler.

Bemerkenswerte Architektur
Den Fußballvereinen FC Bayern München und TSV 1860 München genügte das Olympiastadion von 1972, das in erster Linie für die Leichtathletik konzipiert worden war, auf die Dauer nicht. Versuche, das Stadion umzubauen, mehr Plätze zu überdachen und die Zuschauer näher ans Spielfeld zu bringen, scheiterten nicht zuletzt am Einspruch des Architekten Günter Behnisch. Die Stadt bot den Vereinen daher ein Gelände in Fröttmaning zur Verwirklichung ihrer Pläne an. Hiergegen gab es Widerstände, besonders wegen der hohen damit verbundenen Investitionen in die Verkehrsinfrastruktur. Bei einem Bür-

gerentscheid votierte aber eine deutliche Mehrheit für den Stadionbau, den die Vereine in eigener Verantwortung durchführten. Hauptsponsor war die Allianz Versicherung, weswegen das Stadion heute Allianz Arena heißt. Das von den Architekten Herzog & de Meuron entworfene Gebäude, das 2005 eröffnet wurde, ist ein bemerkenswerter Publikumsmagnet. Die bautechnische Besonderheit ist eine Außenhaut mit 1056 beleuchtbaren Luftkissen aus Kunststoff. Wenn das Stadion in Benutzung ist, leuchtet diese Außenhaut, je nachdem, welcher Verein gerade spielt, rot (FC Bayern München) oder blau (TSV 1860 München). Sonst ist die Farbe weiß. Durch das Dach aus einer nur 0,2 Millimeter dicken ETFE-Folie sind alle Zuschauerplätze vor Regen geschützt. Die von Stahlträgern gehaltene Haut ist zu 98 Prozent UV-durchlässig und selbstreinigend. Über die sogenannte Esplanade, das 543 Meter lange und 136 Meter breite, begrünte Dach des größten Parkhauses Europas, gelangen die Zuschauer vom Parkhaus, den Busparkplätzen oder vom U-Bahnhof Fröttmaning zum Stadion. Das Gebäude bildete auch einen spektakulären Rahmen für die Fußballweltmeisterschaft 2006, deren Eröffnungsspiel hier stattfand.

München hat keine von kühnen Hochhausbauten geprägte Skyline wie etwa Frankfurt am Main. Man wollte stattdessen den traditionellen Charakter der Stadt erhalten. Optischer Bezugspunkt sollten für Reisende, die sich der Stadt nähern, die Türme der Frauenkirche bleiben. Es gibt bis heute nur wenige Hochhäuser, die meist im Norden der Stadt stehen. 2003 wurde das Richtfest für das Büro-Hochhaus Uptown München von Architekt Christoph Ingenhoven am Georg-Brauchle-Ring in Moosach gefeiert, mit 146 Metern Höhe das größte in München. Der Mobilfunkbetreiber O$_2$ hat dort seine Deutschlandzentrale eingerichtet. Dieser Bau missfiel vielen Menschen, weil er ihrer Ansicht nach nicht zur Stadt passt. Bei weiteren Hochhäusern wurde bemängelt, dass sie Sichtachsen auf historische Gebäude wie das Schloss Nymphenburg stören. Daher bildete sich eine Initiative, die unter Führung von Alt-OB Georg Kronawitter einen Bürgerentscheid dagegen durchsetzte. Bei einer

Wahlbeteiligung von 21,9 Prozent entschied sich eine knappe Mehrheit von 50,8 Prozent gegen weitere Hochhäuser mit einer Höhe von mehr als 99 Metern.

Die Highlight Towers des Architekten Helmut Jahn aus Chicago sind zu einem weiteren Wahrzeichen und – gemeinsam mit dem gegenüberliegenden Gebäude der Münchner Rück – zum neuen, attraktiven Eingangstor zur Stadt im Norden geworden. Ergänzt werden sie durch einen weiteren Jahn-Bau – den 23-geschossigen Skyline Tower im Norden der Parkstadt Schwabing.

Auf dem Areal der ehemaligen Bayerischen Hypotheken- und Wechselbank zwischen Maffei- und Schäfflerstraße wurde 2000 der »Schäfflerhof« des Tessiner Architekten Ivano Gianola eröffnet. Diesem schloss sich der erste Teil der »Fünf Höfe« zwischen der Theatiner- und Kardinal-Faulhaber-Straße nach Entwürfen des Schweizer Architekturbüros Herzog & de Meuron im Geviert Maffeistraße, Theatinerstraße, Salvatorstraße und Kardinal-Faulhaber-Straße an. Möglich wurde diese preisgekrönte Einkaufspassage durch eine Entkernung des ursprünglichen Gebäudekomplexes. Die Fünf Höfe gelten heute als das Kronjuwel unter den Einkaufszentren der Stadt. Sie bieten auf 16 500 Quadratmetern 54 Ladengeschäfte sowie acht Cafés und Restaurants. Daneben gibt es 37 000 Quadratmeter Bürofläche, hier ist auch die Ausstellungsfläche der Kunsthalle der Hypo-Kulturstiftung.

Einen Höhepunkt in der architektonischen Entwicklung stellt der 2007 fertiggestellte Bau der »BMW-Welt« nordöstlich vom Olympiagelände dar. In extrem aufwendiger Bauweise wurden hier mit 4000 Tonnen Stahl der riesigen Dachkonstruktion auf elf Stützen 25 000 qm Ausstellungsfläche geschaffen. Dieser futuristische Bau der Wiener Architekten Coop Himmelb(l)au mit 15 000 qm Glas-Fassaden, die 73 000 qm Geschossfläche mit 100 Räumen umfassen, geht bis zu 14 Meter unter die Erde. Oben sind die zugängliche Präsentation der BMW-Markenwelt und die nur für Fahrzeugabholer gedachte Auslieferungszone. Vier öffentliche Restaurants ergänzen einen Konferenztrakt mit bis zu 700 Plätzen. Hier werden jährlich rund 850 000 Besucher erwartet. Das BMW-Museum wurde hier gleichzeitig fünfmal größer als seinerzeit in der »Schüssel« neben dem BMW-Hochhaus gebaut.

Erfolg in Wirtschaft und Wissenschaft

München ist heute die deutsche Großstadt mit der höchsten Arbeitsplatzdichte, den wenigsten Arbeitslosen, der höchsten Kaufkraft je Einwohner und der weitaus höchsten Investitionsquote. Wichtig ist hierfür die gute Verteilung der Arbeitsplätze über viele Branchen hinweg mit vielen zukunftsorientierten Einrichtungen. Fast 400 000 Menschen sind in 22 000 Unternehmen der Informations- und Kommunikationstechnologien beschäftigt. München ist auch der deutsche Hauptstandort der Wachstumsbranchen Biotechnologie und Nanotechnologie. Die Isarmetropole hält zudem eine Spitzenposition in Versicherungswirtschaft und Handel. Die Automobilbranche bleibt, besonders dank BMW mit seinem Forschungs- und Innovationszentrum, stark. Dass acht der 30 DAX-Unternehmen hier ihren Sitz haben, demonstriert die Wirtschaftskraft der bayerischen Metropole. Im Tourismus arbeiten im Großraum München 68 000 Menschen. Jährlich verzeichnet man fast zehn Millionen Übernachtungen. Immer mehr Gäste kommen aus arabischen Staaten, China oder Russland; oft auch aus medizinischen Gründen.

Die Stadt ist auch eine Hochburg der Wissenschaft. Die Region München hat elf Hochschulen, 19 Fachhochschulen und vergleichbare Akademien. Neben der Zentrale der Max-Planck-Gesellschaft mit elf Instituten für Grundlagenforschung ist hier die in München 1949 gegründete Fraunhofer-Gesellschaft beheimatet. Diese forscht in Hunderten von Technologiefeldern und stellt die Ergebnisse als Patente, Lizenzen, Weiterbildungsangebote und vor allem in Form von Auftragsforschungsprojekten der Industrie zur Verfügung. Aber auch in seiner international leistungsfähigen Berufsausbildung ist München eine Stadt des Wissens.

Kultur

Die Münchner Stadtbibliothek ist mit mehr als 30 Außenstellen bundesweit das größte kommunale Bibliothekssystem. Die 1896 gegründete Münchner Volkshochschule bietet ein bürgernahes Grundangebot von Erwachsenenbildung. Sie ist die wichtigste kommunale Einrichtung dieser Art in Europa mit rund 14 000 Veranstaltungen und 250 000 Teilnehmenden pro Jahr. Seit 1997 stehen auch im Literaturhaus die Türen offen. Vier Stockwerke am Salvatorplatz bieten Raum für Ausstellungen, Lesungen, Diskussionen oder Workshops. Die grundlegende Sanierung dieser ehemaligen Markthalle war eines der ersten großen Beispiele für Public Private Partnership in Deutschland. Die Münchner Verlage haben hier etwa 2,5 Millionen Euro investiert. Auf privates Engagement geht das Lyrikkabinett in der Amalienstraße zurück, wo Lyrik gesammelt und in Lesungen vorgestellt wird.

Ein besonderer Tag für München war der 19. April 2005, als auf dem Petersplatz in Rom verkündet wurde, dass Joseph Kardinal Ratzinger als Nachfolger von Johannes Paul II. zum Papst gewählt wurde. Eine Boulevardzeitung titelte: »Wir sind Papst.« Benedikt XVI., der aus Oberbayern stammt, war von 1978 bis zu seiner Berufung als Präfekt der Glaubenskongregation 1981 Erzbischof von München und Freising gewesen. Der Papst besuchte auch bald seine Heimat und feierte am 9. September eine Messe auf dem Marienplatz. An einem Gottesdienst unter freiem Himmel nahmen am folgenden Tag in Riem 250 000 Gläubige teil.

Das jüdische Leben, das die Nationalsozialisten mit so furchtbarer Konsequenz auszurotten versucht haben, blüht heute wieder in der Stadt. München hat mit etwa 6000 Mitgliedern die zweitgrößte jüdische Gemeinde in Deutschland. Die Präsidentin der Gemeinde Charlotte Knobloch, die seit 2006 auch Präsidentin des Zentralrats der Juden in Deutschland ist, bemühte sich intensiv darum, mit einer neuen Synagoge einen Ersatz für den 1938 zerstörten Bau zu schaffen. 2005 wurde sie für ihr Engagement mit der Ehrenbürgerwürde ausgezeichnet. Am symbolträchtigen 9. November 2006 wurden am St.-Jakobs-Platz mitten im Zentrum die Synagoge und das Gemeindezentrum mit Kindergarten und Schule eröffnet. Damit ist die jüdische Gemeinde, dank des ausdauernden Einsatzes von Oberbürgermeister Ude, in die Mitte der städtischen Gesellschaft zurückgekehrt. Die hellen Fassaden des eindrucksvollen Gebäudekomplexes sind von der Klagemauer in Jerusalem inspiriert. Gemeinsam mit dem sich anschließenden städtischen Jüdischen Museum bilden sie einen bemerkenswerten architektonischen Kontrast zu dem direkt gegenüberliegenden Stadtmuseum.

Der Freistaat Bayern leistete auf dem Gelände der früheren Türkenkaserne gegenüber der Alten Pinakothek einen wichtigen Beitrag zur Museumslandschaft Münchens mit dem Bau der Pinakothek der Moderne, den der Architekt Stefan Braunfels schuf. In dem 2002 eröffneten Bau sind neben der Staatssammlung für moderne Kunst das Architekturmuseum der TU, die Neue Sammlung (das Staatliche Museum für angewandte Kunst) sowie die Staatliche Graphische Sammlung untergebracht. Nördlich schließt sich das Museum Brandhorst an, das eine private Sammlung mit Werken der klassischen Moderne beherbergt und von Armin Zweite geleitet wird, der von 1974 bis 1990 der Städtischen Galerie im Lenbachhaus vorstand.

Die Musikstadt München betrauerte 1999 den Tod des aus Rumänien stammenden Stardirigenten Sergiu Celibidache, der als Generalmusikdirektor seit 1979 die Münchner Philharmoniker geprägt hatte. Als sein Nachfolger wurde James Levine gewählt, auf den 2004 Christian Thielemann folgte. Damit gelang es, das hohe internationale Niveau des Orchesters zu festigen. Generalmusikdirektor der Münchner Staatsoper ist seit 2006 Kent Nagano, der auch das Programm der weltweit beachteten Opernfestspiele verantwortet.

München ist der führende deutsche Standort für die Film- und Fernsehwirtschaft. Die Bavaria Film Gruppe, deren Studio 1919 gegründet wurde, ist einer der größten und erfolgreichsten Filmproduzenten Europas. In den 1919 gegründeten Studios haben u. a. Alfred Hitchcock, Billy Wilder und Orson Welles, aber auch Rainer Werner Fassbinder, Wolfgang Petersen und

Wim Wenders gearbeitet. Viele bedeutende Filmschaffende wie z. B. Michael Verhoeven, Helmut Dietl, Doris Dörrie oder Dominik Graf leben in München. 2003 erhielt die Münchner Regisseurin Caroline Link für ihren Spielfilm ›Nirgendwo in Afrika‹ den Oscar in der Kategorie »Bester fremdsprachiger Film«. Seit 1967 existiert die Hochschule für Film und Fernsehen, die viele international erfolgreiche Absolventen hervorgebracht hat, zuletzt Florian Henckel von Donnersmarck, dessen Film ›Das Leben der Anderen‹ fast 30 verschiedene Auszeichnungen bekam, darunter 2007 den Oscar in der Kategorie »Bester fremdsprachiger Film«.

Leben und leben lassen

Der Satiriker Joseph von Westphalen schrieb, »München ist die Diva unter den deutschen Metropolen. Keine andere Großstadt ist so selbstverliebt und setzt sich so gern in Szene. [...] Münchens sagenhafte Lebensfreude ist notorisch [...]«. So wurde denn auch die Stadt immer wieder der Oberflächlichkeit und der Selbstgefälligkeit geziehen, die Leopoldstraße als »Avenida Schnösel« geschmäht. Die FAZ ernannte München 1984 zur »Hauptstadt der Halbseidenen«. Das Leben der Schicki-Micki-Szene war 1986 Gegenstand der Fernsehserie ›Kir Royal – Aus dem Leben eines Klatschreporters‹ mit Franz Xaver Kroetz in der Hauptrolle. Das Drehbuch schrieb der Regisseur Helmut Dietl gemeinsam mit Patrick Süskind. Zugleich ist die Stadt mit der legeren Atmosphäre und dem großen Kultur- und Freizeitangebot, wie Umfragen zeigen, nach wie vor die beliebteste Stadt Deutschlands.

Das weltweit größte jährlich wiederkehrende Ereignis ist das Münchner Oktoberfest, das immer mehr Menschen nach Bayern lockt. Der Bierkonsum steigt dabei noch stärker als der Preis für die Mass. Das Hofbräuhaus am Platzl ist eines der bekanntesten Gebäude dieser Erde – es steht für das traditionelle München. In seiner Schwemme kann man zu volkstümlichen Preisen den Gerstensaft mit Begleitung von Blasmusik trinken und mit den Maßkrügen zu »Ein Prosit der Gemütlichkeit« und »Gsuffa is« anstoßen. Auf Gäste aus Japan oder den USA übt diese Art Münchner Tradition eine magische Anziehungskraft aus. Die Weißwürste, die mit süßem Senf verzehrt werden, gehören ebenso dazu wie der Radi (Rettich).

Nach der Wiedervereinigung Deutschlands 1990 wurde viel über die neue Stellung Münchens diskutiert. Man befürchtete nicht nur, dass Unternehmen wie Siemens, die nach dem Krieg ihre Hauptverwaltung in die Isarmetropole verlegt hatten, in die Hauptstadt Berlin zurückkehren würden. Man sah auch einen drohenden kulturellen Abstieg. Tatsächlich hatte München nach 1945 erheblich von der Marginalisierung Berlins und dem schleichenden Bedeutungsverlust des Ruhrgebiets profitiert. Doch in einem geeinten Deutschland wurde eine »heimliche Hauptstadt« nicht mehr gebraucht. München hat diese Herausforderung bisher sehr gut bewältigt und gehört heute zu den wenigen deutschen Großstädten mit wachsender Bevölkerung. Der dem Ende der Ost-West-Konfrontation folgende Abbau der militärischen Präsenz hat Flächen für neue Wohngebiete geschaffen. Der gleichzeitige Verlust an Arbeitsplätzen konnte durch die breit aufgefächerte Wirtschaftsstruktur aufgefangen werden.

Ein Problem sind die hohen Mieten und Immobilienpreise trotz starker Bautätigkeit. München hatte fast immer einen Mangel an preiswertem Wohnraum. Oberbürgermeister Vogel hat deshalb in den 60er-Jahren die polyzentrische Stadtentwicklung eingeleitet, die z. B. zur Gründung der Trabantenstadt Neuperlach führte. Von 1990 bis 2007 konnten in München über 100 000 Wohnungen fertiggestellt werden. 1997 wurde außerdem das »München-Modell« für mittlere Einkommensgruppen gestartet, um auch Durchschnittsverdienern das Wohnen in der Stadt weiterhin zu ermöglichen und in Neubaugebieten eine soziale Mischung verschiedenster Einkommensgruppen zu erreichen. Die Stadt vertritt eine offensive Position in Fragen der kommunalen Daseinsvorsorge. Sie hält an ihren Wohnungsbaugesellschaften fest und hat sogar noch Wohnungsbestände dazugekauft. Oberbürgermeister Ude ist außerdem ein entschiedener Gegner einer Privatisierung der Stadtwerke.

Ude hat 2007 in einem Interview gesagt, München sei »Deutschlands Stadt der Zukunft«. Er verweist darauf, dass die Stadt in allen Städtevergleichsstudien regelmäßig erste Plätze belegt. Hohe Lebensqualität und florierende Wirtschaft mischen sich hier mit Bodenständigkeit und Tradition.

München ist eng mit seinem bayerischen Hinterland verflochten, das mit den eingemeindeten Dörfern in die Stadt hineinreicht. Trotz der fast totalen Zerstörung durch Bomben im Zweiten Weltkrieg ist die Innenstadt ein unverwechselbares urbanes Zentrum mit gesunden Maßstäben geblieben, in dem das spezifisch bayerische Lebensgefühl nach wie vor spürbar ist. Die Stadt insgesamt ist als Einheit erlebbar. Die Zukunft wird zeigen, ob es gelingen wird, die Balance zwischen bayerischer Identität und Weltoffenheit zu erhalten.

ZEITTAFEL

1158 14.6. Erste Erwähnung von ›ad Munichen‹ im ›Augsburger Schied‹

1214 München wird in Urkunden als Stadt bezeichnet

1225 Erste Erwähnung der Kirche St. Peter

1250 Erste Erwähnung der Jakobskirche der Franziskaner am Anger

1255 Teilung des Herzogtums, München wird eine Residenzstadt der Wittelsbacher

1265 Älteste Urkunde im Stadtarchiv: Kein Bürger darf von der Steuer befreit werden

1271 Die Marienkapelle (Frauenkirche) wird zweite Pfarrkirche

1282 Errichtung des Franziskanerklosters am heutigen Max-Joseph-Platz

1285 Zerstörung der Judengasse und Ermordung von 180 Juden

1286 Erstmals ein ›Rat‹ der Stadt erwähnt

1294 Gründung des Augustinerklosters

1314 Ludwig der Bayer wird in Aachen zum deutschen König gekrönt

1327 Feuer zerstört ein Drittel der Stadt, u. a. den Alten Hof, St. Peter und das Heiliggeistspital

1385 Bürgeraufstand; der Ratsherr Hans Impler wird enthauptet

1392 Der Papst gewährt ein Gnadenjahr, Andechser Reliquien in der Kapelle des Alten Hofs

1397 Unruhen der ›Vierherzogszeit‹

1400 Baubeginn der Neuveste (später Teil der Residenz)

1442 Judenverfolgung und –vertreibung, Umbau der Synagoge zur Kirche

1470 Bau des Alten Rathauses (Jörg Ganghofer)

1478 Friedhof der Peterspfarrei mit Kreuzkirche (Jörg Ganghofer)

1480 (Altes) Rathaus (Jörg Ganghofer) mit Moriskentänzern (Erasmus Grasser)

1482 Druck des ersten Buches in München (Johann Schauer)

1488 Vollendung der Frauenkirche (Jörg Ganghofer)

1493 Erste Stadtansicht in der ›Weltchronik‹ von Hartmann Schedel

1494 Einweihung der Frauenkirche, Bau der Salvatorkirche (Lukas Rottaler)

1520 Bau des Zeughauses (jetzt Stadtmuseum) am Jakobsplatz

1524 Die Türme der Frauenkirche erhalten die »Welschen Hauben«

1526 Ludwig Senfl begründet die Hofkapelle

1551 Der städtische Weinstadel und die Stadtschreiberei werden im Haus Burgstraße 5 eingerichtet

1556 Orlando di Lasso wird als Hofkapellmeister nach München berufen
1559 Eröffnung des Jesuitengymnasiums (heute Wilhelmsgymnasium) unter Petrus Canisius
1568 Hochzeit des späteren Herzogs Wilhelm V. mit Renate von Lothringen
1569 Großes Religionsverhör (erneut 1571)
1571 Fertigstellung des Antiquariums (Wilhelm Egkl) in der Residenz
1572 Stadtmodell von Jakob Sandtner
1580 Der Hl. Benno wird Stadtpatron
1585 Errichtung des Jesuitenkollegs (Alte Akademie)
1593 Einweihung der Michaelskirche (Friedrich Sustris)
1607 Der Turm von St. Peter wird von Blitz zerstört, neuer Helm im Renaissancestil
1609 Gründung der Katholischen Liga in der Residenz
1616 Aufstellung der »Patrona Baoariae« (Hans Krumper) vor der Residenz Vollendung von Kaisersaal und Westfassade der Residenz
1619 Anlage einer Wallbefestigung
1622 Aufstellung des Prunkgrabmals für Kaiser Ludwig den Bayern (Krumper/Haldner) im Dom
1623 Herzog Maximilian wird Kurfürst
1632 Schwedenkönig Gustav Adolf rückt in München ein
1634 Die Pest fordert etwa 7.000 Todesopfer
1638 Einweihung der Mariensäule (Hubert Gerhard)
1653 Erste Opernaufführung in München
1656 Johann Kaspar Kerrl wird Hofkapellmeister
1693 Erbauung des Porcia-Palais (Enrico Zuccali)
1710 Vollendung des Bürgersaals (Viscardi)
1713 Vollendung der Dreifaltigkeitskirche (Viscardi)
1737 Vollendung des Palais Holnstein (F. Cuvilliés)
1742 München wird von den Österreichern besetzt
1744 (Kaiser) Karl Albrecht wieder in München
1746 Einweihung der Johann-Nepomuk-Kirche (Gebrüder Asam)
1750 Zerstörung der Neuveste durch Brand
1755 Eustachius Föderl eröffnet den »Stachusgarten«
1759 Gründung der Bayerischen Akademie der Wissenschaften
1768 Fertigstellung der Fassade der Theatinerkirche (F. Cuvilliés)
1770 Erste Hausnummerierung (insgesamt 1213 Häuser)
1774 Erbauung des Ständehauses (F. Cuvilliés d.J.), heute Meisterschule für Mode
1775 Uraufführung von Mozarts ›La finta giardiniera‹ im Redoutensaal
1780 Der Hofgarten wird für die Allgemeinheit geöffnet

1781	Die erste amtliche Volkszählung ergibt 37 840 Einwohner
1782	Lorenz von Westenrieder veröffentlicht die erste Stadtbeschreibung
1789	Anlage des Englischen Gartens durch Rumford und Sckell
1791	Die Befestigungswerke vor dem Karlstor werden abgebrochen
1796	Erfindung der Lithographie (Steindruck) durch Alois Senefelder
1799	Max IV. Joseph wird Kurfürst, Graf Montgelas leitender Staatsminister
1800	Die Stadt wird von den Franzosen besetzt
1801	Die Straßen werden erstmals durch Schilder gekennzeichnet
	Karl Cannabich Musikdirektor
	Der Weinwirt J. B. Michel erhält als erster Protestant das Bürgerrecht in München
1802	Fertigstellung des Karlstor-Rondells
1804	Franz von Mittermayr wird Bürgermeister auf Lebenszeit; Gründung der Lokalbaukommission
1805	Errichtung des Maxtors (Schedel von Greifenstein)
1806	1.1. Bayern wird Königreich, Max I. Joseph wird König
1807	Der »Schöne Turm« wird abgebrochen; Entstehung des Viktualienmarkts
1808	Gründung der Kunstakademie
1809	Sendlinger-Tor-Platz wird angelegt
1812	Erbauung des Törring-Palais (Karl von Fischer)
1815	Konstituierung der Jüdischen Gemeinde
1817	Das Schwabinger Tor wird abgebrochen. Baubeginn der Ludwigstraße
1818	Eröffnung des Hof- und Nationaltheaters an Stelle des abgebrochenen Franziskanerklosters
1821	München wird Sitz des Erzbistums München-Freising
1822	Vollendung des Marstallgebäudes (Leo von Klenze)
1825	Ludwig I. wird König
1826	Bau des Odeon und der Hofgartenarkaden (Leo von Klenze)
	Die Universität wird nach München ins Jesuiten-Kolleg (Neuhauser Straße) verlegt
1828	Bau des Herzog-Max-Palais (Leo von Klenze)
1829	Erster griechisch-orthodoxer Gottesdienst in der Salvatorkirche
1830	Aus der Kaufmannsstube entwickelt sich die Münchner Börse
1832	F. S. Kustermann übernimmt eine 1798 gegründete Eisenwarenhandlung
1833	Bau der Matthäuskirche (J. N. Pertsch), erste protestantische Kirche Münchens
1835	Vollendung des Königsbaus der Residenz (Leo von Klenze)
	Enthüllung des Denkmals für König Max I. Joseph (Christian Daniel Rauch)
	Gründung der Bayerischen Hypotheken- und Wechselbank

1837 Vollendung der Allerheiligen-Hofkirche (Leo von Klenze)
Ausstellung von Carl Spitzwegs ›Der arme Poet‹ im Kunstverein

1838 Das Törring-Palais wird zur Hauptpost umgebaut

1839 Jakob Roeckl gründet eine Handschuhfabrik

1840 Die Universität bezieht das Gebäude in der Ludwigstraße

1844 Bierkrawall wegen Preiserhöhung um einen Pfennig

1846 Die Tänzerin Lola Montez kommt nach München, Auftritt im Hoftheater

1847 Franz von Pocci wird Hofmusik-Intendant
Das Rauchen auf der Straße wird erlaubt, nicht jedoch vor Residenz und Hofgarten

1848 Revolution: König Ludwig I. dankt am 20. März ab
Max II. wird König
Gewerbegehilfen fordern die Verkürzung der Arbeitszeit von 14 auf zwölf Stunden

1849 Der Hauptbahnhof wird dem Verkehr übergeben
In der Hauptpost wird als erste bayerische Briefmarke der ›Schwarze Einser‹ verkauft

1852 Stadt findet das Erzbistum mit 987 Gulden für die 1158 eingebüßten Rechte ab
Planung der Maximilianstraße unter Leitung von Friedrich Bürklein
Gründung der »Gesellschaft der Zwanglosen« durch Franz von Pocci und Franz von Kobell

1853 Bau der »Gebäranstalt« (Friedrich Bürklein) an der Sonnenstraße 24 (heute Telekom)
Eröffnung der Schrannenhalle

1854 Erste allgemeine deutsche Industrieausstellung im Glaspalast; der Schrannenplatz wird in Marienplatz umbenannt; Choleraepidemie mit 2974 Todesopfern

1858 Eröffnung des Hotel ›Vier Jahreszeiten‹ in der Maximilianstraße (Rudolf Wilhelm Gottgetreu)

1860 Gründung des »Verein für körperliche Ausbildung«, heute TSV 1860

1861 Gründung des Textilgeschäfts Ludwig Beck

1864 Ludwig II. wird König

1865 Uraufführung von Wagners ›Tristan und Isolde‹ im Nationaltheater

1866 Neugotischer Entwurf für das Rathaus von Georg Hauberrißer

1869 »Münchner Velociped-Club« erster Fahrradverein in der Welt

1873 Gründung der Künstlergesellschaft »Allotria«

1876 Eröffnung der Schienen-Pferdebahn

1877 Die Polytechnische Schule wird Technische Hochschule

1880 Gründung der Buchhandlung Hugendubel

1883	Einrichtung des ersten Ortsfernsprechnetzes mit 145 Teilnehmern
1886	Prinz Luitpold übernimmt die Regentschaft; König Ludwig II. ertrinkt im Starnberger See
1887	Einweihung der Haupt-Synagoge in der Herzog-Max-Straße (Albert Schmidt)
1888	Bau des Luitpoldblocks mit dem Café Luitpold (Otto Lasne)
	Eröffnung des Historischen Stadtmuseums am Jakobsplatz
	Einführung der elektrischen Straßenbeleuchtung mit Bogenlampen
	Johannes von Widenmayer wird Erster Bürgermeister
1889	Das »Goldene Buch« der Stadt wird angelegt
1890	Einführung der von Pettenkofer geforderten Schwemmkanalisation
1892	Vollendung des Rathaus-Anbaus (Georg Hauberrißer) an der Landschaftstraße
	Gründung der Münchner Secession
1893	Der bisherige Zweite Bürgermeister Wilhelm Borscht wird Erster Bürgermeister
1895	Eröffnung des Städtischen Arbeitsamts als erste unentgeltliche Vermittlungsstelle der Welt
	Aufstellung des Wittelsbacherbrunnens (Adolf von Hildebrand)
	Eine elektrische Trambahn verkehrt vom Färbergraben zum Isartalbahnhof
1896	Erste Filmvorführungen im Panoptikum an der Kaufingerstraße
	Eröffnung des Deutschen Theaters
1897	Neubau des Hofbräuhaus (G. Maxon)
1898	Bau der Deutschen Bank am Lenbachplatz (Albert Schmidt)
1896	Gründung der ›Jugend. Münchner Illustrierte Wochenschrift für Kunst und Leben‹
	Gründung der Zeitschrift ›Simplicissimus‹ durch Albert Langen
1900	Gründung des FC Bayern
	Eröffnung des Neubaus des Bayerischen Nationalmuseums in der Prinzregentenstraße
1901	Eröffnung des Müller'schen Volksbades (Carl Hocheder)
	Eröffnung des Prinzregententheaters (Max Littmann)
	Bau des Hauses für Handel und Gewerbe (Friedrich von Thiersch) am Maximiliansplatz
	Eröffnung des Schauspielhauses (Richard Riemerschmid) in der Maximilianstraße
1903	Gründung der musikalisch-literarischen Vereinigung ›Die elf Scharfrichter‹
	Publikation von Thomas Manns Novelle ›Gladius Dei‹ (»München leuchtete …«)

1905 Bau des Armeemuseums (Ludwig von Mellinger)
Eröffnung der Warenhäuser Oberpollinger und Tietz am Bahnhofsplatz (Hertie)

1906 Bau des Hauses der ›Münchner Neuesten Nachrichten‹ (Max Littmann) in der Sendlinger Straße

1907 Gründung des Deutschen Werkbunds unter Vorsitz von Theodor Fischer

1908 Konsul Karl Rosipal stiftet das Glockenspiel im Rathausturm

1910 Erste Ausstellung der Neuen Künstlervereinigung in der Galerie Thannhauser
Eröffnung des Schwabinger Krankenhauses (Richard Schachner)
Paul Heyse erhält als erster deutscher Autor den Literaturnobelpreis

1911 1.8. Eröffnung des Tierparks Hellabrunn
Kandinsky und Marc gründen die Künstlergruppe Der Blaue Reiter

1912 Nach dem Tod von Luitpold übernimmt Prinz Ludwig (III.) die Regentschaft

1914 Vollendung des Polizeigebäudes in der Ettstraße (Theodor Fischer)

1914 31.7. Mobilmachung für den Ersten Weltkrieg, Kundgebung vor der Feldherrnhalle

1915 Erste Demonstrationen gegen Lebensmittelteuerungen

1916 Wachsende Not, Mangel an Heizmaterial, Einrichtung von Wärmestuben und Volksküchen

1917 26.5. Michael von Faulhaber wird zum Erzbischof ernannt

1918 31.1. Kundgebung streikender Arbeiter im Schwabinger Bräu mit Kurt Eisner
7./12.8. Hungerdemonstrationen, vor allem von Frauen, auf dem Marienplatz
7.11. Friedenskundgebung von SPD und USPD auf der Theresienwiese
8.11. Kurt Eisner ruft den »Freistaat Bayern« aus und wird Ministerpräsident
König Ludwig III. flieht
13.11. der König entbindet die Beamten vom Treueeid

1919 5.1. Gründung der Deutschen Arbeiterpartei (DAP) durch Anton Drexler
21.2. Kurt Eisner wird von Anton Graf von Arco auf Valley ermordet
6./13.4. Erste Räterepublik
13.4. Beginn der Zweiten Räterepublik unter Beteiligung der Kommunisten
1.5. Besetzung der Stadt durch Reichswehrverbände und Freikorps
3.5. Der mit Hitler verbündete Ernst Pöhner wird Polizeipräsident
26.6. Eduard Schmid (SPD) wird Erster Bürgermeister

1920 24.2. Erste Großveranstaltung der NSDAP im Hofbräuhaus

17.12. NSDAP erwirbt den Verlag Franz Eher Nachf. (›Völkischer Beobachter‹)

1921 9.6. Der Landtagsabgeordnete Karl Gareis (USPD) wird erschossen

1923 27./29.1. Erster Reichsparteitag der NSDAP in München

8./9. 11. Putschversuch unter Anführung von Hitler und Ludendorff

9.11. Eine Maß Bier kostet 72,8 Milliarden Reichsmark

15.11. Einführung der Rentenmark zur Beendigung der Inflation

1924 1.4. Hitler wird zu fünf Jahren Festungshaft verurteilt

20.12 Hitler wird vorzeitig aus der Haft entlassen

1925 1.1. Karl Scharnagel (BVP) wird Erster Bürgermeister

26.2. Neugründung der NSDAP im Bürgerbräukeller

7.5. Eröffnung des Deutschen Museums

1926 19.11. Die Kammerspiele beziehen das Schauspielhaus in der Maximilianstraße

30.11. Kundgebung »Kampf um München als Kulturzentrum« in der Tonhalle

1928 Richtfest des Technisches Rathauses (Hermann Leitenstorfer) an der Blumenstraße

1929 12.11. Thomas Mann wird der Nobelpreis für Literatur verliehen

1930 28.5. Die NSDAP erwirbt das Palais Barlow in der Briennerstraße, (»Braunes Haus«)

1931 3.5. Eröffnung des Flughafens Oberwiesenfeld

6.6. Der Glaspalast am Alten Botanischen Garten brennt vollständig ab

1932 12.6. Der FC Bayern gewinnt erstmals die deutsche Fußballmeisterschaft

30.6. Beim Arbeitsamt München sind 82.000 Arbeitssuchende registriert

1933 30.1. Hitler wird zum Reichskanzler ernannt

9.3. Am Rathaus wird die Hakenkreuzfahne gehisst

20.3. Karl Fiehler (NSDAP) wird kommissarischer Erster Bürgermeister

22.3. Errichtung des Konzentrationslagers Dachau

16.4. »Protest der Richard-Wagner-Stadt München« gegen Thomas Mann

10.5. Bücherverbrennung auf dem Königsplatz

15.10. Grundsteinlegung für das »Haus der deutschen Kunst« (Paul Ludwig Troost)

1935 2.8. Hitler verleiht der Stadt den Titel »Hauptstadt der Bewegung«

1936 6./16.2. Olympische Winterspiele in Garmisch-Partenkirchen

1937 18.7. Eröffnung der »Großen Deutschen Kunstausstellung«

19.7. Eröffnung der Ausstellung »Entartete Kunst« in den Hofgartenarkaden

8.11. Goebbels eröffnet im Deutschen Museum die Ausstellung »Der ewige Jude«

1938 Juni Die Hauptsynagoge in der Herzog-Max-Straße und die evangelische Matthäuskirche in der Sonnenstraße werden abgebrochen

27.7. Umbenennung sämtlicher nach Juden benannten Straßen

29./30.9. Münchner Abkommen über die Abtretung des Sudetenlandes an Deutschland

9./10. »Kristallnacht«, Verwüstung der Synagoge in der Herzog-Rudolf-Straße

1939 1.9. Beginn des Zweiten Weltkriegs in Europa

25.10. Eröffnung des Flughafens Riem

8.11. Bombenattentat Georg Elsers auf Hitler im Bürgerbräukeller

1940 Erste Luftangriffe, Zerstörung eines Großteils der Stadt bis Kriegsende

1941 20.11. Die ersten 1000 Juden werden deportiert und in Kaunas (Litauen) ermordet

1943 3./4.2. Mitglieder der Widerstandsgruppe »Weiße Rose« werden verhaftet und später hingerichtet

1945 30.4. Einmarsch der Amerikaner

4.5. Karl Scharnagl wird als Oberbürgermeister wieder eingesetzt

7.5. Gesamtkapitulation der deutschen Wehrmacht

1948 1.7. Thomas Wimmer wird Oberbürgermeister

1957 15.12. Die Stadt hat erstmals eine Million Einwohner

1960 27.3. Hans-Jochen Vogel wird zum Oberbürgermeister gewählt

1963 21.11. Wiedereröffnung des Nationaltheaters

1971 19.10. Die erste U-Bahn-Strecke wird dem Verkehr übergeben

1972 11.6. Georg Kronawitter wird zum Oberbürgermeister gewählt

30.6. Eröffnung der Fußgängerzone

26.8./11.9. Olympische Sommerspiele in München

1978 5.3. Erich Kiesl wird zum Oberbürgermeister gewählt

1984 18.3. Georg Kronawitter wird erneut zum Oberbürgermeister gewählt

1992 17.5. Der Flughafen München ›Franz Josef Strauß‹ wird in Betrieb genommen

1993 12.9. Christian Ude wird zum Oberbürgermeister gewählt

2002 16.9. Eröffnung der Pinakothek der Moderne (Stephan Braunfels)

2005 30.5. Eröffnungsspiel (TSV 1860 München gegen 1. FC Nürnberg) in der Allianz-Arena (Herzog & le Meuron)

2006 9.11. Einweihung der Synagoge im Jüdischen Zentrum am St.-Jakobs-Platz

2007 20./21.10. Eröffnung der BMW Welt (Coop Himmelb(l)au)

2008 München feiert das 850. Jubiläum der Stadtgründung

Ausgewählte Literatur

Reinhard Bauer u. Ernst Piper, *München. Geschichte einer Stadt*, München 1996

Geschichte der Stadt München, hrsg. v. Richard Bauer, München 1992

Hollweck, Ludwig, *Was war wann in München*, München 1982

Huse, Norbert, *Kleine Kunstgeschichte Münchens*, 3. Auflage München 2004

Jüdisches München. Vom Mittelalter bis zur Gegenwart, hrsg. v. Richard Bauer u. Michael Brenner, München 2006

Large, David Clay, *Hitlers München. Aufstieg und Fall der Hauptstadt der Bewegung*, München 1998

München. Hauptstadt der Bewegung, München 1993

München – Musenstadt mit Hinterhöfen. Die Prinzregentenzeit 1886 bis 1912, hrsg. v. Friedrich Prinz u. Marita Krauss, München 1988

München – Stadt der Frauen. Kampf für Frieden und Gleichberechtigung 1800–1945, hrsg. v. Eva-Maria Volland u. Reinhard Bauer, München 1991

München wie geplant. Die Entwicklung der Stadt von 1158 bis 2008, München 2007

Wilhelm, Hermann, *Die Münchner Bohème. Von der Jahrhundertwende bis zum Ersten Weltkrieg*, München 1993

Fridolin Solleder, *München im Mittelalter*, München 1938

Die Zeichen der Zeit. 1933–1945 Alltag in München, hrsg. v. Marita Krauss und Bernhard Grau, Berlin 1991

Die Zwanziger Jahre in München, hrsg. v. Christoph Stölzl, München 1979

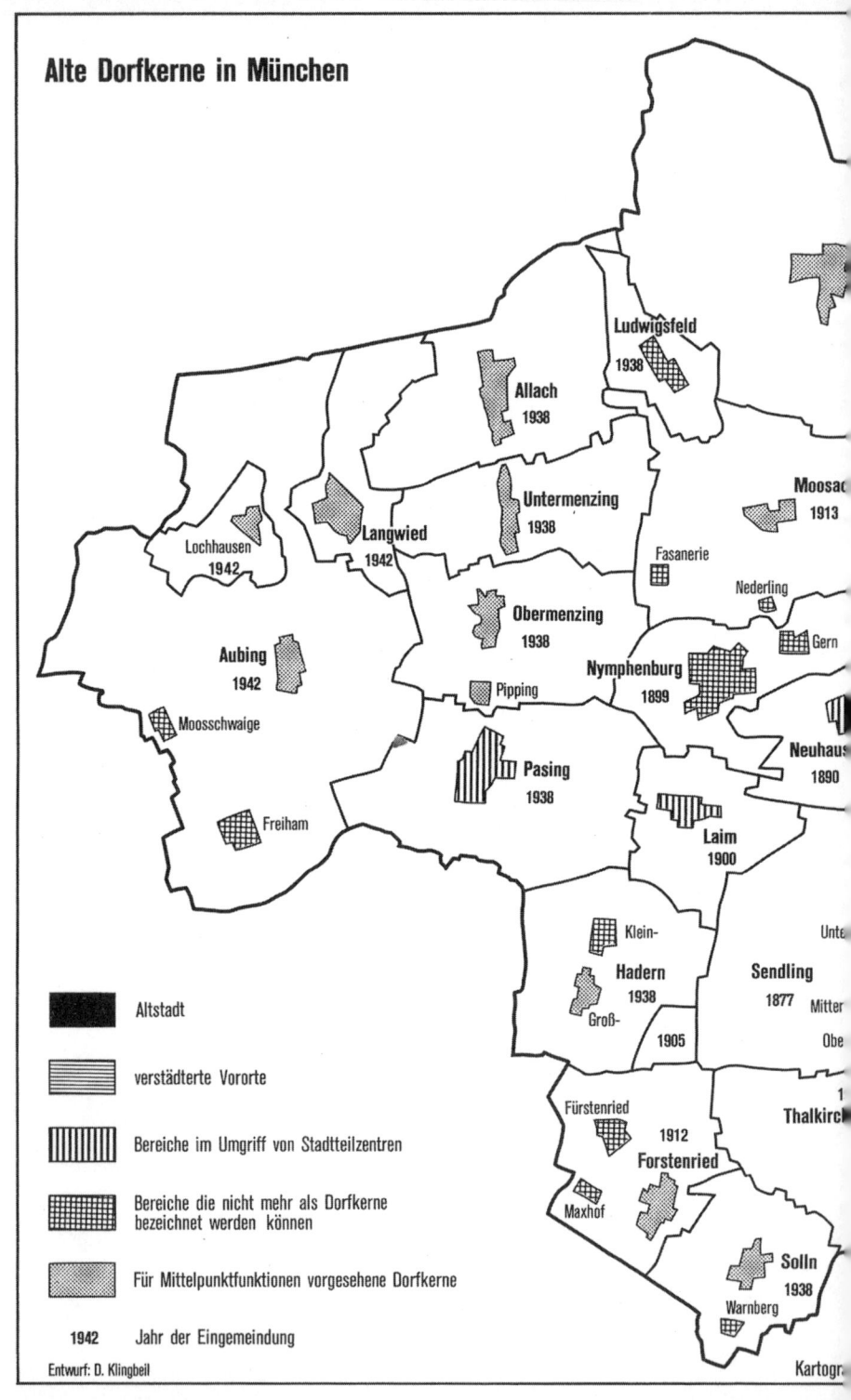

Alte Dorfkerne in München

Ludwigsfeld
1938

Allach
1938

Moosac
1913

Untermenzing
1938

Lochhausen
1942

Langwied
1942

Fasanerie

Nederling

Gern

Obermenzing
1938

Aubing
1942

Pipping

Nymphenburg
1899

Moosschwaige

Neuhaus
1890

Freiham

Pasing
1938

Laim
1900

Klein-

Unt

Hadern
1938

Sendling
1877   Mitter

Groß-

Obe

1905

Fürstenried

1912

Thalkirc

Forstenried

Maxhof

Solln
1938

Warnberg

■ Altstadt

verstädterte Vororte

Bereiche im Umgriff von Stadtteilzentren

Bereiche die nicht mehr als Dorfkerne
bezeichnet werden können

Für Mittelpunktfunktionen vorgesehene Dorfkerne

1942   Jahr der Eingemeindung

Entwurf: D. Klingbeil

Kartogr.

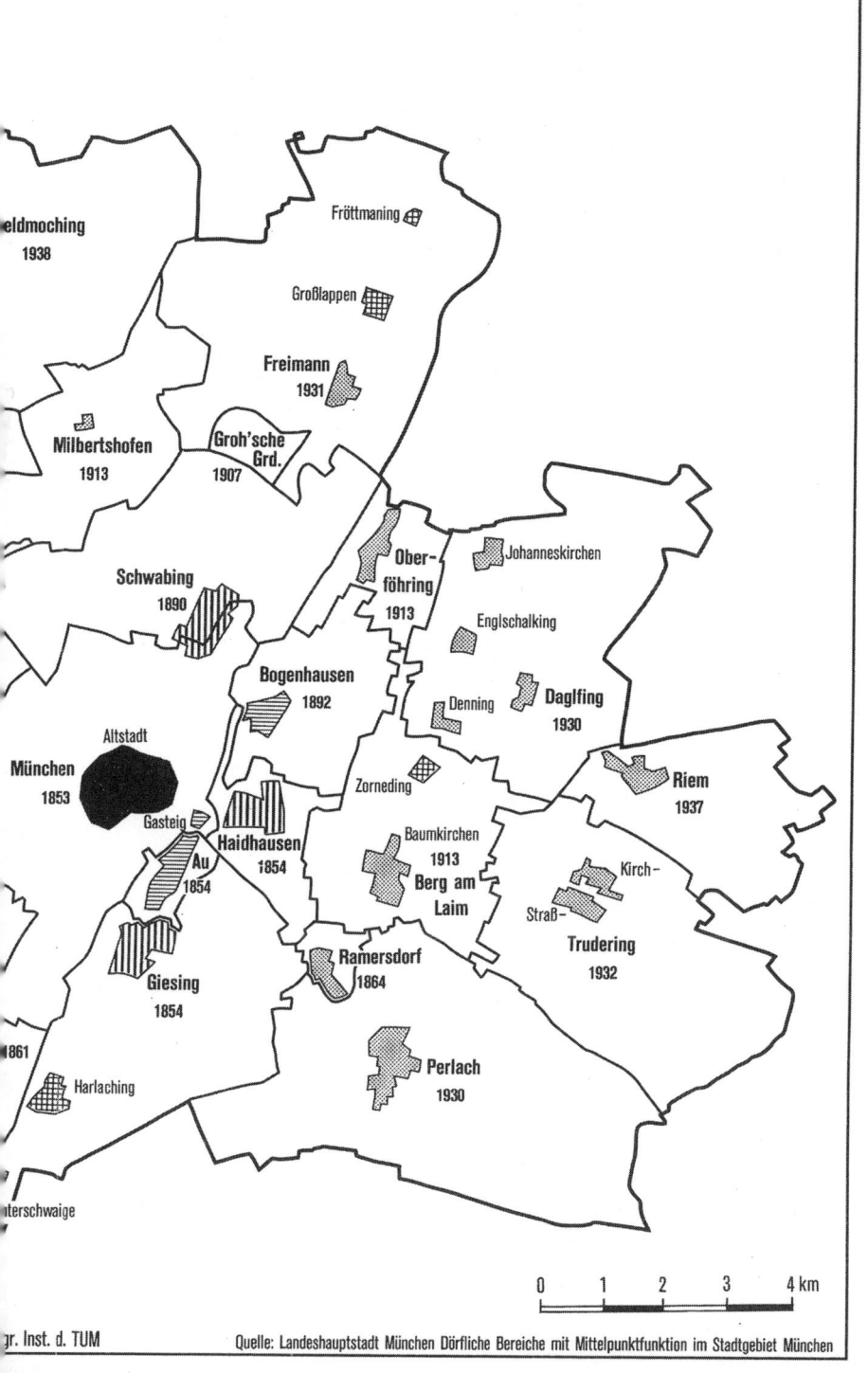

eldmoching
1938

Fröttmaning

Großlappen

Freimann
1931

Milbertshofen
1913

Groh'sche
Grd.
1907

Schwabing
1890

Oberföhring
1913

Johanneskirchen

Englschalking

Bogenhausen
1892

Denning

Daglfing
1930

Altstadt

München
1853

Zorneding

Riem
1937

Gasteig

Haidhausen
1854

Baumkirchen
1913

Au
1854

Berg am
Laim

Kirch-

Straß-

Trudering
1932

Giesing
1854

Ramersdorf
1864

861

Harlaching

Perlach
1930

terschwaige

0   1   2   3   4 km

gr. Inst. d. TUM

Quelle: Landeshauptstadt München Dörfliche Bereiche mit Mittelpunktfunktion im Stadtgebiet München

BILDQUELLEN

akg images Archiv für Kunst und Geschichte, Berlin: 176; F 13

Allianz-Arena München: F 15 unten

Bayern nach dem Krieg. Haus der Bayerischen Geschichte: 284, 287, 291

Bildarchiv Preußischer Kulturbesitz, Berlin: 240

Bilderatlas zur Heimatkunde von Bayern, 1898: 117, 133, 150

BMW Group, München. Foto: Hubertus Hamm: F 16 unten

Das Rathaus in München. Verlag der Städtischen Regieverwaltung, 1909: 138

Die Bajuwarischen Reihengräber von Feldmoching und Sendling, Heft 8, 1956: 25

Die Zwanziger Jahre in München. Ausstellungskatalog Stadtmuseum München, Hrsg. Christoph Stölzl, 1979: 227, 231

Deutsches Literaturarchiv Marbach: 238

Illustrierte Geschichte der Stadt München, 1903: 17, 22, 44, 48, 68, 83, 89, 178

Jugend. Münchens illustrierte Wochenschrift, 1914, Seite 847. Zeichnung von Attilio Sacchetto: 158

LOOK. Die Bildagentur der Fotografen GmbH, München: F 16 oben

München nach dem Zweiten Weltkrieg. Wiederaufbaureferat der Stadt München, 1948: 275, 278

Schmitz, Alois: 317; F 15 oben

Stadtarchiv München. Foto von Hans Schürer, 1947: 286

Stadtmuseum München: 56, 61, 65, 282; F 1, 5, 9, 10 oben

Fridolin Solleder, München im Mittelalter, München 1938: 36

Theatrum Der Vornehmsten Kirchen Clöster Pallast u. Gebeude in Chur.F. Residentz Stadt München, von Johann Stridbeck, 1688: 85

Alle anderen Bilder befinden sich in den Archiven der Autoren.